孙明君 著

庄子思想及其影响

中华书局

图书在版编目(CIP)数据

庄子思想及其影响/孙明君著. —北京:中华书局,2025.7. —
ISBN 978-7-101-17210-2

Ⅰ.B223.55

中国国家版本馆 CIP 数据核字第 2025CV1465 号

书　　名	庄子思想及其影响
著　　者	孙明君
责任编辑	刘　方
装帧设计	刘　丽
责任印制	韩馨雨
出版发行	中华书局
	(北京市丰台区太平桥西里 38 号　100073)
	http://www.zhbc.com.cn
	E-mail:zhbc@zhbc.com.cn
印　　刷	三河市中晟雅豪印务有限公司
版　　次	2025 年 7 月第 1 版
	2025 年 7 月第 1 次印刷
规　　格	开本/920×1250 毫米　1/32
	印张 14⅝　插页 2　字数 373 千字
国际书号	ISBN 978-7-101-17210-2
定　　价	88.00 元

目 录

序　论

《庄子》中的道与德

　　大家对庄子的看法各种各样，有人认为庄子是一个利己主义者，是一个混世主义者，甚至有人认为庄子思想是阿Q精神的代名词，今天流行一个词叫"躺平"，有人认为庄子是古人"躺平"的祖师爷。以上都是对庄子思想的误解，在此我想跟大家分享一下我心目中的庄子。

　　德国哲学家雅斯贝尔斯提出人类文明的"轴心时代"这一概念，他认为在公元前500年左右，中国出现了孔孟老庄等先秦诸子，古希腊出现了柏拉图、亚里士多德等，古印度出现了释迦牟尼，这些历史名人对世界文明都产生了重大影响。历史上有很多人对庄子极为崇拜。著名诗人、学者闻一多曾说："一到魏晋之间，庄子的声势忽然浩大起来，……像魔术似的，庄子忽然占据了那全时代的身心，他们的生活、思想、文艺——整个文明的核心是庄子。……从此以后，中国人的文化上永远留着庄子的烙印。他的书成了经典。他屡次荣膺帝王的尊封。至于历代文人学者对他的崇拜，更不用提。别的圣哲，我们也崇拜，但那像对庄子那样倾倒、醉心、发狂？……古来谈哲学以老、庄并称，谈文学以庄、屈并称。……他的思想的本身便是一首绝妙的诗。"①闻一多用了"倾倒、醉心、发狂"三个词表示对庄子的崇敬之情，这种崇敬之情，代表了历史上很多文人对庄子的感情。因为闻一多既是诗人又是学者，所以他用诗人的笔墨称颂庄子思想是一首绝妙的诗，这样就打通了哲学和诗的界限。

今天我要跟大家分享的，主要是三个方面的内容：第一个是庄子的道论，其中也包括体道之士和体道之法；第二个是庄子的德论；最后是庄子的道和德在《庄子》文本里的投射。

一、庄子的道论

一提到道家，我们可能首先会想到老子，然后会想到庄子。如同孔孟经常并称一样，道家的老庄也经常连读。老子思想的核心是道，他的书我们称之为《道德经》，道和德是《道德经》里的两个核心概念，对于庄子来说，道和德也是同样重要的。道本来的意思是道路，当一个日常生活中的词上升到哲学高度的时候，这个概念往往是难以准确界定的。《老子》（王弼本）第一章说："道可道，非常道；名可名，非常名。"在老子看来，道和名都是说不明白、道不清楚的。

到了庄子的时候，他尝试对道加以界定，《大宗师》曰："夫道，

---

① 闻一多：《古典新义》，上海古籍出版社，2013年，第192—193页。

有情有信，无为无形；可传而不可受，可得而不可见；自本自根，未有天地，自古以固存；神鬼神帝，生天生地；在太极之先而不为高，在六极之下而不为深，先天地生而不为久，长于上古而不为老。"①"有情有信"说的是，道是真实存在的，不是虚构出来的，但是它又是"无为无形"的，老子的"无为"完整地说应该是"无为而无不为"。第一句是从有什么说的，第二句是从无什么说的。"可传而不可受，可得而不可见"，是对前两句的升华，因为可传、可得都是针对有情有信说的，可传可受的时候是可以心传、可以心受，同时又不可受不可见，就是针对无为无形而言的，这是说道的特点。

接下来的是，道"自本自根"，它自己产生自己，在世界上独一无二，没有什么东西能够超越它。"神鬼神帝"这个"神"也跟后面"生天生地"的"生"意思大体一样，这个帝应该是天帝，鬼和天帝都是因为有了道才能产生，才能活起来，才能有神气，这是庄子的看法。老庄的思想里虽然也承认有鬼神的存在，但是他们把鬼神放到了一个次要的位置，他们感觉到道比鬼神更重要，即使有鬼神也在道之后。"在太极之先而不为高"，太极是产生阴阳的，所谓的太极是在阴阳之前的那个东西，太极这个词也非常抽象，在现代科学里有一个大家熟悉的宇宙大爆炸理论，按照宇宙大爆炸的理论，宇宙在大爆炸之前有一个"奇点"，这个"奇点"就相当于太极。"在六极之下而不为深"，这里的"六极"指的是东南西北四个方向再加

---

① 郭庆藩：《庄子集释》，中华书局，2013年，第225页。本书引用《庄子》原文，皆出自是书。

上下，庄子说的是道无处不在，处处都有道的存在。道是非常久远的，但是又是永远都不会过时的，它永远都是进行式，它永远都不会是终结式。

二、至人、神人、圣人和真人

有没有人能够真正体验道呢？庄子认为，有四种人属于体道之士，分别是至人、神人、圣人和真人。

前三种人集中出现在《逍遥游》里，《逍遥游》曰："若夫乘天地之正，而御六气之辩，以游无穷者，彼且恶乎待哉！故曰，至人无己，神人无功，圣人无名。"这几句话是《逍遥游》的核心思想。一开始写鲲鹏展翅九万里，它一直飞到南冥去，这样一只庞大的动物，虽然跟那些蜩与学鸠比起来是了不起的，但是在庄子的心目当中，鲲鹏是有待的，它是乘风而起的，假如没有风，鲲鹏也不可能飞那么高、飞那么远，蜩与学鸠这样一些类似麻雀的小动物，它们飞两三丈高，以为就是飞之至也，而对于鲲鹏、蜩与学鸠这样两种境界，庄子到底是肯定鲲鹏、否定蜩与学鸠呢，还是认为蜩与学鸠跟鲲鹏都一样？在学术史上对此有不同的见解。

我想要强调的是，不管是蜩与学鸠，还是鲲鹏，它们都是有待的。庄子列举了两个人，一个叫宋荣子，另外一个是列子。列子可以御风而行，他御风而行旬有五日而后返回。列子虽然可以御风而行，也是有所待的，因为他是御风而行，没有风的时候他就飞不起来，而庄子所要表达的思想是无所凭借的，所以我们看到的是"乘天地之正，而御六气之辩，以游无穷者，彼且恶乎待哉"，到了这个时候就无所待了，庄子想要讲的是无待的境界，无待的境界是一种逍遥的境界，是一种精神自在的境界，而这样的一种逍遥境界，庄子认为有三种人可以进入，或者说这三种人可以体现这样一种逍遥境界，庄子分别把他们称为至人、神人和圣人。

对这三种人，有些人认为，虽然名称有异，但说的都是同一类人，这是一种说法。另外一种说法则认为，进入逍遥游境界的体道者也有高下之别，至人处在第一层，至高无上，没有人比他更高。至人是无己的，他已经忘记自己了；然后就是神人，神人在第二层，神人是不是就是我们日常所说的神仙呢？神人是无功的；最后是圣人，圣人在第三层，圣人是不讲究、不追求世间名誉的人。这三种人地位高低不同，至人最高，神人次之，圣人最低。圣人这个词比较复杂一点，因为不仅老庄在说圣人，儒家也在说圣人，世俗之士认为尧舜就是儒家的圣人。在孔子生活的时代，大家认为孔子就是当代圣人，但是孔子不承认自己是圣人，孔子在《论语·述而》中说："圣人，吾不得而见之矣；得见君子者，斯可矣。"这句是说，孔子从来没有见过圣人，他只要能看见君子就很不错了。由此来看，孔子所追求的理想人格应该说是一种君子人格，跟老庄的自然人格并不一样。《逍遥游》曰："藐姑射之山，有神人居焉，肌肤若冰雪，淖约若处子。不食五谷，吸风饮露。乘云气，御飞龙，而游乎四海之外。"庄子说神人不用吃饭，他靠吸风饮露就可以生存，他乘云气，御飞龙，而游乎四海之外，这是庄子对神人的定义。在《齐物论》里，庄子又有一个对至人的说明，他说"至人神矣"，"乘云气，骑日月，而游乎四海之外"。除了"骑日月"三个字不一样，前后的两句都是一样的，这样看起来，庄子视野中的神人跟至人没有多少区别。

第四个是真人。在庄子的内七篇里面，只有《大宗师》一篇写到真人，其他篇目没有出现过真人，所以有人怀疑，《大宗师》是不是不属于《内篇》——既然已经有了至人、神人、圣人了，为什么还要再创造一个真人，这不是多此一举吗？所以，对真人的来历，有人表示怀疑。我赞成这样一种看法，即在真人的前面基本上都加了两个字，做了一个限定，这个限定就是"古之真人"。真人跟至人、神人那样的神仙是不一样的，真人本来也是人，经过后天的习练以后，他们的本领接近于神仙了，这些人可能是庄子对上古时代原始部落里得道者的称呼。《天下》篇说："关尹、老聃乎！古之博大真人哉！"也就是认为关尹和老聃这样两个生活在现实当中的人就可以称为真人。

以上介绍的，主要是庄子的理想人格。庄子的四种理想人格到底在说什么？不同的读者会有不同理解。道教徒认为，庄子在《南华真经》里面已经为我们写出了古代的神仙，所以神仙对于道教来说是他们的标配，他们认为神仙是实有的，神仙是客观存在的。作为唯物主义者，我们认为世界上根本就没有神仙存在，庄子所写的至人、神人等，就是庄子所写的体道之士，这些体道之士所表现的是庄子的理想人格。对于一个哲学家来说，有没有这样一种理想人格是不同的，所以他们在庄子的哲学体系当中是必不可少的，这样一些理想人格虽然大家都达不到，不可能羽化而登仙，但是有了这样一些理想人格，我们也可以视他们为楷模，向他们学习如何去做人，这是庄子想要告诉我们的。而从文学的角度来看，这样一些神人的描写就是对上古神话传说的继承和改造。

三、体道之法：吾丧我、心斋、坐忘

我们再来说体道之法。体道之法有什么作用呢？逍遥游的境界是一种理想的境界。在《庄子》这本书里，庄子告诉我们一些方法，虽然这些方法的名称不一样，但是意思基本一样，就是告诉我们如何进入那个逍遥的境界。这样一种进入逍遥境界的方法，庄子在《齐物论》里多次给我们以提示。"齐物论"有两种理解，一种是齐物之论，一种是平齐物论，我认为齐物是一个词组，只是要平齐物论的话有点太小了，因为这篇文章所谈的不仅仅是关于物论的问题，应该说主要还是齐物的问题。如何齐物呢？"天地与我并生，而万物与我为一"这样就可以齐物，在《齐物论》开始的时候，庄子提出过一个概念，这个概念叫作"吾丧我"，在"吾丧我"之后紧接着又有一个概念叫"天籁"，在最后还有一个庄周梦蝶的故事，最后一句话说"此之谓物化"。这些"吾丧我""天籁""物化"等名词，意思其实都是相通的，都是教我们如何通过这些方法进入逍遥的境界，让我们可以窥探一下逍遥的境界是一个怎样的境界。

《齐物论》曰："南郭子綦隐机而坐，仰天而嘘。"南郭子綦是一个人的名字，他靠着茶几坐着，抬起头来仰天长嘘。"荅焉似丧其耦"，"耦"就是精神，一个人丧掉了他的精神，这样的一种状况就

是"苔焉"的样子，就是他的精神现在看起来是涣散的。他有一位学生叫颜成子游，站在老师的旁边，对老师说："何居乎？形固可使如槁木，而心固可使如死灰乎？今之隐机者，非昔之隐机者也。"老师啊，我觉得非常奇怪，您现在到底是怎么回事？因为我看到您现在形如槁木，您的形体在那一动不动的，好像一节干枯的木头一样。而您的心我推断是不是如同死灰一样，今天我看到的老师您让我有点害怕，为什么跟往日的您是不一样的呢？子綦说："偃，不亦善乎，而问之也！今者吾丧我，汝知之乎？"子綦就说：子游啊，你的问题问得太好了！今天的我跟昨天的我确实是不一样的，我今天进入了一种新的境界，这样一种新的境界我把它叫作"吾丧我"的境界。这里的吾就是我，我也是吾，"吾丧我"是不是在玩一种概念、玩一种名词的游戏呢？其实不是，庄子所说的"吾丧我"三个字非常重要，"吾丧我"中所丧的这个我，是一个小我、是一个世俗的我，丧失了这样一个小我，这样一个斤斤计较的我之后，剩下的我才是真正的吾，就像我们前面所看到的"至人无己"，他就可以体悟到逍遥自在的境界了。

另外，我们看到还有"心斋"之说。颜回问孔子说，请问什么叫作心斋呢？仲尼曰："若一志，无听之以耳而听之以心，无听之以心而听之以气！听止于耳，心止于符。气也者，虚而待物者也。唯道集虚。虚者，心斋也。"（《人间世》）这里利用孔子之口对"心斋"做了一个解释，首先要"若一志"，让你的意志力、精神集中起来，你的精神不能涣散。你不要用你的耳朵去听，要用你的心去听。你不要用你的心去听，你要用你的气去听。让你的耳朵停止在你所听到的地方，听到了就到此为止，就停下来，然后心止于符；我们的心中总是有很多符号，有很多图像，这些图像让它沉淀下来、静下来，这样我们就会用气来虚而待物；"唯道集虚"，当你用气来听，你的气一开始可能是激昂的、激荡的，但是慢慢让你的气镇定下来，到了最后你就气定神闲，你的心中就会虚空；当你的心中虚空的时候，道已经进入了你的身体内，这就是心斋的方法。

还有一种方法叫做"坐忘"，《大宗师》曰"堕肢体，黜聪明，离形去知，同于大通，此谓坐忘"，与心斋之法基本上是一样的。你要忘记你的形体，要离开你的智慧，让你的心同于大道，这就是所谓的坐忘。庄子认为，通过这样几种方式就可以进入道的境界。

四、庄子的德论

道与德是并列的，道是非常抽象的，德就是道在现实生活当中的落实。在庄子的德论中有一句话非常重要："知不可奈何而安之若命，唯有德者能之。"（《德充符》）只有有德的人才能做到知不可奈何而安之若命，所以命又是庄子德论中极为重要的一个词。什么是命呢？《庄子》中所涉及的命，具有不同含义。有时候命具有一种偶然性。比如后羿射日的故事，上古时代天空有十个太阳，后羿射掉了九个，剩下一个。《德充符》曰："游于羿之彀中。中央者，中地也；然而不中者，命也。"这是说假如有一个人在后羿的射程之内，后羿要射中他是不费吹灰之力的，但是也可能后羿没有射中他，这一次没有射中就叫命，这个命在今天的我们看来，说的就是偶然性。而庄子认为有时候命又代表了一种必然性。《德充符》曰："死生存亡，穷达贫富，贤与不肖毁誉，饥渴寒暑，是事之变、命之行也。日夜相代乎前，而知不能规乎其始者也。"庄子在这里说到了古人认知中的很多事情，比如生和死是大家不能决定的，比如存和亡是一个部落不能把握的。一个人的穷和达、贫与富、贤与不肖，社会对这个人的毁与誉，个人通常是无可奈何的。个体的饥渴，四季的轮回，这样一些事情都是事之变、命之行，是个体没有办法更改的。庄子把这样一些东西统称之为命。

对于如何才能做到安之若命，用庄子自己的话说，第一是用心若镜，第二是与物为春。关于用心若镜，《应帝王》曰："至人之用心若镜，不将不迎，应而不藏，故能胜物而不伤。"至人可以做到用心若镜。如果我们的心是一面镜子，有人离开时，镜子不会挽留，也不会送他。有人走近时，镜子也不会特意迎接他。所有走到镜子前的人和物，镜子都应而不藏，只是真实反映对方。如果做到了用心若镜，就能"胜物而不伤"，"胜物"即可以反映物体，"不伤"即不伤害我们的内心。内心世界在《庄子》中也称之为灵府。《德充符》曰："不足以滑和，不可入于灵府。"同时，我们也看到《德充符》说："人莫鉴于流水而鉴于止水，唯止能止众止。"镜子在古代不是一般人家里能够有的。所以普通人想要照镜子时，往往就在水坑旁照一下，这个水一定要是止水，只有止水才能反映出人的容貌来，照止水跟照镜子的目的是一样的。第二方面是与物为春，《德充符》里说："使之和豫，通而不失于兑；使日夜无郤而与物为春，是接而生时于心者也。"这里说的是，我们的内心要平和、愉快，我们的内心要畅通而不失于兑。"兑"是六十四卦里的第五十八卦——兑卦，表达的也是愉悦的意思。庄子认为，在日夜流淌的过程当中，内心要始终保持着"与物为春"的生活态度。只有当保持这样一种态度来应对万物时，才能实现庄子所说的安之若命。

"用心若镜"说的是，外在事物由外入内的时候，外在事物对人的内心不要产生影响。人的内心世界好像一面镜子，如果任何外在的东西在人的内心中都引不起波澜，人的内心就受不到伤害；"与物为春"也包括与人为善，当我们的情感由内向外关注时，我们带着善意、带着春天一般的温暖去对待外在的世界。

五、道和德在《庄子》文本里的投射

最后我们简单谈谈道德的体现、投射。道德可以投射在不同的方方面面，我们在这里举几个例子。

关于庄子的养生观。我们知道道家和道教一直重视养生，但是庄子的养生思想是比较独特的。《养生主》用庖丁解牛这样一个寓言故事告诉我们，如何才能做到缘督以为经呢？庖丁曰："彼节者有间，而刀刃者无厚；以无厚入有间，恢恢乎其于游刃必有余地矣。"还有"为善无近名，为恶无近刑。缘督以为经，可以保身，可以全生，可以养亲，可以尽年"一句也值得重视，"尽年"就是终其天年，可以尽年的思想也在庄子养生思想中占一定位置。在庄子的养生思想里，觉得一个人迟早要终其天年，并不像道教所宣扬的那样可以活八百岁、上千岁，或者直接羽化而登仙。

关于庄子的天人观，天人观说的是天和人的关系。天和人应该是一种什么样的关系呢？庄子想要告诉我们的天人思想就是"天与人不相胜也"（《大宗师》），人和自然应该保持一种和谐状态。

庄子的处世观主要表现在《庄子》的《人间世》里。在《人间世》的后半部分，庄子通过一些树等意象来表现自己如何处世。他一生只做过小小的漆园吏，为了糊口不得不去承担这样一个职务。他自己是不愿意进入官场的，但是他在《人间世》前半部分主要是针对那些进入官场的人物。

关于庄子的生死观。庄子感觉到人生如梦，有些人只要一看到人生如梦四个字，就感觉到庄子的这个观点太消极了，人生不都是真实的吗，我对你的爱、我对你的恨，所有这些都是实实在在的，为什么说人生如梦呢？我认为，人生如梦是庄子对人生的一种认识，庄周梦蝶的故事对于后世中国文学的影响非常大。在人生如梦的前提下，一个人如何走好自己的人生，才是判断这个人的人生态度是积极还是消极的标准。而庄子在认识到人生如梦后，他是如何看待人生的呢？《大宗师》说："大块载我以形，劳我以生，佚我以老，息我以死。"他感觉到大地给了人形体，人劳作是为了生存，到了一定的年龄"佚我以老"，人开始退休养老，最后人死亡的时候他说"息我以死"，死亡让人安息，人又回到了大地的怀抱，所以庄子认为，人的内心对于天地始终都怀有感恩之情。

关于庄子的政治观。庄子通过《应帝王》表现了他的政治态度，概括来说就是"游心于淡，合气于漠，顺物自然而无容私焉，而天下治矣"。庄子认为，只要在从事政治活动时，能够游心于淡，顺物自然，不要把自己的私心杂念夹杂进去，天下就会得到大治。

最后，我用一首小诗来概括我心目当中的庄子："婆娑泪目透微笑，若镜之心物尽春。自古文人多敬拜，双栖诗哲显威神。"我认为，庄子对这个世界的苦难看得很深很透，他在看得深透之后，并没有拂袖而去，依然深深地挚爱着这个世界。他用"用心若镜"和"与物为春"的处世态度来面对这个世界。庄子是一位伟大的诗人哲学家，他的思想在我们这个时代并没有过时。在正视其历史局限性的前提下，庄子思想对于现代人而言也包含一些积极因素，它能够让我们某些时候躁动的、焦虑的心逐渐平静下来，它并不是让我们自暴自弃式地"躺平"，而是教我们认清自己、教我们善待别人。

上篇

庄子思想研究

第一章　庄子的齐物思想

一、逍遥与齐物之关系

学界通常认为《庄子》三十三篇中最重要的是《逍遥游》《齐物论》两篇。陈柱《阐庄》说："故庄子之书，大旨尽于内篇，而内篇中之最要者，则在《逍遥游》《齐物论》两篇而已。"[①]冯友兰说："庄之所以为庄者，突出地表现于《逍遥游》和《齐物论》两篇之中。"[②]那么，《逍遥游》与《齐物论》之间是一种什么关系呢？有学者把《逍遥游》和《齐物论》对立起来，认为逍遥和齐物之间存在不可调解的价值悖论；也有学者以为两篇之间是一种主从关系，《逍遥游》指出了一个精神自由境界，《齐物论》则是进入这种自由境界的方法。笔者认为前一种说法是对庄子思想的误读，后一种说法甚有新意，但还需要进一步补充。

持《逍遥游》和《齐物论》价值悖论说的学者认为：《逍遥游》

[①]陈柱著，毕明良校注：《诸子概论》（外一种），华东师范大学出版社，2015年，第241页。

[②]冯友兰：《中国哲学史新编》（上卷），人民出版社，1998年，第401页。

讲小大之辨,《齐物论》讲万物齐一。既然《齐物论》可以齐物我、齐物论、齐生死、齐是非、齐大知和小知,为什么《逍遥游》就不可以齐大知和小知、齐大年和小年?"逍遥"是排他的,"齐物"是包容的,这就让逍遥与齐物陷入到一种无法自破的价值悖论当中。表面看来,这种看法言之有理,且具有这种困惑的读者也不在少数。我们认为《逍遥游》和《齐物论》是在讨论不同的问题,两篇文章在认识上并不是一种矛盾对立的关系。

"逍遥"一词出现甚早,《诗经·郑风·清人》中有"河上乎逍遥"。《楚辞》中有更多的"逍遥"。《离骚》云:"欲远集而无所止兮,聊浮游以逍遥。"《九歌·湘君》与《湘夫人》云:"聊逍遥兮容与。"《远游》云:"聊仿佯而逍遥。"《诗经》《楚辞》中的"逍遥"意为优游自得,这是一种文学性描写。而庄子的"逍遥"乃是一种思想境界,后来成为中国古代哲学的重要概念。整篇《逍遥游》就是围绕什么是"逍遥"境界这个中心问题展开的。《逍遥游》说:"若夫乘天地之正,而御六气之辩,以游无穷者,彼且恶乎待哉!故曰,至人无己,神人无功,圣人无名。"这就是庄子的逍遥之境。它的第一个特点是要求人必须顺应自然规律,"天地之正""六气之辩"就是"道"的外化,人只能顺应它,不能逆违它;第二个特点是"无待",只有"无待"之游才是"逍遥"之游;第三个特点是"至人无己,神人无功,圣人无名",这里的至人、神人、圣人都不是世俗中人,他们不追求世俗的名声和功业,他们甚至忘记了自己。概括地说,"无待"之境就是"逍遥"之境,"无己"之人就是"逍遥"之人。这里的"逍遥"接近于我们今天所说的自由,但与我们通常的"自由"不同。与"自由"相比,它更加接近于"自在"一词。当然它也不是通常意义上的自在,它是"无待"又"无己"的自在。如果要说"逍遥"就是"自由",那这个"自由"必须加上"无待""无己"等限定。与其加这么多限定,不如直接说"逍遥"好了。

这样一种"无待"的逍遥之境,不是一般的世俗之士能够理解的。为了让世俗之士能听明白逍遥之境,庄子不得不为我们展开了大知小知、大年小年的论述。在生物界有不知晦朔的朝菌,有不知春秋的蟪蛄,有以五百岁为春、五百岁为秋的冥灵,也有以八千岁为春、八千岁为秋的大椿;在动物界,有"决起而飞,抢榆枋,时则不至而控于地而已"的蜩与学鸠,有"腾跃而上,不过数仞而下,翱翔蓬蒿之间"的斥鴳,也有"背若太山,翼若垂天之云,抟扶摇羊角而上者九万里,绝云气,负青天,然后图南"的鲲鹏;在人间世,有"知效一官,行比一乡,德合一君,而征一国"的大小官员,也有"举世而誉之而不加劝,举世而非之而不加沮"的宋荣子,还有"御风而行"的列子。这其中庄子浓墨重彩反复描写了鲲鹏,但鲲鹏并不是庄子眼里的逍遥游者,因为它必须凭借风才能飞翔。"风之积也不厚,则其负大翼也无力。故九万里,则风斯在下矣。"庄子借助这么多植物、动物、人物,意在打破世俗之士僵化的思维框架,小鸟不能理解鲲鹏,朝菌不能理解晦朔,俗士不能理解高人,但不能因为前者无法理解就否认后者的存在。庄子为我们展现大知与小知、大年与小年的区别,意在引导我们从有待有己的世俗世界走向无待无己的逍遥境界。如果在《逍遥游》中,庄子齐大知小知、齐大年小年,就无法向我们说清楚那个玄妙的逍遥之境。

在《逍遥游》中，庄子让我们看到了藐姑射之山的"神人"，《齐物论》中也说："至人神矣！大泽焚而不能热，河汉沍而不能寒，疾雷破山飘风振海而不能惊。若然者，乘云气，骑日月，而游乎四海之外。"那么，除了理想中的人物之外，世俗之士能否进入"逍遥"境界呢？答案是肯定的。庄子时常沉浸在逍遥之境，《天下》篇说："（庄子）独与天地精神往来而不敖倪于万物……上与造物者游，而下与外死生无终始者为友。"世俗之士也可以通过"齐物"之法进入逍遥之境。陈柱首先提出《齐物论》是庄子走向"逍遥游"的方法，他说："《逍遥游》者，庄子之目的；而《齐物论》者，庄子之方法也。"①陈静说："《庄子》第一篇《逍遥游》展示了一个自由的人生境界，第二篇《齐物论》告诉我们以'吾丧我'的途径去实现。"②此说甚有道理，需要补充的是：《齐物论》是庄子为世俗之士设计的通往逍遥之境的途径；通观《庄子》全书，除了"吾丧我"的途径之外，还有"心斋""坐忘"等不同途径；这些不同的途径都可以统称为"齐物"。"齐物"也就是"忘物"，陈景元曰："夫齐也者，忘物而在齐也，而未齐者，即有彼我之论焉。"③

在《逍遥游》中庄子讲小大之辨，在《齐物论》中庄子照样承认有小大之辨。苏舆云："天下之至纷，莫如物论。是非太明，足以累心。故视天下之言，如天籁之旋怒旋已，如觳音之自然，而一无与于我。然后忘彼是，浑成毁，平尊隶，均物我，外形骸，遗生死，

① 陈柱著，毕明良校注：《诸子概论》（外一种），第241页。
② 陈静：《"吾丧我"——〈庄子·齐物论〉解读》，《哲学研究》2001年第5期。
③ 方勇：《庄子纂要》（壹），学苑出版社，2018年，第170页。

求其真宰，照以本明，游心于无穷。皆庄生最微之思理。然其为书，辩多而情激，岂真忘是非者哉？不过空存其理而已。"[1]从世俗的视角看，庄子的"齐物"只是一种空存之理；从精神的视角看，庄子为我们营造了一方心灵的净土。庄子说的万物齐一，不是要求我们在实践中去消灭万物的不齐。《孟子·滕文公上》中说："物之不齐，物之情也。"有人据此讨论孟庄思想的不同。其实，对于物之不齐，庄子也同样承认。《秋水》曰："以道观之，物无贵贱；以物观之，自贵而相贱；以俗观之，贵贱不在己。以差观之，因其所大而大之，则万物莫不大；因其所小而小之，则万物莫不小。知天地之为稊米也，知毫末之为丘山也，则差数睹矣。以功观之，因其所有而有之，则万物莫不有；因其所无而无之，则万物莫不无。知东西之相反而不可以相无，则功分定矣。以趣观之，因其所然而然之，则万物莫不然；因其所非而非之，则万物莫不非。"《齐物论》主张可以齐物我、齐物论、齐生死、齐是非，但庄子并不是要求每个人齐物我、齐物论、齐生死、齐是非，庄子的话只是给那些有意求道之士听的，没有"圣人之才"的人听了也白听。彼与是、成与毁、尊与隶、物与我、形与神、生与死是客观存在的不齐，"以道观之"其中的一种角度和方法，此外还有"以物观之""以俗观之""以差观之""以功观之""以趣观之"等不同的角度和方法。其实庄子并不执着于大，也不排除小，在他眼里大小各有其用，《逍遥游》曰："子独不见狸狌乎？卑身而伏，以候敖者；东西跳梁，不辟高下；中于机辟，死于

---

[1] 王先谦：《庄子集解》，中华书局，1987年，第30页。

罔罟。今夫斄牛，其大若垂天之云。此能为大矣，而不能执鼠。"从有用的角度看，庄子认为万物各有自己的用处，无用之用乃是大用。

《齐物论》开篇说："南郭子綦隐机而坐，仰天而嘘，荅焉似丧其耦。颜成子游立侍乎前，曰：'何居乎？形固可使如槁木，而心固可使如死灰乎？今之隐机者，非昔之隐机者也。'子綦曰：'偃，不亦善乎，而问之也！今者吾丧我，汝知之乎？汝闻人籁而未闻地籁，汝闻地籁而未闻天籁夫！'""人籁则比竹是已"是"人籁"的原始意义，把"众窍"比喻为"地籁"是庄子的一种引申。如果我们再做一次引申，"成心"又是与"众窍"对应的"人籁"，也就是人间不齐的万象："大知闲闲，小知间间；大言炎炎，小言詹詹""小恐惴惴，大恐缦缦""是其所非而非其所是""名实未亏而喜怒为用"。在成心的作用下人们争论不休，战斗不已，心力交瘁。只有"齐物"并进一步完成丧我、心斋、坐忘才可以得到精神上的超越，才能够进入逍遥境界。如此，在《齐物论》中，"与接为构，日以心斗""成心""道隐于小成，言隐于荣华""是非之涂，樊然殽乱"等属于人籁范畴，而"吾丧我""道通为一""以明""照之于天"则属于天籁范畴。

"齐物"是一条从人籁进入天籁的必经之路，是一扇从世俗世界进入逍遥之境的必经之门。就像鲲鹏起飞时必须要"水击三千里"之后才能扶摇而上一样，要进入无待的"逍遥"就需要经过齐物这道门，需要在这里放下"我"的一切，忘记万物的差别。《齐物论》中有这样一段话："古之人，其知有所至矣。恶乎至？有以为未始有物者，至矣，尽矣，不可以加矣。其次以为有物矣，而未始有封也。其次以为有封焉，而未始有是非也。是非之彰也，道之所以亏也。"

这里描写了从古之人开始每下愈况的四种境界，有论者提示读者可以倒过来看，第一层境界乃是世俗之境，这是一个是非之地；第二层境界是一个"有封"之境；第三层境界是"有物"之境；第四层境界是"未始有物"之境，也就是"逍遥"之境。只有忘记了是非，忘记了界限，忘记了万物，才能完成"齐物"。

《齐物论》并没有告诉我们进入逍遥之境的具体方法。"形如槁木""心如死灰"，是一位旁观者对"吾丧我"者的观察。齐物的具体方法出现在《人间世》《大宗师》中。《人间世》说："回曰：'敢问心斋。'仲尼曰：'若一志，无听之以耳而听之以心，无听之以心而听之以气！听止于耳，心止于符。气也者，虚而待物者也。唯道集虚。虚者，心斋也。'"在此，庄子把心斋的过程分为三步，第一步听之以耳，第二步听之以心，第三步听之以气。只有进入到第三步才算是完成了"心斋"。《大宗师》说："颜回曰：'回益矣。'仲尼曰：'何谓也？'曰：'回忘仁义矣。'曰：'可矣，犹未也。'他日，复见，曰：'回益矣。'曰：'何谓也？'曰：'回忘礼乐矣。'曰：'可矣，犹未也。'他日，复见，曰：'回益矣。'曰：'何谓也？'曰：'回坐忘矣。'仲尼蹴然曰：'何谓坐忘？'颜回曰：'堕肢体，黜聪明，离形去知，同于大通，此谓坐忘。'"在此，庄子告诉我们，首先要忘掉仁义，其次要忘掉礼乐，然后"堕肢体，黜聪明，离形去知"，进入"坐忘"境界。"齐物"的过程就是一个"忘物"和"忘我"的过程，完成了齐物我、齐物论、齐生死、齐是非就有可能进入无待的逍遥之境。

《逍遥游》意在说明什么是逍遥之境，《齐物论》意在说明如何才能进入逍遥之境。因为两篇文章的目的相异，后者并不否定前者，并未形成一种价值悖论。"至人""神人""圣人"是逍遥之境的永久居住者，世俗之士只有通过"齐物"之法才可能短期停留。齐物是从世俗世界进入逍遥之境的必经之门。齐物的具体方法并不是"吾丧我"，而是心斋和坐忘。

二、齐物与平等之区别

近代以来，自由和平等作为西方的重要价值观而在我国广为流行。也有学者认定中国古代哲学中早已具备自由平等思想，他们通常把《庄子·逍遥游》中的"逍遥"对应为西方的"自由"、把《齐物论》中的"齐物"对应为西方的"平等"。这种比附最早出现在章太炎（1868—1936）的著作中。他在《国学概论》中说："'逍遥游'者，自由也；'齐物论'者，平等也。"[1]在《诸子略说》中说："浅言之，逍遥者，自由之义；齐物者，平等之旨。"[2]这种解读一经提出就不胫而走，风靡学界，在今天几乎已经成为一种定论。陈柱（1890—1944）在《阐庄》中说："《逍遥游》者，绝对自由之旨；《齐物论》者，一切平等之谈也。非一切平等，则必不能绝对自由。"[3]陈鼓应说："庄子的平等观和尼采的发展观不同。庄子的万物平等观念在《齐物论》中有突出表现。"[4]也有学者进一步引申说，庄子的平等思想包括

① 章太炎演讲，曹聚仁整理：《国学概论》，上海古籍出版社，2008年，第30页。
② 章太炎讲演，诸祖耿、王謇、王乘六等记录：《章太炎国学讲演录》，中华书局，2013年，第264页。
③ 陈柱著，毕明良校注：《诸子概论》（外一种），第241页。
④ 陈鼓应：《老庄新论》，商务印书馆，2008年，第484页。

物物平等、物我平等、人我平等、政治平等不同方面，可以对当前的社会建设和国家治理提供有效的借鉴。笔者以为，章太炎提出此论有其特殊的时代和目的，庄子的"逍遥""齐物"和现代社会的自由民主大相径庭，不宜在当代继续沿用"逍遥即自由""齐物即平等"之类提法。鉴于"逍遥"与"自由"之关系已有多位学者进行过讨论，此处仅就章太炎"齐物者平等之旨"谈点自己的看法。

章太炎早年就对《庄子》有深入研究，1908年曾为在日留学生开设《庄子》讲座；1909年他在《国粹学报》上刊登《庄子解诂》；1910年完成了其庄学研究集大成之作《齐物论释》。[1]他把庄子思想归结为"自由平等"四个字。他说："庄子的根本主张，就是'自由''平等'，'自由平等'的愿望，是人类所共同的，无论那一种宗教，也都标出这四个字。……近人所谓平等，是指人和人的平等，那人和禽兽草木之间，还是不平等的。佛法中所谓平等，已把人和禽兽平等。庄子却更进一步，与物都平等了。仅是平等，他还以为未足。他以为'是非之心存焉'，尚是不平等，必要去是非之心，才是平等。"[2]在他看来不仅庄子的主张是自由平等，其他宗教也标榜自由平等。在比较佛法与老庄时，他说："佛法应物，即同老、庄。""大概世间法中，不过平等二字。庄子就唤作'齐物'。"[3]"佛法虽高，不应用于政治社会，此则惟待老庄也。儒家比之，邈焉不相

<hr />

[1] 王小红：《章太炎学术年谱》，见舒大刚主编：《儒藏论坛》第三辑，四川大学出版社，2010年，第78—98页。
[2] 章太炎演讲，曹聚仁整理：《国学概论》，第30—31页。
[3] 章太炎：《论佛法与宗教、哲学以及现实之关系》，见黄夏年主编：《近现代著名学者佛学文集·章太炎集·杨度集》，中国社会科学出版社，1995年，第14—15页。

逮矣。"①当此之时，儒释道三家在他心目中的排序是老庄第一，佛法第二，儒家第三。

　　章太炎是一位民主革命家和社会活动家，也是一位著名的国学大师。戊戌变法前后，康有为撰写了《新学伪经考》《孔子改制考》《大同书》等著作，把孔子描绘成托古改制的祖师爷，试图借古圣来论证变法维新的必要性和合理性。与之相异，章太炎则选择了佛教和老庄学说，特别是庄子的自由平等思想。他在济世大业中最高的追求是"自由平等"，这样的追求也体现在他的学术研究中。他第一个发现庄子思想中蕴含着自由平等观念。他对庄子自由平等观念的推崇达到顶峰时，在《原学》中提出了"经国莫如《齐物论》"②的惊世之论。正如孟琢《齐物论释序》所论："《齐物论释》之根本主旨，在建立自由平等之哲学基础，此亦太炎立言济世之大事因缘也。"③在人类历史上，自由平等作为反对封建主义等级制的思想武器发挥过重要作用。章太炎首次提出庄子思想就是自由平等的思想，有新人耳目的效果。他认为庄子思想远胜康德黑格尔，此论也可以让国人在哲学上提高民族自信心。前引陈柱之语出自其自著的《子二十六论》，王蘧常序曰："此先生所以假老、庄之说以风今之薄世乎？……先生不能自伸其言而假儒、道、墨之言以为讽为励，吾知先生之心尤苦矣。"④据此可知，陈柱进一步将"逍遥""齐物"解释

----

①章太炎：《自述学术次第》，见张九思编：《章太炎自述》，上海人民出版社，2021年，第10页。
②章太炎：《国故论衡》，商务印书馆，2010年，第146页。
③孟琢：《齐物论释疏证》，上海人民出版社，2019年，第7页。
④陈柱著，毕明良校注：《诸子概论》（外一种），第158页。

为"自由""平等"也有变革济世之心。

与此同时，我们也要看到此论出现年代的特殊性，章太炎的论述整体上属于"六经注我"式的研究。章太炎自己也说过他所谓的自在平等与世俗所理解的不同。其《齐物论释序》说："（庄子）维纲所寄，其唯《逍遥》《齐物》二篇，则非世俗所云自在平等也。体非形器，故自在而无对；理绝名言，故平等而咸适。"他在"逍遥者，自由之义；齐物者，平等之旨"前用"浅言之"加以限定，并接着说："其论与寻常论平等者不同，寻常论平等者仅言人人平等或一切有情平等而已。是非之间，仍不能平等也。庄子以为至乎其极，必也泯绝是非，方可谓之平等耳。"①章太炎强调他所谓的"平等"不是世俗所理解的平等，他自己"与寻常论平等者不同"，可惜他的强调并未引起读者的关注和深思。

我们认为现代的自由平等观与庄子精神并不契合。罗祥相认为"逍遥"无法对应西方的"自由"，他说："庄子哲学与西方哲学家的哲学理论，毕竟在概念内涵、思想重点以及思想的时代背景乃至对世界的经验和思考方式等方面，都存在着一些根本性的差异……勉强构造一些不恰当的思想联系，只会将传统哲学思想混同于西方哲学的某个理论，使其变成西方哲学的注脚，丧失其独特的理论意义和价值。"②不仅"逍遥"无法对应"自由"，"齐物"也无法对应现代的"平等"。今天我们所说的平等是一种社会价值，它认定一个社会

---

① 章太炎讲演，诸祖耿、王謇、王乘六等记录：《章太炎国学讲演录》，第264页。
② 罗祥相：《庄子"命"与"逍遥"思想辩证》，《哲学研究》2016年第4期。

中的全部成员，都应当有平等的政治地位和社会地位。庄子的齐物思想与现代平等观之间的区别甚为明显。首先，二者包含的范围不同：庄子的"齐物"就是平齐万物或者万物齐一。《齐物论》说："天地与我并生，万物与我为一。"现代平等观主张社会科学领域内的平等，包括社会成员之间的政治平等、人格平等、男女平等、经济平等等。庄子"齐物"的范围更加广泛，包括了人与自然的关系，而现代的平等主要是指人与人的关系。其次，二者的受众的不同：庄子的"齐物"所面对的是个体，庄子哲学主要针对士阶层，以隐士为中心，也兼顾士大夫阶层。而现代平等观面向社会上的一切公民。当代西方的平等也是一个法律原则，即主张在法律面前人人平等。再次，二者的目的不同：庄子的"逍遥"为人们描绘了一个"无待"的精神世界。庄子的"齐物"意在指出进入"逍遥"境界的途径。因此，"齐物"只是一种主观意念而已，有人认为它类似于一种冥想术。而平等是公民为之奋斗的终极的价值追求，现代平等观要求人们去认识世界、改造社会，为了实现平等要进行必要变革，不同的理论家都试图提出具有可操作性的理论。需要补充的是，佛法中"众生平等"理念和现代平等观的意义也不一样。佛法中的"众生平等"是指众生法性平等，佛对众生的慈悲心平等，众生在因果规律面前人人平等，并不是说众生的政治地位和社会地位应该平等。

　　笔者以为类似于"道""命""逍遥""齐物"这样的中国古代哲学概念，无法也没有必要硬译为现代汉语。"逍遥""齐物"与现代社会中的自由平等或许有若干的相似之处，但它们绝对不能完全等同，等同起来就容易引起误解和混淆。章太炎当年以西方自由平等观念解读《庄子》，虽然有其特殊的目的和意义，但与庄子思想的实际并不相符。这样的解读表面上提升了庄子哲学的理论高度，增强了庄子思想的现代性，其实是一种对庄子学说的曲解。为了救世而拔高《庄子》，其心可鉴，其情可感，然而从学术研究的角度判断，其理却值得商兑。

第二章　庄子的全德境界

　　全德境界是与逍遥境界并列的庄子两大精神境界。"全德"一词出现在《庄子·德充符》中。《德充符》曰："仲尼曰：'……形全犹足以为尔，而况全德之人乎！……是必才全而德不形者也。'"《庄子》的"德"不是我们日常所说的伦理道德之德，它是指人与物本来具有的天生的本性和才质，接近于"性"而等同于"才"。《在宥》曰："闻在宥天下，不闻治天下也。在之也者，恐天下之淫其性也；宥之也者，恐天下之迁其德也。天下不淫其性，不迁其德，有治天下者哉！"可知"性"近于"德"。《德充符》中用"才全"等同于"全德"。藏云山房主人曰："才即德也，非才之外又有德也。"[1]钟泰说："'全德'，全其所禀于天之德也。……'才全'即德全。易'德'曰'才'者，以接云'德不形'，不可用两德字，故不得不变其文也。"[2]我们姑且把全德之人所达到的精神境界称之为全德境界。与逍遥境界相比，全德境界至今缺乏系统而全面的研究。笔者以为庄子的全德境

---

[1]方勇：《庄子纂要》（贰），第756页。
[2]钟泰：《庄子发微》，上海古籍出版社，2002年，第121页。

界包括两大要素，分别是用心若镜和与物为春，两大要素的交织构成了德之和境界。以下拟就庄子全德境界之构成略陈己见，就教于大方之家。

一、用心若镜

庄子把纷纭复杂的世界一分为二，一是人力无法改变的，一是人力可以改变的。对于前者，庄子提出了用心若镜的应对方式。《应帝王》曰："至人之用心若镜，不将不迎，应而不藏，故能胜物而不伤。"此处的用心若镜虽然是针对至人说的，同时，它也是全德之人的精神追求。所谓用心若镜，就是不管世界如何纷扰复杂，不论命运如何流变转移，任何事情的纷扰和命运的流变都不能扰乱主观精神世界的宁静，主体精神境界始终如同镜子一样澄明无波。云起云散，花开花落，人来人往，来者不拒，去者不留，应而不藏，与物无伤。

《德充符》曰："知不可奈何而安之若命，唯有德者能之。"命是庄子哲学的重要概念之一。什么是命？庄子在不同的篇章有不同的定义。《德充符》曰："死生存亡，穷达贫富，贤与不肖毁誉，饥渴寒暑，是事之变、命之行也，日夜相代乎前，而知不能规乎其始者也。故不足以滑和，不可入于灵府。"李腾芳曰："是十六者皆事理之变化，天命之流行，留之不停，推之不去，日夜相代于吾前，适与吾遇，虽仙佛鬼神，绝力至智，不能违也。谁能测其所由始哉？故不可以滑和，不可使入于灵府。灵府者，精神之宅也。至足者，不以忧患惊神，故曰'不可入于灵府。'"①庄子所说的"死生存亡"等十六种，再加上"日夜"两种，共十八种事物，它们皆属于"事之变、命之行"之范畴。大地上日夜交替、寒暑易节，个体生命之死生存亡，皆属于自然运行的规律。毁誉是个体无法掌握的社会舆论，饥渴是动物的生理需要，它们都属于不可奈何之事，生命个体只能在理性认知中安之任之。"故不足以滑和"的"和"，是庄子德性精神的重要概念。"和"在《德充符》中多次出现，"游心乎德之和""德者，成和之修"中的"和"，与此处"滑和"的"和"意思相同。"滑和"是对"和"的扰乱。庄子认为不能让不可奈何之事扰乱了心中之"和"。"不可使入于灵府"，事理之变化、命运之流行不可影响到精神世界的平静，这也就是我们所说的"用心若镜"。无独有偶，据《坛经》载，神秀偈曰："身是菩提树，心如明镜台。时时勤拂拭，勿使惹尘埃。"慧能偈曰："菩提本无树，明镜亦非台。本来无一物，何处惹尘埃?"②两人都用明镜来指代心灵世界，都涉及到修禅与明镜之间的关系。足见庄子的用心若镜之说，孤明先发，影响深远。

用心若镜要求士人放弃世俗之情。《德充符》曰："惠子曰：'既谓之人，恶得无情?'庄子曰：'是非吾所谓情也。吾所谓无情者，言人之不以好恶内伤其身，常因自然而不益生也。'惠子曰：'不益生，何以有其身?'庄子曰：'道与之貌，天与之形，无以好恶内伤其身。'"庄子到底是一个有情之人还是一个无情之人? 这一段话中，

---

① 方勇：《庄子纂要》（贰），第755页。
② 鸠摩罗什等：《佛教十三经》，中华书局，2010年，第96—97页。

庄子强调的是无情。此处的无情也就是用心若镜。世俗之情不仅影响人的身体，也影响着人的心灵世界。人不能以好恶内伤其身，自然更不能以好恶内伤其心。当庄子说"是非吾所谓情也，吾所谓无情者"时，他把情分为"吾所谓情""吾所谓无情"两种状态。在世人看起来庄子无情的外表下，其实有自己的深情。

面对万丈红尘、名缰利锁，庄子举起"用心若镜"这把利剑，把自己与眼前的世界一刀两断。《逍遥游》曰："宋荣子犹然笑之。且举世而誉之而不加劝，举世而非之而不加沮，定乎内外之分，辩乎荣辱之境。"此时的宋荣子做到了用心若镜。用心若镜者能够超越外物的束缚，随变任化，淡然自若。"用心若镜"是通往全德境界的第一步，也是重要一步。说起来容易，做起来很难。如果不能做到"用心若镜"就不能正确面对客观世界，更不能正确面对"事之变、命之行"对心灵世界的冲击。

二、与物为春

对于人力可以改变的事物和社会现象，庄子提出的应对方法是与物为春。徐复观在《中国艺术精神》中认为庄子对中国古代艺术精神有重要影响。他说："（与物为春）是最高的艺术精神，与最高的道德精神，自然地互相涵摄。"[①]把庄子的"与物为春"视为一种最高的道德精神，这一评价发前人所未发，启后人之心智。惜乎，此

---

① 徐复观：《中国艺术精神》，华东师范大学出版社，2001年，第55页。

后学界对庄子"与物为春"思想的阐发，大多着眼于艺术精神、美学意义，缺少对道德境界的论析。陈鼓应说："'与物为春'是写心对物的观照所产生的美境。《庄子》内篇言'心'多达40余处，我个人最赞赏的莫过于'与物为春'及'乘物以游心'所呈现的审美意境。"[①]需要说明的是，这里的"道德精神"一词容易产生歧义，因为儒家的道德和道家的道德名同而实异。道家以为德是道在人间世的落实，道和德有联系也有区别，因本章所讨论的只是庄子之德，故用"全德"代替了"道德"一词。此外，我们认为德性精神是庄子的本义，而最高的艺术精神和审美意境则属于后人的引申，属于第二义。学界的现状是在第二义研究上硕果累累，在第一义研究上较为缺乏。

"不以好恶内伤其身，常因自然而不益生"，是一个无情的世界，与之相对，还有一个有情的世界。这个有情世界表现为"与物为春"。与物为春是庄子全德精神境界的核心和灵魂。事之变、命之行，不以人的意志为转移。用心若镜是不得已而采用的一种方法，不如此就不能保护主体内在的本然之序；与物为春则是生命主体自觉自愿之选择。不论外界如何喧嚣杂乱，生命主体灵府中春和景明的状态不曾改变。《德充符》曰："使之和豫，通而不失于兑；使日夜无郤而与物为春，是接而生时于心者也。"通过"和豫"与内外沟通，"和豫"即和乐之意，只有"和豫"才能通畅。"和豫""兑""春"三

---

① 陈鼓应：《〈庄子〉内篇的心学（下）——开放的心灵与审美的心境》，《哲学研究》2009年第3期。

个词都含有精神愉悦的成分。成玄英疏"通而不失于兑"曰："兑，遍悦也。体穷通，达生死，遂使所遇和乐，中心逸豫，经涉夷险，兑然自得，不失其适悦也。"又疏"与物为春"曰："慈照有生，恩沾动植，与物仁惠，事等青春。"[1]林云铭曰："于八卦内取出兑字，于四时内取出春字，总写出一团和气，内外如一，使人可亲。"[2]虽然外在世界充满了艰难险阻，个体生命面临着明枪暗箭，但修德者在"经涉夷险"中时刻保持着精神世界的和乐状态。庄子对人生的艰险有着深刻的认识。《齐物论》曰："一受其成形，不忘以待尽。与物相刃相靡，其行尽如驰，而莫之能止，不亦悲乎！终身役役而不见其成功，苶然疲役而不知其所归，可不哀邪！人谓之不死，奚益！其形化，其心与之然，可不谓大哀乎？人之生也，固若是芒乎？其我独芒，而人亦有不芒者乎？""方其梦也，不知其梦也。梦之中又占其梦焉，觉而后知其梦也。且有大觉而后知此其大梦也，而愚者自以为觉，窃窃然知之。君乎，牧乎，固哉！丘也与女，皆梦也；予谓女梦，亦梦也。"《知北游》曰："人生天地之间，若白驹之过郤，忽然而已。"面对时光之飘忽，人生之浮沉，生活之困窘，庄子没有选择消极退让、自暴自弃，庄子心中自有一个春日和煦的世界。外在世界的万千变化无法入侵冲击他的心灵世界。没有强大的精神动力，就无法在"独与天地精神往来"时保持精神状态的宁静与和豫。

李腾芳曰："和性不滑，灵府闲豫，则虽涉乎至变，而不失其兑

---

[1] 郭庆藩：《庄子集释》，第196页。
[2] 林云铭：《庄子因》，华东师范大学出版社，2011年，第60页。

悦之常。彼日夜相代于吾前而不停，吾亦日夜与之适焉而无郤，物来斯应，色色皆春，物接则时生，时生则事起，其机在接，而不在我，此是何等学问，何等涵养。"①宣颖曰："随物所在，皆同游于春和之中。"②物之接、事之变、命之行，莫不惊心动魄、难以逆料，修德者需要始终保持着和豫之心、兑悦之常。"其机在接，而不在我"，此说似乎显得较为被动，其实面对万物、面对他人，庄子并不是一味地被动承受，庄子也会选择主动出击。在现实生活中，庄子笑傲王侯，绝不与统治者合作。《缮性》曰："故不为轩冕肆志，不为穷约趋俗。"庄子常在大自然的怀抱中流连忘返。《知北游》曰："山林与！皋壤与！使我欣欣然而乐与！乐未毕也，哀又继之。哀乐之来，吾不能御，其去弗能止。悲夫，世人直为物逆旅耳！"《秋水》载："庄子钓于濮水，楚王使大夫二人往先焉，曰：'愿以境内累矣！'庄子持竿不顾，曰：'吾闻楚有神龟，死已三千岁矣，王巾笥而藏之庙堂之上。此龟者，宁其死为留骨而贵乎？宁其生而曳尾于涂中乎？'二大夫曰：'宁生而曳尾涂中。'庄子曰：'往矣！吾将曳尾于涂中。'"《秋水》又载，庄子与惠子游于濠梁之上。庄子曰："儵鱼出游从容，是鱼之乐也。"在同时代的哲人当中，还没有人像庄子这样徜徉在大自然的怀抱中，恩沾动植，与物仁惠。

何如潍曰："夫和顺积而英华发，薰其德者，如坐春风，如饮醇醪，其于昂藏奇伟之士，爱而慕之，当更十倍。"③庄子的"与物为

---

① 方勇：《庄子纂要》（贰），第755页。
② 宣颖：《南华经解》，广东人民出版社，2008年，第44页。
③ 方勇：《庄子纂要》（贰），第684页。

春"不仅表现为他对自然万物的挚爱，也表现在对他人的爱。《则阳》曰："旧国旧都，望之畅然；虽使丘陵草木之缗，入之者十九，犹之畅然。"庄子爱恋脚下的大地，更爱这片土地上的生民。《庄子》书中写到了很多畸形人，最集中出现在《德充符》中，其中有兀者王骀、申徒嘉、叔山无趾，有恶人哀骀它、闉跂支离无脤、瓮㼜大瘿，此外还有《养生主》中的右师、《人间世》中的支离疏、《大宗师》中的子舆、《达生》中的痀偻丈人、《至乐》中的支离叔等。《德充符》说："德有所长而形有所忘，人不忘其所忘而忘其所不忘，此谓诚忘。"与德性相比，形体是可以忽略的。一个畸形人，一个丑陋者，只有拥有了道德的光辉，就可以照耀别人温暖别人。庄子还写了解牛的庖丁、斫轮的轮扁、承蜩的痀偻等生活在社会下层的人，他们因能够熟练操作某种技艺而对道有了一定的领悟。庄子自己不愿意出仕，但在《人间世》中，他为那些方内之士设计了处世方略，告诉他们如何与暴君相处，如何做好一个外交官，如何去做太子之师。以上无不体现出庄子的深情与大爱。

庄子以和煦之心应对万物之变。如果说用心若镜是一种被动防御，那么与物为春则是一种主动行为。胡文英曰："庄子眼极冷，心肠极热。眼冷故是非不管，心肠热故感慨无端。虽知无用而未能忘情，到底是热肠挂住。虽不能忘情而终不下手，到底是冷眼看穿。……庄子最是深情。"[1]这段话恰好说明庄子既是一个无情之人又是一个深情之人。庄子眼极冷，故用心若镜，是非只映照于心而

---

[1]胡文英：《庄子独见》，华东师范大学出版社，2011年，第6页。

不能影响心境；庄子心肠最热，故与物为春，对物对人充满了满腔热忱。这里的"终不下手"有只说不练之嫌，其说或可商兑。应该说庄子下手的方式与儒墨不同，拒绝与统治者合作也是一种下手的方式。

三、游心乎德之和

以用心若镜的平静之心去阻止外物的纷扰，用与物为春的和豫之心去接人待物。用心若镜和与物为春两大要素的融合，最终进入"游心乎德之和"的境界，也就是全德境界。《德充符》曰："平者，水停之盛也。其可以为法也，内保之而外不荡也。"成玄英疏曰："停，止也。而天下均平，莫盛于止水。""夫水性澄清，鉴照于物，大匠虽巧，非水不平。故能保守其明而不波荡者，可以轨辙工人，洞鉴妍丑也。"[1]此处庄子以水喻德。水平，水已满；水停，水已止。只有澄水如镜才可以鉴物。《德充符》曰："仲尼曰：'人莫鉴于流水而鉴于止水，唯止能止众止。'"那些屡经事变而依然保持内心宁静没有波澜的人，可以成为世人的楷模。这样的人就是庄子心目中的全德之人。"内保之而外不荡"，在内保持德充状态，在外并不去张扬炫耀其德。荡漾其德者必非全德之人。《人间世》曰："且若亦知夫德之所荡而知之所为出乎哉？德荡乎名，知出乎争。名也者，相轧也；知也者，争之器也。二者凶器，非所以尽行也。"此处说"德

---

[1] 郭庆藩：《庄子集释》，第197页。

荡乎名，知出乎争"，名与争互文见义，其实引起内心荡漾的不止是名和争，在庄子哲学中也包括一切足以引起内心动荡的外物和事件。所谓的"德不形"是说已经具备全德者并不去表现其德。《老子》第十七章曰："功成事遂，百姓皆谓：'我自然。'"这里说的是百姓与圣人的关系。全德者虽然不是圣人，但他也以圣人为楷模。全德者希望所有的成就在百姓看来是通过自己的努力自然达到的，并不是有全德者的协助才取得成功。

《德充符》曰："德者，成和之修也。"成玄英疏曰："夫成于庶事，和于万物者，非盛德孰能之哉！必也先须修身立行，后始可成事和物。"[1]全德境界就是"和"的境界。"和"是主体致力追求的理想精神状态。在孔子的道德系统中，最重要的道德是仁义礼智四端，到了宋儒手中，他们认为仁居于总摄之位。朱熹《仁说》曰："天地以生物为心者也，而人物之生，又各得夫天地之心以为心者也。故语心之德，虽其总摄贯通，无所不备，然一言以蔽之，则曰仁而已矣。……故人之为心，其德亦有四，曰仁、义、礼、智，而仁无不包。"[2]"和"在庄子的德性思想体系中，居于总摄之位。用心若镜和与物为春都属于"成和之修"的一部分，等到完成了成和之修后，就可以达到"游心乎德之和"的境界。孔子的仁，以克己复礼为目标；庄子的和，以与物为春为鹄的。站在庄子的角度看，仁义道德系统与全德系统水火不容。《大宗师》曰："颜回曰：'回益矣。'仲尼

---

[1] 郭庆藩：《庄子集释》，第197页。
[2] 朱熹撰，朱杰人等主编：《朱子全书》第二十三册，上海古籍出版社、安徽教育出版社，2002年，第3279页。

曰:'何谓也?'曰:'回忘仁义矣。'曰:'可矣,犹未也。'他日,复见,曰:'回益矣。'曰:'何谓也?'曰:'回忘礼乐矣!'曰:'可矣,犹未也。'他日,复见,曰:'回益矣!'曰:'何谓也?'曰:'回坐忘矣。'仲尼蹴然曰:'何谓坐忘?'颜回曰:'堕肢体,黜聪明,离形去知,同于大通,此谓坐忘。'"如果要进入道家思想境界首先要抛弃儒家思想,仁义礼乐首当其冲。《德充符》把孔子称为"天刑"之人。在《庄子》外杂篇中,庄子后学对儒家仁义学说进行了辛辣讽刺。《胠箧》曰:"跖之徒问于跖曰:'盗亦有道乎?'跖曰:'何适而无有道邪!'夫妄意室中之藏,圣也;入先,勇也;出后,义也;知可否,智也;分均,仁也。五者不备而能成大盗者,天下未之有也。"庄子视仁义之道为强盗哲学。《天运》曰:"商大宰荡问仁于庄子。庄子曰:'虎狼,仁也。'曰:'何谓也?'庄子曰:'父子相亲,何为不仁?'曰:'请问至仁。'庄子曰:'至仁无亲。'……庄子曰:'……夫孝悌仁义,忠信贞廉,此皆自勉以役其德者也,不足多也。'"庄子把仁义孝悌等同于"役其德者"。庄子的"和"是一种包容万物的精神境界,儒墨的是非、世俗的功名一概被庄子摒弃在外。

"德不形者,物不能离也",是全德境界所产生的效果。郭象注曰:"无事不成,无物不和,此德之不形也。是以天下乐推而不厌。"成玄英疏曰:"夫明齐日月而归明于昧,功侔造化而归功于物者,此德之不形也。"[1]通常我们把儒家看成积极入世者,把道家视为消极出世者。这是因为我们只是看见了庄子的冷酷,没有看到庄子的热情。

---

[1] 郭庆藩:《庄子集释》,第197—198页。

庄子并不拒绝事功，成玄英所说的"齐日月"之明、"侔造化"之功，这样的功业是政治领域的成功。政治领域也在庄子关注的范围，《应帝王》提出帝王应该"游心于淡，合气于漠，顺物自然而无容私焉"。不过，联系庄子本人的行为，联系《德充符》中的畸形人，庄子所谓的事功似乎并不是齐日月侔造化那样的大功，比较起来，郭象所说的"无事不成，无物不和"更加贴切。庄子道德思想所成就的功主要在于为世人指出了逍遥境界和全德境界，解决了历代士人精神归宿问题。一个具备了全德的人，能够在德之和的境界中游刃有余，《德充符》为我们塑造了王骀、哀骀它这样的典型：鲁国的兀者王骀，从之游者与孔子相若，他能够辨乎内外之境，死生之变，天地翻覆，不能入其心灵，他已经达到了将要择日"登假"的高度，将从一个俗人高升为至人行列。卫国的恶人哀骀它，"丈夫与之处者，思而不能去也。妇人见之，请于父母曰'与为人妻宁为夫子妾'者，十数而未止也"。"今哀骀它未言而信，无功而亲，使人授己国，唯恐其不受也，是必才全而德不形者也。"王骀本来是一个罪犯，哀骀它是一个奇丑之人，经过修德变成了德充之人。他们虽然从来不去标榜自己，但他们道德的光辉映照着周围的人，大家无不忘其形而慕其德，被他们的德性光辉所吸引而无法忘怀。

四、逍遥境界与全德境界

《庄子》一书为我们展现了两大精神境界，一是逍遥境界，一是全德境界。逍遥境界是道的理想境界，全德境界是德的最高境界。

庄子继承了《老子》的道德观，《老子》第二十一章曰："道之为物，惟恍惟惚。惚兮恍兮，其中有象；恍兮惚兮，其中有物。窈兮冥兮，其中有精；其精甚真，其中有信。"道不可见，不可触摸，但它真实可信。《老子》同章又曰："孔德之容，惟道是从。"在老庄思想中，道在上，德在下，两者之间关系紧密，德是道在现实世界的落实。

逍遥境界是道的化身。逍遥境界首次展现在《逍遥游》中："若夫乘天地之正，而御六气之辩，以游无穷者，彼且恶乎待哉！故曰，至人无己，神人无功，圣人无名。"逍遥境界是无待的境界，也是无己、无功、无名的境界。《应帝王》中无名人曰："予方将与造物者为人，厌，则又乘夫莽眇之鸟，以出六极之外，而游无何有之乡，以处圹埌之野。"逍遥境界乃在"无何有之乡""圹埌之野"。这是庄子幻想中的理想世界，世界上本没有这样的地方。逍遥境界能够让个体精神获得绝对的自由，后代无数文人津津乐道、引领而望。全德境界是庄子德性的最高境界。"游心乎德之和"境界者虽然没有达到道的境界，但其中像王骀这样的高士已经无限接近了道的境界。

游于逍遥境界的是至人、神人、圣人、真人。《逍遥游》说藐姑射之山的神人"肌肤若冰雪，绰约若处子"，《齐物论》说："（至人）乘云气，骑日月，而游乎四海之外。死生无变于己，而况利害之端乎！"又曰："圣人不从事于务，不就利，不违害，不喜求，不缘道；无谓有谓，有谓无谓，而游乎尘垢之外。"《大宗师》曰："天与人不相胜也，是之谓真人。"以上至人、神人、圣人、真人都是庄子的理想人格，在现实世界中并不存在。《大宗师》曰："南伯子葵问乎女偊曰：'子之年长矣，而色若孺子，何也？'曰：'吾闻道矣。'南伯子葵曰：'道可得学邪？'曰：'恶！恶可！子非其人也。'"道不是人人可学的，只有具备圣人之才或圣人之道才可以修道。作为一个世俗之士如果要窥视逍遥游境界，可以通过"吾丧我""心斋""坐忘"等类似于气功修炼的方法，短暂体验到逍遥境界的神奇。与逍遥境界不同，全德境界乃是任何一种世俗之人皆可以达到的精神境界。只要是世俗之人就难以割裂与他人与世界的关系，是故全德境界比逍遥境界更接地气，更有现实意义。哪怕你曾经是一个罪犯，哪怕世人都嫌弃你的丑陋，只要你敢于正视自己，能够做到用心若镜，随变任化，淡然自若，能够用和豫的情感对待万事万物，那么，你就可以达到"游心乎德之和"的精神境界。庄子是逍遥境界的缔造者，也是全德境界的践行者。读《庄子》，我们不难体会到庄子对所触之物的仁惠之心，对所接之人的和豫之心。

逍遥境界是一个精美的理想世界，全德境界是理想世界在人间世的落实；逍遥境界中的至人、神人、圣人、真人，是庄子的理想人格，全德境界中的王骀、哀骀它是现实世界中的普通人，他们就活跃在我们身边。逍遥境界是精神的绝对自由境界，属于理想人格境界；全德境界面向所有的修德者开放，为普通人挣脱形体之束缚、洞彻生命之价值指出了前行的方向。对逍遥境界，历代的士人关注已经足够多，影响足够深远；对全德境界，读者的关注不够多，往往会把《德充符》解读为庄子对德与形的关系的探究，以为《德充符》是庄子唱给兀者和恶者们的颂歌，较少关注到庄子全德境界的思想意义。不论在什么时代，庄子的全德思想对修德者而言都不会过时。在物质文明高度发达的现代社会，庄子和他的全德境界依然具有一定的参考价值。庄子给我们的启示不应该仅仅停留在心理学层面上，也应该渗透到我们的精神世界中。

概言之，《庄子》一书展现了两大精神境界：逍遥境界与全德境界。逍遥境界是道的理想境界，全德境界是德的最高境界。全德境界是逍遥境界在人间世的落实，它集中反映了庄子的德性思想。构成全德境界的要素有二：一是用心若镜，一是与物为春。用心若镜是把自己的心灵世界与外在世界中的事之变、命之行完全隔离开来，外在世界的风云变幻无法影响到灵府的宁静；同时，内在精神世界在应对外物时，始终保持着与物为春的和豫状态。由用心若镜的平静和与物为春的和豫交织而完成成和之修，最终进入到"游心乎德之和"的境界。逍遥境界与全德境界既是相通的，又各有其不同的作用和影响。

第三章　《德充符》之"德"

　　相较于《逍遥游》和《齐物论》，学界对《德充符》关注一直偏少。在有关《德充符》之"德"的研究中，论者多以《德充符》原文为顺序，依次对三个兀者和三个恶人的寓言故事进行解析归纳，未能把庄子对"德"的阐论看成一个整体加以研究。笔者认为，《德充符》对"德"的概念有体系严密的论述。"德"的基本内涵是"知（其）不可奈何而安之若命"的处世原则，这一处世原则需要通过心的修行不断内化，并臻于"游心乎德之和"的境界。为了达成"成和之修""游心乎德之和"的修行与境界，庄子主张"忘形"与"无情"。庄子的"德论"不仅涉及灵府层面和形骸层面，也间接涉及精神层面。从"德"与"道"的关系看，德是庄子之道在现实世界的落实。

一、"德"的基本内涵

　　"知（其）不可奈何而安之若命"两次出现在《庄子》内篇中，足见庄子对这一命题的看重。《人间世》中仲尼曰："天下有大戒二：

其一，命也；其一，义也。子之爱亲，命也，不可解于心；臣之事君，义也，无适而非君也，无所逃于天地之间。是之谓大戒。是以夫事其亲者，不择地而安之，孝之至也；夫事其君者，不择事而安之，忠之盛也；自事其心者，哀乐不易施乎前，知其不可奈何而安之若命，德之至也。为人臣子者，固有所不得已。"《德充符》中申徒嘉曰："自状其过以不当亡者众，不状其过以不当存者寡。知不可奈何而安之若命，唯有德者能之。游于羿之彀中。中央者，中地也；然而不中者，命也。"庄子认为"知（其）不可奈何而安之若命"是"德之至也""惟有德者能之"，在这里，庄子给出了"德"的基本内涵。

（一）"不可奈何"

在这一点上，《人间世》和《德充符》划出的范围明显不同。《人间世》的"不可奈何"是作为"天下之大戒"的命和义："子之爱亲，命也""臣之事君，义也"。郭象注曰："知不可奈何者命也而安之，则无哀无乐，何易施之有哉！故冥然以所遇为命而不施心于其间，泯然与至当为一而无休戚于其中，虽事凡人，犹无往而不适，而况于君亲哉！"[1]《人间世》中的天下大戒乃是事君事亲，要求臣忠子孝，这显然是儒家的要求。释德清曰："《庄子》全书皆以忠孝为要名誉，丧失其天真之不可尚者，独《人间世》一篇，则极尽其忠孝之实一字不可易者，谁言其人不达世故，而恣肆其志耶？且借重孔子之言

---

[1] 郭庆藩：《庄子集释》，第145页。

者，曷尝侮圣人哉？盖学有方内方外之分。在方外，必以放旷为高，特要归大道也。若方内，则与君臣父子之分，一毫不敢假借者，以世之大法不可犯也。"①庄子对孔子的态度，我们在后面再说。正如释德清所说，庄子把学分为方内之学和方外之学，相应地，士也有方内之士和方外之士。方内之士也就是世俗之士，在此指士大夫阶层。《人间世》是专门为方内之士所设计的人生道路。这样的"天下之大戒"只属于士大夫阶层，庄子及方外之士并不受此羁绊。

与《人间世》不同，《德充符》是针对世间所有人而言的，特别是针对社会底层民众而言的。《德充符》借仲尼之口曰："死生存亡，穷达贫富，贤与不肖毁誉，饥渴寒暑，是事之变、命之行也，日夜相代乎前，而知不能规乎其始者也。"郭象注曰："其理固当，不可逃也。故人之生也，非误生也；生之所有，非妄有也。天地虽大，万物虽多，然吾之所遇适于是，则虽天地神明，国家圣贤，绝力至知而弗能违也。故凡所不遇，弗能遇也，其所遇，弗能不遇也；凡所不为，弗能为也，其所为，弗能不为也。"②陈深曰："死生、存亡、穷达、贫富、贤不肖、毁誉、饥渴、寒暑，此十六者，人事之变，命运之定，一毫智巧规划之私，不得容于其初者。"③李腾芳曰："是十六者，皆事理之变化，天命之流行，流之不停，推之不去，日夜相代于吾前，适于吾遇，虽仙佛鬼神，绝力至智，不能违也。"④在

①方勇：《庄子纂要》(贰)，第580页。
②郭庆藩：《庄子集释》，第195页。
③方勇：《庄子纂要》(贰)，第754页。
④方勇：《庄子纂要》(贰)，第755页。

这里，不可奈何之事不再是臣之事君这样的儒学伦理，它涵盖了寒暑易节之四季运行，个人际遇之穷达与贫富，个体道德之贤与不肖，生命本体之死生存亡等。与它们相关的天理和天命在日夜变化运行，皆不是人力可以规划的，也不是人力能够逆违的。李腾芳强调道"虽仙佛鬼神，绝力至智，不能违"，虽溢出了庄子言说的范围，但并没有违背庄子的意思。

（二）"安之若命"

"命"是庄子哲学的重要概念，有学者指出："命在《庄子》一书中，凡82见，是一个义涵极其丰富的思想范畴……庄子之'命'，一字而含四义，是一个由天命所统摄，由天命而生命、而性命、而运命，命命相贯通、相联系的一个整体。"[①]《德充符》曰："游于羿之彀中。中央者，中地也；然而不中者，命也。"后羿是天下第一射手，游于羿之彀中被射中是必然的，射不中是偶然的。这里的"命"具有偶然性。《大宗师》曰："死生，命也，其有夜旦之常，天也。"人有生有死、地球上有白天有黑夜，这都是天命。此处的"命"具有必然性。不论是偶然性的命还是必然性的命，对于生命个体来说，一律无法抗拒也无法改变。

除了直接标明的"命"之范围外，人间所有的"不可奈何"之事皆属于命的范围。郭象注："夫命行事变，不舍昼夜，推之不去，留之不停。""是以知命之必行，事之必变者，岂于终规始，在新恋

---

① 罗祥相：《庄子"命"与"逍遥"思想辩证》，《哲学研究》2016年第4期。

故哉？虽有至知而弗能规也。逝者之往，吾奈之何哉！"①成玄英疏："夫为道之士而自安其心智者，体违顺之不殊，达得丧之为一，故能涉哀乐之前境，不轻易施，知穷达之必然，岂人情之能制！是以安心顺命，不乖天理。自非至人玄德，孰能如兹也！"②陆西星曰："游于羿之彀中而不中，亦有命焉。君子知其有命，一切委之自然，而不以死生利害易乎其念。"③作为生命的个体，愿意顺从也得顺从，不愿意顺从也得顺从。在天命面前，个人的一切谋划都是幼稚可笑的，个人的一切反抗挣扎都是徒劳无功的。那么，最明智的态度就是安心顺命，不违天理。《德充符》中的王骀、叔山无趾、申徒嘉都是庄子"安之若命"思想的践行者。

《德充符》之"德"可概括为"安之若命"的处世原则。它不仅是《德充符》之"德"的基本内涵，也是庄子"德论"的理论基点。

二、德与灵府——成和之修

成玄英疏"灵府"曰："灵府者，精神之宅，所谓心也。"④所以在本章中我们把心灵称之为"灵府"。"安之若命"的重点在于生命个体如何在"灵府"中接纳和安放不可奈何之事。成玄英疏"安之若命"曰："若，顺也。夫素质形残，禀之天命，虽有知计，无如之

①郭庆藩：《庄子集释》，第195页。
②郭庆藩：《庄子集释》，第145页。
③方勇：《庄子纂要》（贰），第680页。
④郭庆藩：《庄子集释》，第196页。

何，唯当安而顺之，则所造皆适。自非盛德，其孰能然！"[1]"安之若命"也可以表述为"安时而处顺"，《养生主》曰："适来，夫子时也；适去，夫子顺也。安时而处顺，哀乐不能入也。""德充"者对天命安之顺之，哀乐不入于心中。

"德充"的重要标志是"和"，"和"在《德充符》中反复出现。最值得读者重视的有二，一是"德者成和之修也"，二是"游心乎德之和"。两者正好说明了修德的不同阶段，"成和之修"表明修德者正在修行的过程中，"游心乎德之和"意味着修德者已经完成了"成和之修"，可以进入"德充符"之境了。这里的"和"有两层意思，一是平和，一是和豫。平和也就是平静，要求修德者心中平静如水。《养生主》曰"哀乐不能入"，《德充符》曰"不可入于灵府"。前引郭象之言曰："无哀无乐"，"冥然以所遇为命而不施心于其间，泯然与至当为一而无休戚于其中"。成玄英疏"不可入于灵府"曰："经寒暑，涉治乱，千变万化，与物俱往，未当概意，岂复关心耶！"[2]王敔曰："与物方接之时，即以当前之境，生其合时之宜，不豫设成心以待之也。"[3]哀乐的情绪不会流露在外，也不会停留在自己的心上。《应帝王》曰："至人之用心若镜，不将不迎，应而不藏，故能胜物而不伤。"是故，我们可以把"灵府"也理解为一面镜子，把"安之若命"理解为一种照镜子式的行为。镜子表面上迎来送往，但镜子始

---

① 郭庆藩：《庄子集释》，第183—184页。
② 郭庆藩：《庄子集释》，第196页。
③ 王敔系王夫之之子，他在王夫之《庄子解》中插入了自己的增注。王敔注文见王夫之：《庄子解》，中华书局，2009年，第126页。

终不将不迎，外物无法惊扰它内在的宁静平和。

与平和不同，"和"的另外一层涵义是和豫、和乐。作为精神之宅的灵府，并不是冰冷地接受万物，庄子要求修德者用"春和"态度接待眼前的世界。《德充符》中孔子曰："使之和豫，通而不失于兑；使日夜无郤而与物为春，是接而生时于心者也。是之谓才全。"这里的"和""豫""通""兑"四个词意思相近。成玄英疏"通而不失于兑"曰："兑，遍悦也。体穷通，达生死，遂使所遇和乐，中心逸豫，经涉夷险，兑然自得，不失其适悦也。"又疏"与物为春"曰："慈照有生，恩沾动植，与物仁惠，事等青春。"①林云铭曰："于八卦内取出兑字，于四时内取出春字，总写出一团和气，内外如一，使人可亲。"②王夫之曰："唯遗其貌，全其神，未与物接而常和，则与物接而应时以生其和豫之心；以和召和，凡物之接、事之变、命之行，皆有应时之和豫以与之符。"③何如漋曰："夫和顺积而英华发，熏其德者，如坐春风，如饮醇醪，其与昂藏奇伟之士，爱而慕之，当更十倍。"④宣颖曰："随物所在，皆同游于春和之中。"⑤修德者用"和""豫""通""兑"的情感对待万事万物，与其接触之物领受仁惠之心，与其接触之人如沐春风。修德者的内在精神温暖着身边所有的人和物。其中的"与物为春"四个字尤其值得我们重视。它告诉我们庄子德论思想并不是冰冷无情的，庄子之德具有春天般的温暖。

① 郭庆藩：《庄子集释》，第196页。
② 方勇：《庄子纂要》(贰)，第755页。
③ 王夫之：《庄子解》，第126页。
④ 方勇：《庄子纂要》(贰)，第684页。
⑤ 方勇：《庄子纂要》(贰)，第751页。

一面说平静如镜，一面说温暖如春，两者之间是否构成了一种矛盾冲突？请君试看春日的湖水，不正是平静与和煦的结合吗？王夫之谓修德之心是"和豫之心"，其子王敔谓此心"不豫设成心"。王敔是在王夫之《庄子解》的基础上完成的《增注》，王孝鱼说："我还怀疑，这个《增注》，或者是根据当时听讲的笔记而整理扩充起来的。"①不论王敔之注是王夫之的旧语还是王敔的新说，在其父的注文之外加上这样的注，就表明在他看来与其父旧注并不冲突。贯通起来看，庄子修德之心既是一种"和豫之心"，也是一种"不豫设成心"的平和之心。

　　完成"成和之修"的人也就是"德充符"者，他们就可以"游心乎德之和"。《德充符》中的王骀和申徒嘉都是这样的德充之人。《德充符》载：

　　　　常季曰："彼兀者也，而王先生，其与庸亦远矣。若然者，其用心也独若之何？"仲尼曰："死生亦大矣，而不得与之变；虽天地覆坠，亦将不与之遗。审乎无假而不与物迁，命物之化而守其宗也。"常季曰："何谓也？"仲尼曰："自其异者视之，肝胆楚越也；自其同者视之，万物皆一也。夫若然者，且不知耳目之所宜，而游心乎德之和；物视其所一而不见其所丧，视丧其足犹遗土也。"

---

① 王夫之《庄子解》由今人王孝鱼点校，该引文见王夫之《庄子解》"点校说明"第4页。

王骀实行不言之教，从之游者"虚而往，实而归"。经过了若干年的修炼之后，他已经进入了"游心乎德之和"的境界，他"审乎无假而不与物迁，命物之化而守其宗也"，"物视其所一而不见其所丧"。死生之变，不能惊动他的心；天地翻覆，不能惊扰他的心。形骸对他而言只是一时的寄寓之所，"视丧其足犹遗土也"。申徒嘉也是一位兀者，他说："自状其过以不当亡者众，不状其过以不当存者寡。……人以其全足笑吾不全足者多矣，我怫然而怒；而适先生之所，则废然而反。不知先生之洗我以善邪？吾与夫子游十九年矣，而未尝知吾兀者也。"他在遭受刖刑之初就与众不同，"不状其过以不当存者"，但听到别人的嘲笑时依然会"怫然"生气，到了道家大师伯昏无人门下之后，在伯昏无人的教导下，他的心开始变得平和，心中沐浴着道德的光辉。进入了道德之境的申徒嘉早已忘记了自己是一个兀者。

此外，在进行思想分析时，研究者通常会关注到心灵与肉体两个层面，容易忽视精神所发挥的作用。《德充符》借仲尼之口曰："丘也尝使于楚矣，适见独子食于其死母者，少焉眴若皆弃之而走。不见己焉尔，不得类焉尔。所爱其母者，非爱其形也，爱使其形者也。"这里的"使其形者"接近于我们今天所说的精神。独子突然发现其母与往日不同，形体还是往常的形体，支撑和驱动其形体的精神已经消失了。对于人类而言，精神的意志力尤为重要。虽然"灵府"与"精神"的分别是极其细微的，甚或在许多情况下，心与精神在有些语境中是可互换的，《德充符》也未直接论述"德"与"精神"的关系，其中还是间接表达了修德者不应劳精费神的思想。古人说

"灵府者，精神之宅"，我们也可以说精神者，灵府之动力也。精神就是心灵中的精气神，它足以引导人们的心理走向。《德充符》中无趾曰："吾唯不知务而轻用吾身，吾是以亡足。今吾来也，犹有尊足者存，吾是以务全之也。夫天无不覆，地无不载，吾以夫子为天地，安知夫子之犹若是也！"这里的"尊足者"意为尊于足者，足是极为重要的，比足更加重要的是一个人的精神世界。《德充符》中庄子对惠子说："道与之貌，天与之形，无以好恶内伤其身。今子外乎子之神，劳乎子之精，倚树而吟，据槁梧而瞑。天选子之形，子以坚白鸣！"庄子对惠子因醉心坚白之辨而劳精费神的做法提出批评，同时也指出这一做法是"内伤其身"的，于此可见，身体与精神相关，劳精费神就是伤害身体。

庄子之"德"在灵府层面表现为"游心乎德之和"。通过"成和之修"，"与物为春"，达到"和"的境界，于是就可以"游心乎德之和"，享受"德充"之乐。如果进行细分，庄子的"德论"不仅包括灵府层面和形骸层面，也涉及了精神层面。

三、忘形与无情："德"与形、情之关系

形骸在庄子的"德"论中占有重要位置，这主要体现在德与形的关系上。庄子主张重德忘形。需要我们注意的是，在德和形的关系中，庄子更加重视德，这并不能代表庄子要放弃形骸。如果真是这样，就不能解释《庄子》何以会有《养生主》篇。

《德充符》写了王骀、叔山无趾、申徒嘉三个兀者和哀骀它、闉

跂支离无脤、瓮盎大瘿三个恶人。庄子说："故德有所长而形有所忘，人不忘其所忘而忘其所不忘，此谓诚忘。"王夫之曰："神无二用，侈于容貌者，其知必荡。于是而荣辱、贵贱、贫富、老壮，交相形以相争，是有德之容，人道之大患也。能忘形而后能忘死生，能忘死生而后能忘争竞。"①何善周说："《庄子》以六个寓言式的故事，抒写出重德贱形、德全而形忘的思想。历来的《庄子》研究者，皆以庄子思想是出世的，却没有把庄子思想和当时的社会相印证。……从春秋到战国，刖刑惨重，断足而形不全的人特多，造成'踊贵屦贱'的现象，同时，更流行着崇尚男子美的恶风。……美男子或成为君主、重臣所玩弄的宠物。"②三个兀者虽然失去了足，但他们能够充德，最终成为有道德光辉的人。三位恶人虽然外貌吓人，但都以自己的德才获得了诸侯王的赏识。《德充符》曰：

> 申徒嘉，兀者也，而与郑子产同师于伯昏无人。子产谓申徒嘉曰："我先出则子止，子先出则我止。"其明日，又与合堂同席而坐。子产谓申徒嘉曰："我先出则子止，子先出则我止。今我将出，子可以止乎，其未邪？且子见执政而不违，子齐执政乎？"申徒嘉曰："先生之门，固有执政焉如此哉？子而说子之执政而后人者也？闻之曰：'鉴明则尘垢不止，止则不明也。久与贤人处则无过。'今子之所取大者，先生也，而犹出言若

---

① 王夫之：《庄子解》，第121页。
② 何善周：《〈庄子·德充符〉校注辨正》，《古籍整理研究学刊》2003年第3期。

是，不亦过乎！"子产曰："子既若是矣，犹与尧争善，计子之
德不足以自反邪？"申徒嘉曰："……吾与夫子游十九年矣，而
未尝知吾兀者也。今子与我游于形骸之内，而子索我于形骸之
外，不亦过乎！"子产蹴然改容更貌曰："子无乃称！"

子产是权贵阶层的代表，庄子把子产设计为一个反面人物。他因为
自己的"执政"身份和自己的完整形体，看不起低贱的兀者申徒嘉，
一再对申徒嘉进行刁难呵斥。在申徒嘉义正言辞的争辩中，他终于
"改容更貌"，似乎认识到了自己的过错。庄子通过子产的故事批判
了根深蒂固的等级观念和健全者对残疾者的傲慢。

　　和"德"与"形"之关系相关的，是"德"与"情"的关系。
庄子提出了"无情"的主张。《德充符》曰："既受食于天，又恶用
人！有人之形，无人之情。有人之形，故群于人；无人之情，故是
非不得于身。眇乎小哉，所以属于人也！警乎大哉，独成其天！"从
人的角度讲，既然禀受了人之形体，就要与人为群，生活在人间世。
庄子认为人不能具有人之情，此处的人之情不是指一般意义上的情
感，而是是非、好恶、情欲的代名词。郭象注曰："既禀之自然，其
理已足。则虽沉思以免难，或明戒以避祸，物无妄然，皆天地之会，
至理所趣。必自思之，非我思也；必自不思，非我不思也。或思而
免之，或思而不免，或不思而免之，或不思而不免。凡此皆非我也，
又奚为哉？任之而自至也。"[1]庄子把自然与人对立起来，自然是伟大

---

① 郭庆藩：《庄子集释》，第200页。

的，人是渺小的。个人只有依附于天，任之而自至，才能"独成其天"。《德充符》曰：

> 惠子谓庄子曰："人故无情乎？"庄子曰："然。"惠子曰："人而无情，何以谓之人？"庄子曰："道与之貌，天与之形，恶得不谓之人？"惠子曰："既谓之人，恶得无情？"庄子曰："是非吾所谓情也。吾所谓无情者，言人之不以好恶内伤其身，常因自然而不益生也。"惠子曰："不益生，何以有其身？"庄子曰："道与之貌，天与之形，无以好恶内伤其身。今子外乎子之神，劳乎子之精，倚树而吟，据槁梧而瞑。天选子之形，子以坚白鸣！"

在一部《庄子》中，除了庄子之外，有两个历史人物出场最多，一个是惠子，一个是孔子。惠子常常作为反面人物现身。惠子主张人之有情是区别人与动物的标志，人有"好恶"，人要"益生"，乃是正常的人之情。庄子主张德充于内者，应该远离物欲，轻视形骸，时刻与自然为一。《德充符》曰：

> 无趾语老聃曰："孔丘之于至人，其未邪？彼何宾宾以学子为？彼且蕲以諔诡幻怪之名闻，不知至人之以是为己桎梏邪？"老聃曰："胡不直使彼以死生为一条，以可不可为一贯者，解其桎梏，其可乎？"无趾曰："天刑之，安可解！"

在《德充符》中，孔子不仅出场最多，而且其立场摇摆不定。有时，孔子是庄子思想的传声筒。《德充符》的兀者恶人中谁的道德修养最高？一是王骀，一是哀骀它，代表作者给予这两个人物最高评价的都是孔子。孔子评价王骀是"游心乎德之和"的圣人，哀骀它是"才全而德不形"的全德之人。孔子本人也曾经被鲁哀公视为"德友"；有时，孔子则是桎梏加身的"天刑"之人。成玄英疏曰："仲尼宪章文武，祖述尧舜，删《诗》《书》，定礼乐，穷陈蔡，围商周，执于仁义，遭斯戮耻。亦犹行则影从，言则响随，自然之势，必至之宜也。是以陈迹既兴，疵衅斯起，欲不困弊，其可得乎！故天然刑戮，不可解也。"[①]孔子一生被世人目为圣人，在庄子眼里，儒家的仁义道德只是一堆"諔诡幻怪"的玩意，孔子蔽于形而不知德，不知死生一如、是非平齐之理，他这种遭受到天然刑戮之人已经没有办法解救了，只好任其自生自灭。

在德与形的关系中，庄子主张"忘形"；在德与情的关系中，庄子主张"无情"。"忘形"与"无情"存在内在联系，不论是"忘形"还是"无情"，"常因自然"的原则始终没有改变。

四、道与德：得道者与有德者

老庄思想同中有异。在对什么是"道"、什么是"德"以及"道"与"德"的关系上，老庄思想大体相同。庄子继承了老子"道"的思想，《大宗师》曰："夫道，有情有信，无为无形；可传而不可受，

———————

① 郭庆藩：《庄子集释》，第189页。

可得而不可见；自本自根，未有天地，自古以固存；神鬼神帝，生天生地；在太极之先而不为高，在六极之下而不为深，先天地生而不为久，长于上古而不为老。""道"生万物，无处不在，庄子继承并发展了老子"道"论思想。得道之人，被庄子称为"至人""神人""真人"等，《逍遥游》中藐姑射之山的神人："肌肤若冰雪，淖约若处子。不食五谷，吸风饮露。乘云气，御飞龙，而游乎四海之外"，《齐物论》中的至人："大泽焚而不能热，河汉沍而不能寒，疾雷破山飘风振海而不能惊。若然者，乘云气，骑日月，而游乎四海之外。"这些神人、至人都是道的化身，道教信徒视之为真实的神仙，嵇康《养生论》："夫神仙虽不目见，然记籍所载，前史所传，较而论之，其有必矣！似特受异气，禀之自然，非积学所能致也。至于导养得理，以尽性命，上获千余岁，下可数百年，可有之耳。"[1]对于不相信道教神仙说的普通民众来说，道的境界是一种理想境界，神人、至人是庄子想象中的理想人物。

道和德既有联系也有区别，《老子》第二十一章："孔德之容，惟道是从。"《老子》第三十八章："上德不德，是以有德；下德不失德，是以无德。上德无为而无以为，上仁为之而无以为，上义为之而有以为。上礼为之而莫之应，则攘臂而扔之。故失道而后德，失德而后仁，失仁而后义，失义而后礼。"在老庄思想中，道在前，德在后。道是至高无上的，又是抽象的，当道落实到现实世界的时候，就表现为德。

---

①嵇康著，殷翔、郭全芝注：《嵇康集注》，黄山书社，1986年，第145页。

《德充符》曰："平者，水停之盛也。其可以为法也，内保之而外不荡也。德者，成和之修也。德不形者，物不能离也。"止水静水是水平的极限，"德充"是德性的极限，达到"德充"者，已经完成了"成和之修"，从而也就进入了"德充符"境界。《德充符》所描写的三个兀者和三个恶人是现实世界的有德之士，还没有成为得道的至人。只有王骀一个人有进入逍遥之境的潜质："彼且择日而登假，人则从是也。"完成"登假"之后的王骀才能成为"至人"。《大宗师》曰："南伯子葵曰：'道可得学邪？'曰：'恶！恶可！子非其人也。夫卜梁倚有圣人之才而无圣人之道，我有圣人之道而无圣人之才，吾欲以教之，庶几其果为圣人乎！不然，以圣人之道告圣人之才，亦易矣。'"至人和神人的境界是至高无上的，没有圣人之才和圣人之道的人根本无法通过修炼成为得道者。而"德充"的境界则是人人可及的，庄子用早年"不知务而轻用吾身"遭受刖刑的三个人为例来告诉我们，只要努力修行，人人可以达到"德充符"的境界。

在现实社会中，这些"德充"之士"安之若命""游心乎德之和""不以好恶内伤其身"，虽然还没有达到道的逍遥之境，但是他们是距离逍遥之境最近的一群人。"德充"之境与逍遥之境共同的地方在于"常因自然"。"德充"之境为世俗之士指出了一条可以践行的道路。只要能够"游心乎德之和"，就可以在"德充"的世界中安放疲惫的心灵。仲尼曰："人莫鉴于流水，而鉴于止水，唯止能止众止。受命于地，唯松柏独也在冬夏青青；受命于天，唯舜独也正，幸能正生，以正众生。夫保始之征，不惧之实。勇士一人，雄入于九军。将求名而能自要者，而犹若是，而况官天地，府万物，直寓六骸，象耳目，一知之所知，而心未尝死者乎！"德充"者们已经超越了那些"求名而能自要者"，他们不外乎其神，不劳乎其精，不内伤其身，达到了"官天地，府万物"的高度，他们的心如同止水一样，"唯止能止众止"。他们如同松柏一样，冬夏常青，可以作为众人的楷模。

老庄之德与孔孟之德形成了明显对照。庄子"知不可奈何而安之若命"的处世原则与孔子"知其不可而为之"的处世态度是中国古代伦理哲学中的两面大旗。孔子之德以仁义礼智为核心，强调"中庸"思想。《论语·雍也》曰："中庸之为德也，其至矣乎！民鲜久矣！"孔子意在通过中庸达到整个社会的和谐。孟子提出了系统的"人性善"的理论，认为人皆可以为尧舜。《孟子·滕文公上》曰："父子有亲，君臣有义，夫妇有别，长幼有序，朋友有信。"这成为后世儒家尊奉的五种基本的道德原则。概括地说，孔孟的道德是一种人伦道德，庄子的道德是一种自然道德。孔孟思想对中国古代士阶层起到了重要的教化作用，而庄子思想则一直被方外之士视作精神上的圭臬。

综上所述，"德"是庄子哲学的重要概念，庄子在《德充符》中对"德"的概念进行了集中阐论，形成了一个严密的理论体系。庄子的"德论"由"知不可奈何而安之若命""命物之化而守其宗""游心乎德之和""与物为春""德者成和之修""有人之形，无人之情""不以好恶内伤其身，常因自然而不益生也"等重要观念、命题构成。这些观念、命题涉及灵府、形骸、精神等不同层面。从相同的角度看，"德"在灵府、形骸、精神三个层面的体现是一以贯之的；

从不同的角度看，不同层面又是各有侧重的。庄子的德论是庄子道论思想在现实世界的落实。在中国古代道德哲学发展史上，庄子的德论占有重要的一页。

第四章　庄子的畸人人格

　　《庄子·大宗师》是阐释庄子道论的重要篇章，其中涉及庄子天人观、生死观等哲学思想。文章中塑造了两类人物，一类是古之真人，一类是今之畸人。首先我们需要区别畸人和畸形人。检索与庄子"畸人"相关的研究文章，基本上都不是我们这里所说的畸人研究，而是对畸形人的研究。这些论文作者所说的畸人主要是指形体残缺、丑陋之人。[①]在他们眼里，《德充符》可称作一篇畸形人列传，是畸形人形象的大展览。进入他们讨论视野的畸形人共有十一位：除了《德充符》中的王骀、申徒嘉、叔山无趾、哀骀它、闉跂支离无脤、瓮㼜大瘿六位之外，还包括《养生主》中的右师，《人间世》中的支离疏，《大宗师》中的子舆，《达生》中的痀偻丈人，《至乐》中的支离叔等。笔者认为，畸人与畸形之人是两个互相交叉但并不重叠的概念，既不能用畸人研究代替畸形之人研究，也不宜用畸形之人研究代替畸人研究。近年来，有关畸形人的研究方兴未艾，而有

[①]据笔者检索，论述畸人的论文大约有50多篇，在此举出两篇作为代表：刘成纪：《庄子畸人四论》，《郑州大学学报（哲学社会科学版）》1994年第6期；邓联合：《巫与〈庄子〉中的畸人、巧匠及特异功能者》，《中国哲学史》2011年第2期。

关畸人的直接研究则付之阙如。有鉴于此，笔者拟就庄子畸人谈点一孔之见，就教于学界同仁。

一、何谓"畸人"

"畸人"概念出自《大宗师》。《大宗师》载："子贡曰：'敢问畸人。'曰：'畸人者，畸于人而侔于天。故曰：天之小人，人之君子；人之君子，天之小人也。'"庄子在这里把天和人相对起来，在儒家眼里的小人，到了道家眼里就是君子。陆德明《经典释文》载："司马（彪）云：（畸）不耦也。不耦于人，谓阙于礼教也。"① 成玄英疏"畸于人而侔于天"曰："夫不修仁义，不偶于物，而率其本性者，与自然之理同也。"又疏"天之小人"一句曰："夫怀仁履义为君子，乖道背德为小人也。是以行蹩躠之仁，用踶跂之义者，人伦谓之君子，而天道谓之小人也。故知子反琴张，不偶于俗，乃曰畸人，实天之君子。"② 据上，畸人乃是儒家信徒对道家之士的一种蔑称。站在儒家正统立场上看，因为这些人"阙于礼教""不修仁义""不偶于俗""率其本性"，所以被视之为不正常的畸人。而庄子则给畸人赋予了全新的正面的意义，从庄子的立场看，所谓畸人就是那些合于天道而不同于流俗的人。儒家人伦世界里的君子，是道家天道视角下的小人；儒家人伦世界里的畸人，是道家天道视角下的君子。判断一个人是

---

① 郭庆藩：《庄子集释》，第249页。
② 郭庆藩：《庄子集释》，第249页。

否属于畸人，就看他是否以天道自然的观念去拮抗儒家的仁义礼教，符合这个标准便可视为畸人。

根据这个标准，《大宗师》中的子祀、子舆、子犁、子来，子桑户、孟子反、子琴张，子舆与子桑等9人无疑属于畸人系列。该篇中的孟孙才、意而子、颜回等人是否是畸人还可以再讨论，起码可以视之为接近畸人阵营的边缘人物。孟孙才因为"哭泣无涕，中心不戚，居丧不哀"而获得了美名。他能够做到"有骇形而无损心，有旦宅而无情死"，明白自然的变化，去排安化，达到了入于寥天一的境界。《大宗师》曰："意而子见许由。许由曰：'尧何以资汝？'意而子曰：'尧谓我：汝必躬服仁义而明言是非。'许由曰：'而奚来为轵？夫尧既已黥汝以仁义，而劓汝以是非矣，汝将何以游夫遥荡恣睢转徙之涂乎？'"许由以为儒家的仁义道德是祸害天下的毒药，接受了儒家教育的人都受到了黥劓之刑。意而子意识到自己受到了毒害，转而投奔道家，希望造物者能够挽救自己。在颜回"坐忘"的寓言中，孔颜师徒同师天道。颜回先后忘仁义、忘礼乐，背叛了儒家的仁义道德，进入到了坐忘之境，从而能够与大道同游。

在庄子眼里，一个人的形体是否残缺，与他是否是畸人没有任何联系。形体健全者也好，形体残缺者也罢，只要他反对儒家礼教而倾心天道法则就属于畸人之列。《德充符》中的王骀、申徒嘉、叔山无趾是兀者，哀骀它、闉跂支离无脤、瓮㼜大瘿是恶人，他们都属于形体残缺者。《德充符》曰："德有所长而形有所忘。"由于他们德充于内，成为充满道家自然道德的人，他们既是畸形之人也是畸人。畸人研究和畸形之人研究各有其必要性，但不能用畸形之人研究代替畸人研究。畸人研究和畸形之人研究虽然有交叉之处，彼此却不能取代对方。

对照《大宗师》中的畸人标准，庄子也是一位畸人。庄子贬低儒家思想，《齐物论》曰："道隐于小成，言隐于荣华。故有儒墨之是非。"庄子对儒家圣人孔子极不敬重，《德充符》曰："无趾语老聃曰：'孔丘之于至人，其未邪？彼何宾宾以学子为？彼且蕲以諔诡幻怪之名闻，不知至人之以是为己桎梏邪？'老聃曰：'胡不直使彼以死生为一条，以可不可为一贯者，解其桎梏，其可乎？'无趾曰：'天刑之，安可解！'"在此无趾称孔子为"天刑"之人。在《大宗师》中孔子自谓："丘，天之戮民也。"既然儒家称道家之士是畸人，那么庄子就以天刑之人予以反击。司马迁《史记·老子列传》说："（庄子）善属书离辞，指事类情，用剽剥儒、墨。"[1]

老庄思想与诸子思想不同，从儒家礼教立场来看，庄子无疑是一个畸人。《天下》曰："以谬悠之说，荒唐之言，无端崖之辞，时恣纵而不傥，不以觭见之也。以天下为沉浊，不可与庄语，以卮言为曼衍，以重言为真，以寓言为广。独与天地精神往来而不敖倪于万物……上与造物者游，而下与外死生无终始者为友。"《庄子》不仅文风奇特，更重要的是庄子学说与儒家思想大相径庭，对儒家思想给予辛辣讽刺。从《庄子》中的记载看，庄子过着类似于子桑那样的贫困生活，所以庄子对贫困生活才会有切身体会。《外物》曰："庄

---

① 司马迁撰，裴骃集解，司马贞索隐，张守节正义：《史记》卷六十三《老子韩非列传》，中华书局，1982年，第2144页。

周家贫，故往贷粟于监河侯。"《山木》曰："庄子衣大布而补之，正
緳系履而过魏王。魏王曰：'何先生之惫邪?'庄子曰：'贫也，非惫
也。'"从一定意义上可以说，庄子正是比照着自己的思想和困窘生
活塑造出了畸人群象。换句话说，相较于至人、神人、圣人和真人，
畸人更接近庄子本人的生活状态。

畸人，在儒家和世俗世界的观念中本来是一个贬义词，通常指
逆违礼教的人；庄子赋予畸人以新的正面的涵义，专指那些顺应天
道、有意与儒家礼教相拮抗的道家之士。

二、恶知礼意

《大宗师》曰："子桑户、孟子反、子琴张三人相与友，……莫
然有间而子桑户死，未葬。孔子闻之，使子贡往侍事焉。或编曲，
或鼓琴，相和而歌曰：'嗟来桑户乎! 嗟来桑户乎! 而已反其真，而
我犹为人猗!'子贡趋而进曰：'敢问临尸而歌，礼乎?'二人相视
而笑曰：'是恶知礼意!'子贡反，以告孔子，曰：'彼何人者邪? 修
行无有，而外其形骸，临尸而歌，颜色不变，无以命之。彼何人者
邪?'孔子曰：'彼，游方之外者也；而丘，游方之内者也。外内不相
及，而丘使女往吊之，丘则陋矣。彼方且与造物者为人，而游乎天
地之一气。……彼又恶能愦愦然为世俗之礼，以观众人之耳目哉!'
子贡曰：'然则夫子何方之依?'孔子曰：'丘，天之戮民也。虽然，
吾与汝共之。'子贡曰：'敢问其方。'孔子曰：'鱼相造乎水，人相造
乎道。相造乎水者，穿池而养给；相造乎道者，无事而生定。故曰：

鱼相忘乎江湖，人相忘乎道术。'"

这一段中出现了两组立场对立的人物，一组是儒家代表人物孔子及其弟子子贡，一组是道家人物子桑户、孟子反、子琴张三人。能够践行仁义礼智信的人被儒家认定为君子。《论语·述而》曰："子曰：'圣人，吾不得而见之矣；得见君子者，斯可矣。'"相对于儒家的理想人格——圣人，孔子更加关注建构一种现实人格——君子。君子人格的主要内涵是仁义礼智信。仁义礼智信是儒家道德观的核心内容，是儒家认为人之为人的必要条件。《孟子·公孙丑上》曰："恻隐之心，仁之端也；羞恶之心，义之端也；辞让之心，礼之端也；是非之心，智之端也。人之有是四端也，犹其有四体也。"《论语·颜渊》载："颜渊问仁。子曰：'克己复礼为仁。一日克己复礼，天下归仁焉。为仁由己，而由人乎哉？'颜渊曰：'请问其目。'子曰：'非礼勿视，非礼勿听，非礼勿言，非礼勿动。'"孔子反复论述了礼的重要性，要求士人一切行动以礼为准则。失去了礼，恭敬、谨慎、勇敢、正直都会失去本色。

孟子反、子琴张"临尸而歌，颜色不变"，他们认为哭死以哀有悖大道。他们已经领悟大道，生来死归，安于所化，不以生死累其心。他们追求一种精神上的解脱，他们成为特立独行、不同流俗的畸人。在世俗之士眼里，他们的行为严重违背了礼教规则。当子贡向他们提出质问后，他们竟然嘲笑子贡"恶知礼意"。他们能够"登天游雾，挠挑无极"，"方且与造物者为人，而游乎天地之一气"，"芒然彷徨乎尘垢之外，逍遥乎无为之业"。孔子称他们为"游方之外者"，自称为"游方之内者"。庄子用方外之士和方内之士来区别道家和儒家，方外之士也是畸人的另一种称呼，相对于畸人来说是一种尊敬的称呼。与世俗方内之士对应的是方外之士，与儒家君子人格对应的是道家畸人人格。《大宗师》曰："天之小人，人之君子；人之君子，天之小人也。"这里的天可以置换为道家，这里的人可以置换为儒家。儒家的君子是道家眼里的小人，儒家眼里的畸人才是天道的君子。

道家畸人与儒家君子最根本的区别就在于对待世俗之礼的态度。承认世俗之礼、遵循仁义道德的就是儒家的君子。蔑视世俗之礼、追求逍遥无为者乃是道家的畸人。

三、死生一体

如何看待死生是哲学和宗教共同面对的终极问题。吴默曰："《庄子》此篇，精神命脉全在死生一事。亦不独此篇，三十二篇皆然。盖此老看破一世众生膏肓之病，顶门下针，要人猛于生死关头，一刀两段，成大解脱。知此，可以蔽《南华》全经之旨。"①《庄子》内篇中多处涉及庄子的生死观，《大宗师》中"子祀子舆"一段表现畸人的生死观。

《大宗师》记载了两位畸人临死之前与朋友的对话，一段是子舆有病，子祀往问之："（子舆）曰：'伟哉夫造物者，将以予为此拘拘也！曲偻发背，上有五管，颐隐于齐，肩高于顶，句赘指天。'阴

---

① 方勇：《庄子纂要》（贰），第798页。

阳之气有沴，其心闲而无事，胼躃而鉴于井，曰：'嗟乎！夫造物者又将以予为此拘拘也！'子祀曰：'女恶之乎？'曰：'亡，予何恶！浸假而化予之左臂以为鸡，予因以求时夜；浸假而化予之右臂以为弹，予因以求鸮炙；浸假而化予之尻以为轮，以神为马，予因以乘之，岂更驾哉！且夫得者，时也；失者，顺也。安时而处顺，哀乐不能入也。此古之所谓县解也，而不能自解者，物有结之。且夫物不胜天久矣，吾又何恶焉！'"造化的变化无穷无尽，人无法改变，只能随遇而安。另一段写子来将死，子犁往问之："俄而子来有病，喘喘然将死。其妻子环而泣之。子犁往问之，曰：'叱！避！无怛化！'倚其户与之语曰：'伟哉造化！又将奚以汝为，将奚以汝适？以汝为鼠肝乎？以汝为虫臂乎？'子来曰：'父母于子，东西南北，唯命之从。阴阳于人，不翅于父母；彼近吾死而我不听，我则悍矣，彼何罪焉！夫大块载我以形，劳我以生，佚我以老，息我以死。故善吾生者，乃所以善吾死也。今大冶铸金，金踊跃曰"我且必为镆铘"，大冶必以为不祥之金。今一犯人之形，而曰"人耳人耳"，夫造化者必以为不祥之人。今一以天地为大炉，以造化为大冶，恶乎往而不可哉！'成然寐，蘧然觉。"李胜芳曰："子祀、子舆、子犁、子来四子，皆与道有所闻者，故能一视生死，而快然自得有如此也。相与语一段的话，甚说得痛快洒落。"[1]"成然寐，蘧然觉"，写出了畸人面对生活的基本态度。子祀等四人之所以能够相结为友，就在于他们对生命有共同的体认。他们意识到死生存亡一体，人类

---

① 方勇：《庄子纂要》（贰），第914页。

必须"以天地为大炉，以造化为大冶"，安时而处顺，听从造物者的安排。

庄子的生死观，在达观的总前提下，还有一些细微的区别。《大宗师》中反映的生死观或可分为三层境界。第一层境界是生苦死乐。在"子桑户"一节中，孔子说："（方外之士）以生为附赘县疣，以死为决疣溃痈。"生命如同附生于皮肤上的肉瘤和瘊子，死亡如同疮痈溃破。此处的方外之士对死亡持渴望态度。《至乐》曰："庄子之楚，见空髑髅，……髑髅曰：'死，无君于上，无臣于下；亦无四时之事，从然以天地为春秋，虽南面王乐，不能过也。'"这也是生苦死乐的境界。庄子之所以写人们对死亡的渴望，也许意在帮助人们战胜对死亡的恐惧。第二层境界是平静面对生死。子来曰："夫大块载我以形，劳我以生，佚我以老，息我以死。故善吾生者，乃所以善吾死也。"与前者渴望死亡不同，此处的畸人能够平静地面对死亡。应该说"（大块）佚我以老，息我以死"，更加符合庄子"与物为春"的思想，人类生活在自然的怀抱中，自然对人类充满了温情和爱意。第三层境界是不知生死。《大宗师》曰："颜回问仲尼曰：'孟孙才，其母死，哭泣无涕，中心不戚，居丧不哀。无是三者，以善处丧盖鲁国，固有无其实而得其名者乎？回壹怪之。'仲尼曰：'夫孟孙氏尽之矣，进于知矣。唯简之而不得，夫已有所简矣。孟孙氏不知所以生，不知所以死；不知就先，不知就后；若化为物，以待其所不知之化已乎！且方将化，恶知不化哉？方将不化，恶知已化哉？'"孟孙才面对生死大事，做到了"不知所以生，不知所以死"。他把自己的一切托付给了自然，死生是自然规律，人当与大化同流，大化才是人类安身立命的归宿地。相比于前二层境界，第三层是最高妙的境界，已经达到了"无己""丧我"之境。

《至乐》曰："庄子妻死，惠子吊之，庄子则方箕踞鼓盆而歌。"《列御寇》曰："庄子将死，弟子欲厚葬之。庄子曰：'吾以天地为棺椁，以日月为连璧，星辰为珠玑，万物为赍送。'"可见，庄子不光写畸人看淡生死，他自己也真正看淡生死。正因为庄子已经看破了生死，他才能构建出畸人的生死观。

四、安之若命

畸人的人生观简单来说就是"安命"。"安命"与"逍遥""齐物"并列，同为庄子哲学的重要的范畴。《大宗师》曰："子舆与子桑友，而霖雨十日。子舆曰：'子桑殆病矣！'裹饭而往食之。至子桑之门，则若歌若哭，鼓琴曰：'父邪！母邪！天乎！人乎！'有不任其声而趋举其诗焉。子舆入，曰：'子之歌诗，何故若是？'曰：'吾思夫使我至此极者而弗得也。父母岂欲吾贫哉？天无私覆，地无私载，天地岂私贫我哉？求其为之者而不得也。然而至此极者，命也夫！'"子桑安于贫困，鼓琴而歌，他以为人生之寿夭、穷达，莫不属于天命，故须安命顺时。林纾《庄子浅说》："《大宗师》一篇，说理深邃宏博，然浅人恒做不到。庄子似亦知其过于高远，故以'子桑安命'一节为结穴，大要教人安命而已。此由博反约，切近人情之言也。"[1]对于

---

[1] 方勇：《庄子纂要》（贰），第988页。

世俗之士而言，安命，是庄子对他们的一条人生忠告；对于畸人而言，安命，是畸人之所以成为畸人的底线。

需要辨别的是，所安之"命"也有儒家之命与道家之命的区别。"安之若命"在《庄子》内篇中出现过两次。《人间世》曰："仲尼曰：'天下有大戒二：其一，命也；其一，义也。子之爱亲，命也，不可解于心；臣之事君，义也，无适而非君也，无所逃于天地之间。是之谓大戒。是以夫事其亲者，不择地而安之，孝之至也；夫事其君者，不择事而安之，忠之盛也；自事其心者，哀乐不易施乎前，知其不可奈何而安之若命，德之至也。为人臣子者，固有所不得已。行事之情而忘其身，何暇至于悦生而恶死！夫子其行可矣！'"《德充符》曰："知不可奈何而安之若命，唯有德者能之。游于羿之彀中。中央者，中地也；然而不中者，命也。"两次所说的"命"字同而意异。《人间世》"天下有大戒"之"命"是儒家的"命"，在这里庄子是在替方内之士代言；《德充符》中的"命"才是道家的"命"。《德充符》借仲尼之口曰："死生存亡，穷达贫富，贤与不肖毁誉，饥渴寒暑，是事之变、命之行也，日夜相代乎前，而知不能规乎其始者也。"大到自然界的春夏秋冬，一国一家的存亡，小到个人的穷达饥渴，都不是人力能左右的。一切抗争和叛逆都是徒劳的，个人面对命运只能安之顺之。《大宗师》中的安命与《德充符》同旨，它们都属于畸人的安命。

在大千世界中，因为每个人的人生选择不同，他们的命有同也有异。庄子所主张的命乃是自然之定数，人力不可逾越也无法撼动。

五、畸人与真人

《大宗师》中有著名的"真人四论",原文曰:"古之真人,不逆寡,不雄成,不谟士。若然者,过而弗悔,当而不自得也。若然者,登高不栗,入水不濡,入火不热。是知之能登假于道者也若此。""古之真人,其寝不梦,其觉无忧,其食不甘,其息深深。真人之息以踵,众人之息以喉。""古之真人,不知说生,不知恶死;其出不䜣,其入不距;翛然而往,翛然而来而已矣。不忘其所始,不求其所终;受而喜之,忘而复之,是之谓不以心捐道,不以人助天。是之谓真人。若然者,其心志,其容寂,其颡頯;凄然似秋,煖然似春,喜怒通四时,与物有宜而莫知其极。""古之真人,其状义而不朋,若不足而不承;与乎其觚而不坚也,张乎其虚而不华也;邴邴乎其似喜乎!崔乎其不得已乎!滀乎进我色也,与乎止我德也;厉乎其似世乎!謷乎其未可制也,连乎其似好闭也,悗乎忘其言也。……其一与天为徒,其不一与人为徒。天与人不相胜也,是之谓真人。"

何谓古之真人?古之真人乃是庄子的理想人格。理想人格是指某些学派所倡导的道德上的完美典型,是该学派普遍认可的完美人格形象。儒家的理想人格是圣人,《论语·雍也》曰:"子贡曰:'如有博施于民而能济众,何如?可谓仁乎?'子曰:'何事于仁,必也圣乎!尧舜其犹病诸!'"儒家的圣人有德有位,博施于民,广济天下。老子的理想人格也名为圣人,《老子》第二章:"圣人处无为之事,行不言之教。"《老子》第八十一章："天之道利而不害；圣人之道为而不争。"简言之，孔子的圣人是恪守仁义道德的典型，老子的圣人是体现道法自然的典型。在老子和孔子时代，人们普遍用"圣人"一词来代指理想人格。到了战国时代，庄子打破了这一惯例。除了继续采用"圣人"的名目之外，庄子又添加了"至人""神人""真人"等不同名目。应该说，《大宗师》中的真人，与此前的至人、神人、圣人一样，都属于庄子理想人格的化身。但"至人""神人""圣人"都是抽象的理想人格，"真人"则有具体的时代限制。《庄子》一书提到"至人""神人""圣人"时都没有加"古之"的限定。《大宗师》中的"真人"全部被称之为"古之真人"。不仅《大宗师》如此，《田子方》《徐无鬼》和《天下》等也是如此。《田子方》曰："仲尼闻之曰：'古之真人，知者不得说，美人不得滥，盗人不得劫，伏戏、黄帝不得友。'"《徐无鬼》曰："古之真人，以天待人，不以人入天。古之真人，得之也生，失之也死；得之也死，失之也生。"《天下》曰："关尹、老聃乎！古之博大真人哉！"所有的真人前面都有"古之"的定语。《马蹄》曰："夫至德之世，同与禽兽居，族与万物并，恶乎知君子小人哉！同乎无知，其德不离；同乎无欲，是谓素朴。"《天地》曰："至德之世，不尚贤，不使能；上如标枝，民如野鹿。"据此推断，除了关尹和老聃这两个具体的真人之外，其余所谓的古之真人主要是指生活在至德之世的得道者。

《逍遥游》中的神人是肩吾从接舆处听说的，《齐物论》中的至人是王倪描述的，神人和至人都没有直接出场。到了《大宗师》，真人不仅直接出场，而且反复亮相。真人是庄子的理想人格，畸人是庄子的现实人格。《大宗师》前半篇描写真人形象，后半篇塑造畸人群像。也有学者把庄子的真人和畸人视为一体，释德清评"子祀子舆"一段曰："此一节，言真人真知。……此其所以为真人，是可宗而师之者也。此一节言真人所得，殊非妇人小子之所知。"又评"子桑户孟子反"一段说："此一节言方外真人之学，逍遥物外自得之妙，非世俗耳目之所及。"①此说混同了真人与畸人之别。我们认为，真人与畸人之间既有必然的联系，也有明显的区别。

先说古之真人与今之畸人之间的必然联系。"天与人不相胜"是真人的重要标志，也是畸人的行动指南。《大宗师》曰："故其好之也一，其弗好之也一。其一也一，其不一也一。其一与天为徒，其不一与人为徒。天与人不相胜也，是之谓真人。"庄子认为人与自然是一个整体，人应该具有对宇宙的认同感与融合度。真人是天道在人类社会的完美体现，是"天与人不相胜"的典型。真人以天道为宗师，畸人以真人为宗师。真人是庄子人格理论的高级阶段，畸人是庄子人格理论的初级阶段。畸人虽然没有达到真人的认知高度，但他们是"与道有所闻者"。在没有真人的世界里，畸人是最接近于真人精神的群体。两者之间的联系是显而易见的。

再说古之真人与今之畸人之间的区别。古之真人是上古时代存在的得道者，到庄子的时代已经不复存在。在当今之世接替和继承古之真人思想的就是畸人。《大宗师》写古之真人的内心世界，真人忘记了世俗世界，对现实世界漠不关心，他的心与四时相通。古之

---

① 方勇：《庄子纂要》（贰），第914、932页。

真人能够冲破世俗的牢笼，达到精神完全自由的境地。真人形象为后人打开了一片新的精神天地。古之真人遁世求真、追求生命的本然价值，归依自然、精神独立，反对人为的约束管教。庄子的"古之真人"形象的诞生，迎合了士人内心深处对自由世界的向往。古之真人生活在上古时代，今之畸人生活在当下社会；古之真人是理想型的，今之畸人是现实型的；古之真人完美的人格形象出自想象，在现实中并不存在。今之畸人是古之真人的修订版，在当代社会和后世不乏真实的存在者。

庄子畸人精神对后世产生过广泛影响，在魏晋之际尤为明显。魏晋之际，礼法之士与老庄信徒的冲突表现为名教与自然的矛盾。名士们分为名教与自然同、名教与自然异等不同派别。阮籍是魏晋名士的领袖人物，他著有《大人先生传》，曰："精神专一用意平，寒暑勿伤莫不惊，忧患靡由素气宁。浮雾凌天恣所经，往来微妙路无倾，好乐非世又何争，人且皆死我独生。"[1]大人先生相当于古之真人，是阮籍心目中的理想人物。《晋书》曰："籍虽不拘礼教，然发言玄远，口不臧否人物。……籍又能为青白眼，见礼俗之士，以白眼对之。及嵇喜来吊，籍作白眼，喜不怿而退。喜弟康闻之，乃赍酒挟琴造焉，籍大悦，乃见青眼。由是礼法之士疾之若仇，而帝每保护之。"[2]在现实生活中，阮籍不拘礼教，崇尚玄学，礼法之士对其恨之入骨。《晋书》载：阮籍母终后，"裴楷往吊之，籍散发箕踞，醉

---

①阮籍著，陈伯君校注：《阮籍集校注》，中华书局，2012年，第190页。
②房玄龄等：《晋书》卷四十九《阮籍传》，中华书局，1974年，第1361页。

而直视，楷吊唁毕便去。或问楷：'凡吊者，主哭，客乃为礼。籍既不哭，君何为哭?'楷曰：'阮籍既方外之士，故不崇礼典。我俗中之士，故以轨仪自居。'时人叹为两得。"①"不充礼典"的阮籍被视作"方外之士"，与"以轨仪自居"的"俗中之士"裴楷对举，这跟《大宗师》将孟子反、子琴张等人视为"方外之士"，与孔子、子贡为代表的"方内之士"极为相似，可见，"方内""方外"之士的区别，主要在于对待儒家礼典的态度。阮籍曾公开说"礼岂为我设邪"，此语与《大宗师》中"是恶知礼意"如出一辙。嵇康提倡"越名教而任自然"，与礼法之士的斗争更为坚定。其《幽愤诗》云："爰及冠带，凭宠自放。抗心希古，任其所尚。托好庄老，贱物贵身。志在守朴，养素全真。"②嵇、阮人生道路的选择不同，最后的结局也大为不同，但他们以老庄为师，以自然对抗名教，皆可视为魏晋之际的畸人代表。

庄子《大宗师》描写了两类人物，一类是古之真人，一类是今之畸人。古之真人是庄子理想人格的化身，今之畸人是庄子现实人格的投射。起先，今之畸人只是儒家信徒对道家之士的一种蔑称，因为这些人"阙于礼教""不修仁义"，所以被儒家信徒称之为畸人。到了庄子手里，则给畸人赋予了全新的正面的意义，从庄子的立场看，所谓今之畸人就是那些合于天道而不同于流俗的人。今之畸人蔑视世俗之礼、追求逍遥无为；他们看破生死，认为大化才是人类

---

① 房玄龄等：《晋书》卷四十九《阮籍传》，第1361页。
② 嵇康著，戴明扬校注：《嵇康集校注》，中华书局，2014年，第42页。

安身立命的归宿地；在生活中，他们知其无可奈何而安之若命。庄子畸人人格是其真人人格在现实世界的落实，它与儒家君子人格相对而立。庄子畸人人格对后世方外之士产生了重要影响。

第五章 庄子的"不得已"思想

"不得已"是体现庄子处世哲学的一个重要概念。刘武说："庄子之道，重在于不得已，故'不得已'句全书数见。"[1] 钟泰评《人间世》篇时说："综全篇大意，惟'不得已'与'无用'两端。'不得已'者，不逞智于事先，不失机于事后。'无用'者，藏其锋于事外，泯其迹于事中，盖即前此无己之素功，而养生之实用。"[2] 不论是在《庄子》内篇中，还是在其外杂篇中，"不得已"都是一个值得我们特别予以关注的哲学概念。对庄子的"不得已"思想，学界已经有了一些先行研究。例如陈徽的《庄子的"不得已"之说及其思想的入世性》一文认为："在先秦诸子中，真正将'不得已'的内涵进行扩充、赋予其新义且借此引出自己思想之深蕴的，乃是庄子。"同时他还提出在庄子的思想中，"不得已"之义实有两重："一为人生在世的无可奈何性，此为'不得已'的第一义，亦即它的基本义；一为人之于世界，之于诸物的感应之自然，此为'不得已'的第二义。"[3] 本章拟在前修

---

[1] 刘武：《庄子集解内篇补正》，中华书局，1987年，第87页。
[2] 钟泰：《庄子发微》，第75页。
[3] 陈徽：《庄子的"不得已"之说及其思想的入世性》，《复旦学报》2019年第3期。

时贤已有研究的基础之上，就《庄子》的"不得已"思想谈一点粗浅的理解。

一、人固有所不得已

在现代汉语中，"不得已"的意思是面对违背自己本意之事，当事人无可奈何，不得不如此去做，通常呈现出一种被动的无可选择的消极性。这也是古代汉语中"不得已"一词的基本用法。《汉书》曰："乃者吴王濞等为逆，起兵相胁，诖误吏民，吏民不得已。"颜师古注曰："已，止也，言不得止而从之，非本心也。"[①]"不得已"乃是一种人生的困境，不论在什么时代，不论是什么人，都会遇到不得已之事。先秦时代的哲人孔孟老庄等也经常遇到"不得已"之事，并在不同的典籍中留下了记载。在违背个人意愿的前提下，去完成某件事，不仅能够考验一个人的智慧、考查一个人的能力，且对于哲人而言，这也是观察他们思想深度的一扇窗户。

《论语》中只有1次写到"不得已"。《论语·颜渊》曰："子贡问政。子曰：'足食，足兵，民信之矣。'子贡曰：'必不得已而去，于斯三者何先?'曰：'去兵。'"这里的"不得已"只是一种假设。在正常情况下，足食、足兵、民信三者可以并存。假设非得要抽掉其中的一项，该去哪一项呢? 孔子的想法是"去兵"。这一点应该与老子的想法一致。孔子生活在一个礼崩乐坏的时代，一生以克己复礼

---

① 班固著，颜师古注：《汉书》卷五《景帝纪》，中华书局，1962年，第143页。

为人生的目标。《论语·宪问》曰："晨门曰：'奚自？'子路曰：'自孔氏。'曰：'是知其不可而为之者与？'"在常人眼里，孔子的救世行为属于不得已。这种不得已，不是体现在一时一事上，而是贯穿在孔子的大半生当中。

《孟子》中5次写到了"不得已"。《孟子·梁惠王下》曰："国君进贤，如不得已，将使卑逾尊，疏逾戚，可不慎与！"在孟子看来引进贤才之士，对于治理国家而言是一件不得不做的大事。《孟子·梁惠王下》曰："昔者大王居邠，狄人侵之，去之岐山之下居焉。非择而取之，不得已也。"当年古公亶父在邠地时，面对狄人的入侵，古公亶父只好让出邠地，搬到了岐山一带。离开邠地并不是古公亶父的本意，这是一件不得已的事情。《孟子·公孙丑下》曰："夫尹士恶知予哉？千里而见王，是予所欲也。不遇故去，岂予所欲哉？予不得已也。"尹士并不懂孟子的心意，孟子千里而来，本是满怀希望的，可惜国王并不欣赏自己的学说，没有办法自己只好离去了。《孟子·万章上》曰："莫之为而为者，天也；莫之致而至者，命也。"在孟子眼里，有些事情是客观条件注定的，并不是个人的好恶所能决定的。对于天命注定之事，个人只能在尽力而为的同时听天由命。《孟子·滕文公下》载孟子之言曰："予岂好辩哉？予不得已也。"孟子在历史上以好辩而著称，但孟子自己并不认可。孟子说并不是我喜欢辩论，我的辩论实在是出于迫不得已啊。《孟子·公孙丑下》曰："（孟仲子）使数人要于路，曰：'请必无归，而造于朝！'不得已而之景丑氏宿焉。"该章讲齐王想见孟子，孟子称病推脱后却去东郭大夫家吊丧。齐王派人和医生前来看望孟子，孟仲子随后派数人到路上拦截孟子，让他不要回家，直接到朝堂上去。孟子迫于仲子之言，不得已而住宿到齐大夫景丑家。上述文献中的几个"不得已"基本上都没有超出"不得已"一词的基本用法。

《老子》书中3次写到了"不得已"。《老子》第二十九章曰："将欲取天下而为之，吾见其不得已。"这里的"不得已"应该如何理解，学界存在不同的看法。陈鼓应的注释是："不得已：不可得（苏辙注）。'已'，语助（范应元注）。高明说：'不得已'，河上公谓为'不得天道人心'，甚得其旨，犹今言无所得或无所获。有人释作'迫不得已'，失之远矣。"①陈徽结合古人之注把这一句理解为"想获取天下而有所作为者，我看他是不会成功的"。②如果我们联系《在宥》中的"故君子不得已而临莅天下，莫若无为"一句来判断，把此处的"不得已"理解为迫不得已自有其道理，并不能算失之远矣。老子认为，作为国王而言，"取天下而为之"不应该是一件率性之事，必须是在不得已的前提下，着手治理天下。治理天下的方法就是无为，只有无为才能无不治。《老子》中"将欲取天下而为之，吾见其不得已"一句直接启迪了庄子的"不得已"思想。正如钟泰所指出："（庄子）'不得已'之言，本之老子，老子曰：'将欲取天下而为之，吾见其不得已。'而《庄子》则更从而发挥之。"③《老子》第三十章曰："果而勿矜，果而勿伐，果而勿骄，果而不得已，果而勿强。物壮则老，是谓不道，不道早已。"作为军事大臣而言，要以道佐人主，

---

① 陈鼓应注译：《老子今注今译》，商务印书馆，2016年，第188页。
② 陈徽：《庄子的"不得已"之说及其思想的入世性》，《复旦学报》2019年第3期。
③ 钟泰：《庄子发微》，第86页。

不要用武力横行天下。由于胜利是不得已而取得的，不是汲汲以求取得的，是故取得胜利之后也不能去逞强。《老子》第三十一章曰："兵者，不祥之器，非君子之器。不得已而用之，恬淡为上，胜而不美。"一般情况下避免使用兵器，当敌人进攻之时，不得已之时才使用兵器。在以上3次"不得已"中，老子从为君为臣两个方面说明了无为而治的重要性。

在《庄子》书中"不得已"共出现了15次。其中2次没有迫不得已的意思。《让王》曰："颜阖对曰：'恐听者谬而遗使者罪，不若审之。'使者还，反审之，复来求之，则不得已！"颜阖被众人视为得道之人，他身居陋闾，过着清贫的生活。鲁君派遣使者前来慰问，并"致币"给颜阖，颜阖找了一个借口躲避了起来。使者第二次前来时已经找不到颜阖了。这里的"不得已"乃是"不得矣"的意思。《至乐》曰："吾观夫俗之所乐，举群趣者，誙誙然如将不得已，而皆曰乐者，吾未之乐也，亦未之不乐也。果有乐无有哉？"成玄英疏："誙誙，趣死貌也。已，止也。举世之人，群聚趣竞，所欢乐者，无过五尘，贪求至死，未能止息之也。"[1]世俗之人执着地追求享乐而欲罢不能，无法让自己停下来。除此二例之外，还有一次"不得已"是作者对天地的运行提出了推问。《天运》曰："天其运乎？地其处乎？日月其争于所乎？孰主张是？孰维纲是？孰居无事推而行是？意者其有机缄而不得已邪？意者其运转而不能自止邪？"天地日月都处于不停地运转当中，应该没有什么机关控制着它们吧。成玄英疏

---

① 郭庆藩：《庄子集释》，第543页。

"意者其有机缄而不得已邪"："机，关也。缄，闭也。玄冬肃杀，夜宵暗昧。以意亿度，谓有主司关闭，事不得已，致令如此。以理推者，皆自尔也。方地不动，其义亦然也。"①作者提出天地在运行过程中是不是也存在着不得已的状态。《在宥》曰："故君子不得已而临莅天下，莫若无为。无为也而后安其性命之情。"作为君王"不得已"而居于高位，一定要实行无为而治。《人间世》曰："为人臣子者，固有所不得已。行事之情而忘其身，何暇至于悦生而恶死！夫子其行可矣！"作为臣子事于君王，遇到"不得已"之事几乎无法避免。既然你主动选择了出仕，既然你承认君臣大义，那就应该奉事君命，忘掉自我，不能悦生而恶死。《天下》曰："是故慎到弃知去己而缘不得已，泠汰于物以为道理。"作为哲人慎到也有自己的"不得已"。《大宗师》曰："古之真人，……崔乎其不得已乎！滀乎进我色也，与乎止我德也；厉乎其似世乎！謷乎其未可制也；连乎其似好闭也，悗乎忘其言也。"成玄英疏"崔乎其不得已乎"曰："崔，动也。已，止也。真人凝寂，应物无方，迫而后动，非关先唱故，不得已而应之者也。"②真人之动也是出于"不得已"。《庚桑楚》曰："欲静则平气，欲神则顺心，有为也。欲当则缘于不得已，不得已之类，圣人之道。"成玄英疏曰："缘，顺也。夫欲静攀援，必须调乎志气；神功变化，莫先委顺心灵。和混有为之中，而欲当于理者，又须顺于不得止。不得止者，感而后应，分内之事也。如斯之例，圣人所以用

---

① 郭庆藩：《庄子集释》，第442页。
② 郭庆藩：《庄子集释》，第216页。

为正道也。"①对于圣人来说，气息平和，顺应心志，事事顺应而又不得不如此。在庄子及其后学眼里，事事不由自主的作法本来就符合圣人之道。可见在人生天地之间，任你是圣人真人，谁也摆脱不了"不得已"之事。

如上所述，"不得已"的基本涵义是迫不得已。上文中涉及到的孔孟老庄四位哲人，在面对"不得已"之事，皆不是一筹莫展，而是依照自己的哲学观念采取了不同的解决方案。大体说来，孔孟偏向于积极有为，老庄应之以无为自然。具体去看，又表现得极为复杂。孔子和老子一样，同样有去兵的想法。《庄子》中的15例"不得已"，除了前两例之外，都含有迫不得已之意。但庄子并非囿于消极被动的"不得已"，他在继承老子"不得已"思想的基础上，开拓扩展了"不得已"思想的内涵，从而使意在揭示人生一般生存困境的"不得已"上升成为一个重要的哲学概念。《庄子》"不得已"思想的新内涵主要体现在以下两个方面。

二、托不得已以养中

《人间世》是庄子展现其处世之道的重要篇章，"不得已"一词在文中共出现了3次。在《人间世》中，庄子提出了"乘物以游心，托不得已以养中"的重要观念。此一观念在庄子处世哲学中占有核心地位。郭象注"夫乘物以游心"曰："寄物以为意也。"成玄英疏曰：

---

① 郭庆藩：《庄子集释》，第719页。

"夫独化之士，混迹人间，乘有物以遨游，运虚心以顺世，则何殆之有哉！"①郭象注"托不得已以养中，至矣"曰："任理之必然者，中庸之符合矣，斯接物之至者也。"成玄英疏曰："不得已者，理之必然也。寄必然之事，养中和之心，斯真理之造极，应物之至妙者乎！"②面对人生"不得已"的困局，庄子主张顺应万物发展变化的必然之理，虚心以顺世，让心灵遨游于万物之中；同时，人类面对万物之理、面对万事之变，无法对抗与逆违，只能顺从理之必然，把"养中和之心"作为自己的目标。"乘物以游心"是"托不得已以养中"的前提，"托不得已以养中"是"乘物以游心"的目的。此处的"养中和之心"相当于《德充符》中的"才全而德不形"。

《德充符》曰：

　　哀公曰："何谓才全？"仲尼曰："死生存亡，穷达贫富，贤与不肖毁誉，饥渴寒暑，是事之变、命之行也，日夜相代乎前，而知不能规乎其始者也。故不足以滑和，不可入于灵府。使之和豫，通而不失于兑；使日夜无郤而与物为春，是接而生时于心者也。是之谓才全。""何谓德不形？"曰："平者，水停之盛也。其可以为法也，内保之而外不荡也。德者，成和之修也。德不形者，物不能离也。"

---

① 郭庆藩：《庄子集释》，第150页。
② 郭庆藩：《庄子集释》，第151页。

所谓的必然之事就是理，也就是命，理与命异名而同谓。庄子列举了死与生、存与亡、穷与达、贫与富、贤与不肖、毁与誉、饥与渴、寒与暑这样十六种不同的"命"。其中有自然现象，比如寒暑、日夜、生死；有对个人价值的评价，比如穷达、贫富；有社会对个人声誉的评判，比如贤不肖，毁誉；有个人的身体感受，比如饥渴等。凡此种种汇聚起来，构成了一个人整体性的"命"。人力无法改变命，作为个体的人只能接受命。为了强调这一点，"安之若命"两次出现在《庄子》内篇中。两次出现的"命"之涵义具有明显的区别。如果是一位方外之士，那他的命就简单一些；如果是一位方内之士，在命之外还有加上义。《德充符》曰："知不可奈何而安之若命，唯有德者能之。游于羿之彀中。中央者，中地也；然而不中者，命也。"这里的"安之若命"是就方外之士而言的。《人间世》中仲尼曰："天下有大戒二：其一，命也；其一，义也。子之爱亲，命也，不可解于心；臣之事君，义也，无适而非君也，无所逃于天地之间，是之谓大戒。……知其不可奈何而安之若命，德之至也。"这里的"安之若命"是就方内之士而言的。作为方外之士，天下之大戒有一；作为方内之士，天下之大戒有二，其一是命，这与方外之士相同，其二是义，此与方外之士有别。如果选择要做方内之士，就得承认君权神圣。那么"为人臣子者，固有所不得已"就是一种必然之理。面对这样的必然之理，臣子只能"知不可奈何而安之若命"。对于那些不愿意进入仕途的隐士而言，他们就用不着去承担所谓的君臣之义。所以，君臣之义是庄子为仕途之士设计的，作为隐士阶层的代表，他自己并不认可君臣大义。

林自曰："乘万物以游心，托至理以养中，理所当为者，不得已也。"①此处的"不得已"是理固如此，人不得不为。"托不得已"的"托"通常翻译为寄，其中包含着寄托、寄寓的意思。"托不得已"的意思，不是要求个人去对抗"不得已"之事，甚至不要求个人与"不得已"之事发生正面冲突，而是要承认"不得已"、接纳"不得已"，与此同时，利用"不得已"、凭借"不得已"去实现精神世界中的"养中"目标，也就是通过"不得已"之事去养中和之心。这里的"游心"与"养中"意思相近，但两者之间还有细微的区别。"游心"是让心从倒悬中得到解放，从世俗世界中得到超越，让心进入到逍遥游的境界；"养中"就是沉浸在逍遥游的境界中去养中和之心，"养中"是"游心"的目的地和落脚点。实现了"养中"就达到了上文所谓的"水停之盛"，当一个人能够做到"内保之而外不荡"时，他与物接触时就可以做到"与物为春"，他与人接触时就可以做到与人为善，从而在实践层面完成内心之中的"成和之修"。这样就把高悬在理论层面的"养中"，落实到了实践层面，落实到了现实生活当中。与其说庄子的"养中"是一种形而上学的纯粹存在论，不如说它是一种已经内化到生命实践当中的现实人生境界。

"托不得已以养中"的思想也体现在《庄子》的其他篇章中。《在宥》中鸿蒙曰："意！心养。汝徒处无为，而物自化。堕尔形体，吐尔聪明，伦与物忘；大同乎涬溟，解心释神，莫然无魂。万物云云，各复其根，各复其根而不知；浑浑沌沌，终身不离；若彼知之，乃

---

① 方勇：《庄子纂要》（贰），第591页。

是离之。无问其名，无窥其情，物固自生。"成玄英疏"堕尔形体，吐尔聪明，伦与物忘"曰："伦，理也。堕形体，忘身也。吐聪明，忘心也。身心两忘，物我双遣，是养心也。"[1]鸿蒙是道家的至人，他逍遥于天地之间；云将很向往道家的逍遥生活。当他向鸿蒙请教如何育养万物时，鸿蒙告诉他要"心养"。"心养"也就是养心，就是养中和之心。只有治身先于治国，忘记自己的形体，忘记自己的存在，任物自化，才可以实现万物昌盛兴旺。这个寓言是庄子"托不得已以养中"思想的形象化展示。

《人间世》曰："吾语若！若能入游其樊而无感其名，入则鸣，不入则止。无门无毒，一宅而寓于不得已，则几矣。"这则故事源自"颜回见仲尼请行"一节。在这个故事中，颜回看到卫国大乱，想要前往卫国帮助国君治理国家，孔子告诫颜回要"先存诸己而后存诸人"，一个连自己也不会保护的人，无法去保护民众。后来又指导颜回学习"心斋"之法。在掌握了"心斋"之法的基础上，孔子进一步告诫颜回要做到"一宅而寓于不得已"。郭象注："不得已者，理之必然者也。体至一之宅，而会乎必然之符者也。"成玄英疏："宅，居处也。处心至一之道，不得止而应之，机感冥会，非预谋也。"[2]孔子要求颜回安心于至一之道，接人待物时不能使用智力，做事时出自不得已即可。《人间世》曰："为人臣子者，固有所不得已。"郭象注："事有必至，理固常通，故任之则事济，事济而身不存者，未之

---

[1] 郭庆藩：《庄子集释》，第355页。
[2] 郭庆藩：《庄子集释》，第139页。

有也，又何用心于其身哉！"成玄英疏："夫臣子事于君父，必须致命尽情，有事即行，无容简择，忘身徇务，固是其宜。苟不得止，应须任命也。"[1]站在方内之士的立场看，个人一旦选择进入官场，就得承认官场的游戏规则，"致命尽情，有事即行"，按照相关规则去办事，不能过度考虑一己的得失。

表面上看，《人间世》中的"不得已"都有迫不得已的意思，但又都不限于迫不得已。常人所谓的迫不得已是一种消极被动的行为，而庄子的"不得已"承认事物的固然之理和必然之命，接受事物的固然之理和必然之命，于是在迫不得已之中又蕴含着一定的积极主动性。特别是其中的"夫乘物以游心，托不得已以养中"一语，要求当事人借助"不得已"去完成游心和养中之事，这时的"不得已"乃是当事人登上更高人生境界的一个踏板。这样就把一种本来是消极被动的"不得已"转变为一种积极主动的行为。至此，庄子的"不得已"思想已经上升到了一个新的思想高度，具有全新的理论价值。

三、动以不得已之谓德

在外篇《刻意》和杂篇《庚桑楚》中，"不得已"一词多次与"动"字组合在一起，《庚桑楚》篇提出了"动以不得已之谓德"的思想观念。《庚桑楚》曰："动以不得已之谓德，动无非我之谓治，名相反而实相顺也。"《庚桑楚》的作者列出了扰乱意志、束缚心灵、牵累

---

① 郭庆藩：《庄子集释》，第145页。

德行、阻碍大道的二十四种因素。它们是：贵富显严名利，容动色理气意，恶欲喜怒哀乐，去就取与知能。只要这些因素震荡于胸中，一个人就不可能专注于修道。如果要修道，就必须要放弃以上因素。作者又提出有所行动乃是出于不得已时这就是德。需要强调的是，这里的德并不是我们日常语言中的德。日常语言中的德主要是伦理道德，更接近于孔孟的思想，此处的德是指万物的自然本性。这样的行动不是为了彰显自我意识，不是为了追求世俗的名声。

《刻意》提出了"动而以天行"的"养神之道"。《刻意》曰："圣人之生也天行，其死也物化；静而与阴同德，动而与阳同波；不为福先，不为祸始；感而后应，迫而后动，不得已而后起。……故曰：纯粹而不杂，静一而不变，惔而无为，动而以天行，此养神之道也。"圣人面对生死都能够顺应自然，圣人在静止之时与阴气同德行，在行动之时与阳气同波流；圣人既不去追求幸福，也不去招惹灾祸。圣人处变不惊，泰然自若。圣人有所感动而后开始回应，有所逼迫而后开展动作，不得已而后兴起。圣人的品德纯粹而不驳杂，虚静专一而不波动，淡泊而无为，行动顺应自然，这就是养神之道。在此，我们应该对"感而后应，迫而后动，不得已而后起"予以特别地关注，"动"让《庄子》中的"不得已"思想跃上到了一个新的台阶。刘武说："'不得已'盖即虚而待物之旨，必待感而后应，迫而后动也。"[1]钟泰说："不得已，所谓虚而待物者也。惟虚，故不逆不亿，不用智于事先；惟待物，故批卻，导窾，亦不失机于事后，

—————————

[1]刘武：《庄子集解内篇补正》，第97页。

为《易·系辞》所谓'寂然不动，感而遂通天下之故'者也。'不得已'之言，本之老子，……而《庄子》则更从而发挥之，一书之中，不啻数见，其尤言之谆至者，则莫如《庚桑楚》。"①两位先生在论述"不得已"之时，不约而同地认为人在虚而待物之际，并不是消极不动，不是无所作为，而是"感而后应，迫而后动"，钟泰还指出"不得已"之动一如《养生主》中的庖丁解牛，"批郤、导窾，亦可不失机于事后"。《养生主》中庖丁曰："彼节者有间，而刀刃者无厚，以无厚入有间，恢恢乎其于游刃必有余地矣。"面对异己的庞然大物，庖丁并不是硬碰硬，而是寻找空隙，依乎天理去批大郤，导大窾，终于达到了游刃有余的最高境界。牛在他面前不再是一头动物，而是一堆正在等待他翩翩起舞的道具。在外篇《达生》中也有一个类似的故事。孔子有一次在大瀑布下遇见了吕梁丈夫，在这片鱼鳖水怪绝迹的水域，他能够入水"数百步而出，被发行歌而游于塘下"，孔子开始惊其为鬼，走近了观察才发现是一个活人。孔子问他是否"蹈水有道"，他告诉孔子说自己"始乎故，长乎性，成乎命"。面对洪流，"与齐俱入，与汩偕出，从水之道而不为私焉"，从而能够达到"蹈水有道"的境界。"齐"，通"脐"，本指石磨上下两扇中央的磨眼，这里指水流向下的漩涡。"汩"，水流涌出的漩涡。成玄英疏"从水之道而不为私焉"曰："随顺于水，委质从流，不使私情辄怀违拒。从水尚耳，何况唯道是从乎！"②吕梁丈夫生于斯，长于斯，对

---

① 钟泰：《庄子发微》，第86页。
② 郭庆藩：《庄子集释》，第584页。

此地水流的规律了如指掌，他完全顺应水势而动，故不会为水所伤。可见庄子式的无为并不是彻底躺平，也不是任性而为，只有深谙蹈水之道的吕梁丈夫才懂得无为之义。

"庖丁解牛"和"蹈水有道"只是一种形象的说法，庄子学派认为，在处世的过程中，也可以做到游刃有余。《大宗师》曰："（古之真人）崔乎其不得已乎！……故其好之也一，其弗好之也一。其一也一，其不一也一。其一与天为徒，其不一与人为徒。天与人不相胜也。是之谓真人。"天人关系是中国古代学者所探究的最重要的学术问题之一，庄子的天人思想可以概括为"天与人不相胜也"。在他眼里，古之真人就是天人合一的典范，古之真人的行动不是随心所欲，而是"崔乎其不得已"。《在宥》曰："故君子不得已而临莅天下，莫若无为。"当某位国君不得已而莅临天下，在治理天下之时，如果能够采用道家的无为之术，"神动而天随"，动静有节，就一定能够治理好天下。《庚桑楚》曰："不得已之类，圣人之道。"这里的圣人是否等同于前面的真人，还可以再讨论，但可以肯定他的有为是缘于不得已之为，等同于无为。能够达到不得已之动的人就是圣人。《外物》借庄子之口曰："唯至人乃能游于世而不僻，顺人而不失己。"即使《庚桑楚》中的"圣人"和《外物》中的"至人"不同于《逍遥游》中的圣人和至人，他们也是世俗之人的楷模。作者告诉世俗之士应该顺应自然。宇宙流变不息，社会变易不居，人应该与时俱进，不能偏执己见。至人乃能游心于世，能够顺人而不失己。顺人是不得已的事，君子不得不安于不得已之现状，在无可奈何中达到"养中"之境界。

关于"托不得已以养中"与"动以不得已之谓德"之间的关系，我们应该从两个方面去认识。一方面，我们要看到二者之间有相通之处，前者以"托"，后者以"动"，都含有积极地利用"不得已"以养精神的成分，"动以不得已之谓德"的作者属于庄子后学，他明显继承了庄子思想。"中"和"德"两个字也有一定的联系。《人间世》曰"知其不可奈何而安之若命，德之至也"，在"不可奈何"这种"不得已"的情形下若能"安之若命"便是"德"。"养中"是一种养护精神的方式，"德"是一种精神境界。此两字所言均指人的精神世界。因此《人间世》的"养中"观才可以被庄子后学进一步发挥并点明为有"德"。另一方面，我们也要看到二者之间的明显区别。"托不得已以养中"的重点在于"托"，"动以不得已之谓德"的着眼点在于"动"，相对于前者，庄子后学的"不得已"之"动"，更强调了"不得已"思想的行动性和实践性，它构成了庄子学派"不得已"思想的另外一翼。"托不得已以养中"是说面对必然的、无可逃遁的、"不得已"之境遇时，惟有安之若命，顺应自然，游心逍遥，养护精神，方能涵养内在盛德，达至"德"之"和"，即似止水内保之而不外荡的平和。而"动以不得已之谓德"则说明"德"不止于内，也可以在"不得已"的状态下向外溢出和彰显，"不得已"是德之动的前提与原则。这种"不得已"之动在现实层面的落实体现为人类社会之"治"上，这个"治"并非有意识的驾驭和统治，而是顺物之理而治，亦即无为之治。

虽然与"不得已"紧密联系的"动"的观念，主要出现在《庄子》外杂篇中，在《庄子》内篇中并不突出，但如何去动，却主要导源于《养生主》中的"缘督以为经"。"动"的观念，与《齐物论》中的"为是不用而寓诸庸"也是一脉相承的关系。庄子学派的政治论、修身论、认识论等实践环节无不导源于其"寓诸庸"思想。"感而后应，迫而后动，不得已而后起"是庄子后学对庄子"不得已"思想的进一步发挥，也是庄子"寓诸庸"思想的自然延伸。

概之，"不得已"是每个人都会遇到的人生困境。面对不得已之困境，不同的人有不同的应对之法。《庄子》的作者面对迫不得已之事时，在继承老子"不得已"观念的基础上，提出了"托不得已以养中"和"动以不得已之谓德"两种思想观念。在世俗世界中，迫不得已只是一种消极被动的状态，在庄子的观念中"托不得已"是一种理固如此，必须要顺理而为。"托不得已以养中"是利用、借助"不得已"去实现更高的心灵逍遥境界与内心的中和，其中已经孕育着积极因素；"动以不得已之谓德"是一种变被动为主动，从行动上去改变"不得已"的现状，其中积极主动的思想成分更加明确。透过庄子"不得已"思想去观察，在"不得已"思想观念的背后还有更深刻的理论义涵，那就是作为老庄哲学的最高价值和行为原则的"自然"。《老子》第二十五章曰："人法地，地法天，天法道，道法自然。"庄子思想是对老子"自然"思想的继承与发展。"不得已"观念是老庄自然思想在现实生活中的运用和落实。老子主张道法自然，庄子主张天与人不相胜，"自然"是人世间最高的行为指针，"托不得已"以"养中"，符合自然之法则，"动以不得已"也符合自然之法则。顺应这个法则就能"养中"，就能达到"德"的境界，如果违背了自然法则，有所追求、有所偏好就会陷入困境。对庄子"不得已"思想观念进行深入研究，有利于充分理解庄子以及道家思想的内在涵义，客观上也有助于消除世俗世界中庄子代表了消极思想和躺平意识的流行观念。

第六章 《秋水》中的天人之思

天人思想是庄子及庄子学派思想体系中的理论基石，天人之思贯穿于《庄子》内外杂三篇中。《秋水》篇虽然出现在《庄子》外篇中，但在《庄子》全书中占有特殊的位置，有人把它看作《庄子》思想精华的浓缩，认为它可以代表庄子的整体思想。例如，马定国《读庄子》云："吾读漆园书，《秋水》一篇足。安用十万言，磊落载其腹。"[1]林云铭曰："此千古有数文字，开后人无数法门。"[2]自古以来，众多学者指出《秋水》篇与《庄子》内篇之间关系密切。或以为《秋水》是《逍遥游》《齐物论》之注脚。王夫之曰："此篇因《逍遥游》《齐物论》而衍之，推言天地万物初无定质、无定情，扩其识量而会通之，则皆无可据，而不足以撄吾心之宁矣。"[3]顾如华曰："《南华》为诸子中第一开眼之书，而《秋水》篇又为《南华》中第一开眼之文，内篇《逍遥游》《齐物论》一大注脚也。"[4]林云铭曰："此篇大意

---

① 薛瑞兆、郭志明编纂：《全金诗》第一册卷三，南开大学出版社，1995年，第36页。
② 林云铭：《庄子因》，第183页。
③ 王夫之：《庄子解》，第212页。
④ 方勇：《庄子纂要》（肆），第790页。

自内篇《齐物论》脱化而来。"①或以为是《大宗师》之纲纪。方潜曰："阐发道德大旨，而《大宗师》之纲纪也。"②或以为撮内七篇之精蕴。今人钟泰说："此篇河伯、海若问答一章，实撮内七篇之精蕴而熔炼以出之，且有发七篇所未发者，自是庄子经意之作。"③在此需要说明的是，这种《秋水》乃庄子自著的观点有待商榷。《秋水》为庄子后学所作，已为今日学界之主流观点。《秋水》对《庄子》内篇的吸纳、熔炼前人论之已多，但《秋水》"发内篇之未发"之处则论述较少。本章拟在前人研究的基础上，讨论《秋水》篇中的天人思想。笔者认为《秋水》中的天人之思固然导源于《庄子》内篇，但又表现出一定的求变意识和创新工夫，从而具有与《庄子》内篇不同的特质。

一、无以人灭天

《秋水》篇可分为前后两半幅。前半幅是河伯与北海若的对话，是文章的重点所在；后半幅辑录了与前半幅关系或密或疏的六则寓言故事。前半幅中，北海若是作者的化身，作者借用北海若之口来阐释自己的天人思想。河伯与北海若的对话可以分为三部分，在第一部分中北海若解答河伯有关大小、精粗、贵贱的疑虑，论述作者"无以人灭天"的思想。这一部分以"默默乎河伯！女恶知贵贱之门，小大之家"结尾，北海若对河伯发出了当头棒喝，指明了求道的唯一进

---

① 林云铭：《庄子因》，第183页。
② 方勇：《庄子纂要》(肆)，第686页。
③ 钟泰：《庄子发微》，第361页。

路。第二部分是北海若对"达理明权"思想的论述。在第三部分中，作者将自己的天人思想归结为"反其真"。让我们先来看第一部分。

《秋水》用大量笔墨论述"无以人灭天"的道理。天人之思首先涉及的问题是何为天、何为人。《秋水》曰："牛马四足，是谓天；落马首，穿牛鼻，是谓人。"庄子的解释举重若轻，生动而形象地解答了这一对重要的哲学命题。成玄英疏"天""人"曰："夫牛马禀于天，自然有四脚，非关人事，故谓之天。羁勒马头，贯穿牛鼻，出自人意，故谓之人。"①在此处，天即是自然、天然；人即是人事、人意。

"无以人灭天"思想导源于《庄子》内篇。《大宗师》曰："知天之所为，知人之所为者，至矣。知天之所为者，天而生也；知人之所为者，以其知之所知以养其知之所不知，终其天年而不中道夭者，是知之盛也。虽然，有患。夫知有所待而后当，其所待者特未定也。庸讵知吾所谓天之非人乎？所谓人之非天乎？"知道大自然运化的产物，知道人类的作为，这是认知的极致。问题在于认知必然有所凭借，而这个赖以凭借的东西是不确定的，它处在不断的变化当中。《大宗师》又曰："是之谓不以心捐道，不以人助天。是之谓真人。""故其好之也一，其弗好之也一。其一也一，其不一也一。其一与天为徒，其不一与人为徒。天与人不相胜也，是之谓真人。"此处的"不以心捐道"也就是"不以心损道"。《大宗师》借真人发论，讨论自然与人的关系，庄子在这里提出了"不以人助天""天与人不相胜"的天人思想，这是庄子天人思想的总纲。天与人息息相关，

---

① 郭庆藩：《庄子集释》，第524页。

不可分割。庄子反对将天人对立，他认为天不能战胜人，人也不要去试图战胜天，这一认识表现了庄子人与自然的一体观，也表现出庄子思想中人对宇宙的归属感。

刘凤苞曰："'无以人灭天'句是主，下三句乃申足上意。命即天命，得即天德，故即人心，名即人事。答还他天人之间，透彻无遗。末二句亲切指点，极精极微。"① 钟泰说："庄子特以当时人知日强，而天知日损，故发为'无以人灭天，无以故灭命'之论，以指其过而矫其偏，此其救世不得已之苦心。……'无以得殉名'，'得'即上'位乎得'之得，'名'为形名之名，非名誉之谓也。'殉名'，则守常而不知通变。常而不知通变，则不得矣。"② 《秋水》的作者呼吁"无以人灭天"，充分说明到了《秋水》出现的时代，在天人关系方面，世人更加看重人知而忽视天知。"天与人不相胜"是庄子思想中理想的天人状态，也是庄子及其后学所憧憬的目标。"不以人助天"，是庄子当时的哲学思考；"无以人灭天"，是《秋水》时代庄子后学在焦虑中的呐喊。很显然，前者态度温和而后者情感激越。

在俗人眼中，物体的形体有大也有小，其实，形体的大小皆是相对的。北海若曰："吾在于天地之间，犹小石小木之在大山也，方存乎见少，又奚以自多！计四海之在天地之间也，不似礨空之在大泽乎？计中国之在海内，不似稊米之在大仓乎？号物之数谓之万，人处一焉；人卒九州，谷食之所生，舟车之所通，人处一焉；此其

---

① 刘凤苞：《南华雪心编》（上），中华书局，2013年，第360页。
② 钟泰：《庄子发微》，第381页。

比万物也，不似豪末之在于马体乎？"从形体大小的角度说，人类仅仅是天地之间的一物，在天地之间可以小到忽略不计。人类是渺小的，而天是广大无极的，那么以人之力去灭天，就如同蚍蜉欲撼大树。由此得出了第一条结论：无以人灭天。《秋水》曰：

> 夔怜蚿，蚿怜蛇，蛇怜风，风怜目，目怜心。夔谓蚿曰："吾以一足趻踔而行，予无如矣。今子之使万足，独奈何？"蚿曰："不然。子不见夫唾者乎？喷则大者如珠，小者如雾，杂而下者不可胜数也。今予动吾天机，而不知其所以然。"蚿谓蛇曰："吾以众足行，而不及子之无足，何也？"蛇曰："夫天机之所动，何可易邪？吾安用足哉！"蛇谓风曰："予动吾脊胁而行，则有似也。今子蓬蓬然起于北海，蓬蓬然入于南海，而似无有，何也？"风曰："然。予蓬蓬然起于北海而入于南海也，然而指我则胜我，鳍我亦胜我。虽然，夫折大木、蜚大屋者，唯我能也，故以众小不胜为大胜也。为大胜者，唯圣人能之。"

这一段寓言故事是对总论中"无以人灭天"思想的形象化展现。在夔与蚿、蛇、风、目、心的故事中，作者用"动吾天机而不知其所以然"一句，囊括了道家思想的精髓。林云铭曰："此段言天机所动，各有自然，彼之所难，此之所易，则难易不在于多少有无之间也。亦河伯问答一段余意。"[1]

---

[1] 林云铭：《庄子因》，第178页。

作者认为不论是毫末之细，还是天地之大，无不处在变化当中。万物的变化反应在"量无穷，时无止，分无常，终始无故"这四个方面。北海若曰："夫物，量无穷，时无止，分无常，终始无故。是故大知观于远近，故小而不寡，大而不多，知量无穷；证曏今故，故遥而不闷，掇而不跂，知时无止；察乎盈虚，故得而不喜，失而不忧，知分之无常也；明乎坦涂，故生而不说，死而不祸，知终始之不可故也。计人之所知，不若其所不知；其生之时，不若未生之时；以其至小求穷其至大之域，是故迷乱而不能自得也。"由于数量无穷无尽，时间无休无止，性分变化无常，生死难以逆料，所以人所认识的世界只是有限的一部分。由此得出了第二条结论：无以故灭命。命是庄子哲学的重要概念，《德充符》曰："死生存亡，穷达贫富，贤与不肖毁誉，饥渴寒暑，是事之变、命之行也，日夜相代乎前，而知不能规乎其始者也。"所谓的"命"就是指人力无法改变之事。所谓的"故"则是指人心、人力、人欲等。究其实质，命即是天，故即是人。所以，无以故灭命乃是无以人灭天的另一种说法。《秋水》曰：

> 孔子游于匡，宋人围之数匝，而弦歌不惙。子路入见，曰："何夫子之娱也？"孔子曰："来！吾语女。我讳穷久矣，而不免，命也；求通久矣，而不得，时也。当尧、舜而天下无穷人，非知得也；当桀、纣而天下无通人，非知失也；时势适然。夫水行不避蛟龙者，渔父之勇也；陆行不避兕虎者，猎夫之勇也；白刃交于前，视死若生者，烈士之勇也；知穷之有命，知通之

有时，临大难而不惧者，圣人之勇也。由处矣，吾命有所制矣。"无几何，将甲者进，辞曰："以为阳虎也，故围之。今非也，请辞而退。"

褚伯秀曰："此章明死生有命，穷通有时，故君子不立于危墙之下，亦不求生以害仁，临大难而不惧，知命有所制，则尽人事于平日，安天命于此时而已。"①作者通过孔子游匡的故事重申了无以故灭命的思想。孔子知穷通之命，所以临大难而不惧，不生求救之心，以此来保全其天然之本性，最终也有了一个宋人引兵自退的好结果。

表面上万物有精粗贵贱之别，但从道的角度看万物一体，并没有任何精粗贵贱。北海若曰："夫自细视大者不尽，自大视细者不明。夫精，小之微也；垺，大之殷也；故异便。此势之有也。夫精粗者，期于有形者也；无形者，数之所不能分也；不可围者，数之所不能穷也。可以言论者，物之粗也；可以意致者，物之精也；言之所不能论，意之所不能察致者，不期精粗焉。"在有形的精粗之外，还有无形的精粗，更有意之所不能察致的精粗。是故我们不能以有形的精粗作为判断的依据。北海若曰："以道观之，物无贵贱；以物观之，自贵而相贱；以俗观之，贵贱不在己。以差观之，因其所大而大之，则万物莫不大；因其所小而小之，则万物莫不小；知天地之为稊米也，知豪末之为丘山也，则差数睹矣。以功观之，因其所有而有之，则万物莫不有；因其所无而无之，则万物莫不无；知东西之相反而

---

① 方勇：《庄子纂要》（肆），第760页。

不可以相无，则功分定矣。以趣观之，因其所然而然之，则万物莫不然；因其所非而非之，则万物莫不非；知尧、桀之自然而相非，则趣操睹矣。"常人观察的角度可能只有一种或两种，作者告诉读者观察事物可以有不同的角度，可以分为"以道观之""以物观之""以俗观之""以差观之""以功观之""以趣观之"等不同方式，由于观察点不同所以会得出不同的结论。毫无疑问作者主张"以道观之"，从道的角度看，也只有从道的角度看，才能得出唯一正确的结论。"以道观之，物无贵贱"，由此得出了第三条结论：无以得殉名。得即天德，殉名即为了达到天德而牺牲自己的名声。《秋水》曰：

公孙龙问于魏牟曰："龙少学先王之道，长而明仁义之行；合同异，离坚白；然不然，可不可；困百家之知，穷众口之辩；吾自以为至达已。今吾闻庄子之言，汒焉异之。不知论之不及与，知之弗若与？今吾无所开吾喙，敢问其方。"公子牟隐机大息，仰天而笑曰："子独不闻夫埳井之蛙乎？谓东海之鳖曰：'吾乐与！出跳梁乎井幹之上，入休乎缺甃之崖；赴水则接腋持颐，蹶泥则没足灭跗；还虾蟹与科斗，莫吾能若也。且夫擅一壑之水，而跨跱埳井之乐，此亦至矣，夫子奚不时来入观乎！'东海之鳖左足未入，而右膝已絷矣。于是逡巡而却，告之海曰：'夫千里之远，不足以举其大；千仞之高，不足以极其深。禹之时十年九潦，而水弗为加益；汤之时八年七旱，而崖不为加损。夫不为顷久推移，不以多少进退者，此亦东海之大乐也。'于是埳井之蛙闻之，适适然惊，规规然自失也。且夫知不知是非之竟，而犹欲观于庄子之言，是犹使蚊负山，商蚷驰河也，必不胜任矣。且夫知不知论极妙之言而自适一时之利者，是非埳井之蛙与？且彼方蹢黄泉登大皇，无南无北，奭然四解，沦于不测；无东无西，始于玄冥，反于大通。子乃规规然而求之以察，索之以辩，是直用管窥天，用锥指地也，不亦小乎！子往矣！且子独不闻夫寿陵余子之学行于邯郸与？未得国能，又失其故行矣，直匍匐而归耳。今子不去，将忘子之故，失子之业。"公孙龙口呿而不合，舌举而不下，乃逸而走。

宣颖曰："此段一发'无一故灭命'意也。公孙龙弃在我之德而殉智辩之名，故不免有失于庄子也。"[1]在公孙龙与魏牟的对话中，讲了井底之蛙遇见东海之鳖的寓言，此节与上文北海若曰"井蛙不可以语于海"含义相接。在庄子后学眼里，一个少学先王之道、长而明仁义之行的人，完全不能理解庄子的思想。与庄子相比，公孙龙之辈用管窥天、用锥指地，不明白大道之理。

在这一部分中，作者讨论了三种不同的天人关系。程以宁曰："此篇以形有大小，喻道无大小；以物有精粗贵贱，喻道无精粗贵贱；以物有短长终始，喻道无短长终始。"[2]如果从人事的角度看，人在变、物在变、事在变；如果从道的角度去看，天不变、道亦不变。作者告诉我们要认识世界、改造世界，只能依道而行。我们可以把

---

① 宣颖：《南华经解》，第122页。
② 方勇：《庄子纂要》（肆），第684页。

这一部分看作一篇劝道之文，它采用截断众流的方法，告诉世间的曲士：虽然观察事物可以有不同的点，但要正确地认识世界，唯有依道而行这一条出路，除此之外，我们别无选择。

二、达理明权

《荀子·解蔽》批评庄子曰："庄子蔽于天而不知人。"[1]今日学界流行这样一种观点："道家也持自然之天的观念，但道家的天人关系中，人对待自然是完全顺从、消极无为的，并且要求人最终回归到自然状态，这就从某种意义上泯灭了人作为宇宙灵长的价值和意义。"[2]其实，庄子的天人思想非常复杂，如果说在庄子的逍遥境界中，在一定程度上忽视了人的作用和价值，那么在德性境界中，庄子提出了"用心若镜""与物为春"的思想，在一定程度上突显了人的主观能动性。那么到了《秋水》时代，庄子后学则进一步突显了人作为宇宙灵长的价值和意义。

北海若曰："知道者必达于理，达于理者必明于权，明于权者不以物害己。至德者，火弗能热，水弗能溺，寒暑弗能害，禽兽弗能贼。非谓其薄之也，言察乎安危，宁于祸福，谨于去就，莫之能害也。故曰：天在内，人在外，德在乎天。知天人之行，本乎天，位乎得；蹢躅而屈伸，反要而语极。"这一段话字数虽然不多，但在《秋

---

① 王先谦：《荀子集解》，中华书局，1988年，第393页。
② 纪洪涛：《荀子"天论"中的人学观》，《光明日报》2020年6月22日。

水》篇中非常重要，它反映了《秋水》作者对"人"的态度，彰显出《秋水》对庄子内篇中天人思想的发展和创新。

《秋水》曰："知道者必达于理，达于理者必明于权。"成玄英疏"知道者必达于理"句曰："夫能知虚通之道者，必达深玄之实理；达深玄之实理者，必明于应物之权智。既明权实之无方，故能安排而去化。死生无变于己，何外物之能害哉！"[1]陆西星曰："中间'明理达权'四字，是此老实在学问。"[2]陶崇道曰："海若答以道不是悬空的，有个脉理在。脉理又不是死煞的，有个权变在。不知权变，则处处磕撞，只见得害。认其脉而以权行之，斯谓之道。……这等因应去就之理，固已昭然，而又加之以谨，谁能害？"[3]权变即变通趋时，唯有变通趋时才能够充分发挥人的主观能动性。当然，这个变通，不是无原则的变通，它是在"知道"基础上的变通，是在"达理"基础上的变通。在《秋水》之前，大家更多关注的是"知道"和"达理"，而没有关注"明权"。"知道"和"达理"属于意识层面，"明权"则属于行动的范畴。从意识层面到行动范畴还有相当长的距离。面对困难，面对危险，如果能够"安排而去化"，外物就无法伤害自己。对于个体生命而言，这是至为重要的。

《秋水》曰："至德者，火弗能热，水弗能溺，寒暑弗能害，禽兽弗能贼。非谓其薄之也，言察乎安危，宁于祸福，谨于去就，莫之能害也。"成玄英疏"至德者"句曰："至德者，谓得至道之人也。

---

① 郭庆藩：《庄子集释》，第523页。
② 方勇：《庄子纂要》（肆），第683页。
③ 方勇：《庄子纂要》（肆），第746页。

虽复和光混世，处俗同尘，而不为四序所侵，不为三灾所害，既得之于内，故外不能贼。"[1]至德者在《老子》和《庄子》内篇中，特指那些得道之人。他们在《老子》中被称之为"圣人"，在《庄子》内篇中除了"圣人"，还被称之为"神人""至人""真人"。《老子》第五十章曰："盖闻善摄生者，陆行不遇兕虎，入军不被甲兵。兕无所投其角。虎无所用其爪。兵无所容其刃。夫何故？以其无死地。"这样的善摄生者到底是神仙的化身还是一种文学的手法，后人一直有不同的理解。《齐物论》曰："大泽焚而不能热，河汉沍而不能寒，疾雷破山飘风振海而不能惊。若然者，乘云气，骑日月，而游乎四海之外。死生无变于己，而况利害之端乎！"《大宗师》曰："古之真人，不知说生，不知恶死；其出不䜣，其入不距；翛然而往，翛然而来而已矣。不忘其所始，不求其所终；受而喜之，忘而复之，是之谓不以心捐道，不以人助天。是之谓真人。"庄子的至人真人能够冲破世俗的欲望，达到精神完全自由的境地，他们乃是真善美的化身，是大道的载体。与此不同，《秋水》则完成了从真人到常人的转变。《秋水》中的至德者并不是水火不侵、刀枪不入的神人，他们也是常人。但他们是"达于理明于权"的常人，他们避免祸害的方法是远离祸害。《秋水》中至德者避免祸害的具体方法是"察安危，宁祸福，谨去就"，也可能在一些人眼里这是懦弱的表现，是逃避现实的行为。但是在《秋水》的作者看来，只有这样的人才是知道而达理的智者。虽然名称依然为"至德者"，但《老子》和《庄子》内篇中的

---

[1] 郭庆藩：《庄子集释》，第523页。

至德者是神奇的超人,《秋水》中的至德者是普通的常人。这样的转变,标志着庄子后学对庄子思想的改革,相比于庄子,一部分庄子后学日趋走向世俗化。

《秋水》曰:"故曰,天在内,人在外,德在乎天。知天人之行,本乎天,位乎得;蹢躅而屈伸,反要而语极。"成玄英疏"天在内,人在外"曰:"天然之性,韫之内心;人事所顺,涉乎外迹;皆非为也。任之自然,故物莫之害矣。"①成玄英疏"蹢躅而屈伸"曰:"蹢躅,进退不定之貌也。至人应世,随物污隆,或曲或伸,曾无定执,趣舍冥会,以逗机宜。"②疏"反要而语极"曰:"虽复混迹人间而心恒凝静,常居枢要而反本还源。所有语言,皆发乎虚极,动不乖寂,语不乖默也。"③对于知道达理者而言,天然之性就在他的内心深处;人事属于外在的事,人事不能影响内心深处的宁静。对于人事并不需要去有为,只要能顺其自然即可。或曲或伸,并没有固定的法式;或默或语,唯有任之自然。一切行动听从内心深处的召唤,没有必要强行压抑自己的天性。

《秋水》曰:"梁丽可以冲城,而不可以窒穴,言殊器也;骐骥骅骝,一日而驰千里,捕鼠不如狸狌,言殊技也;鸱鸺夜撮蚤,察毫末,昼出瞋目而不见丘山,言殊性也。"在这里作者提出万物之性不同。从人与物的关系看,我们可以看到人与其他动物的差异性;从人与人的角度看,我们又会看到每个人在器、技、性方面的差异

---

① 郭庆藩:《庄子集释》,第523页。
② 郭庆藩:《庄子集释》,第524页。
③ 郭庆藩:《庄子集释》,第524页。

性。人和人的不同，既与先天禀赋相关，也与后天的习得修行相关。如此，在处理天人关系之时我们就容易看到人的特殊性。《秋水》曰：

> 庄子钓于濮水，楚王使大夫二人往先焉，曰："愿以境内累矣！"庄子持竿不顾，曰："吾闻楚有神龟，死已三千岁矣，王巾笥而藏之庙堂之上。此龟者，宁其死为留骨而贵乎？宁其生而曳尾于涂中乎？"二大夫曰："宁生而曳尾涂中。"庄子曰："往矣！吾将曳尾于涂中。"

这到底是一件真实的历史记载，还是庄子的杜撰？《天下》篇说《庄子》一书为"谬悠之说，荒唐之言，无端崖之辞"。据此，我们容易把它看为一则寓言故事，但司马迁却把它看作史实，采撷到了《史记》当中。不论它是一桩史实，还是一则寓言，都与前文"察乎安危"的思想密不可分。林云铭曰："此段言知道者安于贱而不知有贵，然即于贱而自得其贵也。承上'查乎安危'三句来。"①《秋水》又曰：

> 惠子相梁，庄子往见之。或谓惠子曰："庄子来，欲代子相。"于是惠子恐，搜于国中三日三夜。庄子往见之，曰："南方有鸟，其名曰鹓雏，子知之乎？夫鹓雏，发于南海而飞于北海，非梧桐不止，非练实不食，非醴泉不饮。于是鸱得腐鼠，鹓雏过之，仰而视之曰'吓！'今子欲以子之梁国而吓我邪？"

----

① 林云铭：《庄子因》，第181页。

又是一则庄子与惠子的故事，故事中的庄子视功名富贵如腐鼠，而惠子却贪恋权位、小肚鸡肠，害怕庄子抢走了自己的相位。林云铭曰："此段言贵者有贵之贱，而贱者有贱之贵，趣操不同，愿各有极也。承上'查乎安危'三句来。"[1]以上两则寓言，重申了前文"查乎安危"的思想，与"无以得殉名"的思想也息息相关。

《秋水》中"达理明权"思想的提出，足以改变后人对庄子学派"蔽于天而不知人"的偏见。如果说在《庄子》内篇中，逍遥思想有时会留给人以"庄子蔽于天而不知人"的口实，那么在《秋水》中，庄子后学明显增加了对人的主观能动性的强调。这是《秋水》与《庄子》内篇在天人关系问题上的最大不同。

三、"反其真"之境界

《秋水》作者从正面论述了天的重要性，又从反面论述了人的主观能动性，最后得出了"反其真"的结论。北海若曰："故曰，无以人灭天，无以故灭命，无以得殉名。谨守而勿失，是谓反其真。""反其真"也就是"返其真"。郭象注曰："真在性分之内。"成玄英疏曰："夫愚智夭寿，穷通荣辱，禀之自然，各有其分。唯当谨固守持，不逐于物，得于分内而不丧于道者，谓反本还源，复于真性者也。"[2]每个人的愚智夭寿、穷通荣辱都是其性分注定的，作为个体生命只能

---

① 林云铭：《庄子因》，第182页。
② 郭庆藩：《庄子集释》，第525页。

安之任之。此处的"反其真"也就是前文出现的"自化"。北海若曰："万物一齐，孰短孰长？道无终始，物有死生，不恃其成；一虚一满，不位乎其形。年不可举，时不可止；消息盈虚，终则有始。是所以语大义之方，论万物之理也。物之生也，若骤若驰，无动而不变，无时而不移。何为乎，何不为乎？夫固将自化。"自化也就是无为。胡朴安曰："六问答，逼出反其真一语，此全篇之结穴。真，无为也；反其真，反其无为之常也。"① 我们把《秋水》中的理想境界姑且称之为反其真境界，以与庄子的逍遥境界进行比较。

宣颖论《逍遥游》曰："《庄子》，明道之书。若开卷不以第一义示人，则为于道有所隐。第一义者，是有道之第一境界，即学道之第一工夫也。"② 《逍遥游》展示出庄子之道的第一境界乃是逍遥境界。《逍遥游》曰："若夫乘天地之正，而御六气之辩，以游无穷者，彼且恶乎待哉！故曰：至人无己，神人无功，圣人无名。"在逍遥境界中出现了至人、神人、圣人、真人，在反真境界中出现了至德者。《逍遥游》写神人"肌肤若冰雪，淖约若处子。不食五谷，吸风饮露。乘云气，御飞龙，而游乎四海之外。其神凝，使物不疵疠而年谷熟"。而《秋水》中的至德者"火弗能热，水弗能溺，寒暑弗能害，禽兽弗能贼。非谓其薄之也，言察乎安危，宁于祸福，谨于去就，莫之能害也"。神人们生活在理想的世界里，神游八极，逍遥自在；生活在现实世界中的至德者脚踏实地，与世推移，在世俗者眼

---

① 方勇：《庄子纂要》（肆），第796页。
② 宣颖：《南华经解》，第2页。

里他们只是随遇而安、安分守己的普通人。《秋水》曰：

> 庄子与惠子游于濠梁之上。庄子曰："鯈鱼出游从容，是鱼之乐也。"惠子曰："子非鱼，安知鱼之乐？"庄子曰："子非我，安知我不知鱼之乐？"惠子曰："我非子，固不知子矣；子固非鱼也，子之不知鱼之乐，全矣。"庄子曰："请循其本。子曰'汝安知鱼乐'云者，既已知吾知之而问我，我知之濠上也。"

表面看惠子有理有据，而庄子似乎在偷换概念，胡搅蛮缠。其实惠子的"知"接近于我们今天所说的科学和理性；庄子的"知"接近于审美移情的"知"。宣颖曰："此段发'反其真'意也。反真则真在我，安往而不与物同乐乎？"[1]刘凤苞曰："此段归结反真意。濠梁观鱼，知鱼之乐，即以濠上之乐印证得之，活泼泼地，物我同此真机。"[2]物与我皆已"反其真"，进入到了"物我同此真机"的境界。

"反其真"境界并不是只出现在《秋水》篇中，我们在杂篇《渔父》中还可以看到"反其真"境界的进一步发展。《渔父》载："孔子愀然曰：'请问何谓真？'客曰：'真者，精诚之至也。不精不诚，不能动人。故强哭者虽悲不哀，强怒者虽严不威，强亲者虽笑不和。真悲无声而哀，真怒未发而威，真亲未笑而和。真在内者，神动于外，是所以贵真也。其用于人理也，事亲则慈孝，事君则忠贞，饮

---

① 宣颖：《南华经解》，第123页。
② 刘凤苞：《南华雪心编》（上），第392页。

酒则欢乐，处丧则悲哀。……故圣人法天贵真，不拘于俗。愚者反此。不能法天而恤于人，不知贵真，禄禄而受变于俗，故不足。'"相比于《秋水》，《渔父》中的"真"注入了更多的事亲事君的成分，这样就使它更接近于儒家思想。《在宥》曰："何谓道？有天道，有人道。无为而尊者，天道也；有为而累者，人道也。主者，天道也；臣者，人道也。天道之与人道也，相去远矣，不可不察也。"《在宥》也进一步把天道、地道与主臣关系联系起来了。对照起来看，《秋水》的思想，处在《庄子》内篇的思想与《渔父》《在宥》等外杂篇思想的过渡阶段。于此可见，《庄子》外杂篇的思想如同冲破了故道的河流，在下游有了许多分叉，其中有的分叉已经越来越接近于儒家思想。

《秋水》的思想则和儒家思想还有较远的距离。《庄子》与孔子的关系历来为人所津津乐道。在《庄子》内篇中，孔子多次出现，有时是道家的传声筒，直接宣扬庄子思想；有时被视为"天刑"之人，不可救药。《齐物论》曰："道隐于小成，言隐于荣华。故有儒墨之是非，以是其所非而非其所是。"如果说《齐物论》是欲齐物论，那么这个物论首先就是儒家和墨家。《德充符》曰："无趾语老聃曰：'孔丘之于至人，其未邪？彼何宾宾以学子为？彼且蕲以諔诡幻怪之名闻，不知至人之以是为己桎梏邪？'老聃曰：'胡不直使彼以死生为一条，以可不可为一贯者，解其桎梏，其可乎？'无趾曰：'天刑之，安可解！'"在这里把孔子之学视为"諔诡幻怪"，把孔子其人视为"天刑"之人。在《庄子》内篇中，孔子是一个被庄子灵活运用的工具，站在儒家正统立场来看，庄子对孔子的大不敬，说明他的学说与孔子学说背道而驰。《秋水》继承了《庄子》内篇的价值取向,《秋水》中河伯望洋向若而叹曰:"野语有之曰,'闻道百以为莫己若者',我之谓也。且夫我尝闻少仲尼之闻而轻伯夷之义者,始吾弗信;今我睹子之难穷也,吾非至于子之门则殆矣,吾长见笑于大方之家。"陈深曰:"开口先种此仲尼、伯夷,埋下贬剥之根,下文照应。"[1]《秋水》曰:"五帝之所连,三王之所争,仁人之所忧,任士之所劳,尽此矣。伯夷辞之以为名,仲尼语之以为博,此其自多也,不似尔向之自多于水乎?"《秋水》曰:"昔者,尧、舜让而帝,之、哙让而绝;汤、武争而王,白公争而灭。由此观之,争让之礼,尧、桀之行,贵贱有时,未可以为常也。……故曰,盖师是而无非,师治而无乱乎?是未明天地之理,万物之情者也。是犹师天而无地,师阴而无阳,其不可行明矣。然且语而不舍,非愚则诬也。帝王殊禅,三代殊继。差其时,逆其俗者,谓之篡夫;当其时,顺其俗者,谓之义之徒。"《秋水》接续《庄子》内篇的思想,对儒家学说和孔子思想进行了无情讽刺。对儒家的仁人和墨家的任士一概进行否定。它不仅否定了孔子,而且将儒家的圣君尧舜汤武与残暴的夏桀等量齐观。

庄子的理想境界乃是逍遥境界,《秋水》的理想境界是"返其真"境界。前者虚幻而后者现实,前者缥缈空灵而后者脚踏实地。从对待儒家思想的态度看,《秋水》更接近于《庄子》内篇,而远离于《渔父》等篇章。

综上所述,在《庄子》内篇天人思想的基础上,《秋水》继承

---

[1] 方勇:《庄子纂要》(肆),第697页。

和发展了内篇的天人思想。首先，从天的角度，《秋水》作者提出了"无以人灭天"的思想理路；其次，从人的角度，作者提出了"达理明权"的行动指南；此后统合二者，凝练出"返其真"之思想境界。可以说《秋水》中的天人思想导源于《庄子》内篇，但又表现出一定的求变意识和创新工夫，从而与内篇具有不同的特质。《秋水》中的天人思想可以视为从《庄子》内篇到《渔父》篇之间的一种过渡，从而在庄子及其后学的天人思想体系中独树一帜，值得开展进一步研究。

第七章 《渔父》中的"法天贵真"说

直至今日，还有一些学者用"法天贵真"一词来概括庄子思想乃至道家思想，这是对庄子思想的误解。"法天贵真"出自《庄子·渔父》。《渔父》篇的作者是谁？在中国古代主要有两种看法：其一，《渔父》为庄子自作说，此说首创于司马迁。《史记·老子韩非列传》曰："（庄子）其学无所不窥，然其要本归于老子之言。故其著书十余万言，大抵率寓言也。作《渔父》《盗跖》《胠箧》，以诋訾孔子之徒，以明老子之术。"①司马迁明确认定《渔父》篇是庄子自作，以"诋訾孔子之徒"为写作目的。其二，《渔父》是后人伪作说，此说的代表人物是苏轼。苏轼《庄子祠堂记》提出，庄子对孔子"实予而文不予，阳挤而阴助之"。他认为《庄子》中有四篇伪作应该剔除，《盗跖》《渔父》两篇"则若真诋孔子者"，《让王》《说剑》两篇"皆浅陋不入于道"。②一位是汉代伟大的史学家，一位是宋代伟大的文豪，两位都拥有众多忠实的信徒。要辨别《渔父》篇的作者与时代问题，

---

① 司马迁撰，裴骃集解，司马贞索隐，张守节正义：《史记》卷六十三《老子韩非列传》，第2143—2144页。
② 苏轼撰，茅维编：《苏轼文集》，中华书局，1986年，第348页。

首先需要判断《渔父》的思想与《庄子》内篇的关系，如果两者差异明显就不是同一作者所为。笔者认同当代学界的主流观点：《庄子》内篇为庄子自作，所谓《庄子》内篇思想实即庄子思想。包括《渔父》在内的外、杂篇为庄子后学所作，外、杂篇思想与庄子思想有同有异，需要具体鉴别。可惜的是，迄今为止许多学者依然把《渔父》中的"法天贵真"命题看成庄子生命美学的核心命题，认为"法天贵真"是庄子思想中的一种重要表达。虽然有个别学者关注到了两者之间的差异，①但尚未引起学界足够的重视。笔者认为：《渔父》中的"法天贵真"说与《庄子》内篇思想同中有异，不能用"法天贵真"说来指代庄子思想。把"法天贵真"说混同于庄子思想，客观上抹杀了"法天贵真"说在古代思想史上的重要价值。由于《庄子·渔父》中的渔父提出了"法天贵真"的命题，因之与《楚辞·渔父》中的渔父拉开了思想上的距离。本章拟在前修时贤研究的基础上，就《渔父》中的"法天贵真"说与《庄子》内篇思想的同异及《庄子·渔父》与《楚辞·渔父》中两位渔父的同异谈点粗浅的理解，就教于大方之家。

一、"法天贵真"说以庄子思想为主导

中国哲学史上的"法天贵真"说首先出现在《庄子·渔父》中。《渔父》曰："客曰：'真者，精诚之至也。不精不诚，不能动人。……

---

① 郭维森：《〈庄子·渔父〉篇发微》，《阜阳师院学报（社会科学版）》1997年第1期。

真者，所以受于天也，自然不可易也。故圣人法天贵真，不拘于俗。愚者反此。不能法天而恤于人，不知贵真，禄禄而受变于俗，故不足。'"这段话概括了《渔父》作者对"法天贵真"命题的理性思考。其中有对"真"的定义，有对"人理"在不同方面表现的说明，有"真"与"礼"及"真"与"俗"的区别等。

法天思想源于《老子》第二十五章中的"人法地，地法天，天法道，道法自然"。"法天"作为道家的基本概念也被庄子所承袭。在庄子哲学中，"天"是一个与"人"相对的概念。《庄子》内篇中无不贯穿着"法天"思想。"贵真"则与此有所不同，在《老子》和《庄子》内篇中都没有出现过"贵真"这一词组，"贵真"是《渔父》作者的首创。《老子》第二十一章曰："道之为物，惟恍惟惚。……窈兮冥兮，其中有精；其精甚真，其中有信。"这里的"真"是对"其精"的描述，与"贵真"的"真"并不相同。在《庄子》内篇中，《齐物论》篇出现了"真宰""真君"："若有真宰，而特不得其眹。""其递相为君臣乎？其有真君存焉？"这里的"真"是对"宰"和"君"的限定。《应帝王》篇出现了"其德甚真，而未始入于非人"，这个"真"是对"德"的一种描述。《大宗师》篇多次出现了对"古之真人"的描绘："古之真人，不逆寡，不雄成，不谟士。""古之真人，其寝不梦，其觉无忧，其食不甘，其息深深。""古之真人，不知说生，不知恶死；其出不䜣，其入不距。"这里的真人和《庄子》内篇中出现的神人、至人、圣人一样，都是庄子理想人格的化名。天人关系是中国古代思想家关注的焦点，比较起来道家比其他各家更加重视天人关系，在道家学派中庄子尤其重视天人关系。《大宗师》曰："故其好之也一，其弗好之也一。其一也一，其不一也一。其一与天为徒，其不一与人为徒。天与人不相胜也，是之谓真人。"《大宗师》又曰："不以人助天，是之谓真人。"在庄子眼里，只有真人才能够正确处理天与人的关系，只有能够正确处理天与人的关系才可能会成为真人。在《庄子》内篇中，天、人、真人都是极为重要的哲学概念。但是《庄子》内篇中的"真"都是作为限定词出现的，与以"真"为中心词的"贵真"概念并不相同。

《渔父》的作者提出"法天贵真"命题，既是对《庄子》内篇思想的总结和继承，也有对《庄子》内篇思想的发展和突破。《渔父》曰："且人有八疵，事有四患，不可不察也。"他所谓的"八疵""四患"皆与"真"相对，属于伪与俗的范畴。王雱曰："惟庶人、大夫、诸侯、天子皆冥其极而无心无我，则衣食、爵禄、贡职、财用皆度外之物尔，岂能累我而为忧乎！故不忧而已矣。不忧则自得，自得则入于无疵也。八疵、四患又何见其交生乎！"[1]在部分庄子后学眼里，道家求之于内，儒家求之于外，二者之间具有真与愚、真与俗的区别。

"法天"概念已经出现在《老子》书中，"贵真"是《渔父》作者独自提炼出的一个哲学概念。虽然《庄子》内篇没有出现"法天贵真"的命题，但《渔父》篇中的"圣人法天贵真"的提法并没有逆违《庄子》内篇的思想。其中的"功成之美，无一其迹矣"，"礼者，世俗之所为也；真者，所以受于天也"，"故圣人法天贵真，不拘于

---

① 方勇：《庄子纂要》（陆），第746页。

俗"，"（愚者）禄禄而受变于俗"等观点，是对《庄子》内篇思想的一种总结和传承。因此，《渔父》的作者作为一位庄子后学，他的思想总体上属于先秦道家思想范围。庄子死后，庄子后学选择了不同的学术方向，《渔父》的作者属于庄子后学当中的一派。

二、"法天贵真"说中掺杂有儒家思想因素

孔子死后，儒分为八。庄子没有孔子那么大的社会影响，他的弟子也为数不多。《山木》曰："明日，弟子问于庄子曰：'昨日山中之木，以不材得终其天年；今主人之雁，以不材死。先生将何处？'"又曰："庄周反入，三月不庭。蔺且从而问之：'夫子何为顷间甚不庭乎？'"《列御寇》曰："庄子将死，弟子欲厚葬之。"据以上记载，庄子是有弟子的，其中一个弟子名叫蔺且，蔺且之外还有其他弟子，只是他们名不见经传而已。《天下》篇的作者虽然没有留下姓名，但他的学术造诣超越了同时代的众多学者。从《庄子》外、杂篇看，在庄子身后，应该同时存在着一些不同的庄子思想派别。如果以他们对儒家思想的态度来划分，则可以分为三派：一派是激烈批判派，该派与儒家思想势同水火，最典型的是《盗跖》的作者，此外，《骈拇》《马蹄》《胠箧》等篇也对儒家仁义思想持激烈批判的态度；一派是温和守旧派，基本上沿袭《庄子》内篇的做法，对儒家学说虽有讽刺，但以宣扬法天思想为目的，例如《秋水》《徐无鬼》的作者；另外一派是儒道调和派，他们在一定程度上突破了庄子思想的旧框架，其思想中掺杂有一定的儒家思想成分，例如《渔父》《天下》的

作者。从对后世影响的角度看，儒道调和派站得最高，走得最远。他们可谓是后世儒道互补思想的先行者。战国时代属于社会大变革时期，各诸侯国纷争不休，战争不断，导致各种社会问题日益严重，传统的儒家思想也难以维系人心。于是自然就出现了儒道互补的思想观念。儒道互补观念对后世士人的人格结构的定型和发展产生了重要影响。

《渔父》作者关注的重心从《庄子》内篇中的天道转移到了人事（亦曰人理）。与《庄子》内篇对待"为天下"的态度不同，《渔父》作者对社会问题极为重视。《渔父》曰："天子、诸侯、大夫、庶人，此四者自正，治之美也，四者离位而乱莫大焉。官治其职，人忧其事，乃无所陵。故田荒室露，衣食不足，征赋不属，妻妾不和，长少无序，庶人之忧也；能不胜任，官事不治，行不清白，群下荒怠，功美不有，爵禄不持，大夫之忧也；廷无忠臣，国家昏乱，工技不巧，贡职不美，春秋后伦，不顺天子，诸侯之忧也；阴阳不和，寒暑不时，以伤庶物，诸侯暴乱，擅相攘伐，以残民人，礼乐不节，财用穷匮，人伦不饬，百姓淫乱，天子有司之忧也。"人事（人理）问题、君臣关系成为《渔父》作者关注的头等大事。作者认为只有符合等级制度的各就其位才能实现天下大治，如果天子、诸侯、大夫、庶民四者离位，天下就会大乱。四者自正，等级分明，秩序井然，表现出作者对等级制度的认可与执着，这一点与先秦儒家的看法没有区别。我们之所以把先秦儒家思想视为一种人生哲学或伦理哲学，就是因为儒家关注的焦点在于社会道德和伦理制度层面。而《庄子》内篇则与此不同。《庄子》内篇中最重要的是《逍遥游》《齐物论》两篇，陈柱《阐庄》："故庄子之书，大旨尽于内篇，而内篇之中最要者，则在《逍遥游》《齐物论》两篇而已。"[1]《逍遥游》讨论的是精神自由境，《齐物论》讨论的是进入精神自由境界的方式，两者都属于形而上的范畴。《德充符》等篇讨论庄子的德论思想。较之于精神自由境界，德论思想落实到了人伦日用层面，但它关注的是个体的人，并不是社会的人。对于社会的人、政治的人，庄子并不重视。《应帝王》曰："天根游于殷阳，至蓼水之上，适遭无名人而问焉，曰：'请问为天下。'无名人曰：'去！汝鄙人也，何问之不豫也！予方将与造物者为人，厌，则又乘夫莽眇之鸟，以出六极之外，而游无何有之乡，以处圹埌之野。汝又何帛以治天下感予之心为？'又复问。无名人曰：'汝游心于淡，合气于漠，顺物自然而无容私焉，而天下治矣。'"庄子理想中的人格是神人、真人，社会之人、政治之人，并不是庄子关注的重心。他对那些"鄙人"的劝告是"顺物自然而无容私焉"。不难看出，《渔父》作者与《庄子》内篇作者对待"为天下""治天下"的态度截然不同。

与此相应，《渔父》作者特别强调忠孝观念的重要性。《渔父》曰："事亲则慈孝，事君则忠贞，饮酒则欢乐，处丧则悲哀。忠贞以功为主，饮酒以乐为主，处丧以哀为主，事亲以适为主。"事亲是否慈孝，事君是否忠贞，是衡量一个人是否精诚贵真的重要标志。褚伯秀曰："'事亲则慈孝'以下一段，大有益于治道，有以见渔父亦

---

① 陈柱著，毕明良校注：《诸子概论》（外一种），第241页。

非独善其身者，用舍有时耳。"①忠于国君，孝于其亲，是儒家思想要求士人的核心标准。《大宗师》篇借许由之口曰："而奚来为轵？夫尧既已黥汝以仁义，而劓汝以是非矣。汝将何以游夫遥荡恣睢转徙之涂乎？"庄子把儒家的仁义是非看作是对自然人的戕害，认为儒家仁义思想与道家顺其自然的思想完全对立。

《渔父》曰："真者，精诚之至也。"这里的"诚"借鉴了思孟学派的概念。郭维森说："郭沫若指出：'庄子后学和思孟学派接近的倾向，在"杂篇"中颇为显著，屡屡把"诚"作为本体的意义使用，和思孟学派的见解完全相同。'我在这里要补上《渔父》篇，其中强调精诚也明显是思孟学派的影响。……《中庸》中也说：'诚者天之道也，诚之者人之道也，诚者不勉而中，不思而得，从容中道，圣人也。'就认为诚是自然之道，所以人也要追求：做到诚。'真者，精诚之至也'，正好说明这个意思。"②我们发现，《渔父》之"诚"与《孟子》《中庸》之"诚"同中有别。戴震云："诚，实也。据《中庸》言之，所实者，智仁勇也；实之者，仁也，义也，礼也。"③《孟子》的"思诚"明确显示出人的主观能动性。而《渔父》中以"精诚"并举，其中的"精诚"乃指天然、本性、本真，其中并不包含仁义礼等人为的内容。当然，把天之道的诚落实到了人之道的诚，两者思考的路向是一致的。从这一点来说，纵然含义有别，但《渔父》作者借用思孟学派的概念去解释自己的思想，也可以看作庄子后学向儒家

---

① 方勇：《庄子纂要》（陆），第748页。
② 郭维森：《〈庄子·渔父〉篇发微》，《阜阳师院学报（社会科学版）》1997年第1期。
③ 戴震：《孟子字义疏证》，中华书局，1982年，第50页。

思想的靠拢。当然，"法天贵真"说的作者在借用儒家思想观念的同时，也指出儒家思想的弊端，作者把道家的真与儒家的"礼"相对，把道家的真与世俗相对，把大道与人伪相对，主张每一位士人都应该"谨修而身，慎守其真"，脱离世俗与人伪。

孔子周游列国途中路遇隐士的故事，在《论语》和《庄子》内篇中已经数次出现过。《渔父》篇沿袭了这样的叙事模式，把之前《论语》和《庄子》内篇中的一个情节、一个片段扩展为一篇跌宕起伏的短篇小说，其中的人物形象更加丰满。在《渔父》中，孔子遇见渔父之后，把渔父视为圣人，虚心向渔父求教。渔父不仅教训了孔子的弟子，顺便也教训了孔子本人。在儒家信徒的眼里，《渔父》作者对圣人孔子犯下了大不敬之罪。其实，相比于《庄子》内篇，《渔父》的作者对孔子的态度已经非常温和，对孔子的批评也算不上特别严厉。《德充符》曰："无趾曰：'天刑之，安可解！'"叔山无趾是一位尊崇老子的道家之士，他直接把孔子视为天刑之人，把孔子的学说视为諔诡幻怪之说。《渔父》中渔父对待孔子的态度与叔山无趾迥然不同。《渔父》曰："客曰：'同类相从，同声相应，固天之理也。吾请释吾之所有而经子之所以。'"陈治安评曰："'同类相从，同声相应'，彼自以为与孔子一气，而何诋訾之有！"①《渔父》中渔父对孔子的批评有数处，这些批评主要是说孔子不该多管闲事。对照《渔父》中的八疵，孔子所犯的仅仅是"非其事而事之"一项，也不是什么十恶不赦之罪。渔父既然对孔子说："能去八疵，无行四患，而

---

① 方勇：《庄子纂要》（陆），第749页。

始可教已。"可见在渔父眼里，孔子尚属于可教之列。渔父评论孔子说："仁则仁矣，恐不免其身。"渔父在一定程度上肯定了孔子之"仁"，并为孔子的性命存亡而担忧。渔父对孔子的同情之心跃然纸上。

据上可见，"法天贵真"说中包含有对《庄子》内篇思想的突破，其中掺杂了一定的儒家思想因素。《渔父》向儒家思想的靠拢主要表现为从天道向人事的转移，以及对儒家孝亲忠君概念的吸纳。因此，"法天贵真"说并不能完全等同于庄子思想。《渔父》作者对孔子的同情也从一个侧面说明了作者对待儒家思想的态度。

三、《庄子·渔父》与《楚辞·渔父》中的渔父

谈及《庄子·渔父》，读者自然会想到《楚辞·渔父》，后人也常常将两篇作品拿来比较。徐志啸《〈庄子·渔父〉与〈楚辞·渔父〉》（《文学遗产》2009年第4期）是同类文章中的翘楚之作。虽然《庄子·渔父》与《楚辞·渔父》都以"渔父"名篇，两篇中的"渔父"有相似的言行，但如果深入辨析，他们之间的区别还是非常显豁。

《庄子·渔父》中的渔父和《楚辞·渔父》中的渔父是两种不同类型的隐士。如果我们把庄子也看作隐士中的一类，那么就有了三种类型的隐士。《秋水》曰："庄子钓于濮水，楚王使大夫二人往先焉，曰：'愿以境内累矣！'庄子持竿不顾。……庄子曰：'往矣！吾将曳尾于涂中。'"庄子思想集中表现在《庄子》内篇中。庄子思想以道为中心，分为道论和德论两个部分。庄子的德论以安命思想为中心，

以"用心若镜"和"与物为春"为两翼。前言庄子后学中有温和守旧派，他们依然坚持纯粹的庄子思想。例如《徐无鬼》篇记载黄帝向牧马童子请教如何为天下。"小童曰：'夫为天下者，亦奚以异乎牧马者哉！亦去其害马者而已矣！'黄帝再拜稽首，称天师而退。"作者把"为天下"看作一件在顺应自然的前提下不经意的一件小事，其说与《应帝王》中对待"为天下"的态度基本相同；与此不同，庄子后学中的儒道协调派则开始求新求变，《渔父》篇的作者就是试图调和儒道思想的代表。

　　历代学者对《庄子·渔父》的学术价值有截然不同的评价。或推举《渔父》为天下之至文，陈治安《南华真经本义》曰："非庄子不能有此胸襟见解。有此胸襟见解，当自作《庄子》，必不假庄子作《庄子》。"① 或以为《渔父》的见解肤浅粗陋，宣颖《南华经解》曰："此篇之浅陋肤漫，尤为可笑，不知何人续貂，其妄乃至于此！"② 也有折中之论，陆西星《南华真经副墨》曰："《渔父》篇，论亦醇正，但笔力差弱于《庄子》，然非读《庄子》熟者，亦不能辨。此篇较《盗跖》、《说剑》诸篇颇胜，辞旨明白，无劳笺解。"③ 按照我们前面的分析，《庄子·渔父》提出了"法天贵真"的命题，它对庄子思想有发展也有突破，显然不属于浅陋肤漫的可笑之作。陆西星"论亦醇正"的看法庶几近之。《渔父》的作者面对自己所处的社会现实，提供了一种混合道家思想与儒家思想的济世方剂。在《渔父》中这副方剂

---

① 方勇：《庄子纂要》（陆），第749页。
② 方勇：《庄子纂要》（陆），第752页。
③ 方勇：《庄子纂要》（陆），第723页。

打动了儒家圣人孔子。陈景元曰："真者，自然之性，内发于精诚，外感于天人。其用于人理也，忠孝哀乐，各得其宜，功成之美，无一其迹。礼者，世教；真者，天性。愚者恤于人，变于俗，故于道则不足也。渔父之道，不经不营，淡然无欲，而众美从之，仲尼所以归敬也。"①在此方剂中，道家属于君药，儒家属于臣药。作者试图让儒道两家本为配伍禁忌、互相拮抗的两味药，组合成为互相抑制又互相协同的一味新型济世良药。

《楚辞·渔父》的渔父也许是屈原在流放途中遇见的某位真实人物，也许只是屈原想象中的一个人物，他代表了与屈原意志相反的另外一种声音。正如徐志啸所说："（屈原的）渔父其实是说了一个在他本人和当时一般人看来清楚不过的道理，但可惜屈原并不听从。屈原写这篇《渔父》的目的正是要反其意而用之，以进一步突出自己为理想抱负的实现而矢志不渝的坚定意志。"②这些一般人清楚不过的道理，也可以从广义上认为其属于道家思想，看作隐士的一种处世之法。但它不仅没有庄子思想的深度，甚至也没有《庄子·渔父》中的理论高度，只是一种常理的推衍。《庄子·渔父》中的渔父有济世方略，而《楚辞·渔父》中的渔父只是一个世间的智者。屈原作为楚国的三闾大夫，按照《庄子·渔父》的分类属于大夫系列，大夫具有大夫的担当："能不胜任，官事不治，行不清白，群下荒怠，功美不有，爵禄不持，大夫之忧也。"作为国之栋梁的大夫一定要忠

---

① 方勇：《庄子纂要》（陆），第747页。
② 徐志啸：《〈庄子·渔父〉与〈楚辞·渔父〉》，《文学遗产》2009年第4期。

于职守，行为清白，建功立业。作为庶民的孔子则不必汲汲以求。《庄子·渔父》曰："子之难悟也！人有畏影恶迹而去之走者，举足愈数而迹愈多，走愈疾而影不离身，自以为尚迟，疾走不休，绝力而死。"他劝告孔子停止那些与时代不合时宜的举动，"处阴以休影，处静以息迹"。他建议孔子"谨修而身，慎守其真，还以物与人，则无所累矣"，教导孔子要按照道家思想去行事做人。而《楚辞·渔父》中渔父对屈原的建议是："世人皆浊，何不淈其泥而扬其波？众人皆醉，何不铺其糟而歠其醨？"他教给屈原的是为了明哲保身，即使与世人同流合污也未尝不可。

如此，我们看见了三种不同的隐士形象：一种是思想家庄子，他不与统治者合作，提出"天与人不相胜也"的哲学命题；一种是《庄子·渔父》中的渔父，他是一位在一定程度上接受了儒家思想观念的庄子后学，提出了"法天贵真"的济世方略；一种是《楚辞·渔父》中的渔父，这是一位通常意义上的遁世者、混世者，并没有表现出自己的思想深度。

综上所述，《庄子·渔父》首次提出了"法天贵真"这一哲学命题。此一命题与《庄子》内篇思想具有内在联系，可视为庄子后学对庄子思想的一次回顾与总结。同时，"贵真"命题又在一定程度上突破了庄子思想的框架，吸纳了某些儒家思想因素。因此，我们既要看到作为庄子后学的《渔父》作者，他的思想总体上依然属于先秦道家思想范围，同时也要看到"法天贵真"说并不完全等于庄子思想，那种将《渔父》篇中"法天贵真"思想与《庄子》内篇思想混为一谈的观点与史实并不符合。《渔父》作者之所以提出"法天贵真"的命题，意在协调儒道思想以解决当时社会的重大问题。较之《楚辞·渔父》中的渔父，《庄子·渔父》中的渔父具有积极济世的思想意识，二者在思想深度上不可同日而语。

第八章 《至乐》篇髑髅寓言之意旨

《庄子·至乐》篇中有一则庄子路见髑髅的寓言，原文曰：

> 庄子之楚，见空髑髅，髐然有形，撽以马捶，因而问之，曰："夫子贪生失理，而为此乎？将子有亡国之事，斧钺之诛，而为此乎？将子有不善之行，愧遗父母妻子之丑，而为此乎？将子有冻馁之患，而为此乎？将子之春秋故及此乎？"于是语卒，援髑髅，枕而卧。夜半，髑髅见梦曰："子之谈者似辩士。视子所言，皆生人之累也，死则无此矣。子欲闻死之说乎？"庄子曰："然。"髑髅曰："死，无君于上，无臣于下；亦无四时之事，从然以天地为春秋，虽南面王乐，不能过也。"庄子不信，曰："吾使司命复生子形，为子骨肉肌肤，反子父母、妻子、闾里、知识，子欲之乎？"髑髅深矉蹙頞曰："吾安能弃南面王乐，而复为人间之劳乎！"

关于《至乐》篇的作者，自古有庄子自作和庄子后学所作两种看法。今日学界一般认为内篇乃庄子自作，外、杂篇为庄子后学所作。作者问题已不是学界关注的焦点。关于髑髅寓言的意旨，迄今则仍有多种说法。主要观点有三种：一是"乐死恶生"说；二是"向死而生"说；三是"安生安死"说。

一、"乐死恶生"说

郭象注《至乐》曰："旧说云庄子乐死恶生，斯说谬矣！"[①]可见"乐死恶生"说在郭象之前已经流行。乐死恶生并不是读者的臆断，阅读原文很容易得出这样的结论。髑髅言死之乐为：一是没有君臣上下；二是没有四时之事。相对于死之乐就有生之苦，髑髅把生之苦称为"生人之累"和"人间之劳"。这种说法把生死相对，以死之乐衬托生之苦。

乐死恶生观因其消极颓废且影响恶劣而受到了后代清醒文人的否定。王夫之曰："此篇之说，以死为大乐，盖异端褊劣之教多有然者，而庄子尚不屑此。此盖学于老庄，掠其肤说，生狂躁之心者所假托也，文亦庸沓无生气。"[②]他认为此篇意在表现死为大乐，这绝不是庄子自作，应该是庄子后学中的狂躁之徒所作。林云铭曰："此段齐生死之意，当看得活动。《淮南子》曰：'始吾未生之时，焉知生之乐也？今吾未死，又焉知死之不乐也？'即此意。若说庄子有厌生歆死之心，便是痴人说梦矣。"[③]他认为庄子没有厌生歆死之心。钟泰

---

① 郭庆藩：《庄子集释》，第550页。
② 王夫之：《庄子解》，第223页。
③ 林云铭：《庄子因》，第187页。

曰:"此则以死比之南面王乐不能过,而视生人之累避之唯恐不及,不独意偏,揆之内篇《人间世》安命正身之大义,亦矛盾甚矣,吾所以疑其非庄子自作也。"①同样认为这种异端邪说不属于庄子思想。曹础基说:"死了比活着还要快乐,因为死了可以摆脱人生的忧患劳苦。这充分体现出作者极端的厌世思想。"②髑髅寓言意在表现作者极端的厌世思想,这种看法在20世纪50、60年代一度盛行。

揆之于《庄子》内篇,乐死恶生的厌世思想显然并不符合庄子的生死观。《庄子》内篇中反复强调了庄子对生死问题的思考,《养生主》曰:"缘督以为经,可以保身,可以全生,可以养亲,可以尽年。""尽年"是说每个人都有生命的终点,任何人都无法超越,客观上否定了神仙之说。生命个体只有保身、全生、养亲,才能尽享永年。《养生主》又曰:"适来,夫子时也;适去,夫子顺也。安时而处顺,哀乐不能入也,古者谓是帝之县解。"庄子主张安时而处顺,既不为生命的诞生与延续而高兴,也不为生命的即将消失而悲哀,不让哀乐情感左右生命的进程。《大宗师》曰:"其耆欲深者,其天机浅。古之真人,不知说生,不知恶死;其出不䜣,其入不距;翛然而往,翛然而来而已矣。不忘其所始,不求其所终;受而喜之,忘而复之,是之谓不以心捐道,不以人助天。是之谓真人。"如果一个人嗜欲甚深,追求人世的荣名利禄没有止境,这样的人距离大道也太远了吧。庄子眼里的真人,生而不乐,死而不恶,翛然而往,翛然而来。《大

---

① 钟泰:《庄子发微》,第400页。

② 曹础基:《庄子浅注》,中华书局,2014年,第313页。

宗师》又曰:"夫大块载我以形,劳我以生,佚我以老,息我以死。故善吾生者,乃所以善吾死也。"按照庄子思想,我们的生命属于大地,天地给了人具有精神的形体,让人辛苦劳作以维持生存,让人在衰老之后生活变得安逸,死亡是人生的终点,生命在那里可以永久得到休息。

按照庄子的生死观,人死之后并没有灵魂存在,也没有一个南面王般快乐的世界。在外、杂篇中,凡是与内篇生死观相同的就可以看作庄子生死观的延续,与之冲突的则需要我们去做进一步的辨析。很显然,乐死恶生与庄子的生死观并不契合,起码它不是庄子生死观的直接反映。

二、"向死而生"说

与"乐死恶生"说不同,古人还提出了警悟说。褚伯秀曰:"南华致髑髅五问,可谓灼见世情忧患之端。据髑髅所答,则虽有世患,何由及哉?观者往往于此反疑其乐死恶生,误矣?盖见世人贪生恶死,营营不息,丧失本来之我,则此形虽存,与死何异?故立是论以矫之,庶警悟其万一,犹良医之因病施剂,损彼所以益此,其势不得不然。"[1]在他看来,庄子之所以立是论,是为了矫正世俗、"警悟"世人。当代学者黄克剑指出:"《至乐》作者借梦中髑髅之口称道'死之说(悦)',与其说意在以死避生,不如说是在以死劝生。

---

[1] 褚伯秀:《庄子义海纂微》,华东师范大学出版社,2014年,第578页。

这对世人作向死而生的规诫，与《庄子》内篇取不同话题讽喻劝世之风致并无不侔。生死影从，由死的'无所待'警诫'有所待'的生并非要人们弃生赴死，其初衷只在于使生人更大程度地进于'无所待'的'天乐'之境，而较小程度地为'有所待'的际遇所牵蔽。"①此处的"以死劝生""向死而生"等概念源于西方哲学，较之于古人的"乐死恶生"说，该说更富有哲理性和启发性。

"向死而生"出自海德格尔。海氏在《存在与时间》中"此在与时间性"一篇重点讨论死亡问题。他试图通过死亡概念来重新规定存在的意义。经过他的论证，死亡具有了本体论的意义。海氏认为存在具有两种不同的状态，分别是"本真状态与非本真状态"。海氏的死亡哲学和庄子的生命哲学同样内涵丰富。仅就海德格尔的"向死而生"说与《至乐》中髑髅寓言有关的思想而言，我们可以看到二者在以下方面具有明显不同。

其一，关于死亡，海德格尔说："死亡作为此在的终结乃是此在最本己的、无所关联的、确知的、而作为其本身则不确定的、超不过的可能性。死亡作为此在的终结存在在这一存在者向其终结的存在之中。"②海德格尔认为死亡就是生命的"终结"，彻底否定了宗教宣扬的灵魂不灭。海德格尔还说："如果说死亡被规定为此在的亦即在世的'终结'，这却绝不是从存在者状态上决定了'死后'是否还能有一种不同的、或更高级或更低级的存在，以及此在是否'继续

---

① 黄克剑：《〈庄子·至乐〉髑髅寓言抉微》，《哲学动态》2015年第8期。
② [德] 马丁·海德格尔著，陈嘉映、王庆节合译：《存在与时间》，生活·读书·新知三联书店，1987年，第310页。

活着'甚至是否是'持存的'、'不朽的'。"①海德格尔哲学否认死后世界的存在，这一点和庄子思想相同。髑髅寓言认为死亡不是生命的终结，死亡只是换了一种生存的方式。在死后的世界中，髑髅可以继续说话，可以感受到尘世所没有的快乐。仅就这一点而言，髑髅寓言不唯与庄子思想不同，也与海德格尔思想不同。

其二，海德格尔说："本真的向死亡存在之生存论的建筑必须用这些积极性的和禁止性的指示才能让自己得到筹划。……本真的向死亡存在不能闪避最本己的无所关联的可能性，不能在这一逃遁中遮蔽这种可能性和为迁就常人的理解力而歪曲地解释这种可能性。"②生命开始的同时，也是走向死亡的开始。这一点庄子和海德格尔的认识完全相同。与庄子面对生存状态时的自然而然、泰然处之的人生态度不同，海德格尔在认识到死亡真相之后，主张用死来激发内在的生命活力，重新审视生存状态，追求本真的存在，追求内心的自由充盈，排除客观规律对人的束缚，开拓出属于自己的命运。相比于庄子的无为自然，海德格尔则追求精神上的觉醒。但是，"以死劝生""向死而生"把生与死分为两截，生与死彼此对峙，以死服务于生，并没有达到庄子那种生死一体、生死并重的境界。从髑髅寓言看，作者并没有做出类似于"向死而生"的表示，所谓的"向死而生"最多只是读者的一种引申。

---

① [德] 马丁·海德格尔著，陈嘉映、王庆节合译：《存在与时间》，第297页。
② [德] 马丁·海德格尔著，陈嘉映、王庆节合译：《存在与时间》，第312页。

"向死而生"说既不符合庄子思想，也不符合《至乐》作者的用意，并不能准确界定髑髅寓言的意旨。

三、"安生安死"说

在各种说法中，郭象的"安生安死"说影响最为广泛。郭象《至乐》注曰："旧说云庄子乐死恶生，斯说谬矣！若然，何谓齐乎？所谓齐者，生时安生，死时安死，生死之情既齐，则无为当生而忧死耳。此庄子之旨也。"[①]由于郭象在庄学史上的重要地位，他的说法具有一定的权威性。同时，此说也符合庄子死亡哲学的内涵。如前所述，面对生死问题，庄子的态度是顺其自然。无情之情才是庄子之情。

"安生安死"说也符合《至乐》篇的主题。刘笑敢把庄子后学分为述庄派、无君派和黄老派，其中《至乐》等十二篇属于述庄派系列。他说："述庄派的作品是外杂篇中年代较早的一类。这一类作品的主要特点是继承和阐发内篇的思想，对庄子的本根论、真知论、齐物论都有较为细密的阐述，对庄子的人生论等思想也有所发挥。述庄派的作品对庄子的思想也有所改造和发展，然而没有重要突破，基本上是述而不作的。"[②]《至乐》篇共有六段，第一段是总论，后面五段用五个寓言故事分别阐释总论中的哲学思想。

---

① 郭庆藩：《庄子集释》，第550页。
② 刘笑敢：《庄子哲学及其演变》，中国人民大学出版社，2010年，第241页。

《至乐》曰："夫天下之所尊者，富贵寿善也；所乐者，身安厚味美服好色音声也；所下者，贫贱夭恶也；所苦者，身不得安逸，口不得厚味，形不得美服，目不得好色，耳不得音声。若不得者，则大忧以惧，其为形也亦愚哉！夫富者，苦身疾作，多积财而不得尽用，其为形也亦外矣。夫贵者，夜以继日，思虑善否，其为形也亦疏矣。人之生也，与忧俱生，寿者惛惛，久忧不死，何苦也！其为形也亦远矣。烈士为天下见善矣，未足以活身。吾未知善之诚善邪，诚不善邪？若以为善矣，不足活身；以为不善矣，足以活人。故曰：'忠谏不听，蹲循勿争。'故夫子胥争之以残其形，不争，名亦不成。诚有善无有哉？"庄子把至乐分为俗之所乐和无为之乐两种，世俗的快乐在庄子看来不是真正的快乐，世俗的声誉在庄子看来不是真正的声誉。作者提出"人之生也，与忧俱生"，所谓的忧愁源于人的欲望和追求。追求富贵寿善，有为也；享受厚味美服好色音声，有为也；为奢侈享乐而忧愁，有为也；"多积财而不得尽用"，有为也；"争之以残其形"，有为也。在他眼里，这些有为之乐皆是世俗之乐。庄子所谓的快乐乃是合道之乐，它是无为无誉的。《至乐》曰："今俗之所为与其所乐，吾又未知乐之果乐邪，果不乐邪？吾观夫俗之所乐，举群趣者，誙誙然如将不得已，而皆曰乐者，吾未之乐也，亦未之不乐也。果有乐无有哉？吾以无为诚乐矣，又俗之所大苦也。故曰：'至乐无乐，至誉无誉。'天下是非果未可定也。虽然，无为可以定是非。至乐活身，唯无为几存。请尝试言之。天无为以之清，地无为以之宁，故两无为相合，万物皆化。芒乎芴乎，而无从出乎！芴乎芒乎，而无有象乎！万物职职，皆从无为殖。故曰天地无为也而无不为也，人也孰能得无为哉!"这一段话概括了《至乐》的核心思想，"至乐无乐，至誉无誉"也就是无为。"吾以无为诚乐矣"，无为可以定是非，无为可以活身，无为不仅表现于天之清，表现于地之宁，也表现于万物的运行。作为万物之一的人只有无为这一条道路可以通行。此后的五则寓言都与至乐无为有着或远或近的关系。

要探究和概括髑髅寓言的寓意，不能脱离《至乐》的总论。髑髅寓言所体现的生死观不能与总论中的生死观相冲突，总论中提出的至乐无为思想贯穿于《至乐》全文，至乐无为是对《庄子》内篇生死观的继承和发扬。虽然如此，但"安生安死"说有一个致命的缺陷：生时安生，死时安死，固然符合庄子的生死观，同时契合《至乐》的主题，但与髑髅寓言中的"死，无君于上，无臣于下；亦无四时之事，从然以天地为春秋，虽南面王乐，不能过也""吾安能弃南面王乐，而复为人间之劳乎"明显有违，髑髅寓言里分明表达了死亡的快乐和人间的忧劳。尽管我们可以说乐死恶生只是表层意象，安生安死才是深层意蕴，但这样并没有解释清楚表层意思与深层意蕴之间的关联。

四、髑髅寓言与庄子生死观

《寓言》篇曰："寓言十九，重言十七，卮言日出，和以天倪。"《天下》篇曰："以谬悠之说，荒唐之言，无端崖之辞，时恣纵而不傥，不以觭见之也。以天下为沉浊，不可与庄语。以卮言为曼衍，以重言为真，以寓言为广。独与天地精神往来，而不敖倪于万物。

不谴是非，以与世俗处。其书虽瑰玮，而连犿无伤也。其辞虽参差，而諔诡可观。彼其充实，不可以已。"如果说其他作者都采用"庄语"去著书立说，庄子则因为社会、时代的"沉浊"而采用了谐语，谐语主要表现为以上的"三言"，其中寓言手法的使用最为广泛。这样说并不是排除庄子不使用"庄语"，应当说不论在《庄子》内篇中，还是在外、杂篇中，作者都交替使用了"庄语"、三言交互出现的方式，有时候"庄语"就嵌入在寓言、重言之中。

寓言通常以夸张的、变形的手法表现"庄语"。就《庄子》内篇中的生死观而言，《养生主》曰："安时而处顺，哀乐不能入也。"《大宗师》曰："古之真人，不知说生，不知恶死；其出不䜣，其入不距；翛然而往，翛然而来而已矣。"又曰："夫大块载我以形，劳我以生，佚我以老，息我以死。"以上言论皆为庄子生死观之"庄语"。

为了表达这样的思想内容，庄子撰写了很多寓言，《大宗师》曰：

　　子祀、子舆、子犁、子来四人相与语曰："孰能以无为首，以生为脊，以死为尻，孰知死生存亡之一体者，吾与之友矣。"四人相视而笑，莫逆于心，遂相与为友。俄而子舆有病，子祀往问之。曰："伟哉夫造物者，将以予为此拘拘也！曲偻发背，上有五管，颐隐于齐，肩高于顶，句赘指天。"阴阳之气有沴，其心闲而无事，胼躔而鉴于井，曰："嗟乎！夫造物者又将以予为此拘拘也！"子祀曰："女恶之乎？"曰："亡，予何恶！浸假而化予之左臂以为鸡，予因以求时夜；浸假而化予之右臂以为弹，予因以求鸮炙；浸假而化予之尻以为轮，以神为马，予因以乘之，岂更驾哉！且夫得者，时也；失者，顺也。安时而处顺，哀乐不能入也。此古之所谓县解也，而不能自解者，物有结之。且夫物不胜天久矣，吾又何恶焉！"

面对生命的终结，俗人都会焦虑紧张。体道之人面对死亡之症，子舆坦然表示"予何恶"。他甚至表现得兴高而采烈，当他想象命运"化予之左臂以为鸡""化予之右臂以为弹""化予之尻以为轮"时，他都能够快乐地接受现实。相较于"庄语"，寓言明显更加形象生动。

《至乐》的总论部分是"庄语"，是对"吾以无为诚乐"思想的综合概括，《至乐》的五篇寓言是对"庄语"的展开，它们采用寓言的方式，从不同的角度表述了庄子的无为思想。髑髅寓言的题旨同样是至乐无为，读者眼里的乐死恶生只是一种寓言的夸张变形，髑髅寓言从本质上并没有脱离至乐无为的轨道。髑髅寓言中的"生人之累"与南面王之乐相互对立。髑髅在概括"生人之累"时，把死亡的原因归结为以下五种：第一种因为贪生失理而死；第二种因为亡国之事、斧钺之诛而死；第三种有不善之行，无颜面对父母妻孥而死；第四种生活饥寒交迫，因冻馁之患而死；第五种尽享天年，春秋故及此而死。除了最后两条之外，前三条都是因为追逐名利而违背自然之道。作者描写死之乐，主要是"无君于上，无臣于下；亦无四时之事，从然以天地为春秋"，可见作者对俗世中的君臣关系尤为厌恶。因此，在作者眼里，所谓的"生人之累"其实是有为之累，而死亡之乐也就是无为之乐。髑髅的快乐在于他放弃了对世俗世界的追寻，世俗世界的功名利禄不再羁绊他的行为。他所做的只是无为，所以他才能得到南面王一般的快乐。如此，我们可以说乐死其实是乐无为，而恶生主要是恶有为。从这个意义上，我们可以做出判断：髑髅寓言表现了庄子的无为思想，作者的生死观以及他对待死亡的态度与《庄子》内篇完全一致。在髑髅寓言中，人既不是乐死恶生，也不是向死而生，生与死其实是一个链条上的两个点，作为个体的人只需要把无为的思想贯通于生命的始终。

寓言的表达不是一成不变的，而是多种多样的。《至乐》曰："庄子妻死，惠子吊之，庄子则方箕踞鼓盆而歌。惠子曰：'与人居，长子老身，死不哭亦足矣，又鼓盆而歌，不亦甚乎！'庄子曰：'不然。是其始死也，我独何能无概然！察其始而本无生，非徒无生也而本无形，非徒无形也而本无气。杂乎芒芴之间，变而有气，气变而有形，形变而有生，今又变而之死，是相与为春秋冬夏四时行也。人且偃然寝于巨室，而我噭噭然随而哭之，自以为不通乎命，故止也。'"此寓言借庄子妻死之后他面对死亡的思考，宣扬了庄子的死亡观。《至乐》篇曰："支离叔与滑介叔观于冥伯之丘、昆仑之虚，黄帝之所休。俄而柳生其左肘，其意蹶蹶然恶之。支离叔曰：'子恶之乎？'滑介叔曰：'亡，子何恶！生者，假借也；假之而生生者，尘垢也。死生为昼夜。且吾与子观化而化及我，我又何恶焉！'"面对柳生其左肘的现象，滑介叔并不厌恶害怕，他意识到死亡与出生就像昼夜的运行转换一样，是一种自然的转化。这种思想导源于《庄子》内篇，支离叔与滑介叔的寓言就是子祀、子舆、子犁、子来寓言的浓缩版。庄子妻死的寓言平实叙述了庄子的生死观，滑介叔寓言写柳生其肘之后他在认识上的转变过程。

髑髅寓言与庄子生死观之间是谐语与庄语之关系。髑髅寓言以夸张变形的方式再现了庄子的无为思想。

关于《至乐》篇髑髅寓言的意旨主要有"乐死恶生"说、"向死而生"说、"安生安死"说三种说法。以上三种看法各有其弊，乐死恶生是一种极端厌世的思想，这种思想曾经以庄子生死观的名义流行于世，但它与庄子的生死观具有本质区别；后起的向死而生说也不契合庄子的生死观；安生安死说虽然符合庄子思想，但并不能妥当地解释乐死恶生与安生安死之间的关系。《至乐》篇的总体思想与《庄子》内篇并没有分歧，《至乐》篇的作者继承和阐释了庄子的生死观。髑髅寓言中乐死恶生的字句，只是对庄子思想做出了哈哈镜式的映照，是一种夸张变形之后的庄子思想。髑髅寓言与庄子生死观之间是谐语与庄语的关系。髑髅寓言以夸张变形的方式再现了庄子的无为思想。

第九章 《庄子》中的老子

在《庄子》一书中,《养生主》《德充符》《应帝王》《在宥》《天地》《天道》《天运》《田子方》《知北游》《庚桑楚》《则阳》《寓言》《天下》等13篇中出现了"老聃"或"老子"之名。除了《天下》是庄子后学对老子学说的整体评价之外,其他的都是一些有关老子的故事。这些故事对于我们了解庄子的老子观、了解庄子思想及其流变具有一定的学术意义。

关于这些寓言故事,我们首先应该看到,它们并非历史事实的真实记录,正如林云铭《庄子杂说》所言:"庄子只有三样说话:寓言者,本无此人此事,从空蓦(摹)撰出来;重言者,本非古人之事与言,而以其事与言属之;卮言者,随口而出,不论是非也。"① 但是,古往今来很多人却容易信以为真。例如,司马迁在《老子韩非列传》所附的《庄子列传》中,一方面明确地说:"故其著书十余万言,大抵率寓言也。作《渔父》《盗跖》《胠箧》,以诋訿孔子之徒,以明老子之术。《畏累虚》、《亢桑子》之属,皆空语无事实。"另一方

---

① 林云铭:《庄子因》,第8页。

面，他在《老子列传》中记载了一段著名的孔、老对话："孔子适周，将问礼于老子。"① 关于老、孔之关系，很多人都愿意相信司马迁的记述，以为孔子曾经求教于老子。然而，司马迁的记载是否可靠，我们不得而知。孔子对老子如此推重，并不见于《论语》，也不见于其他的先秦典籍。如果没有其他史料，我们推测司马迁的论述也许主要来源于《庄子》。真相到底如何，还值得继续进行探索。

此外，学术界流传着这样一种说法，即把《庄子》看成《老子》的一种注疏。明人释德清《注道德经序》曰："以《老》文简古而旨幽玄，则《庄》实为之注疏，苟能悬解，则思过半矣。"② 老、庄同为道家的代表人物，两人前后相承，《老子》五千言文简古而旨幽玄，要说庄子著文旨在弘扬光大老子思想，也不能没有一点道理。但是，我们并不能赞同《庄子》仅仅是《老子》的注疏这种说法。《庄子》书中虽然引用了一些《老子》原文，虽然出现了诸多老子的故事，但《庄子》一书主要还是为了表现庄子思想。老庄思想同中有异，最终各自形成了自己的思想体系。在《庄子》书中出现的老子，固然反映了庄子对老子的敬重和理解，但从根本上看，《庄子》中的老子和儒家的圣人孔子一样，具有一定的工具价值，老子和孔子都是庄子思想的传声筒。

为了论述方便，下面把《庄子》中的老子分为四组来考察：第一组是《庄子》内篇中的老子，第二组是外、杂篇中与孔子对话的

---

① 司马迁撰，裴骃集解，司马贞索隐，张守节正义：《史记》卷六十三《老子韩非列传》，第2143—2144、2140页。
② 释德清著，尚之煜校释：《老子道德经解》，中华书局，2019年，第1页。

老子，第三组是外、杂篇中与道家贤人对话的老子，第四组是《天下》篇对老子思想的总评。

一、《庄子》内篇中的老子

按照宋代以来的流行观点，内篇为庄子自著，所以在研究《庄子》之时，内篇理应受到特别的关注。内篇中有三段出现了老子的形象，这三段直接体现了庄子本人对老子及其思想的基本看法。

首先我们看到的是《养生主》：

> 老聃死，秦失吊之，三号而出。弟子曰："非夫子之友邪？"曰："然。""然则吊焉若此，可乎？"曰："然。始也吾以为其人也，而今非也。向吾入而吊焉，有老者哭之，如哭其子；少者哭之，如哭其母。彼其所以会之，必有不蕲言而言，不蕲哭而哭者。是遁天倍情，忘其所受，古者谓之遁天之刑。适来，夫子时也；适去，夫子顺也。安时而处顺，哀乐不能入也。古者谓是帝之县解。"

从这一段中我们可以得出如下结论：老子是庄子敬重的前辈学者，但他尚不是庄子心目中的至人。作为老子来说，他在该来的时候来了，在该走的时候走了，他做到了道家提倡的"安时而处顺"。一个人能够做到安时处顺、哀乐不入，就达到了古时候所谓的"帝之县（悬）解"的境界。但是，老子尚没有达到至人的境界。崔大华说：

"《养生主》篇认为老子并没有达到'至人'境界，和外、杂各篇极力推崇老子是'大成之人'（《山木》），'古之真人'（《田子方》），'古之博大真人'（《天下》），反映了庄子本人和他的后学在对老子的评价上是有区别的。"①庄子第一次提到老子，不是在老子活着的时候，而是老子刚死之后。连老子也会死吗？在庄子心目中，老子是一个肉体凡胎，有生就有死。完全不同于后世那些把老子神化为太上老君的道教说辞。老子死后，很多人前来吊唁，其中有老子的朋友秦失，也有老子的乡邻。秦失前来吊唁的时候，三号而出，似乎并没有表现出特殊的感情，从而引起了老子弟子的疑问，他们以为作为好朋友，秦失的态度有点敷衍。秦失告诉老子的弟子说，我开始以为老子达到了至人的境界，现在看起来他还只是一个凡人。为什么这样说呢？我看见老者痛哭，如哭自己的孩子；年轻人痛哭，如同哭自己的母亲。如此夸张的哭声是不符合常情的，不想说而说，不想哭而哭，属于"遁天倍情"，古代的时候也称之为"遁天之刑"。站在秦失的角度看，老子已经达到了道家顺物自然的境界，但并非完美之人。林希逸曰："老子之死，其弟子之哭，无老无少，皆如此其悲哀，此必老子未能去其行迹，而有以感会门弟子之心。"②老子死后，老者和少者都哭得这么伤心，说明老子活着的时候没有做到以无情处世。在老子第一次出场的时候，庄子并没有为老子歌功颂德，反而近乎吹毛求疵，拿着放大镜去找老子身上的缺点。即便是老子这

---

① 崔大华：《庄学研究——中国哲学一个观念渊源的历史考察》，人民出版社，1992年，第391页。
② 林希逸：《南华真经口义》，云南人民出版社，2002年，第52—53页。

样的道家祖师，庄子也是有什么说什么，并不为长者讳、为尊者讳。

老子第二次出场是在《德充符》中：

> 鲁有兀者叔山无趾，踵见仲尼。仲尼曰："子不谨，前既犯患若是矣。虽今来，何及矣！"无趾曰："吾唯不知务而轻用吾身，吾是以亡足。今吾来也，犹有尊足者存，吾是以务全之也。夫天无不覆，地无不载，吾以夫子为天地，安知夫子之犹若是也！"……孔子曰："弟子勉之！夫无趾，兀者也，犹务学以复补前行之恶，而况全德之人乎！"无趾语老聃曰："孔丘之于至人，其未邪？彼何宾宾以学子为？彼且蕲以諔诡幻怪之名闻，不知至人之以是为己桎梏邪？"老聃曰："胡不直使彼以死生为一条，以可不可为一贯者，解其桎梏，其可乎？"无趾曰："天刑之，安可解！"

这一段涉及了三个人物，一个是老子，一个是孔子，另一个是杜撰的人物鲁国兀者叔山无趾。文章通过叔山无趾的走动把孔子和老子串联了起来。叔山无趾踵见孔子，见面之后发现孔子徒有其名，并不是一个体道之人，从而对孔子非常失望，马上去见老子。他告诉老子说孔子距离至人也太远了，孔子的学说只是一些諔诡幻怪之辞。老子则告诉叔山无趾，你可以用道家的思想去教导他，引导他逐步改正自己的错误。叔山无趾以为孔子是一个天刑之人，无法教育改造。从老子之言可以看出，庄子理解的老子学说是"以死生为一条，以可不可为一贯"，如此去做便可以解除世人的精神桎梏。在老子思想中，死和生是两个大问题，老子追求长生久视、死而不亡，与庄子漠视死生区别完全不同。"可不可"是《齐物论》中的思想，在"吾丧我"的境界中，可和不可没有什么区别。老子所说的简简单单的两句话，都不是老子的思想而是庄子的思想。显然，庄子借用了老子的名号在宣扬自己的思想。

老子第三次出场是在《应帝王》中：

> 阳子居见老聃，曰："有人于此，向疾强梁，物彻疏明，学道不倦。如是者，可比明王乎？"老聃曰："是于圣人也，胥易技系，劳形怵心者也。且也虎豹之文来田，猿狙之便、执斄之狗来藉。如是者，可比明王乎？"阳子居蹴然曰："敢问明王之治。"老聃曰："明王之治：功盖天下而似不自己，化贷万物而民弗恃；有莫举名，使物自喜；立乎不测，而游于无有者也。"

这一段写道家人物阳子居与老聃的对话。一说阳子居就是杨朱，是老子的弟子。崔大华说："这两段话，除了明确显示出杨朱（阳子居）是老聃的问学弟子，还表明杨朱是战国时代的人物，他所提出讨论的'明王'，《论语》无见，在《墨子·节用》和成书于战国时期的《管子·五辅》才出现，后为黄老所本。"[1]在这一段中，阳子居向老子请教什么是明王，什么是明王之治。阳子居先提出自己心目中的明王，在老子眼里"向疾强梁，物彻疏明，学道不倦"者远远没有达

---

[1] 崔大华：《庄学研究——中国哲学一个观念渊源的历史考察》，第388页。

到明王的水平，老子用虎豹之文来田和猿狙之便、执斄之狗来藉来说明他们的低能。阳子居再次询问时，老子正面给与了回答。虽然老子和杨朱没有生活在同一时期，杨朱不可能当面向老子请教。但"明王之治：功盖天下而似不自己，化贷万物而民弗恃"数句，符合老子的思想，并不是庄子的杜撰。《老子》第十七章："功成事遂，百姓皆谓：'我自然。'"《老子》第二十二章："不自见，故明；不自是，故彰；不自伐，故有功；不自矜，故能长。"《应帝王》中的老子化用了《老子》中的语言，由此也可以看出庄子对老子的敬重。

通观上面三条材料，可以揣测庄子对老子的态度。首先，庄子把老子看作道家的创始人，对老子极为尊重。庄子借用老子的身份和名号来表达自己的思想，引用老子的语录时有一定的真实性，但有时也会有自己的改造。同时，在庄子心目中，老子并没有达到至人的高度，老子是一个生活在世间的智者，并不是远离凡尘的神仙。

二、外、杂篇中作为孔子之师的老子

外、杂篇中数次出现了老子与孔子之间的对话。《天地》曰：

> 夫子问于老聃曰："有人治道若相放，可不可，然不然。辩者有言曰：'离坚白若县寓。'若是则可谓圣人乎？"老聃曰："是胥易技系劳形怵心者也。执留之狗成思，猿狙之便自山林来。丘，予告若，而所不能闻与而所不能言。……有治在人，忘乎物，忘乎天，其名为忘己。忘己之人，是之谓入于天。"

这一段借老子与孔子的对话，宣扬庄子的思想。并不是说"夫子"是孔子的专称，老子和庄子可以称之为夫子，其他人也可以称之为夫子，但与老子同时出现，与老子展开对话的"夫子"应该就是孔子。孔子向老子提问，有人研修大道，却好像与大道背离，他经常认可不可的，肯定不然的。善于辩论者离析石头的坚硬与颜色如同高悬于天宇一样清晰明白，这样的人可以称为圣人吗？老子回答说，如同小吏为技艺所累，如同猎狗被人拘束、猿猴被人拘系一样，这样的人距离大道太远了。"是胥易技系劳形怵心者也"数句与内篇《应帝王》"阳子居见老聃"一段相似。显然是庄子后学对庄子内篇的模拟。老子说话的神情语态，与《应帝王》中的老子没有多少差别。老子接着说"丘，予告若，而所不能闻与而所不能言"，孔丘啊，我告诉你，我告诉你的是你没有听过而且说不出来的道理。采用这样的句式，让人物形象变得生动活泼。道家喜欢把孔子看为老子的弟子，而且是一个不听话的弟子，这是儒家学人最不能接受的。老子告诉孔子："忘己之人，是之谓入于天。"虽然这里借用了老子之名，但它宣扬的是庄子的无己思想。无己见于《逍遥游》："至人无己，神人无功，圣人无名。"

《天运》曰：

> 孔子行年五十有一而不闻道，乃南之沛见老聃。……老子曰："然，使道而可献，则人莫不献之于其君；使道而可进，则人莫不进之于其亲；使道而可以告人，则人莫不告其兄弟；使道而可以与人，则人莫不与其子孙。……亲权者，不能与人柄。

操之则栗，舍之则悲，而一无所鉴，以窥其所不休者，是天之戮民也。怨、恩、取、与、谏、教、生、杀八者，正之器也，唯循大变无所湮者为能用之。故曰：正者，正也。其心以为不然者，天门弗开矣。"

这一节写孔子已经五十岁了，还没有求得大道。他前往沛地拜见老子，向老子请教大道。老子早已耳闻这位北方贤者的名讳，主动问他是否已经得道？孔子介绍自己多年来从制度名数、阴阳变化中寻求大道而未得。老子告诉他，大道不可以进献，不可以奉送，不可以转告，不可以给与，只能靠自己用内心去体悟。古代的至人可以达到逍遥之墟，实现采真之游。与他们相反，普通人以富为是、以显为是、以权为是，他们属于"天之戮民"。只有自正之人才能正人。这里的逍遥之墟就是《逍遥游》所倡导的逍遥无己的境界。

《天运》又曰：

> 孔子见老聃而语仁义。老聃曰："夫播糠眯目，则天地四方易位矣；蚊虻噆肤，则通昔不寐矣。夫仁义憯然乃愤吾心，乱莫大焉。……"

> 孔子见老聃归，三日不谈。……子贡曰："然则人固有尸居而龙见，雷声而渊默，发动如天地者乎？赐亦可得而观乎？"遂以孔子声见老聃。……老聃曰："小子少进！余语汝三皇五帝之治天下。黄帝之治天下，使民心一，民有其亲死不哭而民不非也。尧之治天下，使民心亲，民有为其亲杀其杀而民

不非也。舜之治天下，使民心竞，……余语汝，三皇五帝之治天下，名曰治之，而乱莫甚焉。三皇之知，上悖日月之明，下睽山川之精，中堕四时之施。其知憯于蛎虿之尾，鲜规之兽，莫得安其性命之情者，而犹自以为圣人，不可耻乎，其无耻也？"

这一节讲仁义的危害。儒家把仁义看作宝贝，在老子眼里所谓的仁义就如同播糠眯目、蚊虻噆肤一样徒然扰乱人心，对人的祸乱没有超过仁义的。卖力的宣扬仁义如同敲着鼓去寻找迷失的孩子。万物自有其本性，"鹄不日浴而白，乌不日黔而黑"，人不应该用仁义来判定事物的善恶。"泉涸，鱼相与处于陆，相呴以湿，相濡以沫，不若相忘于江湖！"这一句直接引用自《大宗师》，用来说明人只能沉潜在大道之中。孔子把老子视为真龙，弟子子贡遂借助孔子的名义去见老聃。老子告诉他"三皇五帝之治天下，名曰治之，而乱莫甚焉"，三皇的心智，遮掩了日月的光明，违背了山川的精粹，毁坏了四时的运行，他们的心智比蛇蝎之尾还要毒。老子的话颠覆了子贡的学识，在孔子的教诲下，子贡一直以仁义道德为行为的标准，以三皇五帝为做人的楷模，这一切在听完老子之言后轰然倒塌了。

《天运》曰：

孔子谓老聃曰："丘治《诗》《书》《礼》《乐》《易》《春秋》六经，自以为久矣，孰知其故矣；以奸者七十二君，论先王之道而明周、召之迹，一君无所钩用。甚矣夫！人之难说也，道之难明邪?"老子曰:"幸矣,子之不遇治世之君也!夫《六经》,先王之陈迹也,岂其所以迹哉!今子之所言,犹迹也。夫迹,履之所出,而迹岂履哉!……"

孔子说"丘治《诗》《书》《礼》《乐》《易》《春秋》六经",第一次提出了"六经"这个概念,在经学史上具有重要意义。儒家的"六经"竟然是《庄子》首次提出的。孔子感慨人之难以规劝,道之难以彰明。老子教导他,所谓的"六经"只是先王的陈迹。书籍中的道并不是道的本原,通过阅读书籍无法真正得道。孔子三月闭门不出,终于体悟到了"不与化为人,安能化人",孔子终于体会到了人要与自然的变化相识为友。老子表扬孔子说:不错不错,孔丘已经得道了。随着老子表扬孔丘的得道,儒家的圣人已经变成了道家的信徒。

《田子方》曰:

> 孔子见老聃,老聃新沐,方将被发而干,慹然似非人。孔子便而待之,少焉见,曰:"丘也眩与,其信然与?向者先生形体掘若槁木,似遗物离人而立于独也。"老聃曰:"吾游心于物之初。"……老聃曰:"不然。夫水之于汋也,无为而才自然矣。至人之于德也,不修而物不能离焉,若天之自高,地之自厚,日月之自明,夫何修焉!"

孔子去向老聃请教时,发现老子像一截木头一样一动不动,似乎遗忘了外物,脱离了人世。老聃曰:"吾游心于物之初。"物之初指物初生时混沌空虚的状态，"游心于物之初"的境界，也就是《齐物论》开篇所写的南郭子綦"吾丧我"的境界，这样的境界也是一种至美、至乐的境界，只有至人才能进入这样的境界。老子曰"得至美而游乎至乐，谓之至人"，这个至人就是《逍遥游》中"至人无己"的至人；老子曰"至人之于德也，不修而物不能离焉"，这样的至人也是《德充符》中的德充之人。所谓至人就是能够把握自然运行的规律，按照自然运行的规律去为人处世的人。至人对万物的影响并不是刻意所为，而是无心之举。

《知北游》曰：

> 孔子问于老聃曰："今日晏闲，敢问至道。"老聃曰："汝齐戒，疏瀹而心，澡雪而精神，掊击而知！夫道，窅然难言哉！……其用心不劳，其应物无方。天不得不高，地不得不广，日月不得不行，万物不得不昌，此其道与！……人生天地之间，若白驹之过郤，忽然而已。注然勃然，莫不出焉；油然漻然，莫不入焉。已化而生，又化而死，生物哀之，人类悲之。……"

孔子向老子请教什么是至道。孔子曰："今日晏闲，敢问至道。"孔子对老子恭敬有加。于是老子对孔子进行了谆谆教诲，师徒二人一起探讨至道，其乐融融。听到孔子请教至道，老子说："汝齐戒，疏瀹而心，澡雪而精神，掊击而知！"这个路数与《人间世》中颜回向孔子请教何谓"心斋"的情节相似。老子认为，人与万物的出现都离不开道，万物不得道就不会昌盛。万物都从道那里获得生命的资助。

从道的角度看，人的诞生乃是气的汇聚。"调而应之，德也；偶而应之，道也。"人应该顺应天地的变化，坦然面对世间万物的运行变化。老子说："人生天地之间，若白驹之过郤，忽然而已。"表现了庄子对生命短促的体认。庄子认为道不可闻，一味地追求道为何物，这是尚没有得道的表现。

以上六节，展现了孔子向老子问道的事迹。与其说这是儒道两大派别首领之间的对话，不如说这是道家两位师徒之间的问答。这里的老子如同内篇中的孔子一样，而这里的孔子如同内篇中的颜回一样。正如崔大华所说："《庄子》中孔子师老子这一记述在《论语》中找不到可作根据的迹象。《论语》中出现许多孔子十分推崇的，包括七位隐者在内的贤者，却没有他曾多次问学、尊之为'龙'的老聃；……进而可以推断《庄子》所记述的孔子问学于老子是一种寓言性质的故事。"①这些故事不仅是一种寓言性质的故事，而且，它们是重在表现庄子后学思想的寓言故事。这种表现手法与内篇一脉相承，进一步抨击了儒家的仁义道德，宣扬了老庄顺应自然的思想。

三、外、杂篇中指点道家之士的老子

在外、杂篇中，除了老子与孔子的对话，还有一些老子与其他人的对话，这些对话者主要是道家之士。《在宥》曰：

---

① 崔大华：《庄学研究——中国哲学一个观念渊源的历史考察》，第388—389页。

崔瞿问于老聃曰："不治天下，安藏人心？"老聃曰："……昔者黄帝始以仁义撄人之心，尧舜于是乎股无胈，胫无毛，以养天下之形，愁其五藏以为仁义，矜其血气以规法度，然犹有不胜也。……故贤者伏处大山嵁岩之下，而万乘之君忧栗乎庙堂之上。今世殊死者相枕也，桁杨者相推也，刑戮者相望也，而儒墨乃始离跂攘臂乎桎梏之间。意，甚矣哉！其无愧而不知耻也甚矣！……故曰：'绝圣弃知而天下大治。'"

这一节主要讲如何使人心向善。崔瞿是一位庄学后学虚构的人物，他向老子请教的问题是："不治天下，安藏人心？"老聃指出由于人心容易受到惊扰，束缚人心必然导致祸害，所以老子的主张是"女慎无撄人心"。事实上这种束缚人心的行动早就开始了。"黄帝始以仁义撄人之心"，从黄帝开始试图用仁义束缚人心，却让人欲望丛生，开始了无休无止的争名夺利。儒家、墨家的兴起，世道进一步衰弱。在这种情势下，"贤者伏处大山嵁岩之下"，真正的隐士能够淡泊名利，远离红尘。"今世殊死者相枕也，桁杨者相推也，刑戮者相望也。"这是内篇《人间世》中"方今之时，仅免刑焉"的展开描写。作者提出"绝圣弃知而天下大治"，要治理天下首先要断绝圣明，抛弃智慧，也就是只有放弃儒家的仁义思想才能谈得上天下大治。

　　《天道》曰：

　　士成绮见老子而问曰："吾闻夫子圣人也，吾固不辞远道而来愿见，百余重趼而不敢息。今吾观子，非圣人也。鼠壤有余

蔬，而弃妹之者，不仁也，生熟不尽于前，而积敛无崖。"老子
漠然不应。……士成绮雁行避影，履行遂进而问："修身若何？"
老子曰："而容崖然，而目冲然，而颡頯然，而口阚然，而状义
然，似系马而止也。动而持，发也机，察而审，知巧而睹于泰，
凡以为不信。边竟有人焉，其名为窃。"

士成绮初见老子，对老子多有误解。他指责老子的行为不符合仁义之
道，且贪心不足。面对他的指责，老子"漠然不应"。明日士成绮再
次见到老子，向老子道歉并向老子请教如何修身。老子说"昔者子呼
我牛也而谓之牛，呼我马也而谓之马"，此语与《应帝王》中"一以
己为马，一以己为牛"相呼应。表明得道之人并不在乎别人怎么称呼
自己。老子从士成绮反复多变的态度中看出他远离人的真实本质。

杂篇《庚桑楚》曰：

老聃之役，有庚桑楚者，偏得老聃之道，以北居畏垒之
山，……庚桑子曰："……夫全其形生之人，藏其身也，不厌深
眇而已矣。……民之于利甚勤，子有杀父，臣有杀君，正昼为
盗，日中穴阫。吾语女，大乱之本，必生于尧舜之间，其末存
乎千世之后。千世之后，其必有人与人相食者也！"

这一段以庚桑楚为主角，文章的开头即说"老聃之役，有庚桑楚者，
偏得老聃之道"。偏得就是独得的意思。这个已经得老子之道的弟
子，他的所作所为，乃是老子思想在现实中的落实。庚桑楚在离开

老子之后，去了北方，居住在畏垒之山，他辞退炫耀聪明的仆人和标榜仁义的侍女。三年之后，畏垒山区获得了大丰收。当地人把庚桑楚看作圣人，要为他建立祠堂祭拜他。庚桑楚听到之后，心中不快，"吾是以不释于老聃之言"，面对老子的教诲让他不安。他认为"举贤则民相轧，任知则民相盗"，如果放任这样发展下去，"千世之后，其必有人与人相食者也"。庚桑楚是一个清醒而理智的世间智者。

《庚桑楚》接着写道：

> 南荣趎蹴然正坐曰："若趎之年者已长矣，将恶乎托业以及此言邪？"庚桑子曰："全汝形，抱汝生，无使汝思虑营营。若此三年，则可以及此言矣。"……老子曰："卫生之经，能抱一乎？能勿失乎？能无卜筮而知吉凶乎？能止乎？能已乎？能舍诸人而求诸己乎？能翛然乎？能侗然乎？能儿子乎？儿子终日嗥而嗌不嗄，和之至也；终日握而手不掜，共其德也；终日视而目不瞚，偏不在外也。行不知所之，居不知所为，与物委蛇，而同其波。是卫生之经已。"

这一段以南荣趎为主角，前面涉及到庚桑子，后面写到老子。南荣趎先是向庚桑子学习，后来庚桑子介绍他前去向老子学习。通过老子之口讲述养生之道。老子曰："卫生之经，能抱一乎？"抱一的思想合于《老子》思想。《老子》第十章曰："载营魄抱一，能无离乎？专气致柔，能如婴儿乎？"《老子》第五十五章曰："含德之厚，比于赤子。蜂虿虺蛇不螫，攫鸟猛兽不搏。骨弱筋柔而握固。未知牝牡之合而朘作，精之至也。终日号而不嗄，和之至也。"养护生命就应该如同婴儿一样，"行不知所之，居不知所为，与物委蛇，而同其波"，拥有婴儿般的纯真与质朴，就没有祸福，自然也没有人为的灾难。

《庄子》外、杂篇中引用《老子》的句子还有一些。崔大华说："《庄子》外、杂篇援引《老子》有数十处之多，或为词同，或为义近，其大致可分为三种情况：一是直接标明'老子曰'（有一处是'大成之人曰'），二是以'故曰'为标志，三是虽无'老子曰'或'故曰'，但文句或词义却与《老子》相同。其中第一种情况较少，多为第二、三两种情况。"①

《则阳》曰：

> 柏矩学于老聃，曰："请之天下游。"老聃曰："已矣！天下犹是也。"又请之，老聃曰："汝将何始？"曰："始于齐。"至齐，见辜人焉，推而强之，解朝服而幕之，号天而哭之，曰："……夫力不足则伪，知不足则欺，财不足则盗。盗窃之行，于谁责而可乎？"

柏矩是老子的弟子，他离开老子去游学于天下。在齐国，遇见一个死刑犯的尸体正在街上示众，他脱掉衣服为尸体盖上，继而放声大哭，说了一段话。他把古之君人者与今之君人者进行对照。古代的君王，把成功归结于百姓，把过失归咎于自己。为百姓是正确的，

---

① 崔大华：《庄学研究——中国哲学一个观念渊源的历史考察》，第394页。

过错在于自己。但是今天的君王与古代恰恰相反，盗贼之行横行，谁应该负责是一清二楚的。与《胠箧》中的"彼窃钩者诛，窃国者为诸侯，诸侯之门而仁义存焉"是同样的意思。

《寓言》曰：

> 阳子居南之沛，老聃西游于秦，邀于郊，至于梁而遇老子。……老子曰："而睢睢盱盱，而谁与居？大白若辱，盛德若不足。"阳子居蹴然变容曰："敬闻命矣！"其往也，舍者迎将，其家公执席，妻执巾栉，舍者避席，炀者避灶。其反也，舍者与之争席矣。

阳子居再一次出现在读者面前，在此文中阳子居明确说他是老子的弟子。阳子居平时待人傲慢，大家都不愿与他亲密交往。老子告诫他："大白若辱，盛德若不足。"此两句不是庄子式的重言，是老子自己的语录，原文见于《老子》第四十一章。阳子居听取了老子的训诫之后，改变了处世态度，在同一旅馆内出现了"舍者与之争席"的局面。老子的教导起到了立竿见影的效果。王维《积雨辋川庄作》有句云："野老与人争席罢，海鸥何事更相疑。"其中的野老与人争席就是化用自上面这个典故。

四、《天下》篇对老子的评价

《天下》篇是这样评价老子学说的：

以本为精，以物为粗，以有积为不足，澹然独与神明居。古之道术有在于是者，关尹、老聃闻其风而悦之。建之以常无有，主之以太一，以濡弱谦下为表，以空虚不毁万物为实。关尹曰："在己无居，形物自著。其动若水，其静若镜，其应若响。芴乎若亡，寂乎若清，同焉者和，得焉者失。未尝先人而常随人。"老聃曰："知其雄，守其雌，为天下谿；知其白，守其辱，为天下谷。"人皆取先，己独取后，曰："受天下之垢。"人皆取实，己独取虚，无藏也故有余，岿然而有余。其行身也，徐而不费，无为也而笑巧。人皆求福，己独曲全，曰："苟免于咎。"以深为根，以约为纪，曰："坚则毁矣，锐则挫矣。"常宽容于物，不削于人，可谓至极。关尹、老聃乎！古之博大真人哉！

其一，关于关尹、老聃的关系。此节在介绍老子思想时将关尹和老聃列为同一学派，并且将关尹置于老聃之前。据《史记·老子韩非列传》："老子修道德，其学以自隐无名为务。居周久之，见周之衰，乃遂去。至关，关令尹喜曰：'子将隐矣，强为我著书。'于是老子乃著书上下篇，言道德之意五千余言而去，莫知其所终。"[1]是故，一般人都认为关令尹喜是老子的弟子，即使师徒二人同时出现，也应该是老师在前弟子在后。但是《天下》篇中两次把关尹放在老聃之前，介绍两人学说时也是关尹在前、老聃在后。如何理解这种

---

[1] 司马迁撰，裴骃集解，司马贞索隐，张守节正义：《史记》卷六十三《老子韩非列传》，第2141页。

现象？一种理解是历史上本来就是关尹在老子之前，清人王闿运曰："今谓关尹在老子前，别有书，则不强老子著书明矣。盖老子前人也。"[1]更多的人则对这一排序感觉无法理解，得不出合理的解释。其实，关尹、老聃是同时代人，这一点大家都不怀疑。老子的年龄与学识远远超越了关尹。但是也有可能是关尹在老子写《道德经》之前已经写有《关尹子》或其他名称的书。《天下》篇中所引的"关尹曰"一段就是关尹的著作。估计关尹虽然年龄小辈分晚，但他在见老子之前已经有著作传世，所以《天下》篇的作者把他放在了老子的前面。当然从两个人的学术水平上看，关尹水平不如老子，关尹见到老子之后，拜老子为师。

在作者眼里，关老学派把大道视为唯一的核心，他们外表上柔弱，实际上虚怀若谷、宽容万物。具体看起来，关、老也有一定的区别。关尹曰："在己无居，形物自著。其动若水，其静若镜，其应若响。芴乎若亡，寂乎若清，同焉者和，得焉者失。未尝先人而常随人。"不固执己见，一任其物自我显现。运动如同流水，静止如同明镜，反应如同回音。忽然如消失，寂然如清虚。相同就和谐，得到如同失去，不去超越别人而常常在人之后。老聃曰："知其雄，守其雌，为天下谿；知其白，守其辱，为天下谷。"此句出自《老子》第二十八章。文章接着写"人皆取先，己独取后，曰：'受天下之垢。'人皆取实，己独取虚，无藏也故有余，岿然而有余。其行身也，

---

[1]马叔伦：《〈庄子·天下篇〉述义》，载张丰乾编：《〈庄子·天下篇〉注疏四种》，华夏出版社，2009年，第282页。

徐而不费，无为也而笑巧。人皆求福，己独曲全，曰：'苟免于咎。'以深为根，以约为纪，曰：'坚则毁矣，锐则挫矣。'常宽容于物，不削于人。"这些都是对老子思想的概括。把别人与自己进行对照，自己不同于流俗之人，甘愿落后，自守清虚，委曲求全，无为自然。比较关、老的言论，可以看出两者存在深浅之别。相比于关尹思想，老子的学说更加博大精深。

其二，关于老子的学术地位。作者虽然给老子"古之博大真人"的称号，但在他的学术版图上，老子也属于一曲之士。《天下》曰："天下大乱，贤圣不明，道德不一，天下多得一察焉以自好。譬如耳目鼻口，皆有所明，不能相通。犹百家众技也，皆有所长，时有所用。虽然，不该不遍，一曲之士也。判天地之美，析万物之理，察古人之全，寡能备于天地之美，称神明之容。是故内圣外王之道，暗而不明，郁而不发，天下之人各为其所欲焉以自为方。悲夫！百家往而不反，必不合矣！后世之学者，不幸不见天地之纯，古人之大体，道术将为天下裂。"按照作者的思路，老子出现在"道术将为天下裂"之后，老子只是"得一察焉以自好"，是百家当中的一家而已，是不该不徧的一曲之士。未必能够看到"天地之纯"，未必能够识得"古人之大体"。

其三，关于老、庄的关系。《天下》篇的作者没有把老、庄并列，而是将关、老并列。介绍关、老学说时说："以本为精，以物为粗，以有积为不足，澹然独与神明居，古之道术有在于是者。关尹、老聃闻其风而悦之。"介绍庄子学说时说："芴漠无形，变化无常，死与生与，天地并与，神明往与！芒乎何之，忽乎何适，万物毕罗，莫足以归，古之道术有在于是者。庄周闻其风而悦之。"虽然也有人认为"（老子）澹然独与神明居"与庄子的"独与天地精神往来"非常接近，但毕竟作者明确说老子之风与庄子之风是两种相似而又不同的风。作者评价老子时，关、老并列，评价庄子时，说庄子"独与天地精神往来，而不敖倪于万物，不谴是非，以与世俗处。其书虽瑰玮，而连犿无伤也。其辞虽参差，而諔诡可观。彼其充实，不可以已，上与造物者游，而下与外死生、无终始者为友。其于本也，弘大而辟，深闳而肆；其于宗也，可谓稠适而上遂矣。虽然，其应于化而解于物也，其理不竭，其来不蜕，芒乎昧乎，未之尽者"。两者比较，作者在情感上更加倾向于庄子，对庄子的情感比对老子的情感更加显得深厚。

以上是我们对《庄子》中有关老子的段落进行的梳理。虽然《庄子》中反复出现了老子的形象，但作者的本意还是借老子形象来表现庄子及其后学的思想。内篇中的老子，代表了庄子心目中的老子，为庄子后学书写老子树立了一个标杆。在庄子看来，老子是一个睿智的道家先贤，但没有达到至人的高度。外、杂篇中的老子是庄子后学心目中的老子，与庄子心目中的老子有同有异。其中老子与孔子的对话，表现了儒道两家分庭抗礼的情形，庄子后学对孔子持一种批判的态度。其他老子与道家士人的对话，进一步宣扬了庄子的思想和学说。不论是在内篇还是在外、杂篇，在有关老子的故事中，老子只是一个寓言人物，在历史事实的基础上做了很多变形和夸张。《庄子》中老子的故事不能视为历史事实。《天下》篇中的老子是庄子后学对老子的历史定位，他认为老子是一位古代的博大真人，老、庄思想有同有异，庄子继承并拓展了老子的学说。

第十章 《庄子》对孔子的"诋訿"

孔子是《庄子》中出场最多的历史人物。现存《庄子》共三十三篇，其中二十一篇中或提及孔子之名，或描写了孔子的形象。这些篇目包括：内篇中的《齐物论》《人间世》《德充符》《大宗师》等，外篇中的《天地》《天道》《天运》《秋水》《至乐》《达生》《山木》《田子方》《知北游》《徐无鬼》等，杂篇中的《则阳》《外物》《寓言》《让王》《盗跖》《渔父》《列御寇》等。其中《盗跖》和《渔父》两篇中，孔子是贯穿于始终的主要人物。本章拟讨论《庄子》内篇中的孔子形象及其在外、杂篇中的衍变。鉴于《盗跖》《渔父》具有小说性质，故本章所涉及的孔子形象及其衍变主要集中于除《盗跖》和《渔父》两篇之外的其他篇章。

一、内篇中的孔子形象

内篇中的孔子形象首次出现在《齐物论》中。原文曰："瞿鹊子问乎长梧子曰：'吾闻诸夫子，圣人不从事于务，不就利，不违害，不喜求，不缘道；无谓有谓，有谓无谓，而游乎尘垢之外。夫子以为孟浪之言，而我以为妙道之行也。吾子以为奚若?'长梧子曰:'是黄帝之所听荧也，而丘也何足以知之!'"瞿鹊子和长梧子是庄子虚构的两个人物，他们在对话中提及了孔子。重要人物的这种出场方式在后面也多次用到：重要人物不用自己登场亮相，而是别人在议论中对重要人物展开描述。例如《德充符》中的王骀和哀骀它两人都是该篇的主要人物，但他们都没有亲自出场。瞿鹊子把孔子视为"圣人"，长梧子则很轻蔑地说"丘也何足以知之"，在他眼里，孔丘只是一个世间的俗人，远未闻大道。对于儒家的圣人孔子，不同的人存在不同看法，道家高士对孔子大不以为然。

到了《人间世》中，孔子出现了三次之多。第一次是颜回见仲尼辞别之时。颜回将要离开孔子前往卫国，他听说卫君"其年壮，其行独；轻用其国，而不见其过；轻用民死，死者以国量乎泽若蕉"，他想用自己所学的思想救民于水火之中。孔子曰:"嘻! 若殆往而刑耳! 夫道不欲杂，杂则多，多则扰，扰则忧，忧而不救。古之至人，先存诸己，而后存诸人。所存于己者未定，何暇至于暴人之所行!"听颜回想去混乱的卫国，孔子不同意颜回贸然前往，认为颜回此行可能招致刑罚。作为一个救世者，最重要的在于先学会保护自己，其次才可能保护民众。现在颜回还没有掌握保护自己的法术之前就贸然前往，不仅不能救民，而且自己可能死于暴君面前。关龙逢和王子比干都是历史上爱民的典型，孔子指出站在统治者的立场看，他们所"伛拊"的对象是暴君的民众，暴君当然不会放过他们。

面对孔子"若必有以也，尝以语我来"的疑问，颜回第一次回答说:"端而虚，勉而一，则可乎?"孔子听完之后断然给以了否定，孔子曰："恶！恶可！夫以阳为充孔扬，采色不定，常人之所不违，因案人之所感，以求容与其心。名之曰日渐之德不成，而况大德乎！将执而不化，外合而内不訾，其庸讵可乎！"颜回再一次回答询问时说："然则我内直而外曲，成而上比。内直者，与天为徒。与天为徒者，知天子之与己，皆天之所子，而独以己言蕲乎而人善之，蕲乎而人不善之邪？若然者，人谓之童子，是之谓与天为徒。外曲者，与人之为徒也。擎跽曲拳，人臣之礼也，人皆为之，吾敢不为邪！为人之所为者，人亦无疵焉，是之谓与人为徒。成而上比者，与古为徒。其言虽教，谪之实也。古之有也，非吾有也。若然者，虽直而不病，是之谓与古为徒。若是则可乎？"相对而言，"内直而外曲，成而上比"是一种粗具规模的理论体系，但是孔子还是给予断然否定，孔子曰："恶！恶可！大多政，法而不谍，虽固亦无罪。虽然，止是耳矣，夫胡可以及化！犹师心者也。"虽然这一套方案可以免于自身无罪，但远远达不到教化君主的效果。

颜回在无可奈何之际说："吾无以进矣，敢问其方。"仲尼提出让颜回先学会心斋。颜回曰："敢问心斋。"仲尼曰："若一志，无听之以耳，而听之以心，无听之以心，而听之以气！听止于耳，心止于符。气也者，虚而待物者也。唯道集虚。虚者，心斋也。"心斋和坐忘构成了进入逍遥境界的方法。颜回自从了解了这种方法之后，在现实生活中收到了良好的效果。颜回曰："回之未始得使，实自回也；得使之也，未始有回也；可谓虚乎？"夫子进一步教导他说："若能入游其樊，而无感其名，入则鸣，不入则止。无门无毒，一宅而寓于不得已，则几矣。绝迹易，无行地难。为人使易以伪，为天使难以伪。闻以有翼飞者矣，未闻以无翼飞者也；闻以有知知者矣，未闻以无知知者也。瞻彼阕者，虚室生白，吉祥止止。夫且不止，是之谓坐驰。"学会心斋的颜回忘记了自己，进入到了无己的境界。孔子接着告诉他让他保持心斋的状态与统治者周旋，心斋者"虚室生白，吉祥止止"，如此就可以无往不胜。在这一段中，庄子借孔子之口宣扬了自己的心斋理论。这里的孔子是一位道家高士，他与庄子思想息息相通，他认为如果想要救世，儒家思想完全行不通，只能用道家思想去保护自己、救助民众。

在《人间世》的第二段，庄子用叶公子高将使于齐而问于仲尼的故事，进一步宣传道家思想。叶公子高曰："王使诸梁也甚重，齐之待使者，盖将甚敬而不急。匹夫犹未可动，而况诸侯乎！吾甚栗之。"叶公子高深受楚王的器重，楚王派他前往齐国进行外事活动。他忧惧事情不成功时有人道之患；事情成功时又有阴阳之患。在他左右为难之际，请教孔子自己到底应该怎么办。仲尼曰："天下有大戒二：其一，命也；其一，义也。子之爱亲，命也，不可解于心；臣之事君，义也，无适而非君也，无所逃于天地之间，是之谓大戒。是以夫事其亲者，不择地而安之，孝之至也；夫事其君者，不择事而安之，忠之盛也；自事其心者，哀乐不易施乎前，知其不可奈何而安之若命，德之至也。为人臣子者，固有所不得已。行事之情而忘其身，何暇至于悦生而恶死！夫子其行可矣！"在这段话中，孔子提出了"知其不可奈何而安之若命，德之至也"的重要命题，这是庄子德论学说中的核心。在《德充符》中又重复出现过这句话。在这里，庄子先让孔子替自己说出来了。但是孔子这里提出的安之若命，与庄子的安之若命并不相同。孔子此处提出的安之若命，符合儒家的传统思想。无所逃于天地之间的大戒，其一是子之爱亲，其一是臣之事君。两者概括起来也就是儒家的忠孝观念。孔子接着说："丘请复以所闻：……迁令劝成殆事，美成在久，恶成不及改，可不慎与！且夫乘物以游心，托不得已以养中，至矣。何作为报也！莫若为致命，此其难者。"这一段话，并不是儒家思想的延续，庄子在这里调转方向再一次回到了道家思想的轨道上，孔子教导叶公子高应该"乘物以游心，托不得已以养中"，也就是顺物自然的意思。

《人间世》倒数第二段讲"孔子适楚"的故事："孔子适楚，楚狂接舆游其门曰：'凤兮凤兮，何如德之衰也！来世不可待，往世不可追也。天下有道，圣人成焉；天下无道，圣人生焉。方今之时，仅免刑焉。福轻乎羽，莫之知载；祸重乎地，莫之知避。已乎已乎，临人以德！殆乎殆乎，画地而趋！迷阳迷阳，无伤吾行！吾行郤曲，无伤吾足！'"楚狂接舆是南方的道家学者，孔子是北方的儒家学者，当他们相遇的时候，楚狂接舆为他唱了一首歌。歌中表现了社会的黑暗，警告他有为者寸步难行。在这一段中，对孔子进行批评的同时，又带着一种深深的同情和惋惜。把孔子看作当代的凤凰，叹息他生不逢时。庄子对现实的认识深刻而冷峻："方今之时，仅免刑焉。"他希望对社会还抱有幻想的士人放弃幻想，擦亮自己的眼睛。《养生主》中庄子说："为善无近名，为恶无近刑。"庄子并不是要教人为恶，而是生活在方今之时，千万小心，如果能够免于刑，已经是大不易的事情。

《德充符》载鲁国有一个兀者名叫王骀，他的弟子与孔子弟子数量差不多。他教学中"立不教，坐不议"，但是他的学生"虚而往，实而归"。孔子评价王骀曰："夫子，圣人也，丘也直后而未往耳。丘将以为师，而况不若丘者乎！奚假鲁国！丘将引天下而与从之。"又曰："人莫鉴于流水而鉴于止水，唯止能止众止。受命于地，唯松柏独也在冬夏青青；受命于天，唯舜独也正，幸能正生，以正众生。夫保始之征，不惧之实。勇士一人，雄入于九军。将求名而能自要者，而犹若是，而况官天地，府万物，直寓六骸，象耳目，一知之所知，而心未尝死者乎！彼且择日而登假，人则从是也。彼且何肯以物为事乎！"《德充符》中的兀者不少，王骀是第一个出场的兀者。他在修道方面造诣极高，已经达到了"择日而登假"的高度。这样一个虚构的道家人物，庄子不是通过自己的口去讲述，而是请出儒家的圣人孔子来讲述，这样就增加了可信度，也提高了兀者王骀的地位。虽然是一个虚构的寓言故事，但庄子借用孔子的声誉做文章，可见孔子在庄子心目中还是具备很高的利用价值。

《德充符》中孔子第二次出场，与第一次出场时完全不同，从正面形象变成了一个负面角色：

> 鲁有兀者叔山无趾，踵见仲尼。仲尼曰："子不谨，前既犯患若是矣。虽今来，何及矣！"无趾曰："吾唯不知务而轻用吾身，吾是以亡足。今吾来也，犹有尊足者存，吾是以务全之也。夫天无不覆，地无不载，吾以夫子为天地，安知夫子之犹若是也！"孔子曰："丘则陋矣。夫子胡不入乎，请讲以所闻！"无趾出。孔子曰："弟子勉之！夫无趾，兀者也，犹务学以复补前行

之恶，而况全德之人乎！"无趾语老聃曰："孔丘之于至人，其未邪？彼何宾宾以学子为？彼且蕲以諔诡幻怪之名闻，不知至人之以是为己桎梏邪？"老聃曰："胡不直使彼以死生为一条，以可不可为一贯者，解其桎梏，其可乎？"无趾曰："天刑之，安可解！"

这里的正面角色是老聃和叔山无趾。老聃是道家的始祖，他高高在上，受到众人的敬仰。叔山无趾则是一个早年轻用其身而受过兀刑的人。孔子站在世俗的角度看不起他，说他因为自己不谨慎而犯过罪，现在想学习已经晚了。但是在叔山无趾的眼里，自己能够领悟道家的智慧，而孔子则是一个天刑之人。孔子虽然终日"宾宾以学"老聃，这一方面证明老聃的伟大，另一方面孔子因为自身条件所限，沉溺于一些諔诡幻怪的东西，自己为自己套牢了枷锁。"天刑之，安可解"六个字表明了庄子与儒家之间的鸿沟。也有人把庄子视为孔门后学，也有人认为庄子是在阴助孔子，即使庄子年轻时是一位虔诚的孔门弟子，到了写作《德充符》时，他已经与儒家分庭抗礼、势不两立了。

《德充符》第三次写到孔子时，是孔子与鲁哀公之间的一次对话。鲁哀公遇见了一位卫国的丑人名叫哀骀它。鲁哀公介绍时说："丈夫与之处者，思而不能去也。妇人见之，请于父母曰'与为人妻，宁为夫子妾'者，十数而未止也。未尝有闻其唱者也，常和人而已矣。……寡人恤焉若有亡也，若无与乐是国也。是何人者也？"这样一位恶骇天下的人，不仅受到了男士的敬重，同时也受到了女士的爱恋。鲁哀公与他接触之后，也对他极为信任，一度任命他担任宰相，在他离去之后留恋不已。孔子回答鲁哀公说："丘也尝使于楚矣，适见独子食于其死母者，少焉眴若皆弃之而走。……今哀骀它未言而信，无功而亲，使人授己国，唯恐其不受也，是必才全而德不形者也。"鲁哀公问："何谓才全？"孔子回答说："死生存亡，穷达贫富，贤与不肖毁誉，饥渴寒暑，是事之变、命之行也，日夜相代乎前，而知不能规乎其始者也。故不足以滑和，不可入于灵府。使之和豫，通而不失于兑；使日夜无郤而与物为春，是接而生时于心者也。是之谓全才。"鲁哀公又问："何谓德不形？"孔子回答说："平者，水停之盛也。其可以为法也，内保之而外不荡也。德者，成和之修也。德不形者，物不能离也。"孔子把哀骀它视为"才全而德不形者"。所谓的"才全"也就是德全，即全德之人。全德之人就是完全符合道家德论观念的人。"才全而德不形者"，德全但是又不会显示其德，其德的光辉又会吸引众人。孔子在这里不仅强调了什么是命，同时也提出了安命的方法。生命的死亡与出生，部族的存续与灭亡，个人的厄运与通达、贫穷与富足，声誉的贤良与不肖、诋毁与赞美，身体的饥与渴，四季的运行，这些都不是人力能够改变的。作为个体的人，无论喜欢也好，不喜欢也罢，只能安命。"与物为春"是庄子提出的安命的重要方式之一。一个有德之人，不去刻意表现他的德，但他道德的光辉会自然流露出来，他本人也会成为众人的楷模。

在《大宗师》中，孔子也出现了三次。第一次写子桑户、孟子反、子琴张，三人相与为友，子桑户死而未葬之时，孔子闻之，派子贡前往吊唁。子贡去后发现孟子反、子琴张临尸而歌。"子贡反，以告孔子，曰：'彼何人者邪？修行无有，而外其形骸，临尸而歌，颜色不变，无以命之。彼何人者邪？'孔子曰：'彼，游方之外者也；而丘，游方之内者也。外内不相及，而丘使女往吊之，丘则陋矣。彼方且与造物者为人，而游乎天地之一气。彼以生为附赘县疣，以死为决疠溃痈，夫若然者，又恶知死生先后之所在！假于异物，托于同体；忘其肝胆，遗其耳目；反覆终始，不知端倪；芒然彷徨乎尘垢之外，逍遥乎无为之业。彼又恶能愦愦然为世俗之礼，以观众人之耳目哉！'子贡曰：'然则夫子何方之依？'孔子曰：'丘，天之戮民也。虽然，吾与汝共之。'子贡曰：'敢问其方。'孔子曰：'鱼相造乎水，人相造乎道。相造乎水者，穿池而养给；相造乎道者，无事而生定。故曰，鱼相忘乎江湖，人相忘乎道术。'子贡曰：'敢问畸人。'曰：'畸人者，畸于人而侔于天。故曰，天之小人，人之君子；人之君子，天之小人也。'"庄子借助孔子之口，提出了"畸人"的概念。《大宗师》一篇主要写真人和畸人两种人，真人是道家的理想人格，生活在理想境界中，对于常人来说高高在上，可望而不可即。畸人就生活在俗人之中的道家士人，也称为方外之士，庄子自己也是一位畸人。

《大宗师》还写了一位名叫孟孙才的人，这也是一位虚构的道家人物。对孟孙才其人，仲尼师徒进行了一番讨论，仲尼曰："夫孟孙氏尽之矣，进于知矣。唯简之而不得，夫已有所简矣。孟孙氏不知所以生，不知所以死；不知就先，不知就后；若化为物，以待其所不知之化已乎！且方将化，恶知不化哉？方将不化，恶知已化哉？

吾特与汝，其梦未始觉者邪！且彼有骇形而无损心，有旦宅而无情死。孟孙氏特觉，人哭亦哭，是自其所以乃。且也相与吾之耳矣，庸讵知吾所谓吾之乎？且汝梦为鸟而厉乎天，梦为鱼而没于渊。不识今之言者，其觉者乎，其梦者乎？造适不及笑，献笑不及排，安排而去化，乃入于寥天一。"就像《德充符》中的王骀和哀骀它一样，孟孙才其人达到了让孔子亲自出面表彰的高度。在孔子口中，孟孙才已经得道，但在日常生活中，他还是"人哭亦哭"，表现得与普通人没有二致。但他的内心世界已经达到了"有骇形而无损心，有旦宅而无情死"的境界。他不愿意把自己的境界显摆给众人去看，众人也无法理解他。

《大宗师》提出了与"心斋"并列的另外一个重要概念——"坐忘"。原文曰："颜回曰：'回益矣。'仲尼曰：'何谓也？'曰：'回忘仁义矣。'曰：'可矣，犹未也。'他日，复见，曰：'回益矣。'曰：'何谓也？'曰：'回忘礼乐矣。'曰：'可矣，犹未也。'他日，复见，曰：'回益矣。'曰：'何谓也？'曰：'回坐忘矣。'仲尼蹴然曰：'何谓坐忘？'颜回曰：'堕肢体，黜聪明，离形去知，同于大通，此谓坐忘。'仲尼曰：'同则无好也，化则无常也。而果其贤乎！丘也请从而后也。'"利用孔子和其得意弟子颜回共同提出"坐忘"，这一次不是由孔子提出，而是由其弟子颜回提出。孔子积极鼓励弟子离开仁义之学，接着鼓励弟子离开礼乐之学。仁义、礼乐是儒家的核心，孔子鼓励弟子抛弃它们如同抛弃敝履。当颜回达到了"坐忘"境界时，孔子表示"请从而后"，要向颜回学习，表现得非常谦虚。庄子通过孔子师徒的表演提出了"坐忘"这个重要命题，又通过孔子的表现说明"坐忘"的重要性。连儒家的圣人也臣服于道家思想，道家思想的价值自在不言之中了。

在《庄子》内七篇中，《齐物论》《人间世》《德充符》《大宗师》四篇写到了孔子。《齐物论》中只是由虚拟人物在谈话中提及过孔子，在其他三篇中孔子反复出现，是其中的重要人物。在《人间世》和《大宗师》中，借孔子及其弟子之口分别提出了"心斋"和"坐忘"两个重要概念。当此之时，庄子把孔子视为道家人物或认可道家学说的人物，利用孔子之口宣扬道家思想。在《德充符》的叔山无趾一节中，作者把孔子放在道家的对立面，视为天刑之人。在《人间世》的叶公子高一节中，正面宣扬了儒家忠孝观念，《人间世》中"孔子适楚"一节对儒家代表人物孔子充满了同情和怜悯。概括起来看，在庄子心目中，孔子作为儒家思想的代表人物，在社会上具有极高的声誉，因此庄子才把他放入内篇的寓言和重言中。虽然庄子对孔子其人具有敬重同情的成分，但他对于儒家思想极尽嘲讽之能事。站在儒家的角度看，直接把圣人孔子指斥为天刑之人，犯了一种大不敬之罪，让孔子替道家去宣讲庄子思想也是一种对圣人的亵渎。

二、外篇中的孔子形象

在内篇中，庄子经常提及孔子，不忘拿孔子开涮。到了外篇和杂篇中，庄子后学继承了老师的做派，孔子也经常出现在文中。

《天地》篇主要宣扬"无为而治"的理念，其中两段采用"夫子曰"的方式宣讲大道。《天地》载："夫子曰：'夫道，覆载万物者也。

洋洋乎大哉！……若然者，藏金于山，藏珠于渊，不利货财，不近富贵；不乐寿，不哀夭；不荣通，不丑穷，不拘一世之利以为己私分，不以王天下为己处显。显则明，万物一府，死生同状。'""夫子"并不是孔子的专称，在《庄子》中，"夫子"有时候指老子，有时候指庄子，有时候指老庄之外的其他人，比如孔子。但本篇中的"夫子"就是指孔子。《天地》下文有"夫子问于老聃"一段，老子有"丘，予告若"等语可证。作者提出大道覆载万物，君子"刳心"求道，洗去其贪欲之心。因为"万物一府，死生同状"，所以统治者应该无为为之、无为言之、爱人利物、不同同之，不要去追求个人的私利。又《天地》载："夫子曰：'夫道，渊乎其居也，漻乎其清也。金石不得，无以鸣。故金石有声，不考不鸣。万物孰能定之！夫王德之人，素逝而耻通于事，立之本原，而知通于神。故其德广，其心之出，有物采之。故形非道不生，生非德不明。存形穷生，立德明道，非王德者邪！荡荡乎！忽然出，勃然动，而万物从之乎！此谓王德之人。视乎冥冥，听乎无声。冥冥之中，独见晓焉；无声之中，独闻和焉。故深之又深而能物焉，神之又神而能精焉；故其与万物接也，至无而供其求，时骋而要其宿，大小、长短、修远。'"这一段主要讲王德之人。王德之人是作者理想当中的统治者。大道无处不在，"渊乎其居也，漻乎其清也"。金石不扣不鸣，王德之人如同金石一样，立德以明道。王德之人是世人的楷模，众人从之于后。

《天地》曰："子贡南游于楚，反于晋，过汉阴，见一丈人方将为圃畦，……反于鲁，以告孔子。孔子曰：'彼假修浑沌氏之术者也，识其一，不知其二；治其内，不治其外。夫明白入素，无为复朴，体性抱神，以游世俗之间者，汝将固惊邪？且浑沌氏之术，予与汝何足以识之哉！'"这是一则非常有名的寓言故事。文章开始时，主角只有汉阴丈人和子贡两个人。子贡向汉阴丈人推荐一款一日浸百畦的机械，汉阴丈人批评子贡说："有机械者必有机事，有机事者必有机心。"他批评孔子为"博学以拟圣，於于以盖众，独弦哀歌以卖名声于天下者"。子贡返回之后，告诉了孔子。孔子赞叹汉阴丈人"明白入素，无为复朴，体性抱神，以游世俗之间"，文章告诫统治者当去除机心以保持淳朴。

《天道》曰："孔子西藏书于周室。子路谋曰：'由闻周之征藏史有老聃者，免而归居，夫子欲藏书，则试往因焉。'孔子曰：'善。'往见老聃，而老聃不许，于是繙十二经以说。……孔子曰：'中心物恺，兼爱无私，此仁义之情也。'老聃曰：'……夫子亦放德而行，循道而趋，已至矣！又何偈偈乎揭仁义，若击鼓而求亡子焉？意，夫子乱人之性也！'"本段写为了让自己的书能够"西藏于周室"，孔子竭尽其所学"于是繙十二经以说"。老子问孔子学说之要，孔子告之以"要在仁义"。老子毫不留情地批驳了孔子"标举仁义"的思想，告诉孔子说事事皆应遵循自然规律，孔子倡导仁义"若击鼓而求亡子焉"，只会"乱人之性"。老子反对用仁义来戕害人的自然本性。

《天运》曰："孔子西游于卫。颜渊问师金曰：'以夫子之行为奚如？'师金曰：'惜乎，而夫子其穷哉！'颜渊曰：'何也？'师金曰：'……故伐树于宋，削迹于卫，穷于商周，是非其梦邪？围于陈蔡之间，七日不火食，死生相与邻，是非其眯邪？夫水行莫如用舟，而陆行莫如用车。以舟之可行于水也，而求推之于陆，则没世不行寻常。古今非水陆与？周鲁非舟车与？今蕲行周于鲁，是犹推舟于陆也，……惜乎，而夫子其穷哉！'"此一段从"孔子西游于卫"发端，但孔子本人并没有出场，而是由颜渊与师金的对话构成。师金两次说到"惜乎，而夫子其穷哉"，对孔子学说抱有深深的惋惜。师金从发展变化的角度讨论古代礼乐制度，孔子的问题在于不会因时而变，错把"先王已陈刍狗"当作宝贝，所以到处碰壁，走投无路。"夫水行莫如用舟，而陆行莫如用车"，古今不同，周鲁不同，孔子一心"推舟于陆"，注定了只能徒劳无功。如果礼义法度不能因时而变，则如同东施效颦，知其颦美而不知其颦所以美。文中推舟于陆、东施效颦等比喻形象生动。

《天运》曰："孔子行年五十有一而不闻道，乃南之沛见老聃。……曰：'吾求之于阴阳，十有二年而未得。'老子曰：'……怨、恩、取、与、谏、教、生、杀八者，正之器也，唯循大变无所湮者为能用之。故曰：正者，正也。其心以为不然者，天门弗开矣。'"孔子行年五十有一而尚未得道，于是前来向老子求教。老子说道不可献，道不可进，道不可以告人，道不可以与人。"仁义，先王之蘧庐也，止可以一宿而不可久处。"老子教孔子以采真之游。变化不居的自然之道，不可求之于度数、阴阳、仁义之间。只有永远遵循自然天理、与时俱化的人，才能真正使用怨、恩、取、与、谏、教、生、杀八者。

《天运》曰："孔子见老聃而语仁义。……老聃曰：'小子少进！余语汝三皇五帝之治天下。黄帝之治天下，使民心一，民有其亲死不哭而民不非也。尧之治天下，使民心亲，民有为其亲杀其杀而民不非也。舜之治天下，使民心竞，……三皇之知，上悖日月之明，下睽山川之精，中堕四时之施。其知憯于蛎蛮之尾，鲜规之兽，莫得安其性命之情者，而犹自以为圣人，不可耻乎？其无耻也！'"孔子拜见老子，向他宣扬仁义思想。老子则以"仁义憯然乃愤吾心，乱莫大焉"回应孔子。孔子告诉弟子，在他眼里老子如同神龙。子贡不服气，前往规劝老子，老子告诉他三皇五帝治天下之事。三皇五帝之治与自然规律相违背，"乱莫甚焉"。文章在"子贡蹴蹴然立不安"中降下帷幕。

《天运》曰："孔子谓老聃曰：'丘治《诗》《书》《礼》《乐》《易》《春秋》六经，自以为久矣，孰知其故矣；以奸者七十二君，论先王之道而明周、召之迹，一君无所钩用。甚矣夫！人之难说也，道之难明邪？'老子曰：'幸矣，子之不遇治世之君也！夫《六经》，先王之陈迹也，岂其所以迹哉！……'孔子不出三月，复见，曰：'丘得之矣。乌鹊孺，鱼傅沫，细要者化，有弟而兄啼。久矣夫，丘不与化为人！不与化为人，安能化人！'老子曰：'可。丘得之矣！'"《诗》《书》《礼》《乐》《易》《春秋》是儒家的六部基本经典，在老子眼里《六经》仅仅是一堆"先王之陈迹"。被老聃斥为"偈偈乎揭仁义，若击鼓而求亡子焉"和"乱人之性"。老子认为遵循《六经》去做，最后只会一无所得。

《秋水》曰："（河伯曰）：'且夫我尝闻少仲尼之闻而轻伯夷之义者，始吾弗信；今我睹子之难穷也，吾非至于子之门则殆矣，吾长见笑于大方之家。'……（北海若曰）：'伯夷辞之以为多，仲尼语之以为博，此其自多也，不似尔向之自多于水乎？'"在河伯与海若的对话中，涉及到了仲尼。就像河伯以为天下之美尽在己一样，他曾经以为天下之思想尽在伯夷、仲尼，现在他认识到了自己的渺小，同时他也就认识到了伯夷、仲尼的局限性。这一段话虽然没有明确否定儒家学说，但却采用旁敲侧击的方式贬低了孔子思想。

《秋水》曰："孔子游于匡，宋人围之数匝，而弦歌不惙。子路入见，曰：'何夫子之娱也？'孔子曰：'来！吾语女。我讳穷久矣，而不免，命也；求通久矣，而不得，时也。……'无几何，将甲者进，辞曰：'以为阳虎也，故围之。今非也，请辞而退。'"这一段里的孔子知穷通之命，在宋人围困之时向子路讲"时运天然"。孔子临大难而不惧，不生求救之心，以此来保全其天然本性，是一位道家的高士。

《至乐》曰："颜渊东之齐，孔子有忧色。子贡下席而问曰：'小子敢问，回东之齐，夫子有忧色，何邪？'孔子曰：'善哉汝问！……昔者海鸟止于鲁郊，鲁侯御而觞之于庙，奏《九韶》以为乐，具太牢以为膳。鸟乃眩视忧悲，不敢食一脔，不敢饮一杯，三日而死。此以己养养鸟也，非以鸟养养鸟也。……'"这段寓言意在阐明至乐无为的主旨。孔子以鲁侯养鸟为喻，他告诉子贡说人养鸟有两种方法，一种是"以己养养鸟"，一种是"以鸟养养鸟"，前者是害鸟而非养鸟，从而说明至乐需要纯任自然的道理。"先圣不一其能，不同其事"，名称要止在实际事物之上，义理要设制在适合自然的性情，这就叫做"条达而福持"。

《达生》曰："仲尼适楚，出于林中，见痀偻者承蜩，犹掇之也。仲尼曰：'子巧乎！有道邪?'曰：'我有道也。五六月累丸二而不坠，则失者锱铢；累三而不坠，则失者十一；累五而不坠，犹掇之也。吾处身也，若厥株拘；吾执臂也，若槁木之枝；虽天地之大，万物之多，而唯蜩翼之知。吾不反不侧，不以万物易蜩之翼，何为而不得！'孔子顾谓弟子曰：'用志不分，乃凝于神，其痀偻丈人之谓乎！'"孔子路遇痀偻者，痀偻者承蜩如同拾取一样简单，于是孔子向他请教技何以至此。痀偻者自云"我有道也"，孔子听后发出了这样的感慨："用志不分，乃凝于神。"不仅承蜩如此，其实不论做什么事情都应该物我两忘、精神凝聚。在《庄子》一书中，有许多类似的故事，这些生活在社会底层的人们往往会在某些事情上超越技而领悟大道。

《达生》曰："仲尼曰：'善游者数能，忘水也。若乃夫没人之未尝见舟而便操之也，彼视渊若陵，视舟之覆犹其车却也。覆却万方陈乎前而不得入其舍，恶往而不暇！以瓦注者巧，以钩注者惮，以黄金注者殙。其巧一也，而有所矜，则重外也。凡外重者内拙。'"颜渊向孔子描述说，他在"济乎觞深之渊"时，遇见了一位操舟若神的津人。孔子对他说："以瓦注者巧，以钩注者惮，以黄金注者殙。"过分地重视外物必然会扰乱内心的宁静，只有忘掉利害得失的人才不会被外物所伤害。

《达生》曰："田开之曰：'鲁有单豹者，岩居而水饮，不与民共利，行年七十而犹有婴儿之色；不幸遇饿虎，饿虎杀而食之。有张毅者，高门县薄，无不走也，行年四十而有内热之病以死。豹养其内而虎食其外，毅养其外而病攻其内，此二子者，皆不鞭其后者也。'仲尼曰:'无入而藏,无出而阳,柴立其中央。三者若得,其名必极。夫畏涂者,十杀一人,则父子兄弟相戒也,必盛卒徒而后敢出焉,不亦知乎!人之所取畏者,衽席之上,饮食之间;而不知为之戒者,过也!'"田开之在与周威公对话时,提及了孔子"善养生者,若牧羊然,视其后者而鞭之"的养生之法。孔子闻言进行了点评。养生要做到内外不偏,像槁木无心。衽席之上,饮食之间,都应该引以为戒。文中的"无入而藏,无出而阳,柴立其中央。三者若得,其名必极"与前文的"凡外重者内拙""用志不分,乃凝于神"一样,皆在宣讲顺乎天性的哲学思想。

《达生》曰:"孔子观于吕梁,县水三十仞,流沫四十里,鼋鼍鱼鳖之所不能游也。见一丈夫游之,以为有苦而欲死也,使弟子并流而拯之。数百步而出,被发行歌而游于塘下。孔子从而问焉,曰:'吾以子为鬼,察子则人也。请问:蹈水有道乎?'曰:'亡,吾无道。吾始乎故,长乎性,成乎命。与齐俱入,与汩偕出,从水之道而不为私焉。此吾所以蹈之也。'孔子曰:'何谓始乎故,长乎性,成乎命?'曰:'吾生于陵而安于陵,故也;长于水而安于水,性也;不知吾所以然而然,命也。'"孔子路遇吕梁丈夫,蹈水如神。遂向他请教蹈水之道,吕梁丈夫告诉孔子:"长于水而安于水,性也;不知吾所以然而然,命也。"文章意在说明人应该顺从自然本性行事。性命是先秦哲人关注的重要命题,吕梁丈夫有自己独到的领悟。

《山木》曰:"孔子围于陈蔡之间,七日不火食。……辞其交游,去其弟子,逃于大泽;衣裘褐,食杼栗;入兽不乱群,入鸟不乱行。鸟兽不恶,而况人乎!"写孔子围于陈蔡之间时,有一位名为大公任的人前往吊之。大公任用道家思想劝告孔子，务必去除其矜能炫智之心，才能远祸全身。孔子听后"辞其交游，去其弟子，逃于大泽"，与鸟兽同游，成为一位道家的忠实信徒。这样的孔子形象显然是作者虚构的，与历史上真正的孔子并不一致。

《山木》曰："孔子问子桑雽曰：'吾再逐于鲁，伐树于宋，削迹于卫，穷于商周，围于陈蔡之间。吾犯此数患，亲友益疏，徒友益散，何与?'……徐行翔佯而归，绝学捐书，弟子无挹于前，其爱益加进。异日，桑雽又曰：舜之将死，真泠禹曰：'汝戒之哉! 形莫若缘，情莫若率。缘则不离，率则不劳；不离不劳，则不求文以待形；不求文以待形，固不待物。'"接着上一段，文章又写孔子"再逐于鲁，伐树于宋，削迹于卫，穷于商周，围于陈蔡之间"的故事，孔子问子桑雽如何处事免患，子桑雽告诉孔子"以利合者，迫穷祸患害相弃也"的社会现实，还说出了"君子之交淡若水，小人之交甘若醴"在后代非常有名的格言。作者还认为亲友之间的交往应该去掉虚文繁礼。孔子在听完教导之后表示"敬闻命矣"，文章中的孔子是一位敬仰道家的可造之材。

《山木》曰："孔子穷于陈蔡之间，七日不火食，左据槁木，右击槁枝，而歌猋氏之风，有其具而无其数，有其声而无宫角，……仲尼曰：'饥渴寒暑，穷桎不行，天地之行也，运物之泄也，言与之偕逝之谓也。为人臣者，不敢去之。执臣之道犹若是，而况乎所以待天乎!'……"《庄子》在多篇中写了孔子穷困潦倒的形象。本文前两段写在困厄之时，受到了道家人物的及时点化。这一段则写孔子穷于陈蔡之间，七日不火食，但他依然不怨天不尤人，安时而处顺，自己早已化身为道家高士。

《田子方》曰:"温伯雪子适齐,舍于鲁。……仲尼见之而不言。子路曰:'吾子欲见温伯雪子久矣,见之而不言,何邪?'仲尼曰:'若夫人者,目击而道存矣,亦不可以容声矣。'"温伯雪子在鲁国时,发现齐鲁之君子"明乎礼义而陋乎知人心",失去了真性情。孔子见到温伯雪子而不言,子路问孔子为何一言不发,孔子告诉他"目击而道存",不必用语言去交流。这里的孔子与温伯雪子两位类似于后世具有魏晋风度的名士。

《田子方》曰:"颜渊问于仲尼曰:'夫子步亦步,夫子趋亦趋,夫子驰亦驰;夫子奔逸绝尘,而回瞠若乎后矣!'夫子曰:'回,何谓邪?'曰:'夫子步,亦步也;……夫子辩,亦辩也;夫子驰,亦驰也;夫子言道,回亦言道也;及奔逸绝尘而回瞠若乎后者,夫子不言而信,不比而周,无器而民滔乎前,而不知所以然而已矣。'仲尼曰:'恶!可不察与!夫哀莫大于心死,而人死亦次之。……吾一受其成形,而不化以待尽,效物而动,日夜无隙,而不知其所终;薰然其成形,知命不能规乎其前。……'"弟子颜渊向孔子请教老师何以能达到"无器而民滔乎前"?孔子告诉他:自己已经达到了"知命不能规乎其前"的境界。孔子已经达到了道家提倡的逍遥于大道的至真至虚的境界。孔子所谓的"哀莫大于心死"成为后世的名言。

《田子方》曰:"孔子见老聃,老聃新沐,方将被发而干,慹然似非人。孔子便而待之,……老聃曰:'不然。夫水之于汋也,无为而才自然矣。至人之于德也,不修而物不能离焉,若天之自高,地之自厚,日月之自明,夫何修焉!'"孔子拜见老聃,向老子求教。

老子耐心地开导孔子："至人之于德也，不修而物不能离焉。"老子游心于物之初。孔子心悦诚服地告诉颜回说："吾不知天地之大全也。"《庄子》中对孔子的批评，既有别人的批评，也有孔子的自我批评。《大宗师》中孔子说："丘，天之戮民也。"本篇中孔子又说："丘之于道也，其犹醯鸡与！微夫子之发吾覆也，吾不知天地之大全也。"都是孔子自我批评的例子。本篇中老子"游心于物之初"，应该与《齐物论》中南郭子綦的"吾丧我"是同一种境界。

《田子方》曰："遂迎臧丈人而授之政。典法无更，偏令无出。三年，文王观于国，则列士坏植散群，长官者不成德，斔斛者不敢入于四竟。……颜渊问于仲尼曰：'文王其犹未邪？又何以梦为乎？'仲尼曰：'默，汝无言！夫文王尽之也，而又何论刺焉！彼直以循斯须也。'"这个故事的开端与姜太公钓鱼的故事相类似，但臧丈人并不是姜太公，一个有心于政治，一个无心于政治。臧丈人"其钓莫钓"，他为政之时"典法无更，偏令无出"，后来自己逃跑了。文末借孔子与颜渊的对话，张扬道家无为而治可以大治的思想。

《知北游》曰："冉求问于仲尼曰：'未有天地可知邪？'仲尼曰：'可。古犹今也。'冉求失问而退。……仲尼曰：'已矣，未应矣！不以生生死，不以死死生。死生有待邪？皆有所一体。有先天地生者物邪？物物者非物。物出不得先物也，犹其有物也。犹其有物也，无已。圣人之爱人也终无已者，亦乃取于是者也。'"冉求问于仲尼"未有天地可知邪"，仲尼告诉他：可知。天地万物由大道化育而出，"圣人之爱人也终无已者，亦乃取于是者也"。

《知北游》曰："颜渊问乎仲尼曰：'回尝闻诸夫子曰："无有所将，

无有所迎。'回敢问其游。'仲尼曰:'古之人,外化而内不化,今之人,内化而外不化。与物化者,一不化者也。安化安不化,安与之相靡,必与之莫多。……齐知之所知,则浅矣。'"孔子作为道家高士教导弟子,应随物顺化,从虚处体悟大道。"圣人处物不伤物"通过描述圣人与外物的关系,昭示常人如何自处与处世。"山林与!皋壤与!使我欣欣然而乐与!乐未毕也,哀又继之。哀乐之来,吾不能御,其去弗能止。"虽然是孔子之言,却代表了庄子的心声。庄子学派对自然的感情让人感佩。他在自然中快乐,在自然中忧伤,他时刻离不开自然的怀抱。

三、杂篇中的孔子形象

《徐无鬼》曰:"仲尼之楚,楚王觞之,孙叔敖执爵而立,……道之所一者,德不能同也;知之所不能知者,辩不能举也;名若儒墨而凶矣。故海不辞东流,大之至也;圣人并包天地,泽及天下,而不知其谁氏。是故生无爵,死无谥,实不聚,名不立,此之谓大人。狗不以善吠为良,人不以善言为贤,而况为大乎!夫为大不足以为大,而况为德乎!夫大备矣,莫若天地;然奚求焉,而大备矣。知大备者,无求,无失,无弃,不以物易己也。反己而不穷,循古而不摩,大人之诚。"孔子到了楚国,楚王招待他。孔子云"知之所不能知者,辩不能举也",以无言为贵。孔子自我批评说"名若儒墨而凶矣",像儒墨那样强辩只能招致凶祸。他所肯定的"圣人""大人"则是掌握了道家思想的高士。

《则阳》曰："孔子之楚，舍于蚁丘之浆。其邻有夫妻臣妾登极者，子路曰：'是稷稷何为者邪？'仲尼曰：'是圣人仆也。是自埋于民，自藏于畔。其声销，其志无穷，其口虽言，其心未尝言，方且与世违而心不屑与之俱。是陆沉者也，是其市南宜僚邪？'子路请往召之。孔子曰：'已矣！彼知丘之著于己也，知丘之适楚也，以丘为必使楚王之召己也，彼且以丘为佞人也。夫若然者，其于佞人也羞闻其言，而况亲见其身乎！而何以为存？'子路往视之，其室虚矣。"孔子在去楚国的路上，遇见楚国隐士市南宜僚。"子路请往召之"，孔子推断说市南宜僚一定把自己看作佞人。子路去看他时，果然他已经人去屋空。市南宜僚虽然生活在都市，也可以成为大隐士。

《外物》曰："老莱子之弟子出薪，遇仲尼，反以告，曰：'有人于彼，修上而趋下，末偻而后耳，视若营四海，不知其谁氏之子。'老莱子曰：'是丘也。召而来。'仲尼至。曰：'丘！去汝躬矜与汝容知，斯为君子矣。'仲尼揖而退，蹵然改容而问曰：'业可得进乎？'老莱子曰：'夫不忍一世之伤而骜万世之患，抑固窭邪，亡其略弗及邪？惠以欢为骜，终身之丑，中民之行进焉耳，相引以名，相结以隐。与其誉尧而非桀，不知两忘而闭其所誉。反无非伤也，动无非邪也，圣人踌躇以兴事，以每成功。奈何哉其载焉终矜尔！'"老莱子的弟子遇见了孔子，老莱子让弟子叫来孔子。然后对孔子进行了一番教导，告诉他"与其誉尧而非桀，不知两忘而闭其所誉"，在老莱子的眼里孔子并不是圣人，而是一个可教育好的士人。"仲尼揖而退，蹵然改容"，孔子见到老莱子后恭敬地作揖而后退，面容改色，完全是一副小学生看见老师时局促不安的样子。

《外物》曰："宋元君夜半而梦人被发窥阿门，曰：'予自宰路之渊，予为清江使河伯之所，渔者余且得予。'元君觉，使人占之，曰：'此神龟也。'……仲尼曰：'神龟能见梦于元君，而不能避余且之网；知能七十二钻而无遗筴，不能避刳肠之患。如是，则知有所困，神有所不及也。虽有至知，万人谋之。鱼不畏网而畏鹈鹕。去小知而大知明，去善而自善矣。婴儿生无石师而能言，与能言者处也。'"宋元君梦见了神龟，神龟虽神，却难逃刳肠之患，看来理势是没有定准的。宣颖曰："神龟昧于全身，则虽七十二钻之智，皆小智耳，与鱼何异。此可为多知者鉴也。"[1]作者认为唯有保持天性，顺应自然，才能避祸全身。

《寓言》曰："曾子再仕而心再化，曰：'吾及亲仕，三釜而心乐；后仕，三千钟而不洎，吾心悲。'弟子问于仲尼曰：'若参者，可谓无所县其罪乎？'曰：'既已县矣。夫无所县者，可以有哀乎？彼视三釜三千钟，如观雀蚊虻相过乎前也。'"曾参再仕之后，虽然已经淡漠俸禄，孔子认为曾参再仕之后还不能和圣人比，还没有真正体道。

《让王》曰："孔子谓颜回曰：'回，来！家贫居卑，胡不仕乎？'颜回对曰：'不愿仕。回有郭外之田五十亩，足以给飦粥；郭内之田十亩，足以为丝麻；鼓琴足以自娱，所学夫子之道者足以自乐也。回不愿仕。'孔子愀然变容曰：'善哉回之意！丘闻之，"知足者不以利自累也，审自得者失之而不惧，行修于内者无位而不怍"。丘诵之久矣，今于回而后见之，是丘之得也。'"颜回家贫居卑，孔子劝他

──────────

[1] 宣颖：《南华经解》，第186页。

入仕。但他知足自得，不为富贵动心。孔子肯定了颜回所选择的人生道路。

《让王》曰："孔子穷于陈蔡之间，七日不火食，藜羹不糁，颜色甚惫，而弦歌于室。……子路曰：'如此者可谓穷矣！'孔子曰：'是何言也！君子通于道之谓通，穷于道之谓穷。今丘抱仁义之道以遭乱世之患，其何穷之为！故内省而不穷于道，临难而不失其德。天寒既至，霜露既降，吾是以知松柏之茂也。陈蔡之隘，于丘其幸乎！'孔子削然反琴而弦歌，子路扢然执干而舞。"又是一段孔子穷于陈蔡之间的故事。孔子虽然七日不火食，仍然在弹琴而歌。此处的孔子随遇而安，其道德修养正在接近道家的圣人。

《列御寇》中孔子曰："凡人心险于山川，难于知天；天犹有春秋冬夏旦暮之期，人者厚貌深情。故有貌愿而益，有长若不肖，……故其就义若渴者，其去义若热。故君子远使之而观其忠，近使之而观其敬，烦使之而观其能，卒然问焉而观其知，急与之期而观其信，委之以财而观其仁，告之以危而观其节，醉之以酒而观其侧，杂之以处而观其色。九征至，不肖人得矣。"借孔子之口描写了当时社会人际关系的复杂，提出了"九征"，即九种观察人的方法，此论导《人物志》之先河。其中的"凡人心险于山川"充分说明认识人心之难。呈现出孔子识得何为内外不符、不肖之人的形象。

《天下》曰："其在于《诗》《书》《礼》《乐》者，邹、鲁之士搢绅先生多能明之。《诗》以道志，《书》以道事，《礼》以道行，《乐》以道和，《易》以道阴阳，《春秋》以道名分。其数散于天下而设于中国者，百家之学时或称而道之。"《天下》篇的作者在对思想史的梳理过程之中，虽然没有直接评价孔子学派，但他对儒家的《诗经》等先秦典籍持肯定态度。儒家经典散于天下，受到了百家之学的称道。

司马迁《史记·老子韩非列传》说："（庄子）其著书十余万言，大抵率寓言也。作《渔父》《盗跖》《胠箧》，以诋訿孔子之徒，以明老子之术。"①寓言、重言、卮言是《庄子》中采用的三种艺术表现手法。《天下》曰："以卮言为曼衍，以重言为真，以寓言为广。"按照司马迁的说法，《庄子》为了明老子术，不惜"诋訿孔子之徒"，这个概括是至为精辟的。表面上看，"诋訿孔子之徒"说并不全面。《德充符》中叔山无趾称孔子为天刑之人，《天地》中汉阴丈人指斥孔子为"博学以拟圣，於于以盖众，独弦哀歌以卖名声于天下者"，《盗跖》中盗跖称孔子为"巧伪人""盗丘"，凡此等等，皆是作者对孔子的正面批判，说"诋訿"没有错；更多的时候，孔子被看作道家思想的传声筒，有的时候孔子虽然愚钝，但经过道家人物的教育点化之后，态度良好，能够痛改前非。这时候似乎不是在"诋訿"。其实，批判孔子是一种"诋訿"，把孔子抬高为道家高士，借他的口宣扬道家思想也是一种变相的"诋訿"；而把孔子塑造为可以教育好的儒家人物，未尝不是一种"诋訿"。"诋訿孔子之徒"贯穿于《庄子》内、外、杂三篇中。"诋訿孔子之徒"并不是庄子一个人的行为，而是整个庄子学派不断传递中的接力棒。在庄子后学的传递中，对孔子"诋訿"的篇幅更长，用辞更加尖刻。只是，司马迁所说"以

---

① 司马迁撰，裴骃集解，司马贞索隐，张守节正义：《史记》卷六十三《老子韩非列传》，第2143—2144页。

明老子之术"一语微有可说。从广义上说,老庄属于同一派,他们都追求无为无不为,崇尚道法自然,说《庄子》"以明老子之术"是没有问题的。但是严格来说,老庄之间也有一定的区别。《天下》篇的作者明确把老子和庄子分为两个不同的学派。如果概括地说,老子哲学以道为中心,老子把道分为玄妙之道(哲学之道)、治国之道和修身之道,老子的学说是为全社会服务的;而庄子则追求精神的逍遥自在,庄子的学说主要是为知识人(士阶层)服务的。这两个学派同中有异,异中有同。

第十一章 《庄子》中的庄子

在《庄子》内、外、杂三十三篇中，提及"庄子"或"庄周"的篇章共十七篇，段落共31处。《庄子》中出现的庄子形象包括内篇中《逍遥游》2处、《齐物论》1处、《德充符》1处；外篇中《天道》1处、《天运》1处、《秋水》4处、《至乐》2处、《山木》3处、《田子方》1处、《知北游》1处；杂篇中《徐无鬼》2处、《则阳》1处、《外物》3处、《寓言》1处、《说剑》1处、《列御寇》5处、《天下》1处。按照今日学界通行的理解，《庄子》内篇为庄子自著，外、杂篇为庄子后学所作。虽然这些段落中的"庄子"也属于"寓言"序列，并非完全写实，但对于我们认识庄子的思想和生活，了解庄学研究史具有弥足珍贵的史料价值。此前，已有多篇文章关注到了《庄子》中的庄子形象，其中谭家健的《漫谈〈庄子〉中的庄子形象》，[①] 从隐士、达人、智者等不同的角度解读庄子形象的意义，是同类作品中的翘楚之作。在前人研究的基础上，笔者拟从"庄子"段落中反映的庄子思想、庄子的日常生活、时人和后人对庄子的评价等方面加以释读。

---

① 参见谭家健：《漫谈〈庄子〉中的庄子形象》，《安徽大学学报》1991年第1期。

由于《说剑》一篇属于诙谐小说，故不在本章论述范围之内。

一、《庄子》中反映的庄子思想

《齐物论》曰：

> 昔者庄周梦为胡蝶，栩栩然胡蝶也，自喻适志与！不知周
> 也。俄然觉，则蘧蘧然周也。不知周之梦为胡蝶与，胡蝶之梦
> 为周与？周与胡蝶，则必有分矣。此之谓物化。

为了表现"物化"的哲学观念，庄子写出了"庄周梦蝶"的著名寓言。
人与物之间并不是完全隔绝的，在一定条件下可以互相转化。人在进
入"吾丧我"的时候，就会忘记我，与天地万物融合为一。"庄周梦
蝶"作为一个美丽的寓言，对后世的文人产生了巨大的艺术感染力。

《天道》曰：

> 庄子曰："吾师乎！吾师乎！鏊万物而不为戾，泽及万世而
> 不为仁，长于上古而不为寿，覆载天地刻彫众形而不为巧。"

儒家推重仁义，道家崇尚自然。在这里作者以大道为师，与《大宗
师》中"夫道，有情有信，无为无形"一段有异曲同工之妙。万物
产生自大道，大道决定万物的生存，大道永世长存，"覆载天地刻彫
众形"，作者要求人们顺应自然而运动，混同万物而变化。

《天运》曰：

> 商大宰荡问仁于庄子。庄子曰："虎狼，仁也。"曰："何谓也?"庄子曰："父子相亲，何为不仁?"曰："请问至仁。"庄子曰："至仁无亲。"大宰曰："荡闻之，无亲则不爱，不爱则不孝。谓至仁不孝，可乎?"庄子曰："不然。……夫孝悌仁义，忠信贞廉，此皆自勉以役其德者也，不足多也。故曰：至贵，国爵并焉；至富，国财并焉；至愿，名誉并焉。是以道不渝。"

本篇中庄子提出了"虎狼仁也""至仁无亲"这样惊世骇俗的命题。所谓的仁就是从血缘关系出发的有等差的爱。从父子关系看，虎毒不伤子，虎狼父子之间也有感情。儒家始终在努力区别人与动物，而庄子认为儒家的孝悌、仁义、忠信、贞廉乃是僵死的教条，不可让它们去破坏自然之道。

《知北游》曰：

> 东郭子问于庄子曰："所谓道，恶乎在?"庄子曰："无所不在。"东郭子曰："期而后可。"庄子曰："在蝼蚁。"曰："何其下邪?"曰："在稊稗。"曰："何其愈下邪?"曰："在瓦甓。"曰："何其愈甚邪?"曰："在屎溺。"东郭子不应。庄子曰："夫子之问也，固不及质。……谓盈虚衰杀，彼为盈虚非盈虚，彼为衰杀非衰杀，彼为本末非本末，彼为积散非积散也。"

东郭子向庄子请教道家所谓的道到底在哪里？庄子告诉东郭子：在蝼蚁、在稊稗、在瓦甓、在屎溺。东郭子听到庄子每下愈况的说法，不再搭理庄子。道在屎溺听起来是不雅，但它形象地说明了道无所不在，即使是在最低贱的事物中也不能例外。庄子强调大道具有普遍性，天下万物无不体现出大道的存在。

《外物》曰：

> 庄子曰："人有能游，且得不游乎？人而不能游，且得游乎？夫流遁之志，决绝之行，噫，其非至知厚德之任与！覆坠而不反，火驰而不顾，虽相与为君臣，时也，易世而无以相贱。故曰至人不留行焉。夫尊古而卑今，学者之流也。且以狶韦氏之流观今之世，夫孰能不波，唯至人乃能游于世而不僻，顺人而不失己。彼教不学，承意不彼。"

庄子认为，人如果能悠然自得的时候，难道会不悠然自得吗？普通人如果不能悠然自得的时候，难道会悠然自得吗？厚德之人不会有流荡忘返的心志、固执孤异的行为。陷溺世俗而不返回，逐物如火而不回头。因为"时"而互为君臣，贵贱会随着时代而变易。得道之人不会固执于某种行为方式。尊崇古代而鄙视当代，是学者之流的短见。况且用狶韦氏的观点来看今天，谁能没有偏颇？唯有至人能悠游于世而不逃避，顺乎人情而不丧失自己的本性。即使是狶韦氏的古代教条也不应该学，可以承袭古人的真意但不能照搬古人。其中"顺人而不失己"一语非常重要，它是庄子学派处世的原则之一。

《列御寇》曰：

> 庄子曰："知道易，勿言难。知而不言，所以之天也；知而
> 言之，所以之人也；古之人，天而不人。"朱泙漫学屠龙于支离
> 益，单千金之家，三年技成而无所用其巧。圣人以必不必，故
> 无兵；众人以不必必之，故多兵；顺于兵，故行有求。兵，恃
> 之则亡。小夫之知，不离苞苴竿牍，敝精神乎蹇浅，而欲兼济
> 道物，太一形虚。若是者，迷惑于宇宙，形累不知太初。彼至
> 人者，归精神乎无始而甘冥乎无何有之乡。水流乎无形，发泄
> 乎太清。悲哉乎！汝为知在毫毛，而不知大宁！

了解道容易，不去谈论道却很难。了解道之后却不妄加谈论，就可
以回归于自然。了解了道之后信口谈论，就会走向人为。有一个叫
朱泙漫的人花费千金学习屠龙之技，三年之后学成了此技，发现没
有什么用处。至人让精神回归到"无始"状态，甘愿休眠在无何有
之乡。像水流一样无形，自然流淌在清虚境界。世俗之人把精神耗
费在短浅琐碎的事情上，妨碍他们追溯大道，一点也不懂得宁静自
然和无为。

《则阳》曰：

> 长梧封人问子牢曰："君为政焉勿卤莽，治民焉勿灭裂。昔
> 予为禾，耕而卤莽之，则其实亦卤莽而报予；芸而灭裂之，其
> 实亦灭裂而报予。予来年变齐，深其耕而熟耰之，其禾蘩以滋，

予终年厌飨。"庄子闻之曰："今人之治其形，理其心，多有似封人之所谓，遁其天，离其性，灭其情，亡其神，以众为。故卤莽其性者，欲恶之孽，为性萑苇蒹葭，始萌以扶吾形，寻擢吾性；并溃漏发，不择所出，漂疽疥痈，内热溲膏是也。"

长梧封人以种庄稼为例说明只有深耕细作，庄稼才能繁茂，人才能终年饱餐。所以处理政事不能粗疏，治理百姓不能草率。庄子听说之后，肯定了长梧封人的见解，今人之治其形、理其心之时，逃避自然、背离天性、泯灭真情、丧失精神，都是因为粗疏卤莽所导致，如果人们粗疏卤莽地对待本性，人的本性当然就会受到一定的伤害。

除了庄周梦蝶的故事之外，以上篇章都出现在《庄子》外、杂篇。应该都是庄子后学对庄子行为的追忆和对庄子思想的体认。它们从不同的方面，传递出庄子的哲学思想和庄子的处世之道。其中也包括庄子对于儒家学说的看法。

二、庄子的日常生活

《至乐》曰：

庄子之楚，见空髑髅，髐然有形，撽以马捶，因而问之，曰："夫子贪生失理，而为此乎？将子有亡国之事，斧钺之诛，而为此乎？将子有不善之行，愧遗父母妻子之丑，而为此乎？将子有冻馁之患，而为此乎？将子之春秋故及此乎？"于是语卒，援髑髅，枕而卧。夜半，髑髅见梦曰："子之谈者似辩士。视子所言，皆生人之累也，死则无此矣。子欲闻死之说乎？"庄子曰："然。"髑髅曰："死，无君于上，无臣于下；亦无四时之事，从然以天地为春秋，虽南面王乐，不能过也。"庄子不信，曰："吾使司命复生子形，为子骨肉肌肤，反子父母、妻子、闾里、知识，子欲之乎？"髑髅深矉蹙頞曰："吾安能弃南面王乐，而复为人间之劳乎！"

庄子到楚国去的路上，遇见了一个空髑髅，于是与他在梦中开展了对话。这是庄子后学假借庄子的名义所编的故事之一。此处以庄子之名所写的以死为乐，其实并不符合庄子的思想。详见本书"《至乐》篇髑髅寓言之意旨"一章。

《列御寇》曰："庄子将死，弟子欲厚葬之。庄子曰：'吾以天地为棺椁，以日月为连璧，星辰为珠玑，万物为赍送。吾葬具岂不备邪？何以加此！'弟子曰：'吾恐乌鸢之食夫子也。'庄子曰：'在上为乌鸢食，在下为蝼蚁食，夺彼与此，何其偏也！'"相比于妻子死后，庄子鼓盆而歌的表现，到了庄子自己临死之时，更能够看清他的生死观。弟子商议欲厚葬老师，被庄子拒绝。我们发现庄子依旧坦然地面对生死，以幽默诙谐的态度面对人生即将来临的重大变故，真正践行了自己的哲学主张。庄子活着的时候热爱自然，临终之时，他想象自己死亡之后，以天地为棺木，以日月星辰为陪葬品，以万物为赍送，依然置身于大自然的怀抱当中。大自然永远是庄子的精神家园。

《秋水》曰：

> 庄子钓于濮水，楚王使大夫二人往先焉，曰："愿以境内累矣！"庄子持竿不顾，曰："吾闻楚有神龟，死已三千岁矣，王巾笥而藏之庙堂之上。此龟者，宁其死为留骨而贵乎？宁其生而曳尾于涂中乎？"二大夫曰："宁生而曳尾涂中。"庄子曰："往矣！吾将曳尾于涂中。"

神龟如果能够自己做出选择，在"王巾笥而藏之庙堂之上"与"生而曳尾于涂中"两者之间一定会首先选择活着。宰相虽然可以享受荣华富贵，但时刻有性命之忧。《列御寇》中也有一个类似的故事，原文曰：

> 或聘于庄子。庄子应其使曰："子见夫牺牛乎？衣以文绣，食以刍叔，及其牵而入于大庙，虽欲为孤犊，其可得乎！"

在这里把神龟换成了牺牛，牺牛虽然"衣以文绣，食以刍叔"，一旦临死之时，悔之何及。两个故事情节相似，估计楚王曾经聘请庄子并不是空穴来风。司马迁也相信这个故事的真实性，把它改写到了《史记》当中。

《外物》曰：

> 庄周家贫，故往贷粟于监河侯。监河侯曰："诺。我将得邑

金，将贷子三百金，可乎?"庄周忿然作色曰:"周昨来，有中道而呼者。周顾视车辙中，有鲋鱼焉。周问之曰:'鲋鱼来! 子何为者耶?'对曰:'我，东海之波臣也。君岂有斗升之水而活我哉?'周曰'诺。我且南游吴越之王，激西江之水而迎子，可乎?'鲋鱼忿然作色曰:'吾失我常与，我无所处。吾得斗升之水然活耳，君乃言此，曾不如早索我于枯鱼之肆!'"

虽然自己家已经揭不开锅了，虽然是在求人，但像庄子这样理直气壮的借贷者，还是比较少见。监河侯听到庄子的请求，并没有直接拒绝，而是许诺"我将得邑金，将贷子三百金"，面对远水不解近渴的大饼，庄子愤怒地予以回击。庄子的回复机智而幽默，具有典型的庄子风格，让人过目难忘。

《山木》曰:

庄子衣大布而补之，正緳系履而过魏王。魏王曰:"何先生之惫邪?"庄子曰:"贫也，非惫也。士有道德不能行，惫也;衣弊履穿，贫也，非惫也;此所谓非遭时也。王独不见夫腾猿乎? 其得楠梓豫章也，揽蔓其枝而王长其间，虽羿、蓬蒙不能眄睨也。及其得柘棘枳枸之间也，危行侧视，振动悼栗，此筋骨非有加急而不柔也，处势不便，未足以逞其能也。今处昏上乱相之间，而欲无惫，奚可得邪? 此比干之见剖心征也夫!"

面对魏王，庄子侃侃而谈，和孟子一样，庄子也具有浩然之气。在魏王眼里庄子显得疲惫不堪，庄子则认为自己只是贫困而不是疲惫，士有道德不能行才是疲惫的。"今处昏上乱相之间，而欲无惫，奚可得邪？"每一个道德之士生活在这样的环境中无不疲惫。

《列御寇》曰："宋人有曹商者，为宋王使秦。其往也，得车数乘；王说之，益车百乘。反于宋，见庄子曰：'夫处穷闾厄巷，困窘织屦，槁项黄馘者，商之所短也；一悟万乘之主而从车百乘者，商之所长也。'庄子曰：'秦王有病召医，破痈溃痤者得车一乘，舐痔者得车五乘，所治愈下，得车愈多。子岂治其痔邪，何得车之多也？子行矣！'"宋人曹商"舐痔得车"，不以为耻，反以为荣，他面对庄子进行了热嘲冷讽，庄子则予以犀利的回击。"舐痔得车"是对历代无耻者的辛辣讽刺。

《列御寇》曰："人有见宋王者，锡车十乘，以其十乘骄稚庄子。庄子曰：'河上有家贫恃纬萧而食者，其子没于渊，得千金之珠。其父谓其子曰：'取石来锻之！夫千金之珠，必在九重之渊而骊龙颔下，子能得珠者，必遭其睡也。使骊龙而寤，子尚奚微之有哉！'今宋国之深，非直九重之渊也；宋王之猛，非直骊龙也；子能得车者，必遭其睡也。使宋王而寤，子为齑粉夫！'"和前面舐痔结驷的故事相似，庄子再一次讽刺了贪婪之徒。我们发现，相对于曹商，庄子对此人的讽刺较为委婉，有意口下留情。"子能得车者，必遭其睡也。使宋王而寤，子为齑粉夫"，在此处更多的是善意的提醒：如果处置不当，甚至会有性命之忧。

《田子方》曰："庄子见鲁哀公。哀公曰：'鲁多儒士，少为先生方者。'庄子曰：'鲁少儒。'哀公曰：'举鲁国而儒服，何谓少乎？'

庄子曰："周闻之，儒者冠圜冠者，知天时；履句屦者，知地形；缓佩玦者，事至而断。君子有其道者，未必为其服也；为其服者，未必知其道也。公固以为不然，何不号于国中曰："无此道而为此服者，其罪死！"'于是哀公号之五日，而鲁国无敢儒服者，独有一丈夫儒服而立乎公门。公即召而问以国事，千转万变而不穷。庄子曰：'以鲁国而儒者一人耳，可谓多乎？'"鲁国作为孔孟之邦，向来多儒士，鲁哀公以为鲁国多儒士，也符合人之常情。没有想到，庄子说鲁少儒。鲁哀公纳闷那么多儒服者，为什么说鲁少儒呢？庄子给他出主意说："无此道而为此服者，其罪死。"五日后发现以鲁国之大而儒者仅有一人。多数人只是随大流而已，他们并没有真正理解和执行儒家学说。作者借此告诉我们要体悟大道就不能被表象所迷惑。

《山木》曰：

> 庄周游于雕陵之樊，睹一异鹊自南方来者，翼广七尺，目大运寸，感周之颡而集于栗林。庄周曰："此何鸟哉，翼殷不逝，目大不睹？"蹇裳躩步，执弹而留之。睹一蝉，方得美荫而忘其身；螳螂执翳而搏之，见得而忘其形；异鹊从而利之，见利而忘其真。庄周怵然曰："噫！物固相累，二类相召也！"捐弹而反走，虞人逐而谇之。庄周反入，三月不庭。蔺且从而问之："夫子何为顷间甚不庭乎？"庄周曰："吾守形而忘身，观于浊水而迷于清渊。且吾闻诸夫子曰：'入其俗，从其令。'今吾游于雕陵而忘吾身，异鹊感吾颡，游于栗林而忘真，栗林虞人以吾为戮，吾所以不庭也。"

自然界中的恐惧现象比比皆是，我们的周围危机四伏，人们皆生活在一张无形的大网当中。刘向《说苑·正谏》有一段与《庄子》这一段相似的故事，载曰："吴王欲伐荆，告其左右曰：'敢有谏者死。'舍人有少孺子者，欲谏不敢，则怀丸操弹，游于后园，露沾其衣，如是者三旦。吴王曰：'子来，何苦沾衣如此。'对曰：'园中有树，其上有蝉，蝉高居悲鸣饮露，不知螳螂在其后也；螳螂委身曲附欲取蝉，而不知黄雀在其傍也；黄雀延颈欲啄螳螂，而不知弹丸在其下也。此三者，皆务欲得其前利，而不顾其后之有患也。'吴王曰：'善哉。'乃罢其兵。"[①]螳螂捕蝉，黄雀在后。在现实生活中，有人"见得而忘其形"，有人"见利而忘其真"，有人"守形而忘身"，庄子告诫我们每个人都应该提高警惕，不能被眼前利益蒙蔽双眼，忘乎所以。

《山木》曰：

> 庄子行于山中，见大木枝叶盛茂，伐木者止其旁而不取也。问其故，曰："无所可用。"庄子曰："此木以不材得终其天年。"夫子出于山，舍于故人之家。故人喜，命竖子杀雁而烹之。竖子请曰："其一能鸣，其一不能鸣，请奚杀？"主人曰："杀不能鸣者。"明日，弟子问于庄子曰："昨日山中之木，以不材得终其天年；今主人之雁，以不材死。先生将何处？"庄子笑曰："周将处乎材与不材之间。材与不材之间，似之而非也，故未免乎累。若夫乘道德而浮游则不然。无誉无訾，一龙一蛇，与时俱

---

① 刘向撰，向宗鲁校证：《说苑校证》，中华书局，1987年，第212—213页。

化，而无肯专为；一上一下，以和为量，浮游乎万物之祖；物物而不物于物，则胡可得而累邪！此神农黄帝之法则也。若夫万物之情，人伦之传，则不然。合则离，成则毁，廉则挫，尊则议，有为则亏，贤则谋，不肖则欺，胡可得而必乎哉！悲夫！弟子志之，其唯道德之乡乎！"

庄子经常行走在大自然之中，这一次他带了弟子一起徜徉在山水之中。起先看见大树因为不材而免于被伐，接着看见大鹅因为不能鸣而被杀。弟子提出应该如何处世？庄子的回答"周将处乎材与不材之间"一度受到了许多人的误解。在阶级斗争说盛行的时代，老庄被视为没落的奴隶阶级的代言人。有人认为庄子是混世主义、滑头主义、阿Q精神的代名词。这其实是对庄子的误解，"周将处乎材与不材之间"是庄子在和弟子开玩笑，他中心的意思还是"弟子志之，其唯道德之乡乎"。庄子的道德不同于儒家的道德，儒家的道德是仁义道德或伦理道德，老庄的道德则是自然本性。

通过这些故事我们了解到了日常生活中的庄子。庄子走在不同的地方，接触了不同的人物，与他们产生了一些有趣的故事。这些故事一直到今天还广为流传，给人以智慧的启迪。

三、《庄子》中其他人对庄子的评论

说到其他人对庄子的评价，我们首先会想到《逍遥游》结尾处的庄、惠对话，庄子用庄、惠对话来结束全文，应该是大有深意的。

《逍遥游》是《庄子》内篇的开篇，代表了《庄子》思想和艺术的顶峰。在知晓了《庄子》思想之后，惠子所讲的这两段文字，并不只是他对《逍遥游》这一篇文章的看法，而是代表了他对庄子整体思想的看法。他感觉庄子虽然说得天花乱坠，写得天风海雨，但本质上最大的问题在于"无用"。"无用"两个字是惠子送给庄子的标签。庄子在《逍遥游》中用了两大段去反驳惠子，将惠子定义为"犹有蓬之心"的人。

《秋水》曰：

公孙龙问于魏牟曰："龙少学先王之道，长而明仁义之行；合同异，离坚白；然不然，可不可；困百家之知，穷众口之辩；吾自以为至达已。今吾闻庄子之言，汒焉异之。不知论之不及与，知之弗若与？今吾无所开吾喙，敢问其方。"公子牟隐机大息，仰天而笑曰："予独不闻夫埳井之蛙乎？谓东海之鳖曰：'吾乐与！出跳梁乎井幹之上，入休乎缺甃之崖；赴水则接腋持颐，蹶泥则没足灭跗；还虷蟹与科斗，莫吾能若也。且夫擅一壑之水，而跨跱埳井之乐，此亦至矣，夫子奚不时来入观乎！'东海之鳖左足未入，而右膝已絷矣。于是逡巡而却，告之海曰：'夫千里之远，不足以举其大；千仞之高，不足以极其深。禹之时十年九潦，而水弗为加益；汤之时八年七旱，而崖不为加损。夫不为顷久推移，不以多少进退者，此亦东海之大乐也。'于是埳井之蛙闻之，适适然惊，规规然自失也。……"公孙龙口呿而不合，舌举而不下，乃逸而走。

《秋水》是内篇之外思想性和文学性最高的一篇。此一节通过公孙龙与魏牟的对话，意在抬高庄子的学术地位。公孙龙自述"吾自以为至达已"，然而听到了庄子的学说之后，"今吾无所开吾喙"。魏牟给他讲述了井底之蛙与东海之鳖的寓言，指出了他与庄子之间的差距："欲观于庄子之言，是犹使蚊负山，商蚷驰河也，必不胜任矣。"庄子的弟子深谙庄子的手法，要抬高老师的学术地位，用不着庄门弟子去自吹自擂，他借用两个历史名人来实现自己的计划。公孙龙说自己发现远远比不上庄子，魏牟说你与庄子的距离的确太大了。如此操作就抬高了庄子的学术地位。在《逍遥游》的结尾处，庄子为自己的学说进行有用无用的辩护。而在这一节中，庄子的后学已经不满足于此学说有用还是无用，而是想要拼命抬高庄子的地位。其实，如果庄子地下有知，他并不会在意世人对自己水平的看法。在后世，"井底之蛙"和"邯郸学步"成为中国历史上两个著名的成语。

《天下》曰：

苃漠无形，变化无常，死与生与，天地并与，神明往与！芒乎何之，忽乎何适，万物毕罗，莫足以归，古之道术有在于是者。庄周闻其风而悦之，以谬悠之说，荒唐之言，无端崖之辞，时恣纵而不傥，不以觭见之也。以天下为沉浊，不可与庄语。以卮言为曼衍，以重言为真，以寓言为广。独与天地精神往来，而不敖倪于万物。不谴是非，以与世俗处。其书虽瑰玮，而连犿无伤也。其辞虽参差，而諔诡可观。彼其充实，不可以已。上与造物者游，而下与外死生、无终始者为友。其于本也，宏大而辟，深闳而肆；其于宗也，可谓稠适而上遂矣。虽然，其应于化而解于物也，其理不竭，其来不蜕，芒乎昧乎，未之尽者。

本篇作者第一次较为系统地总结了庄子的思想和创作。相比于后世读者，本文作者距离庄子的时代最近。作者并没有把庄子思想看作道术的体现，而是把它看成众多方术中的一种。作者站在第三方的立场上，对庄子思想进行了较为客观的描述。当然，作者对这位精神导师充满了深情。作者用"谬悠之说，荒唐之言，无端崖之辞"数句概括了庄子学说的特点，让我们想起曹雪芹在《红楼梦》中题诗："满纸荒唐言，一把辛酸泪。都云作者痴，谁解其中味？"文中"以卮言为曼衍，以重言为真，以寓言为广"，再度强调了《寓言》篇中已经出现过的"三言"手法。"独与天地精神往来"一句勾勒出庄子的独特的精神境界，非知音之士不能道也。作者用诗一般的语言来展现概括庄子的思想，为后人理解庄子思想提供了弥足珍贵的文献资料。

以上通过庄子的思想、庄子的日常生活、别人眼里的庄子来透视《庄子》中的庄子，这些章节让读者对庄子其人其说有了更为深入的理解。通过这些描写，一个立体的、活生生的庄子站在了读者面前。如果说《庄子》对于老子是敬重的、仰视的，《庄子》中的孔子是变形的、哈哈镜式的，那么，《庄子》中的庄子则更多采用了平视的角度，更加接近于生活真实。

第十二章 《庄子》中的惠子

惠施又称惠子，战国时宋国（今河南商丘）人。在《庄子》书中出现的庄子同辈人物中，除了庄子自己之外，出现最多的历史人物就是惠子。有时候，惠子在《庄子》中的名声不太好。看"惠子相梁"典故，惠子似乎是一个贪图名利、心胸狭窄的小人；看庄子与惠子"有情无情"的争论，惠子似乎是一个不懂得大道的人；看"鱼游之乐"的故事，惠子不懂得审美移情的道理。其实，惠子是庄子最好的朋友，两个人经常在一起辩论。惠子死了之后，庄子非常伤感。历史上的惠子不仅是一位善于辩论的辩士，也是一位杰出的政治家和思想家。除了《庄子》外，《荀子》《韩非子》《吕氏春秋》等书中也有对其事迹的记载。

一、惠子与庄子的交往

一部《庄子》几乎可以说是在庄子与惠施的辩论中完成的。惠子是庄子最大的论辩对手，也是庄子思想上的知音。在《逍遥游》《齐物论》《德充符》《秋水》《至乐》《徐无鬼》《则阳》《外物》《寓言》

《天下》等篇中都可以看见惠子的身影。《徐无鬼》载庄子语曰："自夫子之死也，吾无以为质矣，吾无与言之矣。"《说苑·谈丛》甚至说："惠施卒，而庄子深瞑不言，见世莫可与语也。"[①]在庄子眼里，这个世界上，只有惠子一个人才真正懂得自己，可以看出两位哲人之间的深厚友情。

（一）惠子对庄子学说的批评及庄子的机智反驳

《齐物论》载："既使我与若辩矣，若胜我，我不若胜，若果是也，我果非也邪？我胜若，若不吾胜，我果是也，而果非也邪？其或是也，其或非也邪？其俱是也，其俱非也邪？我与若不能相知也，则人固受其黮暗。吾谁使正之？使同乎若者正之？既与若同矣，恶能正之！使同乎我者正之？既同乎我矣，恶能正之！使异乎我与若者正之？既异乎我与若矣，恶能正之！使同乎我与若者正之？既同乎我与若矣，恶能正之！然则我与若与人俱不能相知也，而待彼也邪？"有人认为，这里没有出现姓名的"若"就是惠子，甚至认为整篇《齐物论》都是庄子对惠子的回应之文。尽管这种说法值得商兑，但庄子与惠子的讨论的确贯穿在整部《庄子》中。

对于庄子的主要思想，惠子并不赞同。庄子思想以无为、逍遥为特征，在惠子眼里，这种思想没有什么实际价值。围绕着庄子思想的有用无用，庄子和惠子经常会展开讨论。《逍遥游》曰：

---

① 刘向撰，向宗鲁校证：《说苑校证》，第406页。

惠子谓庄子曰："魏王贻我大瓠之种，我树之成而实五石，以盛水浆，其坚不能自举也。剖之以为瓢，则瓠落无所容。非不呺然大也，吾为其无用而掊之。"

　　惠子谓庄子曰："吾有大树，人谓之樗。其大本拥肿而不中绳墨，其小枝卷曲而不中规矩，立之涂，匠者不顾。今子之言，大而无用，众所同去也。"

除了这两段之外，《外物》中也有相似的一段。《外物》曰：

　　惠子谓庄子曰："子言无用。"庄子曰："知无用而始可与言用矣。天地非不广且大也，人之所用容足耳。然则厕足而垫之致黄泉，人尚有用乎?"惠子曰："无用。"庄子曰："然则无用之为用也亦明矣。"

对于庄子颇为自负的思想，惠子不以为然。他经常主动发起进攻，他认为庄子思想用四个字概括，就是"子言无用"。面对惠子直言不讳的否定，庄子说"天地非不广且大也，人之所用容足耳"，显然人不能只考虑可以容足的那一点点地方。有时候惠子也采用庄子的手法，以其人之道还治其人之身。庄子不是经常用寓言来说事吗? 惠子也通过"魏王贻我大瓠之种""吾有大树，人谓之樗"来进行比喻。庄子听到惠子之言，无一例外，会给予坚决反击。庄子认为惠子"犹有蓬之心"，不能理解无用之用，他以为常人眼里的无用正可为大用。庄子以为"五石之瓠，何不虑以为大樽而浮乎江湖？""今子有大树，患其无用，何不树之于无何有之乡，广莫之野，彷徨乎无为其侧，逍遥乎寝卧其下。"系大瓠以浮游江湖，逍遥乎寝卧于大树之下，庄子总是把自己与自然融合为一体。表面上看是庄子与惠子之间的辩论，其实也是庄子对其学说的自辩。

（二）庄子与惠子讨论的学术问题

关于有情无情的讨论。《德充符》曰：

> 惠子谓庄子曰："人故无情乎？"庄子曰："然。"惠子曰："人而无情，何以谓之人？"庄子曰："道与之貌，天与之形，恶得不谓之人？"惠子曰："既谓之人，恶得无情？"庄子曰："是非吾所谓情也。吾所谓无情者，言人之不以好恶内伤其身，常因自然而不益生也。"惠子曰："不益生，何以有其身？"庄子曰："道与之貌，天与之形，无以好恶内伤其身。今子外乎子之神，劳乎子之精，倚树而吟，据槁梧而瞑。天选子之形，子以坚白鸣！"

庄子认为情即是是非，不能任情纵性于功利是非中，而惠子则以好恶内伤其身。庄子批判纵情肆欲、劳神焦心的行为。只有常因自然，超拔俗情，才能体悟天地大美。

关于鱼之乐的讨论。庄子与惠子游于濠梁之上的故事，表面上看，惠子有理有据，而庄子似乎是在偷换概念。其实惠子所谓的

"知"接近于我们今天所说的科学和理性；而庄子的"知"则接近于审美移情。《淮南子·齐俗训》载："惠子从车百乘以过孟诸，庄子见之，弃其余鱼。"[①]如果这条记载属实，那么庄子与惠子并不是每次都在欣赏鱼游之乐，庄子对于摆架子的老友，也不想与他讨论鱼之乐与不乐，他可能对惠子正在怒目而视。

关于生死问题的讨论。《至乐》曰："庄子妻死，惠子吊之，庄子则方箕踞鼓盆而歌。"庄子妻死之后，庄子鼓盆而歌，也是《庄子》中为人广泛关注的故事，后来有冯梦龙《警世通言》中的《庄子休鼓盆成大道》，流传更加广泛。作者眼里生死犹如"相与为春秋冬夏四时行也"。《徐无鬼》写惠子死后，庄子失去了人生的知己。在"庄子送葬"的故事中，庄子借用匠石运斤成风的典故，表达了对惠子深切的怀念之情。庄子是一个喜欢朋友的人，《大宗师》曰："子祀、子舆、子犁、子来四人相与语曰：'孰能以无为首，以生为脊，以死为尻，孰知死生存亡之一体者，吾与之友矣。'四人相视而笑，莫逆于心，遂相与为友。"又曰："子桑户、孟子反、子琴张相与友，曰：'孰能相与于无相与，相为于无相为？孰能登天游雾，挠挑无极；相忘以生，无所终穷？'三人相视而笑，莫逆于心，遂相与为友。"在人的生命中，朋友是分为不同等级的，最高的等级是能够在精神上"登天游雾，挠挑无极"，属于"莫逆于心"的朋友。其次便是庄子与惠子这样彼此之间互"以为质"的朋友。《寓言》曰：

---

① 刘安编，何宁撰：《淮南子集释》，中华书局，1998年，第818页。

庄子谓惠子曰："孔子行年六十而六十化，始时所是，卒而非之，未知今之所谓是之非五十九非也。"惠子曰："孔子勤志服知也。"庄子曰："孔子谢之矣，而其未之尝言。孔子云：'夫受才乎大本，复灵以生。'鸣而当律，言而当法，利义陈乎前，而好恶是非直服人之口而已矣。使人乃以心服，而不敢蘁立，定天下之定。已乎已乎！吾且不得及彼乎！"

在《则阳》中有"蘧伯玉行年六十而六十化"，这里出现了"孔子行年六十而六十化"，主人公的名字变了，主要思想没有变。在这里庄子劝惠子不要执定是非，争辩不休。

　　思想的火花只能在碰撞中产生，有惠子这样一个高级论辩对手，对庄子来说也是一件求之不得的好事。

二、《庄子》对惠子的评价

　　惠子是先秦时代著名的思想家，也是一位著名的科学家。惠施和邓析、公孙龙一样，是名家学派的重要代表人物；他也和墨家一样，曾经努力钻研宇宙间万物构成的原因。从哲学角度来讲，惠子具有思辨能力，惠子的学说有利于逻辑思维的发展。郭沫若说："后期学者中，惠施正是一位最主要人物，庄子的《天下篇》把他和老聃、墨翟诸人并举，荀子的《非十二子篇》也把他和墨翟、仲尼同说，可见他在学术上的位置在当时也不亚于他的政治家的位置了。"①高亨说："此下述惠子之说十则，辩者之说二十一则，当时必有论说，今其文已亡，其题独在，故难索解。"②应该说惠子的主张不仅丰富了名家的思想，而且促进了先秦思想的发展。

《天下》篇的第七部分是对惠施、公孙龙学派的批评。我们知道《天下》是庄子后学所作，不能完全代表庄子自己的思想。学界认为，作者叙述了"历物十事"和名家的二十一事的命题，反对名家的诡辩。庄子在书中虽然也吸收了一些诸如方生方死的对立转化观点，但总体上与惠施的观点相反。《天下》篇评价惠子说：

> 惠施多方，其书五车，其道舛驳，其言也不中。历物之意，曰："至大无外，谓之大一；至小无内，谓之小一。无厚，不可积也，其大千里。天与地卑，山与泽平。日方中方睨，物方生方死。大同而与小同异，此之谓小同异；万物毕同毕异，此之谓大同异。"……由天地之道观惠施之能，其犹一蚊一虻之劳者也。其于物也何庸！夫充一尚可，曰愈贵道，几矣！惠施不能以此自宁，散于万物而不厌，卒以善辩为名。惜乎！惠施之才，骀荡而不得，逐万物而不反，是穷响以声，形与影竞走也。悲夫！

---

① 郭沫若：《惠施的性格与思想》，《郭沫若全集·历史编》第三卷，人民出版社，1984年，第275页。
② 高亨：《〈庄子·天下篇〉笺证》，载张丰乾编：《〈庄子·天下篇〉注疏四种》，第217页。

惠子的十个命题即"历物十事"具体指以下十事：

1."至大无外，谓之大一；至小无内，谓之小一。"事物有大小的区别，但要说至大必须是最大，在它之外没有比它更大之物，这个至大谓之一；要说至小必须是最小，在它之外没有比它更小之物，这个至小谓之一。前者是大一，后者为小一。从大的角度看，天地并不是至大，从小的角度看，毫末也不是至小。

2."无厚，不可积，其大千里。"有厚度的东西才可以说它的面积，如果是无厚的物体，就没有形体，也有可能"其大千里"。

3."天与地卑，山与泽平。"与"山渊平，天地比"意思相同。《荀子·不苟》曰："山渊平，天地比，齐、秦袭，入乎耳，出乎口，钩有须，卵有毛，是说之难持者也，而惠施、邓析能之。"[①]

4."日方中方睨，物方生方死。"太阳到了"方中"之时，就已经偏斜；万物在出生的时候，已经开始走向死亡。

5."南方无穷而有穷。"南方是一个方位词，它一方面是无穷尽的，在我们面前永远都有南方，但南方又是有穷的，只要你说的是一个点，这个点总会到达。

6."今日适越而昔来。"由于观察的时间点不同，故会有不同的判断。

7."大同而与小同异，此之谓小同异；万物毕同毕异，此之谓大同异。"事物具有统一性与多样性。所谓大同，就是每一大类事物都有共同之处，比如动物；所谓小同，就是大类事物中不同的种属，

---

① 王先谦：《荀子集解》，第38页。

比如飞禽类、走兽类。当我们从种属关系来考察它们的同异时，称"小同异"。从广义上说，万物都属于物，物与物之间"毕同"；从狭义上说，物与物各具其特性，故它们之间是"毕异"的。万物之间的毕同毕异，也就是大同异。

8."连环可解也。"既然是连环，必然有相合之处，这个相合之处在理论上就是可解之处。

9."我知天下之中央，燕之北越之南是也。"天下的中央是相对的。任何一个点都可能成为天下之中央。

10."泛爱万物，天地一体也。"泛爱万物指合万物之异。为什么要泛爱万物，因为天地一体。从齐物的角度看，天地可以为一。

《天下》篇的作者对惠子等辩者的评价是："饰人之心，易人之意，能胜人之口，不能服人之心。"作者点评惠子学说曰："由天地之道观惠施之能，其犹一蚊一虻之劳者也。"《天下》篇的作者对惠子学说持完全否定的态度，这种观点应该与庄子有所区别。作者的态度更接近于荀子的观点。《荀子·解蔽》对惠子的总体评价是："蔽于辞而不知实。"[①]《荀子·非十二子》曰："不法先王，不是礼义，而好治怪说，玩琦辞，甚察而不惠，辩而无用，多事而寡功，不可以为治纲纪；然而其持之有故，其言之成理，足以欺惑愚众，是惠施、邓析也。"[②]惠施、邓析"不法先王，不是礼义"，"治怪说、玩琦辞"，其学说只具有"欺惑愚众"之功效。《荀子·儒效》曰："不恤是非、

---

① 王先谦：《荀子集解》，第392页。
② 王先谦：《荀子集解》，第93—94页。

然不然之情，以相荐撙，以相耻怍，君子不若惠施、邓析。若夫谲德而定次，量能而授官，使贤、不肖皆得其位，能不能皆得其官，万物得其宜，事变得其应，慎、墨不得进其谈，惠施、邓析不敢窜其察，言必当理，事必当务，是然后君子之所长也。"①荀子把惠子放在君子的对立面，认为"君子不若惠施、邓析"，慎、墨、惠施、邓析等人都不具备君子之长。

除了《天下》之外，还有若干篇也涉及了《庄子》对惠子及其学说的评价。《齐物论》曰：

> 昭文之鼓琴也，师旷之枝策也，惠子之据梧也，三子之知几乎，皆其盛者也，故载之末年。唯其好之也，以异于彼，其好之也，欲以明之。彼非所明而明之，故以坚白之昧终。

庄子认为"道隐于小成"，"昭文之鼓琴也，师旷之枝策也，惠子之据梧也"，三子各有自己的成就，他们的成就在社会上产生了一定影响，赢得了一定的声誉。但是从本质上看，道通为一，昭文之鼓琴，师旷之枝策，惠子之据梧，皆是一种对大道的毁坏。庄子主张"和之以是非而休乎天钧"，"为是不用而寓诸庸"，寓道于实际生活中，道在实践中体现。在庄子看来，古之人能够体悟大道，此后大道日益亏损。庄子一方面肯定了惠子的小成，一方面又指出了惠子对大道的割裂。

---

① 王先谦：《荀子集解》，第124页。

《徐无鬼》曰：

> 庄子曰："射者非前期而中，谓之善射，天下皆羿也，可乎？"惠子曰："可。"庄子曰："天下非有公是也，而各是其所是，天下皆尧也，可乎？"惠子曰："可。"庄子曰："然则儒、墨、杨、秉四，与夫子为五，果孰是邪？或者若鲁遽者邪？……"惠子曰："今夫儒、墨、杨、秉，且方与我以辩，相拂以辞，相镇以声，而未始吾非也，则奚若矣？"庄子曰："齐人蹢子于宋者，其命阍也不以完，其求鈃钟也以束缚，其求唐子也而未始出域，有遗类矣！夫楚人寄而蹢阍者，夜半于无人之时而与舟人斗，未始离于岑而足以造于怨也。"

庄子认为没有按照预定的目标射中，不能称之为善射；天下应该"公是"，不能各是其所是。庄子认为惠子与儒、墨、杨朱、公孙龙四家的辩论不会得出正确的答案，辩论的诸家都自以为是，属于一曲之士。惠子强调各家与自己"相拂以辞，相镇以声"，而自己并没有错。庄子把惠子比喻为齐人与楚人，认为惠子远离了大道。

《则阳》曰：

> 惠子闻之而见戴晋人。……客出，惠子见。君曰："客，大人也，圣人不足以当之。"惠子曰："夫吹笔也，犹有嗃也；吹剑首者，吷而已矣。尧、舜，人之所誉也；道尧、舜于戴晋人之前，譬犹一吷也。"

完整的故事是这样的:"魏莹与田侯牟约,田侯牟背之。魏莹怒,将使人刺之。"接着写了几个人的反应,公孙衍主张攻打齐国,季子认为公孙衍好战,不主张攻打齐国。华子认为季子卑鄙。戴晋人给魏惠王讲了蜗角之争:"有国于蜗之左角者曰触氏,有国于蜗之右角者曰蛮氏,时相与争地而战,伏尸数万,逐北旬有五日而后反。"在这些人当中,只有戴晋人才是真正的悟道者,他游心于大道,以为所谓的尧舜之德不足挂齿。在这个故事中,惠子并不是主要人物,但他是一个正面人物。惠子对戴晋人的评价表明他是道家的同情者。《秋水》载"惠子相梁,庄子往见之",故事中的庄子蔑视功名富贵,而梁国的宰相惠子却贪恋权位、小肚鸡肠,害怕庄子这次来抢走了自己的相位。据《太平御览》卷四六六引《庄子》佚文说:"惠子始与庄子相见而问乎,庄子曰:'今日自以为见凤凰,而徒遭燕雀耳。'坐者俱笑。"[1]如果记载属实,庄子与惠子的第一次见面就与凤凰燕雀相关,惠子相梁的故事是惠子与庄子相见时凤凰故事的续集。

三、作为政治家的惠子

惠子其实还是一位有名的政治家。据学者考察,惠子在魏国任相期间具有突出的政绩:其一是惠子重视法治,曾为魏惠王立法;其二在处理与齐国的关系时,惠子主张齐魏互尊为王;其三惠子主张齐、楚"偃兵",倡言联合齐楚以抗秦,是战国时代合纵派的代表

---

[1] 李昉等:《太平御览》,中华书局,1960年,第2143页。

人物之一。惠子具有一定的政治远见,《战国策·魏策二》载:"田需贵于魏王。惠子曰:'子必善左右。今夫杨,横树之则生,倒树之则生,折而树之又生。然使十人树杨,一人拔之,则无生杨矣。故以十人之众,树易生之物,然而不胜一人者,何也?树之难而去之易也。今子虽自树于王,而欲去子者众,则子必危矣。'"①惠子警告田需,应该具有宠辱若惊的处世态度,必须善待同僚,与同僚处好关系。《吕氏春秋·开春论》曰:"魏惠王死,葬有日矣。天大雨雪,……犀首曰:"吾末有以言之。是其唯惠公乎?请告惠公。"②可见魏惠王死时,惠子犹为魏国宰相,他在官僚阶层中颇有威信。《战国策·楚策三》载:"张仪逐惠施于魏。惠子之楚,楚王受之。冯郝谓楚王曰:'逐惠子者张仪也,而王亲与约,是欺仪也,臣为王弗取也。惠子为仪者来,而恶王之交于张仪,惠子必弗行也。且宋王之贤惠子也,天下莫不闻也。今之不善张仪也,天下莫不知也。今为事之故,弃所贵于仇人,臣以为大王轻矣。且为事耶,王不如举惠子而纳之于宋。而谓张仪曰:'请为子勿纳也。'仪必德王。而惠子穷人,而王奉之,又必德王。此不失为仪之实,而可以德惠子。'楚王曰:'善。'乃奉惠子而纳之宋。"③张仪得势之时,曾经排挤过惠施。惠子曾一度流亡于楚国,楚王听信冯郝之言,"乃奉惠子而纳之宋",估计惠子最终死在宋国。据《吕氏春秋·不屈》载:"惠子易衣变冠,乘舆而

---

① 何建章注释:《战国策注释》卷二十三《田需贵于魏王章》,中华书局,1990年,第873页。
② 吕不韦编,许维遹集释:《吕氏春秋集释》,中华书局,2009年,第582页。
③ 何建章注释:《战国策注释》卷十六《张仪逐惠施于魏章》,第559页。

走，几不出乎魏境。"①这数句正好可以补充惠子当年受到张仪的迫害，一度逃亡时的窘迫。

可惜，作为好友的庄子并没有记录下政治家惠子的光辉事迹。也许庄子之心纯净而透明，他不想去关注惠子混迹在官场上的那些复杂事迹。

---

① 吕不韦编，许维遹集释：《吕氏春秋集释》，第495页。

第十三章 《庄子》中的大树

　　庄子沉浸在天地万物变化之中，领悟到了大道之奥秘。在庄子所喜欢的大自然当中，树木占有重要的一页。《史记·老子韩非列传》曰："（庄）周尝为蒙漆园吏。"[1]庄子在历史上以"漆园傲吏"的形象闻名于后世。庄子既为漆园吏，日夜与漆树等植物相处，对漆树等各种植物最为了解。

一、《庄子》中的树木

　　《庄子》中的"木"，不仅包括我们今天所说的树，也包括我们今天所说的木头。打开《庄子》，我们可以看见树木、草木等描写在书中比比皆是：

　　《逍遥游》记载了蜩与学鸠之类的小鸟，这些小鸟说自己奋起而飞的时候，可以超越榆树和枋树，有时候没有达到飞翔的目的，就

---

[1] 司马迁撰，裴骃集解，司马贞索隐，张守节正义：《史记》卷六十三《老子韩非列传》，第2143页。

趁势降落在地面上。对于它们而言，这也是飞的极限了。它们不能明白大鹏为什么要飞那么高那么远，在它们的意识中大鹏遥远的追求是没有必要的。《逍遥游》又载在楚国的南部，有一种植物名为冥灵，它以五百年为春天，以五百年为秋天。在上古时代有一种大树叫大椿，它以八千年为春天，以八千年为秋天。陆德明释文引李颐曰："冥灵，木名也。江南生，以叶生为春，叶落为秋。"魏晋之际的阮籍在《咏怀诗》其七五中写："焉见冥灵木，悠悠竟无形。"《逍遥游》又曰："鹪鹩巢于深林，不过一枝。"鹪鹩鸟作巢在树林的深处，它的要求很简单，它的巢不过占有一根树枝而已。《逍遥游》又曰："吾有大树，人谓之樗。"庄子特写樗树，樗树又称臭椿树，别人之视为恶木，唯恐避之不及，庄子却用它来说明自己逍遥游的精神境界。

《齐物论》曰："山林之畏佳，大木百围之窍穴，似鼻，似口，似耳，似枅，似圈，似臼，似洼者，似污者；激者，謞者，叱者，吸者，叫者，譹者，宎者，咬者。"在山林里，有许多百围以上的大树。这些树干上有各种各样的的窍穴，有的像鼻子，有的像嘴巴，有的像耳朵，有的像房梁上的横木，有的像圆圈，有的像石臼，有的像低洼之地，有的像小而浅的池塘……一旦大风吹起，不同的窍穴便发出不同的声音。

《人间世》是写到树木最多的一篇，文中曰："匠石之齐，至于曲辕，见栎社树。"栎树本来是一种树，当栎树作为社树存在的时候就称为栎社树。古人封土为社，选择某种当地所种植的树木作为社树。《人间世》又曰："夫柤梨橘柚，果蓏之属，实熟则剥，剥则辱；

大枝折，小枝泄。"梨树、橘树、柚树三种树都是可以结果的，它们的果实甜美，所以当果实成熟之日，大家会前来摘取果实，在拉扯当中，果树受到了伤害。《人间世》又曰："南伯子綦游乎商之丘，见大木焉有异，结驷千乘，隐将芘其所藾。"这是一棵无名树，它与其他树木不同。这棵树的树冠下有数千匹马及驾车人在树荫下休息。《人间世》又曰："此果不材之木也，以至于此其大也。"这里也没有写具体的大树之名，只是笼统称为不材之木。《人间世》又曰："散木也，以为舟则沉，以为棺椁则速腐，以为器则速毁，以为门户则液樠，以为柱则蠹。是不材之木也，无所可用，故能若是之寿。"散木是与文木相对而言的，文木是世人喜欢的有用之木，散木是大家反感的不材之木。《人间世》又曰："山木自寇也，膏火自煎也。桂可食，故伐之；漆可用，故割之。人皆知有用之用，而莫知无用之用也。"山木是泛写，山中的树木因为长大了，所以就招来了砍伐者。桂树、漆树是具体之木，一个可食，一个可用，自然就会被人伤害。树木的有用反而给自己带来了灾难，如果树木没有用处反而才能自然生长，尽享天年。

《德充符》中庄子批评惠子曰："今子外乎子之神，劳乎子之精，倚树而吟，据槁梧而瞑。"这是庄子认为惠子没有顺应自然，"外乎子之神，劳乎子之精"，惠子天天依靠在大树上吟哦，又靠在梧桐树上休息。前面写的是普通的树，后面特写了梧桐树。

《庄子》外、杂篇也写到了不少树木。《天地》曰："百年之木，破为牺尊，青黄而文之，其断在沟中。比牺尊于沟中之断，则美恶有间矣，其于失性一也。"一段百年之木因为匠人的操作而去向不同。

《天道》曰："禽兽固有群矣，树木固有立矣。"泛写树立有众多树木。《天运》曰："故伐树于宋，削迹于卫，穷于商周，是非其梦邪？"此树未写其名。这个故事在外、杂篇中数次出现。《天运》曰："故譬三皇五帝之礼义法度，其犹柤梨橘柚邪！其味相反而皆可于口。"写梨树、橘树、柚树味道不同，但皆好吃。《山木》曰："直木先伐，甘井先竭。"端直之木也就是有用之木，因为有用而被先砍伐。《外物》曰："春雨日时，草木怒生。"泛写到了春天草木丰茂。

同时，我们发现《庄子》偏爱槁木意象。例如，《齐物论》中写："形固可使如槁木，而心固可使如死灰乎？"在颜成子游的眼里，他的老师南郭子綦形如槁木一样。南郭子綦已经进入到了"吾丧我"的境界，在别人眼里形如枯木，心如死水。《达生》曰："吾处身也，若厥株拘；吾执臂也，若槁木之枝。"庄子见痀偻者承蜩，他的胳膊如同槁木一样。《田子方》曰："向者先生形体掘若槁木，似遗物离人而立于独也。"孔子见老子时，看见老子披发而立，形体如同槁木。《庚桑楚》曰："身若槁木之枝而心若死灰。若是者，祸亦不至，福亦不来。祸福无有，恶有人灾也！"老子告诉庚桑楚，如果身若槁木之枝而心若死灰就会免去世俗的祸福。在世人眼里，已经死亡的槁木毫无生气，但在庄子及其后学的眼里，得道之人外表上如同干枯的树枝，他们的内心已经与道融为一体，忘记了自我的存在。在庾信的《枯树赋》之前，庄子已经写了很多枯树。

在《庄子》描写的诸多大树中，我们选择《逍遥游》《人间世》和《山木》中的四棵大树进行赏析。

二、《逍遥游》中的大樗树

在《逍遥游》中，惠子借助大樗树为喻，来说明庄子之言"大而无用"，对此庄子以狸狌为比喻进行反驳，并最终说明："今子有大树，患其无用，何不树之于无何有之乡，广莫之野，彷徨乎无为其侧，逍遥乎寝卧其下。不夭斤斧，物无害者，无所可用，安所困苦哉！"在这个故事中，惠子直白地指出："今子之言，大而无用，众所同去也。"陆德明曰："《逍遥游》者，篇名，义取闲放不拘，怡适自得。"逍遥游并不神秘，它实际上是庄子虚构的那些体道之士沉浸在大道当中闲放不拘，同时又怡适自得的一种精神状态。《逍遥游》与《齐物论》分别表现了庄子的逍遥思想与齐物思想。如果我们采用了惠子式的评价方式，否定了《逍遥游》也就否定了庄子思想中的主体内容。惠子对庄子的攻击主要集中在"无用"两个字，因为无用，所以众人都离开了这种学说。惠子在批评庄子时，也采用了庄子式的论说方式，以其人之道还治其人之身。庄子不是喜欢采用"三言"的表现手法吗？惠子也采用寓言来讥刺他。惠子曰："吾有大树，人谓之樗。其大本拥肿而不中绳墨，其小枝卷曲而不中规矩，立之途，匠者不顾。"惠子把庄子的学说比喻为一棵树，但它是一棵臭椿树。不仅味道难闻，而且长得奇形怪状，没有任何用处。即使木匠看见了，也不会多瞧它一眼。

庄子对自己的学说极度自信，他可不能接受惠子对他的贬低。他犀利地展开了反击。庄子曰："子独不见狸狌乎？卑身而伏，以候敖者；东西跳梁，不辟高下；中于机辟，死于罔罟。"狸狌可以左右出击，上下跳跃，但它也有自己的弱点，它稍有不慎，就会"中于机辟，死于罔罟"。庄子又曰："今夫斄牛，其大若垂天之云。此能为大矣，而不能执鼠。"斄牛虽然很大，但它不能执鼠，狸狌虽然很小，却是执鼠的能手。每个人都有自己的特长，只有找到了自己的特长，才能发挥自己的作用。庄子最后问惠子："何不树之于无何有之乡？"为什么古贤要把这一篇命名为"逍遥游"，应该主要是由于文中有"彷徨乎无为其侧，逍遥乎寝卧其下"这一句话。前面只有"若夫乘天地之正，而御六气之辩，以游无穷者，彼且恶乎待哉"句中，出现过一个"游"字。但这一句中并没有明显的"逍遥"之意，而"彷徨乎无为其侧，逍遥乎寝卧其下"，不仅有"逍遥"二字，也包含了"游"的成分。这是庄子对自己学说的概括，所以古贤就以"逍遥游"作为《庄子》第一篇的篇名。虽然"逍遥游"三个字已经成为《庄子》中的名篇，"逍遥游"被视为庄子思想的代名词，但"逍遥游"是不是这一篇的主旨，其实还可以再讨论。如果让笔者来命名，我感觉"至人无己"可能更加适合原文题旨。

三、《人间世》中的栎社树

庄子在《人间世》中讲述的是关于一棵"栎社树"的故事。有一个匠石，他来到齐地，走到曲辕这个地方，看见了一棵栎社树，这棵树大到可以遮蔽数千头牛，量起来居然有百围之粗，它的高度临山十仞而后生长出树枝，树枝适合作舟的就有十多条。虽然观者如市，但匠石并不留恋，径直走了过去。弟子在久久观看之后，追上了匠石，问师傅为何"不肯视，行不辍"。匠石回答他说："已矣，勿言之矣！散木也，以为舟则沉，以为棺椁则速腐，以为器则速毁，以为门户则液樠，以为柱则蠹。是不材之木也，无所可用，故能若是之寿。"匠石在行走中就已经看清了栎社树的特点，他知道这棵树徒有其表，不能为舟，不能为棺椁，不能为器，不能为门户，不能为柱，几乎没有任何用处，属于不材之木，也可以称之为散木。

匠石回到了家，晚上梦见了栎社树，栎社树问他为何将自己与文木相比，最后抒发："且予求无所可用久矣，几死，乃今得之，为予大用。使予也而有用，且得有此大也邪？且也若与予也皆物也，奈何哉其相物也？而几死之散人，又恶知散木！"借栎社树之口提出了与散木相对的一个词——"文木"。那些所谓的"文木"，在世俗之人的摧残下都不能终其天年。不仅树木如此，"物莫不若是"，这是庄子对人间世的观察和思考。栎社树终于明白了无用乃是大用，这也是庄子的体悟。

匠石醒来之后与他的弟子讨论这个奇怪的梦，弟子不满栎社树的处世之道："趣取无用，则为社何邪？"匠石则已经充分理解了栎社树，他教训弟子说："密！若无言！"栎树之所以作一棵社树，是因为它的这一"职务"才能免于被人砍伐，他作为社树只是为了自保而已，我们不能用常人所谓的"道义"去苛求它。这个故事很容易让我们想到庄子的一生。庄子一生鼓吹不与统治者合作，他曾经拒绝过楚王的征召，不愿意担任楚国的丞相，但是他的生命中也有一个小小的"污点"，这就是他曾经担任过一段时间的漆园吏。虽然我们不知道漆园是一个地名还是一个漆树园，也不知道庄子担任此职有多长时间，但是一个追求无用之用的人，却担任过漆园吏。虽然别人称庄子为漆园傲吏，但庄子毕竟还是做过一介小吏。也许也会有人以此来攻击庄子，贬低庄子，庄子此处写栎社树，有没有为自己辩白的意思？值得我们考究。庄子为生活所迫，做这个漆园吏也是迫不得已，这就是"知其不可奈何而安之若命"，能够做到这一点就达到了"德之至也"。现实生活中，终生隐居而不进入官僚系统中的封建文人其实并不多。

四、《人间世》中的商丘之木

《人间世》还记载了南伯子綦游商之丘见大木的故事，这位南伯子綦是不是《齐物论》中的南郭子綦，一直有不同的看法，有人认为南伯子綦与南郭子綦是同一个人，有人认为他们是两个人，其实这并不是一个什么重要问题。南伯子綦游于商丘之地，看见了一棵大树，与众不同的是，它的树荫下结驷千乘。南伯子綦以为其有用，但仔细观察，发现其细枝、树根、树叶皆无用，南伯子綦曰："此果不材之木也，以至于此其大也。嗟乎神人，以此不材！"树木因为不材而被世人轻视，但是在神人和高士的眼里，只有不材之木才可以长大，才可以长久地保持其生命。

世俗的眼光与超越凡尘的眼光大不相同。宋地有一个名为荆氏的地方，适宜种植楸柏桑，达到一两把粗时，被栓猴子的人砍伐了去。三围四围粗时，被要作栋梁的人砍伐了去。七围八围粗时，贵人富商之家作独板棺木时砍伐了去。这些树都没有终其天年，在生命的中途就夭折于斧头之下。这都是它们有材的祸患。常人也因为有才而为才所累。所以在日常生活中，我们与其表现自己的才华，不如隐匿起自己的才华。在禳解祭祀的时候，以下三种牛猪和人是不可以投入河中祭神的：牛有白额者，猪有鼻孔上翻的，人有痔疮者。在巫祝看来，它（他）们是不祥之物（人），但是在神人眼里它（他）们才是大祥之物（人）。在庄子眼里，没有世俗的材才是大材，没有世俗的用才是大用。只有不为外物所累，树才能尽享天年，人才能逍遥自在。

五、《山木》中的山中之木

《山木》中记载了孔子行于山中见大木，而伐木者不取的故事，这是一则通过庄子与弟子问答展开的故事。有一天，庄子与弟子行于山中，看见了一棵枝叶盛茂的大树。伐木者停留在大树旁边不去砍伐它。有人问其故，伐木者说："无所可用。"庄子感慨说："此木以不材得终其天年。"庄子和弟子走出了山中，住在老朋友家里。老朋友很高兴，让其子杀鹅来招待庄子一行。其子请示他父亲说："其一能鸣，其一不能鸣，请奚杀？"主人回答说："杀不能鸣者。"次日，弟子就问庄子说："昨日山中之木，以不材得终其天年；今主人之雁，以不材死。先生将何处？"大树、大鹅和人本来是风牛马不相及的，但是弟子看见大树因为不材而生，大鹅因为不材而死，于是就把它们与人联系在一起，发现人生在世存在着一大矛盾，人在材与不材之间很难做出抉择。

庄子笑道："周将处乎材与不材之间。……合则离，成则毁，廉则挫，尊则议，有为则亏，贤则谋，不肖则欺。胡可得而必乎哉！悲夫！弟子志之，其唯道德之乡乎！"在某个特定的时代，庄子被视为没落的奴隶主贵族阶级的代表，按照这个思路，"周将处乎材与不材之间"非常典型地表现了庄子混世主义、滑头主义的真实嘴脸。但这样理解庄子是对庄子的误解，是对文本的断章取义。其实当我们看到"庄子笑曰"，就知道"周将处乎材与不材之间"是庄子在开玩笑，庄子是一个喜欢开玩笑的人。庄子在"周将处乎材与不材之间"之后，马上又严肃地说："材与不材之间，似之而非也，故未免乎累。"庄子自己推翻了自己的前言，他真实的意思是希望弟子"乘道德而浮游"。这个"道德"不是我们常说的伦理道德，而是指人的自然本性。每个人顺应自己的自然本性，不在乎别人的赞誉也不在乎别人的诋毁，随时而变，不固守一端，或上或下，以顺应自然为原则，"物物而不物于物"，驾驭外物又不为外物所累。文章说神农和黄帝当年就是以此作为处世之法则，强调自己说法的古老和可靠。与此相反，"万物之情，人伦之传"无法尽合人意。庄子最后很严肃地说："悲夫！弟子志之，其唯道德之乡乎！"庄子希望他的弟子能够像自己一样，坚守顺物自然之道，逍遥于人间世。

大树以不材而生，大鹅却以不材而亡，其实它们的生和死都不能由自己决定，它们的命运都掌握在人的手中。人类可以按照自己的喜好决定动物和植物的存亡。作为一个社会中的生命个体，他的命运也掌握在天地和强者的手中。人在任何时候都无法逆违生死的自然规律，在君权时代，臣子的命运掌握在国君手中。到了"溥天之下，莫非王土；率土之滨，莫非王臣"的时代，想要逃离君主的控制，已经越来越难了。对于作为个体的士人来说，如果你不想进入到官僚体系，不想受到国君的迫害，就只有"乘道德而浮游"一条路可以走。这是让人悲哀的，也是无可奈何的。正因为这样，庄子在《人间世》中，为进入官场的士人设计了一套处世之道。人们常说"伴君如伴虎"，庄子在其中以饲养老虎为例，来说明老虎是可以饲养的，臣下与国君也是可以和平共处的。

下篇

庄子思想对后世的影响

第一章　曹植《髑髅说》及其生死观

曹植《髑髅说》曰：

曹子游乎陂塘之滨，步乎蓁秽之薮，萧条潜虚，经幽践阻。顾见髑髅，块然独居。于是伏轼而问之曰：子将结缨首剑殉国君乎？将被坚执锐毙三军乎？将婴兹固疾命陨倾乎？将寿终数极归幽冥乎？叩遗骸而叹息，哀白骨之无灵；慕严周之适楚，傥托梦以通情。

于是怦若有来，恍若有存，景见容隐，厉声而言曰：子何国之君子乎？既枉舆驾，愍其枯朽，不惜咳唾之音，而慰以若言，子则辩于辞矣！然未达幽冥之情，识死生之说也。夫死之为言归也。归也者，归于道也。道也者，身以无形为主，故能与化推移。阴阳不能更，四时不能亏。是故洞于纤微之域，通于恍惚之庭，望之不见其象，听之不闻其声；把之不充，注之不盈，吹之不凋，嘘之不荣，激之不流，凝之不停，寥落冥漠，与道相拘，偃然长寝，乐莫是逾。

曹子曰：予将请之上帝，求诸神灵，使司命辍籍，反子骸形。于是髑髅长呻，廓然叹曰：甚矣！何子之难语也。昔太素氏不仁，无故劳我以形，苦我以生。今也幸变而之死，是反吾真也。何子之好劳，而我之好逸乎？子则行矣！予将归于太虚。于是言卒响绝，神光雾除。顾命旋轸，乃命仆夫：拂以玄尘，覆以缟巾，爰将藏彼路滨，覆以丹土，翳以绿榛。夫存亡之异势，乃宣尼之所陈，何神凭之虚对，云死生之必均。①

此文写曹子游于原野之时，偶然发现一具髑髅，伏轼问他因何而死。髑髅听后认为曹子未达幽冥之情、未识死生之说。曹子表示可以恳请“上帝”恢复髑髅之形体，而髑髅则予以拒绝。与张衡的《髑髅赋》相似，本文也是一篇对《庄子·至乐》的模仿之作，其中又有“慕严周之适楚”以及关于“道”的讨论，故与庄子思想关系密切。关于曹植《髑髅说》的写作年代及其与《庄子·至乐》和张衡《髑髅赋》之间的关系、《髑髅说》的旨意等问题，前人已有相关论析。②但是，关于此文蕴含的玄学生死观及其思想史意义，学界尚缺乏系统论述。笔者在前人研究的基础上认为：曹植《髑髅说》以《庄子·至乐》和张衡《髑髅赋》为蓝本讨论生死问题，并且提出了有关生死观的新问题，从而促进了魏晋玄学家对生死问题的进一步思考和讨论。

---

① 曹植著，赵幼文校注：《曹植集校注》，人民文学出版社，1984年，第524—525页。
② 关于《髑髅说》的写作年代，参见林童照：《曹植〈髑髅说〉之创作时期考辨》，《石油大学学报（社会科学版）》2005年第3期；关于《髑髅说》与《庄子·至乐》和张衡《髑髅赋》之间的关系，参见宋园园：《汉魏髑髅赋所反映的士人心态》，《内蒙古农业大学学报（社会科学版）》2011年第6期；关于《髑髅说》的旨意，参见徐公持：《曹植年谱考证》，社会科学文献出版社，2016年，第416页。

一、《髑髅说》与《庄子·至乐》及张衡《髑髅赋》之异同

髑髅形象首次出现在《庄子·至乐》（以下简称《至乐》）中。东汉时张衡有《髑髅赋》，魏晋时曹植有《髑髅说》、李康有《髑髅赋》、吕安有《髑髅赋》等。①《至乐》、张衡《髑髅赋》与曹植《髑髅说》，在文体上一脉相承，在思想上都与庄子有直接联系，值得我们进行比较。《至乐》曰：

> 庄子之楚，见空髑髅，髐然有形，撽以马捶，因而问之，曰："夫子贪生失理，而为此乎？将子有亡国之事，斧钺之诛，而为此乎？将子有不善之行，愧遗父母妻子之丑，而为此乎？将子有冻馁之患，而为此乎？将子之春秋故及此乎？"于是语卒，援髑髅，枕而卧。夜半，髑髅见梦曰："子之谈者似辩士。视子所言，皆生人之累也，死则无此矣。子欲闻死之说乎？"庄子曰："然。"髑髅曰："死，无君于上，无臣于下；亦无四时之事，从然以天地为春秋，虽南面王乐，不能过也。"庄子不信，曰："吾使司命复生子形，为子骨肉肌肤，反子父母、妻子、闾里、知识，子欲之乎？"髑髅深矉蹙頞曰："吾安能弃南面王乐，而复为人间之劳乎！"

---

① 鉴于李康赋仅剩残句，吕安赋亦不完整，且此二赋完成于曹植之后，故此处仅对比讨论《庄子·至乐》、张衡《髑髅赋》和曹植《髑髅说》三篇作品。

旧时学者争论的焦点之一在于《至乐》是否为庄子自作，今日学界则认定该篇为庄子后学所作。[①]张衡《髑髅赋》曰：

> 张平子将游目于九野，观化乎八方。星回日运，凤举龙骧。南游赤岸，北陟幽乡。西经昧谷，东极扶桑。于是季秋之辰，微风起凉。聊回轩驾，左翔右昂。步马于畴阜，逍遥乎陵冈。顾见髑髅，委于路旁。下居淤壤，上负玄霜。平子怅然而问之曰："子将并粮推命，以夭逝乎？本丧此土，流迁来乎？为是上智，为是下愚？为是女人，为是丈夫？"于是肃然有灵，但闻神响，不见其形。答曰："吾宋人也，姓庄名周。游心方外，不能自修。寿命终极，来此玄幽。公子何以问之？"对曰："我欲告之于五岳，祷之于神祇。起子素骨，反子四肢；取耳北坎，求目南离；使东震献足，西坤授腹；五内皆还，六神尽复；子欲之不乎？"
>
> 髑髅曰："公子之言殊难也。死为休息，生为役劳。冬水之凝，何如春冰之消？荣位在身，不亦轻于尘毛？飞锋曜景，秉尺持刀，巢许所耻，伯成所逃。况我已化，与道逍遥。离朱不能见，子野不能听。尧舜不能赏，桀纣不能刑。虎豹不能害，剑戟不能伤。与阴阳同其流，与元气合其朴。以造化为父母，以天地为床褥。以雷电为鼓扇，以日月为灯烛。以云汉为川池，以星宿为珠玉。合体自然，无情无欲。澄之不清，浑之不浊。

---

① 参见黄克剑：《〈庄子·至乐〉髑髅寓言抉微》，《哲学动态》2015年第8期。

不行而至，不疾而速。"于是言卒响绝，神光除灭。顾盼发轸，乃命仆夫，假之以缟巾，衾之以玄尘，为之伤涕，酹于路滨。①

在这三篇作品中，张衡《髑髅赋》模仿了《至乐》，曹植《髑髅说》又模仿了《至乐》和《髑髅赋》。三篇作品的结构颇为相似。开端部分写作者游于某地，于道旁发现了一具髑髅，正文部分写作者与髑髅之间的两次对话。作者先问髑髅因何种原因而丧命，待髑髅回答之后，作者表示自己可以帮助髑髅重回尘世，问他是否愿意。髑髅认为自己死后已经到了一个与道逍遥的世界，对作者的提议予以回绝。张衡《髑髅赋》和曹植《髑髅说》又多出一个结尾部分：在酹髑髅于路滨之后，作者离开此地。

此三篇作品皆意在表现作者对生死问题的思考，三位作者的思考同中有异。在郭象之前，已流行这样一种观点：《至乐》髑髅寓言意在宣扬"乐死恶生"思想。持这种观点者代不乏人，至今未绝。其实，"乐死恶生"只是髑髅寓言的表层意思，并不能直接把它等于庄子思想。郭象注曰："旧说云庄子乐死恶生，斯说谬矣！若然，何谓齐乎？所谓齐者，生时安生，死时安死，生死之情既齐，则无为当生而忧死耳。此庄子之旨也。"②《至乐》篇意在表现至乐无为的思想，文中的"乐死恶生"实质上是乐无为而恶有为。庄子的生死观集中体现在《庄子》内篇中，《大宗师》曰："古之真人，不知说生，

---

① 张衡著，张震泽校注：《张衡诗文集校注》，上海古籍出版社，1986年，第247—248页。
② 郭庆藩：《庄子集释》，第550页。

不知恶死；其出不䜣，其入不距；翛然而往，翛然而来而已矣。""夫大块载我以形，劳我以生，佚我以老，息我以死。"按照庄子的生死观，生时不喜不惧，死时不乐不拒。不论是"乐死恶生"还是乐生恶死都不符合庄子本意。后世一些读者并没有严格辨析髑髅寓言与庄子思想之间的关系，简单地视"乐死恶生"为庄子的主张。

张衡《髑髅赋》写张平子路遇一髑髅，与之对话后得知原来是哲人庄周。两汉时代，庄子思想的影响相对沉寂。张衡深受《庄子》影响，写出了摹仿髑髅寓言的赋作。在《髑髅赋》中，张衡触及了东汉社会的主要问题。[①]与《至乐》篇髑髅寓言直陈"乐死恶生"不同，此赋中髑髅自云"游心方外，不能自修"，"死为休息，生为役劳"，"与道逍遥"，"与阴阳同其流，与元气合其朴"，"合体自然，无情无欲"。张衡放弃了《至乐》髑髅寓言中"乐死恶生"的表层意思，进一步回归庄子思想，准确地再现了庄子的生死观。在结尾部分，作者"乃命仆夫，假之以缟巾，衾之以玄尘，为之伤涕，酹于路滨"，体现了张衡对哲人庄子的敬重。到了汉末魏晋，士人愈加发自内心地敬重庄子。汤用彤说："溯自扬子云以后，汉代学士文人即间尝企慕玄远。……则贵玄言，宗老氏，魏晋之时虽称极盛，而于东汉亦已见其端矣。"[②]此处的"宗老氏"也包括宗庄子在内。张衡可视为东汉一代贵玄言、宗老庄士人中的典型代表。

《髑髅说》在模拟古人的外表下，表现出曹植后期独特的人生体

---

① 宗明华：《张衡〈髑髅赋〉解析——庄子对汉魏抒情赋的影响》，《烟台大学学报（哲学社会科学版）》2008年第4期。
② 汤用彤：《魏晋玄学流别略论》，《魏晋玄学论稿》，上海古籍出版社，2001年，第43页。

验和玄学生死观。《髑髅说》中的主人公是曹子和髑髅，此髑髅虽非张衡《髑髅赋》中的庄子，然而髑髅所言所思，最为接近庄子思想。此髑髅能言而善辩，他批评曹子说"子则辩于辞矣！然未达幽冥之情，识死生之说也"，接着又宣讲了自己对幽冥之情的理解和对生死世界的看法，俨然是一位汉魏之际的思想者。曹植《髑髅说》在玄学思想上的创新性主要体现在曹子与髑髅的对话之中（详见下文），对话结束后，髑髅"言卒响绝，神光雾除"。此番对话并没有彻底解决曹植心中的疑惑，在掩埋髑髅之后，曹植继续沉浸在对生死问题的思考中。

《至乐》髑髅寓言意在表现庄子的无为思想，语言质朴自然；张衡《髑髅赋》回归庄子生死观，语言整饬，词句骈俪，文人化色彩明显；曹植《髑髅说》在继承前人思想、艺术的基础上又有思辨方面的创新，其义理具有时代特征，对魏晋玄学的萌发起到了先导作用。通过以上分析，不难看出，曹植《髑髅说》与《至乐》、张衡《髑髅赋》之间具有一以贯之的道家思想渊源。

二、曹植接受道家思想的动态过程

曹植时代，民间道教已经盛行，佛教思想在社会上也产生了一定影响，综合起来看，曹植终生没有放弃儒家思想，他对道家及庄子思想的认识有一个动态的过程。为了更清楚地分析曹植对道家及庄子思想的接受，我们可以将他的一生分为四个时段：第一个时段为汉献帝初平三年（192）至建安二十二年（217），初平年间曹植还是一个幼童，是故将此时期称为建安前期；第二个时段为建安二十二年至二十五年，姑且称之为建安后期；第三个时段为魏文帝黄初元年（220）至七年，称之为黄初年间；第四个时段为黄初七年至魏明帝太和六年（232），称之为太和年间。

青少年时代的曹植以儒家思想为主，同时也受到了一些社会上流行的道家纵情任性思潮的侵蚀。他虽然服膺儒家思想，但不愿成为一个故步自封、循规蹈矩的"世儒"。曹植《赠丁翼》云："滔荡固大节，世俗多所拘。君子通大道，无愿为世儒！"[1]一方面他看不起那些固守书斋、一事无成的两汉儒生，另一方面他的思想沾染了汉魏之际的疏放任诞习气。建安九年曹操夺取邺城之后，把家眷安置在此，邺城成为曹操集团的大本营，此后曹植兄弟在这里过起了相对稳定的生活。《斗鸡》诗云："游目极妙伎，清听厌宫商。主人寂无为，众宾进乐方。长筵坐戏客，斗鸡观闲房。"[2]《名都篇》云："斗鸡东郊道，走马长楸间。驰骋未能半，双兔过我前。……白日西南驰，光景不可攀。云散还城邑，清晨复来还。"[3]《公宴》诗云："神飙接丹毂，轻辇随风移。飘飘放志意，千秋长若斯！"[4]这种骑射之妙、游骋之乐正是曹植兄弟邺下日常生活的写照。正是这样的生活给谢灵运造成了"公子不及世事，但美遨游；然颇有忧生之嗟"[5]的印象。谢灵运《拟魏太子邺中集·平原侯植》云："副君命饮宴，欢娱写

①曹植著，赵幼文校注：《曹植集校注》，第141页。
②曹植著，赵幼文校注：《曹植集校注》，第1页。
③曹植著，赵幼文校注：《曹植集校注》，第484—485页。
④曹植著，赵幼文校注：《曹植集校注》，第49页。
⑤谢灵运著，顾绍柏校注：《谢灵运集校注》，中州古籍出版社，1987年，第155页。

怀抱，良游匪昼夜，岂云晚与早。众宾悉精妙，清辞洒兰藻。哀音下回鹄，余哇彻清昊。中山不知醉，饮德方觉饱。"①李白《将进酒》云："陈王昔时宴平乐，斗酒十千恣欢谑。"②这种重视当下享乐的思潮发端于东汉后期，经过建安时代曹植等人的推波助澜，对魏晋士人产生了巨大影响。这种举止疏放、率直任诞之风并非出自庄子思想，而与《列子·杨朱》中的享乐主义如出一辙。虽然《列子》的成书年代尚有争议，但据《古诗十九首》中的"驱车上东门""生年不满百"等诗篇可知，及时行乐的思潮在东汉时期已经广为盛行。

建安后期，曹植竞争太子失败之后，在政治宣传方面紧跟父王曹操的步伐，有时几乎亦步亦趋。据《陈思王植传》，曹植因为"任性而行，不自雕励，饮酒不节"③而失去父王宠爱。曹植此期不敢表现出独立的思想和个性，一切唯父王马首是瞻，著名的《辨道论》正是配合曹操政策的产物。此时虽然道教还未成熟，但神仙之书、道家之言久已在民间流行。如果统治者不能妥善处理，就会威胁到政权的稳定。曹植《辨道论》曰："夫神仙之书、道家之言，乃云：傅说上为辰尾宿，岁星降下为东方朔；淮南王安诛于淮南，而谓之获道轻举；钩弋死于云阳，而谓之尸逝柩空。其为虚妄甚矣哉！……自家王与太子及余兄弟，咸以为调笑，不信之矣。"④汤用彤说："曹魏之时，魏文帝之《典论·论文》、陈思王之《辨道论》亦皆反对方

<hr />

① 谢灵运著，顾绍柏校注：《谢灵运集校注》，第155页。
② 李白著，王琦注：《李太白全集》，中华书局，1977年，第180页。
③ 陈寿撰，裴松之注：《三国志》卷十九《陈思王植传》，中华书局，1982年，第557页。
④ 曹植著，赵幼文校注：《曹植集校注》，第187—188页。

术，亦与当时政治有关。"①《辨道论》是对曹操政策的积极辩护和有力宣传，是曹植表明自己"政治正确"的重要举措。②在疠气流行、民心惶恐之际，曹植此论亦具有安抚民众和稳定人心的政治功效。

曹操晚年热衷于写作游仙诗，并非完全是迷信神仙方术，其中也有一定的享乐主义成分。曹植此期写作的游仙诗，如《五游咏》《游仙诗》《升天行》等，与黄初、太和年间的游仙之作有一定的区别。徐公持评《五游咏》说："本篇亦写现实生活之不能得意，故云'九州不足步'也。然而篇中苦闷心情不明显，更无忧生之嗟，与曹植太和年间所撰诸游仙作品如《仙人篇》《游仙》等有微妙差异。"③曹丕立为太子后，曹植在精神上初受打击，但还没有黄初年间的那种性命之忧。到了黄初年间，面对曹丕及其爪牙的迫害，曹植开始重新认识道家和道教，时常用神仙道教思想来麻醉自己。据《三国志》本传："黄初二年，监国谒者灌均希指，奏'植醉酒悖慢，劫胁使者'。有司请治罪，帝以太后故，贬爵安乡侯。"④传言为曹植所作的《释疑论》曰："初谓道术，直呼愚民诈伪空言定矣！……但恨不能绝声色，专心以学长生之道耳。"⑤他对道教的态度有了一百八十度的大反转，难怪有学者怀疑此文非曹植所作。《赠白马王彪》其七云："苦辛何虑思？天命信可疑！虚无求列仙，松子久吾欺。"⑥学者多据

①汤用彤：《贵无之学（下）——道安和张湛》，《魏晋玄学论稿》，第155页。
②吴怀东：《论曹植〈辨道论〉的思想立场与现实指向》，《社会科学战线》2021年第6期。
③徐公持：《曹植年谱考证》，第246页。
④陈寿撰，裴松之注：《三国志》卷十九《陈思王植传》，第561页。
⑤曹植著，赵幼文校注：《曹植集校注》，第396页。
⑥曹植著，赵幼文校注：《曹植集校注》，第300页。

此认定曹植后期并不信天命，没有沉溺于神仙道教。但我们换个角度看，"松子久吾欺"说明曹植后期久久沉溺在神仙学说中无力自拔。《庄子》书中有许多神人真人的描绘，他们对后世那些喜好游仙诗创作的诗人无疑有重要影响。此期曹植的游仙诗也受到庄子影响，其《仙人篇》云："万里不足步，轻举陵太虚。飞腾逾景云，高风吹我躯。回驾观紫薇，与帝合灵符。阊阖正嵯峨，双阙万丈余。玉树扶道生，白虎夹门枢。驱风游四海，东过王母庐。俯观五岳间，人生如寄居。"①仙人自由而快意，与俗间形成鲜明对照。诗人之所以大量写作游仙诗，就是因为在现实中太压抑太苦闷，因而试图借助仙境来消解痛苦，让重压下的灵魂有一个喘息的机会。

曹植集中多篇文章都涉及老庄和生死问题，但他前期和后期对老庄的理解迥然不同。前期作品可以《七启》和《玄畅赋》为例，《七启》曰："玄微子隐居大荒之庭，飞遁离俗，澄神定灵，轻禄傲贵，与物无营，耽虚好静，羡此永生。……万物纷错，与道俱隆。盖有形必朽，有迹必穷，茫茫元气，谁知其终。名秽我身，位累我躬，窃慕古人之所志，仰老庄之遗风，假灵龟以托喻，宁掉尾于涂中。"②据《七启序》中"遂作《七启》，并命王粲作焉"可知，《七启》作于建安二十二年王粲去世之前。赵幼文说："曹操消灭袁绍，统治冀州，复取荆州。为了进一步发展统一事业，必需争取士族与之合作。……故疑此文作于《求贤令》之后，即建安十五年左右。"③此处对于"道"

---

① 曹植著，赵幼文校注：《曹植集校注》，第263页。
② 曹植著，赵幼文校注：《曹植集校注》，第6—7页。
③ 曹植著，赵幼文校注：《曹植集校注》，第28—29页。

的解释，对于"老庄""遗风"的仰慕是一种远观，不具有后期的切肤之痛。《玄畅赋·序》曰："夫富者非财也，贵者非宝也。或有轻爵禄而重荣声者，或有反性命而徇功名者。是以孔老异情，杨墨殊义。聊作斯赋，名曰玄畅。"此赋的写作年代有两种看法，赵幼文认为此赋似写作于黄初二年，[①]徐公持认为："此是建安年间所撰无疑，后期的曹植不可能呼朋引类作如此贵游。"[②]比较二说，后者更为恰切。《玄畅赋》也涉及了《庄子》，文曰："希鹏举以搏天，蹶青云而奋羽。"[③]此处的"孔老异情"与"杨墨殊义"并列，并没有多少深意。他对《庄子·逍遥游》的引用，突出的是鲲鹏积极进取的人生态度。随着曹叡继位，曹植一度以为自己时来运转，他把自己想象成辅佐成王的周公，燃起了投身政治、成就事业的希望。随着曹叡对他一次次冷漠地拒绝，曹植终于陷入怅然绝望之中。在残酷的社会现实中，曹植逐步亲近老庄，真正接受了庄子思想。《三国志》本传曰："植常自愤怨，抱利器而无所施。""植每欲求别见独谈，论及时政，幸冀试用，终不能得。既还，怅然绝望。……十一年中而三徙都，常汲汲无欢。"[④]正如《秋思赋》曰："居一世兮芳景迁，松乔难慕兮谁能仙?"[⑤]曹植认识到人生短促，神仙遥不可及。《桂之树行》云："桂之树，得道之真人咸来会讲，仙教尔服食日精。要道甚省不

---

①曹植著，赵幼文校注:《曹植集校注》，第241、245页。

②徐公持:《曹植年谱考证》，第222页。

③曹植著，赵幼文校注:《曹植集校注》，第242页。

④陈寿撰，裴松之注:《三国志》卷十九《陈思王植传》，第565、576页。

⑤曹植著，赵幼文校注:《曹植集校注》，第471页。

烦，澹泊、无为、自然。"①桂之树下是得道仙人聚会的场所，真人把"要道"归结为"澹泊、无为、自然"，正是老子哲学的核心思想。《苦思行》云："绿萝缘玉树，光耀灿相辉。下有两真人，举翅翻高飞。我心何踊跃！思欲攀云追。郁郁西岳巅，石室青青与天连。中有耆年一隐士，须发皆皓然，策杖从我游，教我要忘言。"②诗人欲追随真人而去，真人却已飞逝，自己依然站在地面。须发皓然的隐士是曹植可以从游的智者，他教导曹植要做到"忘言"。

关于《髑髅说》的创作时期，迄今并没有定论。以曹丕继位为界，有前期说，有后期说，也有时期未定说。由于没有出土文献等史料方面的铁证，学者们只能根据自己对文本的理解进行推断。主张写作于前期的主要有熊礼汇和林童照，林童照说："前期：熊礼汇先生主此说。然熊先生并未提出论据。""这种强调人世欢乐的倾向，以曹植后期困顿抑郁之精神生活而言，自然是难以出现的，因此'生之欢乐不下于超越性世界'的观点，只能出现于其前期生活中。"③林说虽然可成一家之言，但毕竟是一种"推估"，并没有提出富有说服力的论据，且对"死生之必均"一句的理解还有可商榷之处。

在曹植集中，《释愁文》与《髑髅说》的思想倾向最为接近。徐公持将《髑髅说》《释愁文》的创作时间均放在太和年间。《释愁文》曰："吾将赠子以无为之药，给子以澹薄之汤，刺子以玄虚之针，灸

---

① 曹植著，赵幼文校注：《曹植集校注》，第399页。
② 曹植著，赵幼文校注：《曹植集校注》，第316页。
③ 林童照：《曹植〈髑髅说〉之创作时期考辨》，《石油大学学报（社会科学版）》2005年第3期。

子以淳朴之方，安子以恢廓之宇，坐子以寂寞之床。使王乔与子遨游而逝，黄公与子咏歌而行，庄子与子具养神之馔，老聃与子致爱性之方。趣遐路以栖迹，乘青云以翱翔。"①徐公持论《释愁文》说："本篇说主人之愁及其开释之方。观其自述'愁'之状况，则颇为严重，……是当在曹植后期遭遇也。"又论《髑髅说》曰："本篇写'曹子游乎陂塘之滨，步乎蓁秽之薮'，颇有落魄之态，是曹植后期之形容也。……终究是人生无常沧桑之感甚为浓厚，其境界与以上《释愁文》接近，当是曹植后期思想反映。"②

结合前人的讨论，笔者推断《髑髅说》撰写于太和六年曹植对政治"怅然绝望"之后。《三国志》本传曰："幸冀试用，终不能得。既还，怅然绝望。"又曰："初，植登鱼山，临东阿，喟然有终焉之心，遂营为墓。"③这里的"怅然绝望"与"喟然有终焉之心"在同一时期。据《三国志·明帝纪》，太和六年二月曹植由东阿王徙封陈王，《髑髅说》中的死亡观与曹植生命终结之前的思想状态最为接近。《髑髅说》的出现标志着曹植的死亡观从绚烂至极归于平淡，象征着曹植关于生命的思考走到了终点。

张衡《髑髅赋》以"死为休息，生为役劳"，其中并不包含佛教观念。那么，曹植《髑髅说》是否具有佛教思想呢？刘敬叔《异苑》卷五："陈思王曹植字子建。尝登鱼山，临东阿。忽闻岩岫里有诵经声，清通深亮，远谷流响，肃然有灵气，不觉敛衿祗敬，便有终焉

---

① 曹植著，赵幼文校注：《曹植集校注》，第468页。
② 徐公持：《曹植年谱考证》，第415、416页。
③ 陈寿撰，裴松之注：《三国志》卷十九《陈思王植传》，第576页。

之志，即效而则之。今之梵唱，皆植依拟所造。一云：陈思王游山，忽闻空里诵经声，清远遒亮。解音者则而写之，为神仙声。道士效之，作步虚声也。"①此外后世尚有多种同类记载。佛教徒通常用前条材料来证明曹植与佛教之间的关系，但"道士效之"证明道教徒也不甘落后，他们认定曹植更加亲附于道教。这类材料充分说明因为曹植的贵族声望、诗坛地位及玄学造诣，佛道两家都想与他攀上关系。但在其《髑髅说》中尚难发现佛教思想因子。

　　需要补充的是，生死问题是自有人类以来就纠结、焦虑的问题，东汉末年的战乱以及疫病的流行导致了民众大面积非正常死亡，更加刺激了时人对死亡的敏感，死亡主题遂成为汉魏之际文学的普遍主题之一。曹植逐步关注道家并日渐亲近庄子思想，除了自身的遭遇之外，也与汉末战乱和疫情盛行的社会环境有关。关于战争之残酷，曹操《蒿里》云："铠甲生虮虱，万姓以死亡，白骨露于野，千里无鸡鸣。生民百遗一，念之断人肠！"②关于疫情的流行，张仲景《伤寒杂病论序》云："余宗族素多，向余二百。建安纪年以来，犹未十稔，其死亡者，三分有二，伤寒十居其七。"③其中建安二十二年的疾疫尤为恐怖。曹丕《又与吴质书》曰："昔年疾疫，亲故多离其灾，徐、陈、应、刘，一时俱逝，痛何可言邪！"④曹植《说疫气》曰："建安二十二年，疠气流行。家家有僵尸之痛，室室有号泣之哀。或阖

---

① 刘敬叔：《异苑》，中华书局，1996年，第48页。
② 曹操：《曹操集》，中华书局，2012年，第4页。
③ 张仲景著，刘蔼韵译注：《金匮要略译注》，上海古籍出版社，2010年，第1页。
④ 曹丕著，魏宏灿校注：《曹丕集校注》，安徽大学出版社，2009年，第258页。

门而殪，或覆族而丧。或以为疫者，鬼神所作。……此乃阴阳失位，寒暑错时，是故生疫。"①长年的战乱，再加上流行不已的疫情，促使曹植对生命的价值进行深入思考。

三、曹植《髑髅说》的生死观

在解析《髑髅说》中的生死观之前，有必要先回答这样一种质疑：为什么要把曹植《髑髅说》中的生死观归结于玄学思想？曹植与玄学思想有何关系？学界习惯于把魏晋时代祖述老庄的玄远之学称为"玄学"，而其中的生死观是魏晋玄学的重要主题。曹植作为魏晋时代的名士，其《髑髅说》意在讨论生死问题，在这个过程中不难看到庄子思想对他的深刻影响，是故从宏观角度看，曹植《髑髅说》之生死观也属于魏晋玄学思想范畴之内。正始玄学领袖以何晏和王弼为代表，其中何晏（190—249）比曹植（192—232）年长两岁，又比曹植晚去世17年。到了正始元年（240），曹植已经去世8年了，从严格意义上不能说曹植受到正始玄学的影响，但是反过来说则没有问题：曹植及其作品有可能会影响到正始玄学的形成。曹植和何晏一度共同生活在曹魏后宫中，《三国志》裴松之注引晋鱼豢《魏略》曰："太祖为司空时，纳晏母并收养晏，……故文帝特憎之，每不呼其姓字，尝谓之为'假子'。"②建安时期，曹丕不仅不喜欢对他构成

---

① 曹植著，赵幼文校注：《曹植集校注》，第177页。
② 陈寿撰，裴松之注：《三国志》卷九《何晏传》，第292页。

威胁的弟弟曹植，同时也不喜欢作为假子的何晏。虽然没有两人直接交往的材料，但按照常理推断，对于曹植的思想和遭遇，何晏一定会给予特别关注。《三国志》曹植传曰："景初中诏曰：'陈思王昔虽有过失，既克己慎行，以补前阙，且自少至终，篇籍不离于手，诚难能也。其收黄初中诸奏植罪状，公卿已下议尚书、秘书、中书三府、大鸿胪者皆削除之。撰录植前后所著赋颂诗铭杂论凡百余篇，副藏内外。'"①景初年间（237—239）曹植的作品已经公开流传，何晏等人自然会给予必要的关注。

  死生是人生中最重要的大事，也是哲学关注的焦点问题，先秦时代很多思想家都在思考该问题。到了魏晋时期，士人们更加重视死亡问题。汤用彤说："所谓魏晋思想乃玄学思想，即老庄思想之新发展。玄学因于三国，两晋时创新光大，而常谓为魏晋思想，然其精神实下及南北朝（特别南朝）。其所具之特有思想与前之两汉、后之隋唐，均有若干差异。"②魏晋玄学以生死问题作为基本主题，然而，在魏晋玄学的研究中，学人们常常会忽略生死问题。杜维明说："魏晋是大一统政局业已崩溃的衰乱时代，汉代名物训诂的学风与忠义气节的士风都荡然无存，取而代之的是对'宇宙之终始，人生之究竟，死生之意义，人我之关系，心物之离合，哀乐之情感'等存在课题的深思熟虑。"③这里的人生之究竟、死生之意义、心物之

①陈寿撰，裴松之注：《三国志》卷十九《陈思王植传》，第576页。
②汤用彤：《魏晋玄学与文学理论》，《魏晋玄学论稿》，第194页。
③［美］杜维明：《魏晋玄学中的体验思想——试论王弼"圣人体无"观念的哲学意义》，《燕园论学集》，北京大学出版社，1984年，第198页。

离合、哀乐之情感等都与生死问题关系密切。王中江说："在已有的研究中，玄学的基本问题大都与'有无''自然名教'和'言意'这三对概念联系在一起，并且有各种各样的大量论述，而整体上能作为玄学主题之一的生死问题，既没有被凸显出来，也缺乏系统的考察。"又说："玄学生死观包含有丰富的内容，如果把它放在中国哲学生死观的整个发展的历程中来看，可以说它是中国哲学生死探求的又一次高潮，并能充分体现出中国哲学中的生死智慧。"①在对魏晋士人生死观的探索中，曹植是一个不应被忽略的历史人物。

与张衡关注社会现实不同，曹植关注的目光离开了个人与国家的关系。《髑髅说》曰："（曹子）伏轼而问之曰：'子将结缨首剑殉国君乎？将被坚执锐毙三军乎？将婴兹固疾命陨倾乎？将寿终数极归幽冥乎？'""殉国君""毙三军"正是曹植后期的心愿。曹植的政治热情体现在《求自试表》《求通亲亲表》《陈审举表》《谏取诸国士息表》《谏伐辽东表》《请招降江东表》等奏表之中，曹叡《答东阿王论边事诏》曰："制诏。览省来书，至于再三。"徐公持说："严可均曰：'当在太和三年'，故系于是。由此诏文可知，曹植入太和后不断上书明帝言事，'至于再三'；而所言内容，由此答诏亦可大体得知，涉及'海内'形势、'边将'用人等问题，要皆当时重大政治事务。"②然而，作为皇帝的曹叡并不需要一个热衷国是、积极议政的皇叔。曹植所抱的希望越大，他的失望也就会越大。

---

① 王中江：《玄学生死观的理路及其主导观念》，《中国哲学史》1997年第1期。
② 徐公持：《曹植年谱考证》，第369页。

随着曹植对社会的怅然绝望，其关注点转向内心世界，从而表现出对老庄思想的无限向往，《髑髅说》的出现标志着曹植与庄子思想的汇合。《髑髅说》曰："叩遗骸而叹息，哀白骨之无灵；慕严周之适楚，傥托梦以通情。……顾命旋轸，乃命仆夫：拂以玄麈，覆以缟巾，爰将藏彼路滨，覆以丹土，翳以绿榛。"明知此髑髅并不是庄子，但面对一个具有与庄子相似思想的髑髅，曹子亦对它表现得极为恭敬。作于同一时期的《释愁文》曰："予以愁惨，行吟路边，形容枯悴，忧心如醉。……（玄灵）先生作色而言曰：'……吾将赠子以无为之药，给子以澹薄之汤，刺子以玄虚之针，灸子以淳朴之方，安子以恢廓之宇，坐子以寂寞之床。使王乔与子遨游而逝，黄公与子咏歌而行，庄子与子具养神之馔，老聃与子致爱性之方。'"①无为、澹泊、玄虚、淳朴是道家思想的灵丹妙药，曹植认识到只有老庄思想才能够消解自己内心的愁苦。

在认识到生的有限性之后，如何度过有限的人生，人如何看待生与死，成为士人思考的重点。在建安前期，曹植追求当下的快乐生活；黄初年间，曹植幻想成为仙人的可能性；到了太和后期的曹植，不得不面对生死之变。《髑髅说》中借髑髅之口曰："子则辩于辞矣！然未达幽冥之情，识死生之说也。夫死之为言归也。归也者，归于道也。道也者，身以无形为主，故能与化推移。阴阳不能更，四时不能亏。是故洞于纤微之域，通于恍惚之庭，望之不见其象，听之不闻其声；把之不充，注之不盈，吹之不凋，嘘之不荣，激之

---

① 曹植著，赵幼文校注：《曹植集校注》，第467—468页。

不流，凝之不停，寥落冥漠，与道相拘，偃然长寝，乐莫是逾。"髑髅又说："昔太素氏不仁，无故劳我以形，苦我以生。今也幸变而之死，是反吾真也。何子之好劳，而我之好逸乎？子则行矣！予将归于太虚。"已经"达幽冥之情，识死生之说"的曹植，继承和发展了庄子的自然无为思想。与《至乐》中的髑髅寓言以死为南面王之乐不同，张衡《髑髅赋》的"与道逍遥"和曹植《髑髅说》的"与道相拘"更接近庄子思想。张衡《髑髅赋》中的髑髅列举了世间的"荣位"，涉及到"尧舜""桀纣"等历史人物，涉及"天地""雷电""日月""云汉""星宿"等自然物象，与现实生活的联系更为紧密；曹植《髑髅说》在抽象思辨方面则更胜一筹，他延续了古人"死者归也"的哲学命题，进而明确说"归也者，归于道也"，直接把死亡与大道联系起来。生存者劳之以形，苦之以生，死后"偃然长寝，乐莫是逾"，此处所述的死亡之快乐并不是《至乐》中南面王一般的快乐，而是生命与大道融为一体的大乐，此时的曹植思想达到了"反吾真也"之境界。《庄子·渔父》曰："真者，精诚之至也。不精不诚，不能动人。……真者，所以受于天也，自然不可易也。故圣人法天贵真，不拘于俗。愚者反此。不能法天而恤于人，不知贵真，禄禄而受变于俗，故不足。"《髑髅说》中这一段论述具有形而上学的思辨特征，曹植在汉魏之际对生命价值的重新思考，对生死问题的反思，具有一定的理论深度和时代特征，对他身后的魏晋玄学的形成与发展具有重要影响。

曹植生死观与庄子思想同中有异，二者的相同之处在于强烈关注死亡问题，故前文曰《髑髅说》最为接近庄子思想。两者之间也有细微的区别：庄子生死观主张生死齐一，曹植生死观则重死而轻生。曹植之所以会轻视生存，是因为生存留给他的是无尽的痛苦。《髑髅说》表现了太和时期曹植的真实处境和心态，其文曰："曹子游乎陂塘之滨，步乎蓁秽之薮，萧条潜虚，经幽践阻。顾见髑髅，块然独居。……叩遗骸而叹息，哀白骨之无灵。"形影相吊、寂寥落魄的曹植，在路边发现了块然独居的髑髅，与他展开了灵魂对话，将他引为知己。《髑髅说》曰："髑髅长呻，廓然叹曰：甚矣！何子之难语也。昔太素氏不仁，无故劳我以形，苦我以生。今也幸变而之死，是反吾真也。何子之好劳，而我之好逸乎？子则行矣！予将归于太虚。"髑髅用"劳我以形，苦我以生"八个字总结自己的一生。曹植《吁嗟篇》云："吁嗟此转蓬，居世何独然！长去本根逝，宿夜无休闲。东西经七陌，南北越九阡。卒遇回风起，吹我入云间。自谓终天路，忽然下沉泉。惊飙接我出，故归彼中田。当南而更北，谓东而反西。宕若当何依？忽亡而复存。飘飘周八泽，连翩历五山，流转无恒处，谁知吾苦艰！愿为中林草，秋随野火燔，糜灭岂不痛？愿与株荄连。"[1]此时的曹植知道自己即将到达生命的终点，再也不会抱有飞升"天路"的幻想。

在魏晋玄学中，老庄思想固然重要，但玄学并没有离开儒家思想。余英时说："魏晋士风的演变，用传统的史学名词说，是环绕着名教与自然的问题而进行的。在思想史上，这是儒家和道家互相激荡的一段过程。老庄重自然对当时的个体解放有推波助澜之力，周

---

[1] 曹植著，赵幼文校注：《曹植集校注》，第382—383页。

礼重名教，其功效在维持群体的秩序。"①换一个角度看，魏晋玄学想解决的主要问题正是儒家思想如何与道家思想互相融合成为一个整体。曹植《髑髅说》中儒道并重的思考理路，开启了魏晋玄学家讨论名教与自然问题之先河，不妨看作是魏晋玄学产生的序曲。贯通地来看，曹植思想具有儒道互补的特征，前期以儒家思想为主，后期道家思想逐步占有重要位置，但他始终没有放弃过儒家思想。

《髑髅说》的结尾说："夫存亡之异势，乃宣尼之所陈，何神凭之虚对，云死生之必均。"这数句是《至乐》和张衡《髑髅赋》中所没有的内容，也正是曹植文章中的闪光点。与其说它是对庄子思想的怀疑和否定，不如说是曹植在惶恐于儒道思想之间时提出的人生疑问。文中的"曹子"是曹植，"髑髅"也是曹植。太和年间在曹植心中有两种声音，一种是庄子的齐同生死，一种是孔子的重生轻死。曹植生于乱世，长于军旅，从小目睹了父亲的英雄行为，形成了积极进取、建功立业的远大抱负。《白马篇》中"捐躯赴国难，视死忽如归"的豪言壮语，正是少年曹植英雄气概的反映。清人朱乾《乐府正义》卷十二曰："篇中所云'捐躯赴难，视死如归'，亦子建素志，非泛述矣。"②这样的政治情感一直保持到他生命的晚年。曹植《鰕䱇篇》云："抚剑而雷音，猛气纵横浮。汎泊徒嗷嗷，谁知壮士忧。"③《杂诗》云："烈士多悲心，小人偷自闲。国仇亮不塞，甘心思

①［美］余英时：《名教思想与魏晋士风的演变》，《士与中国文化》，上海人民出版社，2003年，第357—358页。
②刘晓亮：《八代诗汇评》，北京联合出版公司，2018年，第89页。
③曹植著，赵幼文校注：《曹植集校注》，第381页。

丧元。"①平治天下、建功立业是建安士人的共同心声，不论是黄初年间身处危难之中，还是在太和年间成为圈养之物，曹植都没有放弃过儒家思想。现实的处境让他陷入巨大的思想矛盾当中，他的疑问是一个时代的巨大问号，这个问号沉重地压在他的心头。要说曹植《髑髅说》对魏晋玄学的启发，主要就在这里。在他身后，魏晋名士接着曹植的疑问继续探索名教与自然之间的关系。正始名士王弼提出名教本于自然的答案，竹林名士嵇康倡导越名教而任自然的主张，向秀则践行顺名教而任自然的训条。究竟是谁解决了这个时代的大问题？抑或这个问题本来就没有标准答案？如果说魏晋玄学是中国哲学史上探究生死问题的又一次高潮，那么曹植《髑髅说》儒道并重的理路，发前人所未发，启迪了后之来者。

综上所述，东汉时，张衡等士人已经关注到庄子思想；汉魏之际，曹植进一步继承并发扬了庄子思想。曹植《髑髅说》提出了"死者归也"的哲学命题，同时也开始思考自然与名教的关系问题。曹植因为其独特的身世遭遇和哲学悟性，儒道并重，奏响了魏晋玄学的序曲。他不仅是诗坛的建安之杰，同时也是魏晋玄学发展史上的先驱者之一。可惜曹植在魏晋玄学思想史上的贡献为其诗名所掩，并没有得到学界应有的挖掘和承认。

---

① 曹植著，赵幼文校注：《曹植集校注》，第65页。

第二章 《洛神赋》中的幻觉体验 与赴水隐喻

　　李商隐《可叹》云："宓妃愁坐芝田馆，用尽陈王八斗才。"[①]《洛神赋》是《曹植集》中读者关注度最高的作品之一，也是中国文学史上争论不休的作品之一。对《洛神赋》的争论主要集中在它的主题上。有两种流行甚广的说法，一为"感甄说"，一为"寄心君王"说。"感甄说"起源于尤袤本《文选》卷十九李善注引《记》。《记》曰："魏东阿王，汉末求甄逸女，既不遂，太祖回，与五官中郎将。植殊不平，昼思夜想，废寝与食。黄初中入朝，帝示植甄后玉镂金带枕，植见之，不觉泣。时已为郭后谗死。帝意亦寻悟，因令太子留宴饮，仍以枕赉植。植还，度轘辕，少许时，将息洛水上，思甄后，忽见女来，自云：我本托心君王，其心不遂，此枕是我在家时从嫁，前与五官中郎将，今与君王。遂用荐枕席，欢情交集，岂常辞能具。为郭后以糠塞口，今被发，羞将此形貌重睹君王尔。言讫，遂不复见所在。遣人献珠于王，王答以玉佩，悲喜不能自胜，遂作《感甄

---

① 刘学锴、余恕诚著：《李商隐诗歌集解·未编年诗》，中华书局，2004年，第1932页。

赋》。后明帝见之，改为《洛神赋》。"将《洛神赋》与此《记》加以对照，两者雅俗不同，高低立现。《洛神赋》分明写曹植在洛水边初见宓妃，如此便与曹植甄氏恋情说和思念亡妻说划清了界限。直到今天感甄说的否定者和肯定者依然争鸣不已，互不相让。否定者断言：感甄说之荒谬已昭然若揭，很少有人再相信了。肯定者则反驳说否定者并没有提出坚强的证据。"寄心君王"说的境遇也与此类似，各有其支持者和反对者。在这两说之外，还有一些不同说法。有关《洛神赋》主题的讨论不仅没有趋于一致，反而歧解纷呈。笔者在学习前修时贤研究成果的基础上，通过文本细读和考察史实，拟从现代精神医学知识出发，谈点不成熟的看法，求教于学界同仁。

一、有关《洛神赋》的旧说

《洛神赋序》："黄初三年，余朝京师，还济洛川。"[①]曹植写作《洛神赋》时，到底是在黄初三年（222）还是黄初四年朝京师，一直存有争议。李善在"余从京域，言归东藩"句后注曰："《魏志》曰黄初三年立植为鄄城王，四年徙封雍丘，其年朝京师；又《文纪》曰黄初三年行幸许，又曰四年三月还洛阳宫。然京域谓洛阳，东藩即鄄城。《魏志》及诸诗序并云四年朝，此云三年，误。"此后多数学者皆赞同李善之说，但也有人坚持黄初三年说。持黄初三年说的学者中，顾农的考证最为细密，他说："曹丕于黄初三年四月离开洛

---

① 曹植著，赵幼文校注：《曹植集校注》，第282页。

阳去许昌，而曹植在这以前已被打发回鄄城。《洛神赋》里提到'繁霜'，是此赋作于黄初三年的早春。"①然而，"繁霜"与其说是早春的证据，不如说是早秋的证明。《三国志》把"七月"称之为"秋七月"。与《洛神赋》同期完成的《赠白马王彪》其四写道："秋风发微凉，寒蝉鸣我侧。"②既然七月有秋风有寒蝉，自然也有秋霜。另外，《洛神赋》中有"常寄心于君王"一句，宓妃将曹植称呼为"君王"。据《陈思王植传》："（黄初）三年，立为鄄城王，邑二千五百户。"③又据《文帝纪》："（黄初三年）三月乙丑，立齐公叡为平原王，帝弟鄢陵公彰等十一人皆为王。……夏四月戊申，立鄄城侯植为鄄城王。"④可知，在黄初三年四月前，曹植尚不能被称为"君王"。

对照文本，传统的"感甄"说和"寄心文帝"说似有难以自圆其说之处。《洛神赋》的正文可以分为三部分：第一部分写曹植东归，经过洛水之时，目睹岩畔丽人，于是他与御者之间展开了问答。第二部分是曹植对御者的陈述，这是《洛神赋》的主体部分。这一部分又可分为四段：第一段写洛神仪容服饰动作之美，第二段写君王向洛神的求爱及反悔，第三段写众神出场后五彩缤纷的游戏场景，第四段写洛神含情辞别君王。第三部分写洛神消逝之后，曹植对她的思念和追寻。

首先，顺着传统的"感甄"说来阅读文本，我们会发现存在以

---

① 顾农：《〈洛神赋〉新探》，《贵州文史丛刊》1997年第1期。
② 曹植著，赵幼文校注：《曹植集校注》，第297页。
③ 陈寿撰，裴松之注：《三国志》卷十九《陈思王植传》，第561页。
④ 陈寿撰，裴松之注：《三国志》卷二《文帝纪》，第79—80页。

下三处疑点。

疑点一：赋中的君王刚刚求爱成功便旋即反悔，这样的表现让人不可理解。曹植用一大段文字描绘完宓妃的美艳之后，接着写"余"与宓妃的互动：

> 余情悦其淑美兮，心振荡而不怡。无良媒以接欢兮，托微波而通辞。愿诚素之先达兮，解玉佩以要之。嗟佳人之信修兮，羌习礼而明诗。抗琼珶以和予兮，指潜渊而为期。执眷眷之款实兮，惧斯灵之我欺！感交甫之弃言兮，怅犹豫而狐疑。收和颜而静志兮，申礼防以自持。①

这里的"余"——君王曹植是一个叶公好龙者。他偶遇佳人，一见钟情，为之心绪不宁，等不及找到良媒，便自己大胆向佳人求爱，送上玉佩作为信物。他告诉读者这位佳人不仅外貌映丽，而且习礼而明诗。女神宓妃对曹植也一往情深，举琼珶以还礼，指深渊以为誓。这一番描写是合乎情理的。奇怪的事发生在此后，求爱刚刚成功，君王曹植却收起笑脸，转变立场，变为一个"申礼防以自持"的礼法之士。这种剧情的翻转不符合常情常理。爱情中两个人的分手事件并不鲜见，所以有"等闲变却故人心，却道故人心易变"的感慨。但是，在求爱成功的瞬间便马上反悔则不合人之常情。不论《洛神赋》是写曹植与甄氏的爱情，还是写曹植与神女的爱情，这都

---

① 曹植著，赵幼文校注：《曹植集校注》，第283—284页。

是一处让人疑窦丛生的地方。

疑点二：接下来写众神歌舞游戏，似乎游离于爱情的主题之外。《洛神赋》写："众灵杂沓，命俦啸侣，或戏清流，或翔神渚，或采明珠，或拾翠羽。"[1]如果从爱情的角度去看，在得知曹植出尔反尔之后，女神本该非常生气。可没有想到女神却若无其事，她与众多的女神一起载歌载舞、嬉戏欢闹。这一段与爱情主题相关的只有一句话："超长吟以永慕兮，声哀厉而弥长。"目睹女神舞蹈的曹植只有一个感受："华容婀娜，令我忘餐。"曹植如同一个局外人，在观看一场盛大的演出，他对自己的反悔没有任何歉意。

疑点三：写曹植和宓妃两人的告辞时，曹植表现得过于被动，几乎完全隐身。《洛神赋》云："（洛神）动朱唇以徐言，陈交接之大纲。恨人神之道殊兮，怨盛年之莫当。抗罗袂以掩涕兮，泪流襟之浪浪。悼良会之永绝兮，哀一逝而异乡。无微情以效爱兮，献江南之明珰。虽潜处于太阴，长寄心于君王。"[2]这时舞台的主角是宓妃。宓妃恨人神之道殊，泣涕涟涟，表示自己会"长寄心于君王"。即使作为配角，这时的曹植似乎也应该有所表示。与宓妃的多情深情相较，我们看不到曹植与洛神之间的情感互动。

其次，再让我们顺着"寄心君王"说的观点看看此说是否有理。"寄心君王"说最大的问题在于人物关系的混乱。在儒士眼里，《洛神赋》最闪光的金句就是"长寄心于君王"六个大字，他们据此认定该

---

① 曹植著，赵幼文校注：《曹植集校注》，第284页。
② 曹植著，赵幼文校注：《曹植集校注》，第284—285页。

赋表现了曹植对魏文帝曹丕的拳拳之心。但问题在于,《洛神赋》中是女神宓妃向"余"——君王曹植表示"长寄心于君王"。如果要说君王曹植表白忠爱魏文帝曹丕,现实角色与作品角色就容易出现混乱。这时候首先需要回答的问题是究竟谁是君王,因为现实中的君王是曹丕,而作品中的君王是曹植。显然,混乱就出现在这里。

按照习惯性思维,"神尊而人卑",应该以神仙宓妃喻君王曹丕,以凡人曹植喻臣下"余"。何焯《义门读书记》卷四十五:"植既不得于君,因济洛川作为此赋,托辞宓妃以寄心文帝,其亦屈子之志也。""神尊而人卑,喻君臣也。""'虽潜处于太阴',太阴犹言穷阴,自言所处之幽远也。君王谓宓妃,以喻文帝也。"[1]丁晏《曹集诠评》卷二:"寄心君王,托之宓妃、洛神,犹屈、宋之志也。"[2]他们正是这样理解的。按照这样的说法,女神宓妃是曹丕的化身,臣下曹植要向他效忠。但是,赋中明明写的是宓妃表白要寄心于曹植。那就是说要曹丕寄心于曹植?这是万万不可能的。所以这样理解就成了一个无法解释的硬伤。

于是,就有人用女神宓妃代指曹植,君王是曹丕。清人朱乾《乐府正义》卷十四:"然则《洛神》一赋,乃其悲君臣之道否,哀骨肉之分离,托为神人永绝之词,'潜处太阴,寄心君王',贞女之死靡他,忠臣有死无贰之志,小说家附会'感甄',李善不知而误采

---

[1] 何焯著,崔高维点校:《义门读书记》,中华书局,1987年,第883、886页。
[2] 曹植著,朱绪曾考异,丁晏铨评,杨焄点校:《曹植集》,上海古籍出版社,2019年,第39页。

之。"①潘德舆《养一斋诗话》卷二："子建人品甚正，志向甚远。……即《洛神》一赋，亦纯是爱君恋阙之词。其赋以朝京师、还济洛川入手，以'潜处于太阴，寄心于君王'收场，情词亦至易见矣。盖魏文性残刻而薄宗支，子建遭谗谤而多哀惧，故形于诗者非一，而此亦其类也。首陈容色以表其才，次言信修以表其德，继以狐疑为忧，终以交结为愿，岂非诗人讽托之常言哉？不解注此赋者何以阑入甄后一事，致使忠爱之苦心，诬为禽兽之恶行。千古奇冤，莫大于此。"②按照上说法，贞女洛神摇身变为曹植，曹丕则变成了君王曹植，这样就可以说通"长寄心于君王"这一句了，但又与"神尊而人卑"的传统观念发生了冲突。且这样的改动不仅不符合作品原意，反而会把读者搞得一头雾水，无所适从。

如果以上解读没有错，那么不仅传统的"感甄"说不能成立，而且所有的爱情说均不能成立；不仅所谓的"寄心文帝"说不能成立，而且所有的政治立场说均不能成立。如果说曹植在黄初四年写作的《洛神赋》既不是一出凄美的爱情绝唱，也不是一篇心系君王的表白书。那么它是什么呢？

二、曹植的抑郁型心境障碍

结合曹植作品和相关史料，我们有理由相信，黄初四年七月

---

①曹植著，朱绪曾考异，丁晏铨评，杨焄点校：《曹植集》，第32页。
②潘德舆著，朱德慈辑校：《养一斋诗话》，中华书局，2010年，第26—27页。

写作《洛神赋》之时的曹植患有抑郁型心境障碍。现代精神医学认为：心境障碍又称情感性精神障碍，它是以情感或心境改变为主要临床特征的一组精神障碍。心境障碍又表现为抑郁型或躁狂型两种类型。[1]心境障碍严重时常伴有消极自杀的观念或行动。[2]应激性生活事件是促发心境障碍的重要原因。促发心境障碍的主要应激性生活事件包括：可能危及生命的生活事件、负性生活事件（如家庭成员的突然病故和离别）、长期的不良处境（如家庭成员关系紧张）等。以上不良因素可以引起叠加致病作用。[3]作为患者的曹植不仅具有抑郁型心境障碍症状，甚至出现过自杀意念，多种应激性生活事件的叠加是他陷入心境障碍泥潭中的主要原因。

自杀，即使是自杀意念也是一个耸人听闻的词。黄初四年，曹植有自杀意念的文献证据有二：其一，《陈思王植传》引《魏略》曰："初植未到关，自念有过，宜当谢帝。乃留其从官著关东，单将两三人微行，入见清河长公主，欲因主谢。而关吏以闻，帝使人逆之，不得见。太后以为自杀也，对帝泣。"[4]知子莫若母，太后以为曹植已经自杀，并非无端猜测。其二，《陈思王植传》载："（黄初）四年，徙封雍丘王。其年，朝京都。上疏曰：臣自抱衅归藩，刻肌刻骨，追思罪戾，昼分而食，夜分而寝。诚以天罔不可重离，圣恩难可再恃。窃感《相鼠》之篇，无礼遄死之义，形影相吊，五情愧赧。以

① 江开达主编：《精神病学》，人民卫生出版社，2010年，第142页。
② 江开达主编：《精神病学》，第149页。
③ 江开达主编：《精神病学》，第147页。
④ 陈寿撰，裴松之注：《三国志》卷十九《陈思王植传》，第564页。

罪弃生，则违古贤'夕改'之劝，忍活苟全，则犯诗人'胡颜'之讥。"①可见"抱衅归藩"之后，曹植一直在"以罪弃生"和"忍活苟全"之间犹豫，始终没有放弃"以罪弃生"的念头。据此，我们说黄初四年的曹植一度具有自杀意念，并非厚诬古人。

毫无疑问，黄初年间（220—226）和太和年间（227—232）的曹植一直处在抑郁压抑当中。《陈思王植传》裴松之注："植常为琴瑟调歌，辞曰：'吁嗟此转蓬，居世何独然！长去本根逝，夙夜无休闲。东西经七陌，南北越九阡，卒遇回风起，吹我入云间。自谓终天路，忽焉下沉渊。惊飙接我出，故归彼中田。当南而更北，谓东而反西，宕宕当何依，忽亡而复存。飘飘周八泽，连翩历五山，流转无恒处，谁知吾苦艰？愿为中林草，秋随野火燔，糜灭岂不痛，愿与根荄连。'"②一棵无根的转蓬，这是曹植对自己一生命运的总结。曹植一生作品甚多，而他后期常吟常诵的却只是这一首。命运掌握在曹丕父子手中，自己只能任人宰割。曹植《迁都赋序》中言："余初封平原，转出临淄，中命鄄城，遂徙雍丘，改邑浚仪，而末将适于东阿。"③《陈思王植传》注引孙盛曰："异哉，魏氏之封建也！不度先王之典，不思藩屏之术，违敦睦之风，背维城之义。……魏氏诸侯，陋同匹夫。"④《武文世王公传》注引《袁子》曰："于是封建侯王，皆使寄地，空名而无其实。王国使有老兵百余人，以卫其国。虽有王

<hr>

① 陈寿撰，裴松之注：《三国志》卷十九《陈思王植传》，第562—563页。
② 陈寿撰，裴松之注：《三国志》卷十九《陈思王植传》，第576页。
③ 曹植著，赵幼文校注：《曹植集校注》，第392页。
④ 陈寿撰，裴松之注：《三国志》卷十九《陈思王植传》，第576—577页。

侯之号，而乃侪为匹夫。县隔千里之外，无朝聘之仪，邻国无会同之制。诸侯游猎不得过三十里，又为设防辅监国之官以伺察之。王侯皆思为布衣而不能得。"①"植每欲求别见独谈，论及时政，幸冀试用，终不能得。既还，怅然绝望。时法制，待藩国既自峻迫，寮属皆贾竖下才，兵人给其残老，大数不过二百人。又植以前过，事事复减半，十一年中而三徙都，常汲汲无欢，遂发疾薨，时年四十一。"②比较起来，太和年间在生活上已经有了很大的改变，且没有刀悬在头顶的恐惧感。而在黄初年间，曹植时刻有性命之忧。在中国古代历史上，有谁体验过曹植这般的痛楚？这样一种从天空跌落泥塘的感受，除了陈叔宝、李煜等亡国之君之外，应该就数到曹植了。

黄初元年到黄初四年期间，导致曹植形成抑郁型心境障碍的应激性生活事件有三：

一是曹丕对曹植的持续打压和迫害。建安时代，曹丕、曹植一度都有做太子的可能性。据《陈思王植传》："每进见难问，应声而对，特见宠爱。……植既以才见异，而丁仪、丁廙、杨修等为之羽翼。太祖狐疑，几为太子者数矣。而植任性而行，不自雕励，饮酒不节。文帝御之以术，矫情自饰，宫人左右，并为之说，故遂定为嗣。"③虽然曹植未必有争做太子的想法，但曹丕认定他是自己的头号竞争对手。《陈思王植传》："（建安二十四年）太祖既虑终始之变，以

---

①陈寿撰，裴松之注：《三国志》卷二十《武文世王公传》，第591—592页。
②陈寿撰，裴松之注：《三国志》卷十九《陈思王植传》，第576页。
③陈寿撰，裴松之注：《三国志》卷十九《陈思王植传》，第557页。

杨修颇有才策，而又袁氏之甥也，于是以罪诛修。植益内不自安。"①曹丕即王位后，马上诛丁仪、丁廙并其男口。又诛孔桂，因为孔桂以前也曾亲附曹植。曹丕一面清除曹植党羽，一面对曹植展开正面攻击。《陈思王植传》载：黄初二年，"监国谒者灌均希指，奏'植醉酒悖慢，劫胁使者'。有司请治罪，帝以太后故，贬爵安乡侯"。②黄初三年，"东郡太守王机、防辅吏仓硕'诬白'曹植，使之又'获罪圣朝'，遂有朝廷'百寮之典议'，曹植被'议'成'三千之首戾'，几遭'大辟'。此是曹植黄初中所受到第二次治罪"。③据曹植《黄初六年令》可知，黄初四年在雍丘"又为监官所举"。这是曹植在黄初中受到的第三次治罪。黄初四年五月朝京都时，文帝令植独处西馆，不予诏见。《陈思王植传》裴注引《魏略》曰："会植科头负鈇锧，徒跣诣阙下，帝及太后乃喜。及见之，帝犹严颜色，不与语，又不使冠履。植伏地泣涕，太后为不乐。"④倘若没有太后的回护，曹植是不是会命丧黄泉？这个问题只有曹丕知道答案。曹植则如惊弓之鸟，终日战战兢兢，如履薄冰。

二是黄初四年六月，曹彰之死给曹植带来了巨大的精神创伤。曹植等诸侯王在京城期间，任城王曹彰突然"暴薨"。《魏氏春秋》曰："是时待遇诸国法峻。任城王暴薨，诸王既怀友于之痛。"⑤曹植与任城王的关系不同诸王。《任城威王彰传》裴注《魏略》曰：曹操

①陈寿撰，裴松之注：《三国志》卷十九《陈思王植传》，第558页。
②陈寿撰，裴松之注：《三国志》卷十九《陈思王植传》，第561页。
③徐公持：《曹植年谱考证》，第295页。
④陈寿撰，裴松之注：《三国志》卷十九《陈思王植传》，第564页。
⑤陈寿撰，裴松之注：《三国志》卷十九《陈思王植传》，第564页。

去世后，"彰至，谓临菑侯植曰：'先王召我者，欲立汝也。'植曰：'不可。不见袁氏兄弟乎！'"①《贾逵传》："时鄢陵侯彰行越骑将军，从长安来赴，问逵：'先王玺绶所在？'逵正色曰：'太子在邺，国有储副。先王玺绶，非君侯所宜问也。'"②因为有以前的这些故事，曹彰的死就有了很多传说。《世说新语·尤悔》载：曹丕毒死曹彰后，"复欲害东阿，太后曰：'汝已杀我任城，不得复杀我东阿。'"③此事之真假尚可探究。但曹彰"暴薨"给曹植带来的震惊是前所未有的。他在《赠白马王彪》其五中哭诉道："叹息将何为？天命与我违！奈何念同生，一往形不归！孤魂翔故域，灵柩寄京师。存者勿复过，亡殁身自衰。"④他在为兄长哭泣，也在为自己哭泣。

三是曹植、曹彪还国之时，监国使者不许二王同行，让曹植"意毒恨之"。《赠白马王彪》与《洛神赋》的写作时间最为接近。赵幼文《曹植集校注》中将《洛神赋》与《赠白马王彪》一前一后排在一起。徐公持《曹植年谱考证》中，《赠白马王彪》居前，《洛神赋》在后。徐公持按曰："本篇撰于黄初四年七月曹植自洛阳返雍丘途中无疑，与《赠白马王彪》同时而稍后。……《洛神赋》中流露无限孤寂，惟有'御者''仆夫'在场，并为惟一对话对象，显然其时曹彪已不在场。"⑤因此，《赠白马王彪》是我们解读《洛神赋》的重要参考文献。

---

① 陈寿撰，裴松之注：《三国志》卷十九《任城威王彰传》，第557页。
② 陈寿撰，裴松之注：《三国志》卷十五《贾逵传》，第481页。
③ 刘义庆著，刘孝标注，余嘉锡笺疏：《世说新语笺疏》卷下之上《尤悔第三十三》，中华书局，2007年，第1048页。
④ 曹植著，赵幼文校注：《曹植集校注》，第298页。
⑤ 徐公持：《曹植年谱考证》，第319页。

《魏氏春秋》曰："植及白马王彪还国，欲同路东归，以叙隔阔之思，而监国使者不听。植发愤告离而作诗。"①诗即《赠白马王彪》，序曰："黄初四年五月，白马王、任城王与余俱朝京师，会节气。到洛阳，任城王薨。至七月，与白马王还国。后有司以二王归藩，道路宜异宿止，意毒恨之！盖以大别在数日，是用自剖，与王辞焉。愤而成篇。"②诗中写到了对曹丕爪牙的愤怒："鸱枭鸣衡轭，豺狼当路衢；苍蝇间白黑，谗巧令亲疏。欲还绝无蹊，揽辔止踟蹰。"③也写到了与曹彰的死别，还写到了与曹彪的生离："玄黄犹能进，我思郁以纡。郁纡将难进？亲爱在离居。本图相与偕，中更不克俱。""丈夫志四海，万里犹比邻。恩爱苟不亏，在远分日亲。何必同衾帱，然后展殷勤！……仓猝骨肉情，能不怀苦辛！""离别永无会，执手将何时？王其爱玉体，俱享黄发期。收涕即长路，援笔从此辞。"④"离别永无会"五字透露出曹植对兄弟重逢的绝望，暗含着他对曹丕集团谋杀自己的担忧，也含有轻生的念头。这一年曹植只有三十二岁，他写出"年在桑榆间，影响不能追"⑤时，让人误以为是两位老者在告别。

被当今皇帝视为眼中钉且给予雷霆万钧般的重压、同胞兄长曹彰突然"暴薨"、眼前与曹彪永远不会重逢的离别，正是这些条件叠加起来，让处在惊恐万状中的曹植陷入了抑郁型心境障碍。

---

①陈寿撰，裴松之注：《三国志》卷十九《陈思王植传》，第564—565页。

②曹植著，赵幼文校注：《曹植集校注》，第294页。

③曹植著，赵幼文校注：《曹植集校注》，第297页。

④曹植著，赵幼文校注：《曹植集校注》，第296—297、299—300页。

⑤曹植著，赵幼文校注：《曹植集校注》，第298页。

三、洛神是曹植的精神性幻觉

换一个角度看,《洛神赋》中的人神相恋故事乃是一个心境障碍者的精神性幻觉,是一位具有自杀意念者的隐喻文字。心境障碍主要表现为情感高涨或低落,伴有幻觉、妄想等精神病性症状。[①]有时也会出现自杀意念。社会学家认为:"自杀意念是行为主体偶然体验到的自杀动机,对自杀产生幻想或打算自杀,但没有直接采取或实现自杀行为的外显行动。"[②]精神幻觉是一种无意识的状态,自杀意念是一种有意识的谋划,但在精神障碍者身上两者有可能会同期出现。

黄初四年七月,曹植逃离了令人恐怖的洛阳城,一路奔波,终于来到洛水河畔。夕阳西下之时,面对滔滔洛水,曹植进入了精神幻觉状态。《洛神赋》第一段写:

> 余从京域,言归东藩。背伊阙,越轘辕,经通谷,陵景山。日既西倾,车殆马烦。尔乃税驾乎蘅皋,秣驷乎芝田,容与乎阳林,流眄乎洛川。于是精移神骇,忽焉思散。俯则未察,仰以殊观。睹一丽人,于岩之畔。乃援御者而告之曰:"尔有觌于彼者乎?彼何人斯,若此之艳也!"御者对曰:"臣闻河洛之神,

---

① 江开达主编:《精神病学》,第142页。
② 李建军:《自杀研究》,社会科学文献出版社,2013年,第121页。

名曰宓妃。然则君王之所见也，无乃是乎！其状若何？臣愿
闻之。"①

"精移神骇，忽焉思散"八个字明确告诉我们诗人进入了幻觉状态，
以下都是幻觉状态的记录。在这种迷幻状态下，他看见一位丽人立
于山岩之畔，并与她有了交往。等他半醒之时，手拉御者连续追问
了两个问题："尔有觌于彼者乎？彼何人斯？"既然御者说什么也没有
看见，就说明所谓丽人只是曹植的幻觉。知道御者什么也没有看见，
还要追问"彼何人斯"，可见曹植此时意识不清楚。曹植对丽人最鲜
明的记忆只有"若此之艳"四个字。从"余告之曰"以下一直到"忽
不悟其所舍，怅神宵而蔽光"，是曹植对御者的讲述。

在幻境中，宓妃不仅美貌无比，且飘忽不定、变幻莫测："翩
若惊鸿，婉若游龙。""仿佛兮若轻云之蔽月，飘飖兮若流风之回
雪。""践远游之文履，曳雾绡之轻裾。""忽焉纵体，以遨以嬉。""神
光离合，乍阴乍阳。""体迅飞凫，飘忽若神。陵波微步，罗袜生
尘。""动无常则，若危若安。"神女宓妃宛如镜中之象，水中之月，
恍惚迷离，只可远观，无法接近。接着作者又描绘了一个众神出场
游戏的场面：

　　尔乃众灵杂沓，命俦啸侣，或戏清流，或翔神渚，或采明
珠，或拾翠羽。从南湘之二妃，携汉滨之游女。叹瓠瓜之无匹

---

① 曹植著，赵幼文校注：《曹植集校注》，第283页。

令，咏牵牛之独处。……于是屏翳收风，川后静波。冯夷鸣鼓，女娲清歌。腾文鱼以惊乘，鸣玉鸾以偕逝。六龙俨其齐首，载云车之容裔，鲸鲵踊而夹毂，水禽翔而为卫。①

从一个神女的描写，转入到对一群神女的描写。洛水女神竟然与湘水女神、汉水女神一起携手游戏，她们的身后有一支神仙亲友团为之鸣鼓清歌，如此奇妙的景象只能出现在梦境或幻境。

《洛神赋》中的宓妃本来是一个不幸溺亡的女鬼，后来才变成了光彩照人的女神。在这篇赋中，宓妃乃是一位死亡女神。序中说："古人有言，斯水之神，名曰宓妃。"《文选》五臣注："翰曰：斯水，洛水也。宓妃，伏羲氏女，溺洛水而死，遂为洛神。"宓妃对曹植也说自己"潜处于太阴"。《文选》五臣注："济曰：太阴，鬼神道。"宓妃透露说自己长期生活在一个暗无天日的地方。当曹植接近洛水，自然会想到宓妃。在《洛神赋》中，不仅宓妃是一个溺死者，而且在传说中，"南湘之二妃"也是溺死者，鸣鼓的冯夷也是一个溺死者。一群溺水身亡者包围了曹植，让曹植惊慌失措，呆若木鸡。按照正常的生活逻辑，在宓妃接受了曹植的求爱之后，曹植不应该突然反悔。但如果我们把宓妃看作一个死亡女神，曹植的反悔就很好理解了。由于生活的重压和创伤，曹植的精神濒临崩溃的边缘。他在洛水之滨时想到了自杀，他仿佛看见洛神——这个死亡女神向他走来，对他微笑，邀他共舞。他已经答应了她，他要与她同去了。这时候

---

① 曹植著，赵幼文校注：《曹植集校注》，第284页。

理智又让他苏醒，他不想离开现实世界。死亡女神看见曹植的犹豫，邀请来自己的同伴在曹植面前游戏起舞，诱导他跟她们同去，享受死亡的快乐。后来，看见曹植不为所动，死亡女神只好匆匆离去。宓妃说自己会"长寄心于君王"，乃是曹植意识到死亡女神会长久地跟随自己。整个黄初年间，死亡的幽灵时刻在曹植身边盘旋俯视。这所谓的依依惜别之情，其实是曹植内心深处弃世念头的投射。

赋的结尾写：

> 于是背下陵高，足往神留，遗情想像，顾望怀愁。冀灵体之复形，御轻舟而上溯，浮长川而忘反，思绵绵而增慕。夜耿耿而不寐，沾繁霜而至曙。命仆夫而就驾，吾将归乎东路。揽騑辔以抗策，怅盘桓而不能去。①

当神女离去，如果不是幻觉，就应该想到彼此赠送过礼物，看看佩玉是否还在自己身上，自己身边是否多出了琼瑶。很明显，曹植知道宓妃只是一个幻象，刚刚经历的爱情只是一个幻境。但是在宓妃离去之后，他依然驾轻舟前去追寻，返回后又彻夜不眠，一直折腾到天亮。"夜耿耿而不寐，沾繁霜而至曙"，这一夜，曹植不是在追寻宓妃，而是徘徊在阴阳两界的边缘，他在痛苦地思考：生存还是毁灭？值得庆幸的是，经过彻夜的挣扎，最终理性战胜了非理性，曹植终于放弃了自杀意念，走上前往藩国的东路。一场精神的危机

---

① 曹植著，赵幼文校注：《曹植集校注》，第285页。

就这样过去了。

《洛神赋》中曹植的讲述可以分为两部分，一部分是对宓妃美貌的描绘，一部分是曹植与宓妃的传奇故事。这一段讲述共778字，其中对宓妃的美貌的描写就占了352字，几乎占到了曹植述说的一半。赋中写道：

> 其形也，翩若惊鸿，婉若游龙。荣曜秋菊，华茂春松。仿佛兮若轻云之蔽月，飘飘兮若流风之回雪。远而望之，皎若太阳升朝霞；迫而察之，灼若芙蓉出渌波。秾纤得衷，修短合度。肩若削成，腰如约素。延颈秀项，皓质呈露。芳泽无加，铅华弗御。云髻峨峨，修眉连娟。丹唇外朗，皓齿内鲜，明眸善睐，辅靥承权。瑰姿艳逸，仪静体闲。柔情绰态，媚于语言。奇服旷世，骨像应图。披罗衣之璀粲兮，珥瑶碧之华琚。戴金翠之首饰，缀明珠以耀躯。践远游之文履，曳雾绡之轻裾。微幽兰之芳蔼兮，步踟蹰于山隅。于是忽焉纵体，以遨以嬉。左倚采旄，右荫桂旗。攘皓腕于神浒兮，采湍濑之玄芝。……扬轻袿之猗靡兮，翳修袖以延伫。体迅飞凫，飘忽若神，陵波微步，罗袜生尘。动无常则，若危若安。进止难期，若往若还。转盼流精，光润玉颜。含辞未吐，气若幽兰。华容婀娜，令我忘餐。[①]

诗人为什么要用这么多的字句去描述女神之美？因为只有跟随死亡

---

① 曹植著，赵幼文校注：《曹植集校注》，第283—284页。

女神，举身赴洛水，才能得到彻底的解脱。自从曹植在河边有了自杀意念，他已经迷恋上了死亡女神宓妃。只有把死亡女神描绘得如此摄人魂魄，才能促使曹植下决心离开这个丑恶的世界。从这里我们也可以推测曹植受到了庄子死亡观的影响。

在曹植之前，还没有人去倾力描写死亡之美，只有庄子把让人惊惧恐怖的死亡描写得云淡风轻。《庄子·知北游》曰："生也死之徒，死也生之始，孰知其纪！人之生，气之聚也。聚则为生，散则为死。若死生为徒，吾又何患！故万物一也，是其所美者为神奇，其所恶者为臭腐；臭腐复化为神奇，神奇复化为臭腐。"在《庄子·至乐》中不仅有妻子死后庄子"鼓盆而歌"的故事，庄子还向我们讲述了死亡之后的极度快乐：

> 庄子之楚，见空髑髅，髐然有形，撽以马捶，因而问之，曰："夫子贪生失理，而为此乎？将子有亡国之事，斧钺之诛，而为此乎？将子有不善之行，愧遗父母妻子之丑，而为此乎？将子有冻馁之患，而为此乎？将子之春秋故及此乎？"于是语卒，援髑髅，枕而卧。夜半，髑髅见梦曰："子之谈者似辩士。视子所言，皆生人之累也，死则无此矣。子欲闻死之说乎？"庄子曰："然。"髑髅曰："死，无君于上，无臣于下；亦无四时之事，从然以天地为春秋，虽南面王乐，不能过也。"庄子不信，曰："吾使司命复生子形，为子骨肉肌肤，反子父母、妻子、闾里、知识，子欲之乎？"髑髅深矉蹙頞曰："吾安能弃南面王乐，而复为人间之劳乎！"

在庄子的笔下，死亡是自然的也是快乐的，死亡是一种陶醉和解脱。曹植继承了庄子的死亡意识，在此赋中他把死亡之神描绘成一位绝世的女子，他礼赞宓妃、追寻宓妃，都是在歌颂死亡。死亡的世界里没有君臣，没有俗务，只有相爱的女神陪伴在自己左右。只有死亡才可以彻底摆脱这个残暴而无处不在的皇帝，才可以告别这个冰冷而丑恶的社会。庄子可以笑对死亡，他也勘破了人间世，但他不会去主动选择自杀。从这个角度看，庄子思想启发曹植塑造出了死亡女神宓妃的动人形象，也让他最终拒绝了死亡女神之吻。

自杀意念多具有一定的隐蔽性。曹植也不想把自己的自杀意念公之于众，所以他在《洛神赋》中主动采用了隐喻方式。瞿蜕园解读序中的"黄初三年"时说："似乎作者有意不写真实年代，以表明所写的是寓言而不是事实。"①《洛神赋》序还说："感宋玉对楚王神女之事，遂作斯赋。"宋玉之赋只是一个梦境，他写楚王与神女的故事时采用代言体；而曹植写自己与神女的故事是一个幻象，且采用了自言体。按照我们上面的解读推测，作者这样说意欲借用楚王之梦来隐藏自己的真实意图，以扰乱读者的视听。自杀也好，自杀意念也好，对于最终没有投水自杀的曹植而言，毕竟不是什么光彩的事，不能去大力张扬。同时，作为具有"八斗之才"的曹植，他也不想让自己的苦闷烂在肚子里，就像什么都没有发生过一样，于是他采用了隐喻的方式描绘了自己在洛水河畔的精神挣扎。在曹植的一生中，那是一个与死亡女神擦肩而过的黄昏，让他终生难忘。

---

① 瞿蜕园选注：《汉魏六朝赋选》，上海古籍出版社，1979年，第64页。

在阅读《洛神赋》文本时，不难发现传统的"感甄"说和"寄心君王"说皆有难以自圆其说的地方。从现代精神医学的视角看，黄初四年七月，遭受了巨大心灵创伤的曹植患有抑郁型心境障碍。在离开洛阳前往鄄城的途中，经过洛水之滨时，他有过一次精神幻觉体验，甚至还出现过举身赴河水的意念。如此看来，所谓宓妃，不是甄后的代称，而是死亡女神的象征。曹植用千古名作《洛神赋》记录下了自己在痛苦巅峰时的心路历程。

第三章　庄子思想对竹林名士的影响

　　学术界一向把名教与自然之关系看作是玄学的根本问题，汤一介说："魏晋玄学指魏晋时期以老庄（或三玄）思想为骨架，从两汉繁琐的经学解放出来，企图调和'自然'与'名教'的一种特定的哲学思潮。"①同时，学术界通常把魏晋玄学分为三个时段：第一时段是正始玄学，第二时段是竹林玄学，第三时段是元康玄学。三代玄学家围绕着名教与自然这个根本问题展开哲理层面的讨论：正始玄学领袖王弼提出了"名教本于自然"的命题，以自然为本，以名教为末，认为自然是治之道，名教乃治之具，名教是自然的载体；竹林玄学领袖嵇康高举起"越名教而任自然"的大旗，认为儒家所宣扬的礼法名教，既束缚人性又违反自然，人不应为名教所拘束；元康玄学领袖郭象提出了"名教即自然"的命题，认为自然是万事万象的本然本性，名教就是一切政治制度、伦理规范，现实社会中君臣上下的名分，是天理自然的合理反映。以上论断简明地勾勒出魏晋玄学发展的不同阶段，自有其合理成分，但也有值得商兑之处。

---

① 汤一介：《魏晋玄学讲义》，鹭江出版社，2006年，第41页。

我们认为这种论断忽略了"名教"在三个阶段中的复杂内涵，也忽略了"自然"在三个阶段的不同定义。仅仅就竹林玄学而言，笼统地用嵇康的"越名教而任自然"代表竹林七贤的价值取向是不准确的，嵇康"越名教而任自然"并不代表阮籍"越名教而任自然"，更不代表山涛、向秀等人"越名教而任自然"。

竹林七贤以爱好老庄思想闻名于世，其中以嵇康、阮籍、山涛和向秀四位影响最大。他们与庄子思想的关系，史籍上都有明确记载。《嵇康传》曰："恬静寡欲，含垢匿瑕，宽简有大量。学不师受，博览无不该通，长好《老》《庄》。"[①]《阮籍传》曰："籍容貌瑰杰，志气宏放，傲然独得，任性不羁，而喜怒不形于色。或闭户视书，累月不出；或登临山水，经日忘归。博览群籍，尤好《庄》《老》。"[②]《山涛传》曰："涛早孤，居贫，少有器量，介然不群。性好《庄》《老》，每隐身自晦。与嵇康、吕安善，后遇阮籍，便为竹林之交，著忘言之契。"[③]《向秀传》曰："清悟有远识，少为山涛所知，雅好老庄之学。庄周著内外数十篇，历世才士虽有观者，莫适论其旨统也，秀乃为之隐解，发明奇趣，振起玄风，读之者超然心悟，莫不自足一时也。"[④]竹林七贤同样以庄老为师，但因为他们对名教的态度不同，从而导致他们在吸纳庄子思想时所获得的营养成分也不尽相同。他们各自所践行的庄子思想其实是一种对庄子思想的重构。从他们对

① 房玄龄等：《晋书》卷四十九《嵇康传》，第1369页。
② 房玄龄等：《晋书》卷四十九《阮籍传》，第1359页。
③ 房玄龄等：《晋书》卷四十三《山涛传》，第1223页。
④ 房玄龄等：《晋书》卷四十九《向秀传》，第1374页。

待名教与自然的态度来看，既然嵇康的态度已经被后人概括为"越名教而任自然"，那么我们可以顺着这一思路，把阮籍的态度概括为"轻名教而任自然"，把山涛的态度概括为"尊名教而任自然"，把向秀的态度概括为"顺名教而任自然"。以下分别就嵇康、阮籍、山涛和向秀四人的处世方式展开讨论。

一、嵇康：越名教而任自然

（一）嵇康与名教的矛盾反映了他与司马氏集团之间的冲突

名教即以名为教，广义的名教也就是社会上长久盛行的一整套儒家伦理体系、等级秩序、意义框架，它规定和影响了古代中国人整体的心灵秩序与生活法则。随着正始十年（249）正月高平陵事变的发生，司马氏集团逐步控制了朝政，竹林名士所面对的名教与以王弼为代表的正始名士所心仪的名教有了不同的内涵。竹林名士所面对的名教，一是汤武周孔之道，也即传统的儒家思想；二是朝廷内的礼法之士所宣扬的名教，这伙人以忠孝仁义礼信为标榜，全力维护"三纲五常"的道德规范和伦理制度；三是司马氏集团所提倡的名教，司马氏集团号称以名教治天下，其实是把名教作为一种为篡逆提供服务的理论武器和迫害异己的手段。

嵇康如何看待汤武周孔之道，即传统的儒家思想，这是一个有争议的问题。从嵇康的文章中看，他"每非汤武而薄周孔"（《与山巨源绝交书》）、"越名教而任自然"（《释私论》），明确否定儒家思想。但是按照鲁迅的观点来看："魏晋时代，崇尚礼教的看来似乎很不错，而实在是毁坏礼教，不信礼教的。表面上毁坏礼教者，实则倒是承认礼教，太相信礼教。因为魏晋时代所谓崇尚礼教，是用以自利，那崇奉也不过偶然崇奉。"①另外，也有学者指出，嵇康虽然反抗儒家思想，但他的行为实则符合儒家的节义观，刘强说："嵇康虽祖述庄老、菲薄周孔，甚乃发出'越名教而任自然'的不平之鸣，然观其人行迹，实上承汉末陈蕃、范滂、李膺、孔融辈之婞直之风，乃一典型的儒家士大夫，其宁为玉碎、不为瓦全的最终结局，实亦践行了儒家'舍生取义''杀身成仁'的最高理想。"②从实际效果上看，这种说法不无道理。后人对于嵇康的敬仰，就与他面对强权不屈不挠的拼搏精神相关。对于宣扬名教的礼法之士，嵇康深恶痛绝，在这一点上，他和阮籍是一致的。对竹林七贤来说，是否投靠司马氏集团，至少是否承认司马氏集团的合法性地位，成为一个最重要的政治问题凸显在名士面前。在竹林七贤中，敢于与司马氏集团剑拔弩张的只有嵇康一个人，其他六人先后都与司马氏采取了积极或消极的合作态度。

嵇康之死，有多方面的原因，既与嵇康是曹操曾孙女女婿的身份相关，也与钟会的谗言相关，更与嵇康致山涛的绝交信相关。《嵇康传》曰："与魏宗室婚，拜中散大夫。"③《武文世王公传》注曰："案

---

① 鲁迅：《魏晋风度及文章与药及酒之关系》，《鲁迅全集》第三卷《而已集》，人民文学出版社，2005年，第535页。
② 刘强：《归名教与任自然——〈世说〉研究史上的"名教"与"自然"之争》，《学术研究》2019年第6期。
③ 房玄龄等：《晋书》卷四十九《嵇康传》，第1369页。

《嵇氏谱》：嵇康妻，林子之女也。"[1]鲁迅认为："嵇康的送命，并非为了他是傲慢的文人，大半倒因为他是曹家的女婿。"[2]陈寅恪也持相同观点，认为嵇康之死与此有关。据《嵇康传》载："初，康居贫，尝与向秀共锻于大树之下，以自赡给。颍川钟会，贵公子也，精练有才辩，故往造焉。康不为之礼，而锻不辍。良久会去，康谓曰：'何所闻而来？何所见而去？'会曰：'闻所闻而来，见所见而去。'会以此憾之。及是，言于文帝曰：'嵇康，卧龙也，不可起。公无忧天下，顾以康为虑耳。'因谮'康欲助毌丘俭，赖山涛不听。昔齐戮华士，鲁诛少正卯，诚以害时乱教，故圣贤去之。康、安等言论放荡，非毁典谟，帝王者所不宜容。宜因衅除之，以淳风俗'。帝既昵听信会，遂并害之。"[3]钟会作为司马昭的亲信，礼法之士的代表，嵇康蔑视他，他嫉恨嵇康，造谣陷害嵇康，建议司马昭"因衅除之，以淳风俗"，完全有这种可能。通常大家认为曾经共同游于山林的山涛背叛了庄老思想，卖身投靠司马氏集团，企图拉嵇康下水推荐嵇康当官，嵇康写出了《与山巨源绝交书》，给予他迎头痛击并与之划清界限。《与山巨源绝交书》是研究嵇康山涛思想的重要史料，已有学者指出《与山巨源绝交书》中的"绝交"两字是有问题的，对此清人已经反复指出，今人徐公持也有详细论述。《与山巨源绝交书》的写作年代有景元二年（261）、景元三年、景元四年等不同说法，其中景元二年说最为盛行。《王粲传》裴松之注曰："山涛为选官，欲举康

---

[1] 陈寿撰，裴松之注：《三国志》卷二十《沛穆王林传》，第583页。
[2] 鲁迅：《再论"文人相轻"》，《鲁迅全集》第六卷《且介亭杂文二集》，第348页。
[3] 房玄龄等：《晋书》卷四十九《嵇康传》，第1373页。

自代，康书告绝，事之明审者也。案《涛行状》，涛始以景元二年除吏部郎耳。"①《世说新语·栖逸》刘孝标注引《嵇康别传》曰："山巨源为吏部郎，迁散骑常侍，举康，康辞之，并与山绝。岂不识山之不以一官遇已情耶？亦欲标不屈之节，以杜举者之口耳！乃答涛书，自说不堪流俗，而非薄汤武。大将军闻而恶之。"②《与山巨源绝交书》云："前年从河东还，显宗、阿都说足下议以吾自代，事虽不行，知足下故不知之。足下傍通，多可而少怪。吾直性狭中，多所不堪，偶与足下相知耳。间闻足下迁，惕然不喜，恐足下羞庖人之独割，引尸祝以自助，手荐鸾刀，漫之膻腥，故具为足下陈其可否。"③这里的前年即景元二年，可证《与山巨源绝交书》必然作于景元四年。④笔者认为作于景元四年的《与山巨源绝交书》并不是一篇与山涛的绝交书，它其实是一篇与司马氏集团的挑战书。据《王粲传》注引《魏氏春秋》曰："大将军尝欲辟康。康既有绝世之言，又从子不善，避之河东，或云避世。及山涛为选曹郎，举康自代，康答书拒绝，因自说不堪流俗，而非薄汤、武。大将军闻而怒焉。"⑤《与山巨源绝交书》中说"前年"有人说"足下议以吾自代"，此事只是一种传言，且事终不行。即使有过此事，也已经成为过去时了，到了今年（景元四年），嵇康"闻"山涛升迁，"恐"山涛再次"以吾自代"，这只

---

①陈寿撰，裴松之注：《三国志》卷二十一《王粲传》，第607页。
②刘义庆著，刘孝标注，余嘉锡笺疏：《世说新语笺疏》卷下之上《栖逸第十八》，第767页。
③嵇康著，戴明扬校注：《嵇康集校注》，第195—196页。
④参见顾农：《〈与山巨源绝交书〉作年考》，《江海学刊》1998年4期。
⑤陈寿撰，裴松之注：《三国志》卷二十一《王粲传》，第606页。

是嵇康的猜想之词，并不是山涛的过错。上引《魏氏春秋》明确说"大将军尝欲辟康"，可知举康自代并非山涛的意思，而是司马昭的意思，作为司马昭的部下，山涛只能落实司马昭的旨意。对此，嵇康并非不清楚，山涛并非不明白，在彼此清楚的情况下嵇康写作《与山巨源绝交书》，不是与山涛绝交，而是直接与司马昭宣战。在嵇康眼里司马氏政权"手荐鸾刀，漫之膻腥""己嗜臭腐，养鸳雏以死鼠也""自卜已审，若道尽涂穷则已耳，足下无事冤之，令转于沟壑也"。[①]自己宁死不从，让司马昭死了拉自己上贼船这条心。难怪《魏氏春秋》说"大将军闻而怒焉"。

可见嵇康的越名教主要在于政治层面，在于意识形态层面。这是他与其他六贤不同的地方。

（二）嵇康的自然以庄子思想为本

在老庄看来，宇宙的本体是无，"自然"（自然而然）是人与万物的理想状态。崇尚天然、本然，也是老庄思想的代名词。"自然"与老庄哲学思想紧密相连，体现了魏晋士人挣脱礼法束缚、崇尚自然人性和个体自由的精神取向。嵇康在《与山巨源绝交书》中说："老子、庄周，吾之师也。"又说："又读《庄》《老》，重增其放。"[②]《嵇康传》曰："康性慎言行，一旦缧绁，乃作《幽愤诗》，曰：'……爰及冠带，凭宠自放，抗心希古，任其所尚。托好《庄》《老》，贱物贵

---

① 嵇康著，戴明扬校注：《嵇康集校注》，第198页。
② 嵇康著，戴明扬校注：《嵇康集校注》，第196页。

身，志在守朴，养素全真。……仰慕严、郑，乐道闲居，与世无营，神气晏如。'"① 于此可以看出嵇康对庄子的推崇。《答难养生论》曰："无不须，故无往而不乏。无所须，故无适而不足。不以荣华肆志，不以隐约趋俗。混乎与万物并行，不可宠辱。"② 此一思想境界也就是《庄子》中的"逍遥"境界。《与山巨源绝交书》写自己的生活理想是："游山泽，观鱼鸟，心甚乐之。……今但愿守陋巷，教养子孙，时与亲旧叙阔，陈说平生，浊酒一杯，弹琴一曲，志愿毕矣。"③《兄秀才公穆入军赠诗十九首》其十五云："目送归鸿，手挥五弦。俯仰自得，游心太玄。嘉彼钓叟，得鱼忘筌。郢人逝矣，谁与尽言？"④ 嵇康不仅把庄子思想抒写在诗文中，也践行在行动中。罗宗强说："嵇康追求一种自由自在、闲适愉悦的、与自然相亲、心与道冥的理想人生。这种理想人生摆脱世俗的系累和礼法的拘束，而又有最起码的物质生活必需，有素朴的亲情慰藉。在这种生活里，他才能得到精神的自由，才有他自己的真实存在。庄子的纯哲理的人生境界，从此变成了具体的真实的人生。"⑤ 相较于庄子那种神游八极的逍遥游，嵇康追求的这样一种人生境界更加具有可操作性，更加容易实现。

　　嵇康对庄子自然思想的发展主要表现于神仙学说。《庄子·逍遥游》曰："藐姑射之山，有神人居焉，肌肤若冰雪，绰约若处子。不

---

① 房玄龄等：《晋书》卷四十九《嵇康传》，第1372—1373页。
② 嵇康著，戴明扬校注：《嵇康集校注》，第298页。
③ 嵇康著，戴明扬校注：《嵇康集校注》，第198—199页。
④ 嵇康著，戴明扬校注：《嵇康集校注》，第24页。
⑤ 罗宗强：《玄学与魏晋士人心态》，南开大学出版社，2003年，第99页。

食五谷，吸风饮露。乘云气，御飞龙，而游乎四海之外。其神凝，使物不疵疠而年谷熟。吾以是狂而不信也。"《庄子·齐物论》曰："至人神矣！大泽焚而不能热，河汉冱而不能寒，疾雷破山、飘风振海而不能惊。若然者，乘云气，骑日月，而游乎四海之外。死生无变于己，而况利害之端乎！"《庄子》中的神仙是庄子的理想人格还是一种文学描写，一直存在争议。但在嵇康思想中他是承认神仙实有的，《与山巨源绝交书》曰："又闻道士遗言：饵术黄精，令人久寿，意甚信之。"[①]《嵇康传》曰："常修养性服食之事，弹琴咏诗，自足于怀。以为神仙禀之自然，非积学所得，至于导养得理，则安期、彭祖之伦可及，乃著《养生论》。""康尝采药游山泽，会其得意，忽焉忘反。时有樵苏者遇之，咸谓为神。至汲郡山中见孙登，康遂从之游。……康又遇王烈，共入山，烈尝得石髓如饴，即自服半，余半与康，皆凝而为石。又于石室中见一卷素书，遽呼康往取，辄不复见。烈乃叹曰：'叔夜志趣非常而辄不遇，命也！'其神心所感，每遇幽逸如此。"[②]随着汉代大一统政权的崩溃，社会越来越陷入动荡，传统的儒家思想难以维系人心。东汉末年，佛教传入中国，以五斗米、太平道为代表的民间道教在社会上开始流行。作为士人阶层代表的嵇康热衷于神仙道教，对神仙道教的痴迷也是支撑他进行现实斗争的思想武器，但这种神仙道教与庄子思想还是有较大不同。嵇康对于神仙道教学说的迷信在竹林七贤中也是独一无二的。

---

① 嵇康著，戴明扬校注：《嵇康集校注》，第198页。
② 房玄龄等：《晋书》卷四十九《嵇康传》，第1369、1370页。

（三）越名教而任自然乃是嵇康与司马氏集团展开斗争的利器

晋袁宏《后汉纪·献帝纪》："夫君臣父子，名教之本也。"君臣关系是名教的根本，嵇康既然与当时的最高统治者司马氏集团针锋相对，他认为当时的名教不仅高度僵化，而且是社会上一切伪善、欺诈等种种恶浊现象的根源，严重阻碍了社会的进步和人性的表达。人们不应为名教所拘，而应该摆脱名教以追求精神自由。嵇康把自己的新价值观概括为"越名教而任自然"。"自然"遂成为对抗名教的锐利武器。《难自然好学论》云："洪荒之世，大朴未亏，君无文于上，民无竞于下，物全理顺，莫不自得。饱则安寝，饥则求食，怡然鼓腹，不知为至德之世也。若此，则安知仁义之端，礼律之文？"[1]《与山巨源绝交书》云：

> 有必不堪者七，甚不可者二：卧喜晚起，而当关呼之不置，一不堪也；抱琴行吟，弋钓草野，而吏卒守之，不得妄动，二不堪也；危坐一时，痹不得摇，性复多虱，把搔无已，而当裹以章服，揖拜上官，三不堪也；素不便书，又不喜作书，而人间多事，堆案盈机，不相酬答，则犯教伤义，欲自勉强，则不能久，四不堪也；不喜吊丧，而人道以此为重，已为未见恕者所怨，至欲见中伤者，虽惧自责，然性不可化，欲降心顺俗，则诡故不情，亦终不能获无咎无誉，如此，五不堪也；不喜俗人，而当与之共事，或宾客盈坐，鸣声聒耳，嚣尘臭处，千变

---

① 嵇康著，戴明扬校注：《嵇康集校注》，第446—447页。

百伎，在人目前，六不堪也；心不耐烦，而官事鞅掌，机务缠其心，世故繁其虑，七不堪也。又每非汤、武而薄周、孔，在人间不止，此事会显，世教所不容，此甚不可一也；刚肠疾恶，轻肆直言，遇事便发，此甚不可二也。以促中小心之性，统此九患，不有外难，当有内病，宁可久处人间邪？①

司马氏集团篡夺曹魏政权，严重违背了儒家三纲五常的名分。司马氏集团本来并不是名教的维护者，但因为他们已经掌握了政权，就像《庄子·胠箧》中所言："彼窃钩者诛，窃国者为诸侯，诸侯之门而仁义存焉。"以名教为遮羞布的司马氏集团不能允许士人挑战名教。嵇康"越名教而任自然""非汤、武而薄周、孔"的口号体现了魏晋士人不拘礼法、向往自由的精神理想，它与以司马氏为代表的世俗礼法和政治秩序之间产生了尖锐冲突。在司马昭眼里，"越名教而任自然"是对其尊严的挑战，任其发展下去，甚至会动摇司马氏政权的政治社会基础，因此司马昭以处死嵇康的方式震慑知识分子，以起到维护政权的作用。《嵇康传》曰："康将刑东市，太学生三千人请以为师，弗许。……海内之士，莫不痛之。帝寻悟而恨焉。"②司马昭也许没有想到嵇康会在太学生和士林阶层中有如此巨大的影响，他的"悟而恨焉"也许只是一种兔死狐悲，也许意识到杀死嵇康也是一把双刃剑。固然已经把政敌置之死地，但自己的清誉则正在进

---

① 嵇康著，戴明扬校注：《嵇康集校注》，第197—198页。
② 房玄龄等：《晋书》卷四十九《嵇康传》，第1374页。

一步下降。在这种前提下，更不能轻易拿阮籍开刀了。

稽康所针对的名教主要是司马氏集团，稽康的自然是庄子思想，以庄子思想为主要武器对司马氏集团进行殊死抵抗。

二、阮籍：轻名教而任自然

稽康与阮籍总是被后人放在一起评价，有时候被看成一个整体，同时受到推崇或贬低，有时候又把他们分开来比较，褒扬稽康而贬低阮籍。作为稽康的好友，阮籍与他在价值取向上比较接近，但两人的处世之道并不相同。

（一）阮籍与名教的矛盾主要体现在他与礼法之士的冲突

与稽康反抗的名教主要是司马氏集团不同，阮籍憎恶的主要是披着名教外衣的礼法之士。《阮籍传》记载了很多具有"魏晋风度"的故事：

> 性至孝，母终，正与人围棋，对者求止，籍留与决赌。既而饮酒二斗，举声一号，吐血数升。及将葬，食一蒸肫，饮二斗酒，然后临诀，直言穷矣，举声一号，因又吐血数升，毁瘠骨立，殆致灭性。裴楷往吊之，籍散发箕踞，醉而直视，楷吊唁毕便去。或问楷："凡吊者，主哭，客乃为礼。籍既不哭，君何为哭？"楷曰："阮籍既方外之士，故不崇礼典。我俗中之士，故以轨仪自居。"时人叹为两得。

籍又能为青白眼，见礼俗之士，以白眼对之。及嵇喜来吊，籍作白眼，喜不怿而退。喜弟康闻之，乃赍酒挟琴造焉，籍大悦，乃见青眼。由是礼法之士疾之若仇，而帝每保护之。

籍嫂尝归宁，籍相见与别。或讥之，籍曰："礼岂为我设邪！"

邻家少妇有美色，当垆沽酒。籍尝诣饮，醉，便卧其侧。籍既不自嫌，其夫察之，亦不疑也。

兵家女有才色，未嫁而死。籍不识其父兄，径往哭之，……其外坦荡而内淳至，皆此类也。[①]

并不是所有的官员都具有裴楷那样的思想境界和个人修养，礼法之士对阮籍的行为早就疾之若仇。嵇康《与山巨源绝交书》曰："阮嗣宗口不论人过，吾每师之而未能及；至性过人，与物无伤，唯饮酒过差耳；至为礼法之士所绳，疾之如仇，幸赖大将军保持之耳。"[②]朝廷的礼法之士以何曾和钟会等人为代表。《何曾传》载："时步兵校尉阮籍负才放诞，居丧无礼。曾面质籍于文帝座曰：'卿纵情背礼，败俗之人，今忠贤执政，综核名实，若卿之曹，不可长也。'因言于帝曰：'公方以孝治天下，而听阮籍以重哀饮酒食肉于公座。宜摈四裔，无令污染华夏。'帝曰：'此子羸病若此，君不能为吾忍邪！'曾重引据，辞理甚切。帝虽不从，时人敬惮之。"[③]《阮籍传》曰："钟

①房玄龄等：《晋书》卷四十九《阮籍传》，第1361页。
②嵇康著，戴明扬校注：《嵇康集校注》，第197页。
③房玄龄等：《晋书》卷三十三《何曾传》，第995—996页。

会数以时事问之，欲因其可否而致之罪，皆以酣醉获免。"①何曾和钟会都是司马氏集团的骨干人员，他们与大将军之间扮演着双簧角色，有时候大将军也不会保护阮籍。《阮籍传》曰："帝引为大将军从事中郎。有司言有子杀母者，籍曰：'嘻！杀父乃可，至杀母乎！'坐者怪其失言。帝曰：'杀父，天下之极恶，而以为可乎？'籍曰：'禽兽知母而不知父，杀父，禽兽之类也。杀母，禽兽之不若。'众乃悦服。"②阮籍处在司马氏集团的包围中，坐中就有何曾、钟会这样的礼法之士，他们看在大将军的面子上，隐忍日久。这一次终于看见阮籍失言，大将军也露出了獠牙，气势汹汹。幸亏阮籍机智解围，才让对方无从下手。从阮籍的角度来看，他未尝不知道这样说的后果，他之所以这样冒险，应该早已想好了退路，成竹在胸。

在司马氏集团掌权之后，阮籍的诗文有一个最强的音调就是对礼法之士的批判。《咏怀诗》六十七：

> 洪生资制度，被服正有常。尊卑设次序，事物齐纪纲。
> 容饰整颜色，磬折执圭璋。堂上置玄酒，室中盛稻粱。
> 外厉贞素谈，户内灭芬芳。放口从衷出，复说道义方。
> 委曲周旋仪，姿态愁我肠。③

洪生本来指鸿儒，此处指礼法之士。礼法之士凭借着制度，利用制

① 房玄龄等：《晋书》卷四十九《阮籍传》，第1360页。
② 房玄龄等：《晋书》卷四十九《阮籍传》，第1360页。
③ 阮籍著，陈伯君校注：《阮籍集校注》，第376页。

度来为自己服务，他们披挂着礼法的外衣，设置了尊卑的次序，按照礼法的要求去为人处世。他们过着体面的官僚生活，祭祀时也按照礼法的要求以玄酒和稻粱作为祭品。表面上看他们就是礼法的传人，一言一行无不符合礼法的要求。但是这些人可恶的是表里不一，在外说得头头是道，在内行为污浊。满嘴仁义道德，行为矫揉做作，其道貌岸然的姿态让人发愁。《咏怀诗》五十六：

> 贵贱在天命，穷达自有时。婉娈佞邪子，随利来相欺。
> 孤恩损惠施，但为谀夫嗤。鹍鸽鸣云中，载飞靡所期。
> 焉知倾侧士，一旦不可持。①

这是一首阮籍回应谗佞之人猜疑与责难之作。贵贱与穷达是个人无法左右的。《德充符》曰："死生存亡，穷达贫富，贤与不肖毁誉，饥渴寒暑，是事之变、命之行也，日夜相代乎前，而知不能规乎其始者也。"那些"佞邪子"为了个人私利去谗害正直士人。《咏怀诗》四十三：

> 鸿鹄相随飞，飞飞适荒裔。双翮凌长风，须臾万里逝。
> 朝餐琅玕实，夕宿丹山际。抗身青云中，网罗孰能制？
> 岂与乡曲士，携手共言誓。②

---

① 阮籍著，陈伯君校注：《阮籍集校注》，第355页。
② 阮籍著，陈伯君校注：《阮籍集校注》，第332页。

诗人与他的友人比翼飞翔在辽阔的高空，他们有远大的目标和逍遥的境界，不愿意与那些乡曲之士携手言誓，同流合污。在现实生活中，何曾正是这样的礼法之士。《何曾传》曰："曾性至孝，闺门整肃，自少及长，无声乐嬖幸之好。年老之后，与妻相见，皆正衣冠，相待如宾。己南向，妻北面，再拜上酒，酬酢既毕便出。一岁如此者不过再三焉。……然性奢豪，务在华侈。帷帐车服，穷极绮丽，厨膳滋味，过于王者。……刘毅等数劾奏曾侈忕无度，帝以其重臣，一无所问。都官从事刘享尝奏曾华侈，以铜钩镵纼车，莹牛蹄角。后曾辟享为掾，或劝勿应。享谓至公之体，不以私憾，遂应辟。"①

阮籍在《达庄论》中对礼法之士展开了猛烈批判。"关于阮籍《达庄论》的写作时间，学术界看法不一，主要有三种代表性意见，即正始九年（248年）说、嘉平五年（253年）说和景元元年（260年）说，这三种说法所对应的阮籍写作《达庄论》时的年龄分别为39岁、44岁和51岁。"②结合《阮籍传》《何曾传》和嵇康的《与山巨源绝交书》，笔者推测当完成在"（何）曾面质籍于文帝座"之后。司马昭时代，礼法之士对阮籍的攻击甚嚣尘上，《达庄论》就是阮籍用庄子思想对礼法之士的回击。《达庄论》写"（道家先生）平昼闲居，隐几而弹琴。于是缙绅好事之徒，相与闻之，共议撰辞合句，启所常

---

① 房玄龄等：《晋书》卷三十三《何曾传》，第997—998页。
② 王利锁：《〈达庄论〉与阮籍后期的人生态度》，《史学月刊》2012年3期。

疑"。①文中的道家先生气宇轩昂，风度翩翩，而缙绅好事之徒思想保守，头脑冬烘，浅陋固执。在文章的结尾写到："于是二三子者，风摇波荡，相视膉脉。乱次而退，蹧跌失迹。随而望之，其后颇亦以是，知其无实丧气，而惭愧于衰僻也。"②好事之徒个个非常狼狈，也非常猥琐，与光明正大的道家先生形成了鲜明对照。

阮籍《大人先生传》也写作于司马昭时代。其中有四种人物，一是大人先生，二是士君子，三是隐士，四是薪者。通过大人先生与士君子、隐士、薪者的对话，表现了阮籍后期对人生的思考。其中也包括对于礼法之士的批判。这些朝廷官僚"进退周旋，咸有规矩"，表面上规行矩步，不敢越雷池半步，实际上虚伪自私。《大人先生传》曰：

且汝独不见夫虱之处乎裈中，逃乎深缝、匿夫坏絮，自以为吉宅也。行不敢离缝际，动不敢出裈裆，自以为得绳墨也。饥则啮人，自以为无穷食也。然炎丘火流，焦邑灭都，群虱死于裈中而不能出。汝君子之处区内，亦何异夫虱之处裈中乎？悲夫！而乃自以为远祸近福，坚无穷已。亦观夫阳乌，游于尘外，而鹪鹩戏于蓬艾，小大固不相及，汝又何以为若君子闻于予乎？③

① 阮籍著，陈伯君校注：《阮籍集校注》，第134—135页。
② 阮籍著，陈伯君校注：《阮籍集校注》，第158页。
③ 阮籍著，陈伯君校注：《阮籍集校注》，第165—166页。

作者把何曾之类礼法之士比喻为裈中之虱，他们占领了裤裆，自以为找到了安身之处，"饥则啮人"，以为衣食无忧。然而一旦炎丘火流燃烧起来，裈中之虱必然死无葬身之地。礼法之士对阮籍疾之若仇，阮籍对礼法之士恨之入骨。双方具有不可调和的矛盾。

（二）阮籍与自然

阮籍热衷于庄子思想，试图用庄子思想来解脱自己，在现实生活中也有明显表现。据《阮籍传》：

> 籍容貌瑰杰，志气宏放，傲然独得，任性不羁，而喜怒不形于色。或闭户视书，累月不出；或登临山水，经日忘归。博览群籍，尤好《庄》《老》。嗜酒能啸，善弹琴。当其得意，忽忘形骸。……
>
> 籍本有济世志，属魏、晋之际，天下多故，名士少有全者，籍由是不与世事，遂酣饮为常。……
>
> 时率意独驾，不由径路，车迹所穷，辄恸哭而反。尝登广武，观楚、汉战处，叹曰："时无英雄，使竖子成名！"登武牢山，望京邑而叹，于是赋《豪杰诗》。①

阮籍的学术著作主要有《通易论》《通老论》《达庄论》等。《阮籍传》载："著《达庄论》，叙无为之贵。"王晓毅说："这是目前所

---

① 房玄龄等：《晋书》卷四十九《阮籍传》，第1360—1361页。

见最早的解《庄》专论，它超越了汉魏思想界以'贵生''隐逸'理解《庄子》的传统，将'齐物'视为《庄子》的理论主旨，以'元气'论解释了'齐物'思想的合理性，力图消除儒家'名教''入世'与《庄子》'自然''出世'之间的差异，从庄学角度丰富了正始玄学的'儒道同'理论，并为后来向秀、郭象建立以'性分'为基础的'冥物'（齐物）学说开辟了学术理路。"① 《达庄论》进一步阐释了庄子的思想："彼《六经》之言，分处之教也；庄周之云，致意之辞也。""故不终其天年而夭，自割系其于世俗也。是以山中之木，本大而莫相伤。吹万数窍相和，忽焉自已。夫雁之不存，无其质而浊其文；死生无变，而龟之见宝，知吉凶也。故至人清其质而浊其文，死生无变而未始有云。……庄周见其若此，故述道德之妙，叙无为之本。"② 阮籍以死生为一、以是非为一，重新阐释了庄子思想。他认为自然生天地，天地生万物；万物一体，同属自然。他认为庄子所云属于致意之辞，充分肯定了庄子叙无为之本的历史功绩。

《阮籍传》载："籍尝于苏门山遇孙登，与商略终古及栖神导气之术，登皆不应，籍因长啸而退。至半岭，闻有声若鸾凤之音，响乎岩谷，乃登之啸也。遂归著《大人先生传》。"③ 《大人先生传》以隐士孙登为原型，以庄子真人至人为楷模，塑造出了魏晋时代的大人先生。《达庄论》和《大人先生传》同样继承和发展了庄子思想。

---

① 王晓毅：《阮籍〈达庄论〉与汉魏之际庄学》，《史学月刊》2004年2期。
② 阮籍著，陈伯君校注：《阮籍集校注》，第142、152—155页。
③ 房玄龄等：《晋书》卷四十九《阮籍传》，第1362页。

（三）阮籍轻名教而任自然的处世态度

嵇康心目的名教之徒主要是指司马氏集团，阮籍心目中的名教之徒主要是指围绕在司马氏集团周围的那些礼法之士。余敦康在《魏晋玄学史》中解释"盖无君而庶物定，无臣而万事理"说："即令如此，这也是理想的社会与现实的社会之间的对立，而不是自然与名教的对立。"[①]对于司马氏集团，阮籍虽然没有倾心投靠，但也采用了消极合作的方针。陈寅恪说："大抵清谈之兴起由于东汉末世党锢诸名士遭政治暴力之摧压，一变其指实之人物品题，而为抽象玄理之讨论，启自郭林宗，而成于阮嗣宗，皆避祸远嫌，消极不与其时政治当局合作者也。"[②]作为阮籍，他内心的确不愿与政治当局者合作，但他担任过司马氏集团的官职，且被封为关内侯，写过了《劝进表》，故不能说"不与其时政治当局合作"。阮籍对司马氏集团既不敢积极反抗，也不愿倾心投靠，他选择了一条消极合作的道路。一方面他不想与司马氏家族走得太近，"文帝初欲为武帝求婚于籍，籍醉六十日，不得言而止"。[③]另一方面，他又时时在与司马氏家族应酬周旋："宣帝为太傅，命籍为从事中郎。及帝崩，复为景帝大司马从事中郎。高贵乡公即位，封关内侯，徙散骑常侍。……及文帝辅政，籍尝从容言于帝曰：'籍平生曾游东平，乐其风土。'帝大悦，即拜东平相。籍乘驴到郡，坏府舍屏鄣，使内外相望，法令清简，旬

---

① 余敦康：《魏晋玄学史》（第二版），北京大学出版社，2016年，第323页。
② 陈寅恪：《陶渊明之思想与清谈之关系》，《金明馆丛稿初编》，上海古籍出版社，1980年，第180—181页。
③ 房玄龄等：《晋书》卷四十九《阮籍传》，第1360页。

日而还。……籍闻步兵厨营人善酿，有贮酒三百斛，乃求为步兵校尉。遗落世事，虽去佐职，恒游府内，朝宴必与焉。"①

高平陵事变之后，竹林名士中阮籍率先进入司马懿门下，担任从事中郎。司马懿死后，他又担任司马师的从事中郎。高贵乡公即位后，他甚至获封关内侯。在司马昭辅政之时，阮籍似乎更加如鱼得水，他想做东平相就任东平相，想当步兵校尉就当步兵校尉，甚至他想干多久就干多久。享有这样的待遇，且能够"恒游府内，朝宴必与"者，在阮籍之外，应该不会有再有第二个人了。《阮籍传》曰："会帝让九锡，公卿将劝进，使籍为其辞。籍沉醉忘作，临诣府，使取之，见籍方据案醉眠。使者以告，籍便书案，使写之，无所改窜。辞甚清壮，为时所重。籍虽不拘礼教，然发言玄远，口不臧否人物。"②叶梦得《避暑录话》卷上论阮籍与嵇康云："唯叔夜似真不屈于晋者，故力辞吏部，可见其意。又魏宗室婿，安得保其身？惜其不能深默，绝去圭角。如管幼安，则庶几矣。阮籍不肯为东平相，而为晋文帝从事中郎，后卒为公卿，作《劝进表》。若论于嵇康前，自宜杖死。"③阮籍与嵇康身为竹林名士领袖，由于他们对政治的理解不同，选择了不同的人生之路，后人对他们的选择有不同的看法也很正常。我们要说的是，阮籍的选择并没有为他带来幸福，他的心一直处在痛苦的漩涡中。

《庄子·大宗师》曰："畸人者，畸于人而侔于天。故曰：天之

---

① 房玄龄等：《晋书》卷四十九《阮籍传》，第1360页。
② 房玄龄等：《晋书》卷四十九《阮籍传》，第1360—1361页。
③ 叶梦得：《避暑录话》卷上，大象出版社，2019年，第31—32页。

小人，人之君子；人之君子，天之小人也。"阮籍正是魏晋之际的畸人，畸于人而侔于天。他敢于蔑视虚伪的礼法制度。《达庄论》曰："且庄周之书何足道哉！犹未闻夫太始之论，玄古之微言乎！直能不害于物而形以生，物无所毁而神以清，形神在我而道德成，忠信不离而上下平。兹客今谈而同古，齐说而意殊，是心能守其本，而口发不相须也。"①

学界通常认为阮籍借反抗礼法的名义行任情放纵之事。东晋戴逵《放达非道论》曰："古之人未始以彼害名教之体者何？达其旨故也。达其旨，故不惑其迹。若元康之人，可谓好遁迹而不求其本，故有捐本徇末之弊，舍实逐声之行，是犹美西施而学其矉眉，慕有道而折其巾角，所以为慕者，非其所以为美，徒贵貌似而已矣。夫紫之乱朱，以其似朱也。故乡原似中和，所以乱德；放者似达，所以乱道。然竹林之为放，有疾而为颦者也，元康之为放，无德而折巾者也，可无察乎！"②干宝《晋纪总论》曰："风俗淫僻，耻尚失所，学者以老、庄为宗，而黜《六经》；谈者以虚薄为辩，而贱名检；行身者以放浊为通，而狭节信。"又曰："观阮籍之行，而觉礼教崩弛之由。"③葛洪说："世人闻戴叔鸾、阮嗣宗傲俗自放，见谓大度，而不量其材力，非傲生之匹，而慕学之：或乱项科头，或裸袒蹲夷，或濯脚于稠众，或溲便于人前，或停客而独食，或行酒而止所亲。此

①阮籍著，陈伯君校注：《阮籍集校注》，第157页。
②房玄龄等：《晋书》卷九十四《戴逵传》，第2457—2458页。
③刘义庆著，刘孝标注，余嘉锡笺疏：《世说新语笺疏》卷下之上《任诞第二十三》，第853页。

盖左衽之所为，非诸夏之快事也。"①《晋书·儒林传序》称："有晋始自中朝，迄于江左，莫不崇饰华竞，祖述玄虚，摈阙里之典经，习正始之余论，指礼法为流俗，目纵诞以清高。遂使宪章弛废，名教颓毁。五胡乘间而竞逐，二京继踵以沦胥。运极道消，可为长叹息者矣。"②《南史·儒林传序》亦说："两汉登贤，咸资经术。洎魏正始以后，更尚玄虚。公卿士庶，罕通经业。时荀颉、挚虞之徒，虽议创制，未有能易俗移风者也。自是中原横溃，衣冠道尽。"③《世说新语·德行》："王平子、胡毋彦国诸人，皆以任放为达，或有裸体者。乐广笑曰：'名教中自有乐地，何为乃尔也！'"④在乐广眼里，"名教"固然是本于"自然"，但同时又是高于"自然"的。

阮籍的放达有自己的尺度，并不是无限地放纵自己的贪欲本性。他的放达是为了释放心中的苦闷。阮籍《咏怀诗》三十三：

> 一日复一夕，一夕复一朝。颜色改平常，精神自损消。
> 胸中怀汤火，变化故相招。万事无穷极，知谋苦不饶。
> 但恐须臾间，魂气随风飘。终身履薄冰，谁知我心焦！⑤

---

① 葛洪著，杨明照撰：《抱朴子外篇校笺》卷之二十七《刺骄》，中华书局，1991年，第29页。
② 房玄龄等：《晋书》卷九十一《儒林传》，第2346页。
③ 李延寿：《南史》卷七十一《儒林传》，中华书局，1975年，第1730页。
④ 刘义庆著，刘孝标注，余嘉锡笺疏：《世说新语笺疏》卷上之上《德行第一》，第29—30页。
⑤ 阮籍著，陈伯君校注：《阮籍集校注》，第312页。

一日、一夕、一朝都是极短的时间，但是生命就是这些时间片段的连缀，似乎没有尽头。在时光的流逝中，年华逝去，精神损消。胸中汤火鼎沸，眼前万事纷纭。最担心的是生命在瞬间消失。诗人时刻如同踩在薄冰之上，心中具有无限的焦虑。《咏怀诗》三十四：

> 一日复一朝，一昏复一晨。容色改平常，精神自飘沦。
> 临觞多哀楚，思我故时人。对酒不能言，凄怆怀酸辛。
> 愿耕东皋阳，谁与守其真？①

在魏晋诗人中，阮籍和陶渊明是最爱喝酒的两位诗人。陶渊明喝的是美酒，阮籍喝的是苦酒。面对美酒，他会想起老朋友；面对美酒，他独自伤心。他愿意做一个隐士，可社会不允许他归去来兮。《咏怀诗》十七：

> 独坐空堂上，谁可与欢者！出门临永路，不见行车马。
> 登高望九州，悠悠分旷野。孤鸟西北飞，离兽东南下。
> 日暮思亲友，晤言用自写。②

独坐空堂，寂寞孤寂，出门去看，车马全无。只有孤鸟从天空掠过，只有离兽正在形单影只地行走。红日西下了，自己思念的亲友不知

---

① 阮籍著，陈伯君校注：《阮籍集校注》，第313页。
② 阮籍著，陈伯君校注：《阮籍集校注》，第274—275页。

身在何方。《咏怀诗》五十五：

> 人言愿延年，延年欲焉之？黄鹄呼子安，千秋未可期。①

人人都想长生不老，阮籍却感觉到世间的艰辛。世人追求的神仙世界，对阮籍而言，只是一种妄想。《咏怀诗》三十二：

> 朝阳不再盛，白日忽西幽。去此若俯仰，如何似九秋。
> 人生若尘露，天道邈悠悠。齐景升丘山，涕泗纷交流。
> 孔圣临长川，惜逝忽若浮。去者余不及，来者吾不留。
> 愿登太华山，上与松子游。渔父知世患，乘流泛轻舟。②

一日之内朝阳忽然西沉，一年之间秋意突然来袭。与无限的天道相比，人生只是尘露而已，圣贤也不能超越生死。阮籍徒然羡慕那些乘流泛轻舟的隐士们，而自己却只能注定要成为朝廷粉饰太平的装饰品。《咏怀诗》四十一：

> 天网弥四野，六翮掩不舒。随波纷纶客，泛泛若浮凫。
> 生命无期度，朝夕有不虞。列仙停修龄，养志在冲虚。
> 飘飘云日间，邈与世路殊。荣名非己宝，声色焉足娱。

---

① 阮籍著，陈伯君校注：《阮籍集校注》，第353页。
② 阮籍著，陈伯君校注：《阮籍集校注》，第310页。

采药无旋返，神仙志不符。逼此良可惑，令我久踌躇。①

阮籍已经不再追求荣名，也已经放弃了声色欢娱。他感觉生活像一张无边的大网，自己已经走投无路。《咏怀诗》七十八：

> 昔有神仙士，乃处射山阿。乘云御飞龙，嘘噏叽琼华。
> 可闻不可见，慷慨叹咨嗟。自伤非畴类，愁苦来相加。
> 下学而上达，忽忽将如何！②

神仙只是美好的传说，可闻不可见。人与神仙并非同类，神仙可以神游八极，而自己的人生却充满了愁苦。《咏怀诗》七十九：

> 林中有奇鸟，自言是凤凰。清朝饮醴泉，日夕栖山冈。
> 高鸣彻九州，延颈望八荒。适逢商风起，羽翼自摧藏。
> 一去昆仑西，何时复回翔！但恨处非位，怆恨使心伤。③

凤凰是自由的象征，它在天空中自由飞翔，它的声音响彻九州。即便是高洁的凤凰也难逃商风的摧残。何况是普通的俗人呢？在这些诗歌中，阮籍把自己囚徒一般的困境，与一切可能获得幸福的事物进行对比，又一一给予否定。美酒可以让人陶醉，但美酒给自己带

---

①阮籍著，陈伯君校注：《阮籍集校注》，第326页。
②阮籍著，陈伯君校注：《阮籍集校注》，第398页。
③阮籍著，陈伯君校注：《阮籍集校注》，第399页。

来的只有痛苦；神仙是虚无缥缈的，只能幻想，不可企及；隐士是潇洒的，自己却没有资格去做隐士；凤凰是鸟类中的高洁之物，连凤凰也会受到商风的摧残，何况作为一个普通人的自己呢？

阮籍口不臧否人物，在历史上以至慎著称，他把自己内心的苦闷通过诗歌表达出来了。读《咏怀诗》我们不难窥伺到阮籍在放诞不羁的背后有别人无法体会的沉痛。阮籍是一位深受各种痛苦折磨的名士。庄子思想就像他须臾不可离开的美酒一样，但美酒并不能让他彻底解脱。对照庄子思想，他更多体会到"临觞多哀楚"的苦闷。

三、山涛：尊名教而任自然

比较起来，嵇康的"越名教而任自然"、阮籍的"轻名教而任自然"，都不是魏晋之际的主流。嵇康和阮籍都是特立独行的名士。对于进入仕途的众多官员来说，山涛"尊名教而任自然"的处世之道具有更广泛的影响。

（一）山涛与名教之关系

《山涛传》曰："涛早孤，居贫，少有器量，介然不群。性好《庄》《老》，每隐身自晦。与嵇康、吕安善，后遇阮籍，便为竹林之交，著忘言之契。"[①]山涛出身于一个清贫的小族，父亲去世又早，但

---

① 房玄龄等：《晋书》卷四十三《山涛传》，第1223页。

他从小就表现出与众不同的性格。因为喜爱庄子思想而被嵇康、阮籍引为同调。与嵇康阮籍不同的是，他虽然长期"隐身自晦"，但并不想终身隐居不仕。他只是在隐居生活中静静等待一个合适的出仕时机。没有想到这一等就过去了数十年。"涛年四十，始为郡主簿、功曹、上计掾。举孝廉，州辟部河南从事。与石鉴共宿，涛夜起蹴鉴曰：'今为何等时而眠邪！知太傅卧何意？'鉴曰：'宰相三不朝，与尺一令归第，卿何虑也！'涛曰：'咄！石生无事马蹄间邪！'投传而去。未二年，果有曹爽之事，遂隐身不交世务。"① 纵然身为下层官吏，但他始终在仰望政治高层，观察思考着高层人物的举动。他敏锐地意识到司马懿的异常，毅然离开了官场。

再次进入官场是司马氏政权已经巩固之后。"（山涛）与宣穆后有中表亲，是以见景帝。帝曰：'吕望欲仕邪？'命司隶举秀才，除郎中。转骠骑将军王昶从事中郎。久之，拜赵国相，迁尚书吏部郎。"② 当年司马懿因为山涛为"小族"而轻视他，现在他毅然投靠司马师。司马师很高兴竹林名士加盟自己的政权，让他从"郎中"起步做官。之后山涛步步高升，不久就进入到了司马氏政权的上层。"钟会作乱于蜀，而文帝将西征。时魏氏诸王公并在邺，帝谓涛曰：'西偏吾自了之，后事深以委卿。'以本官行军司马，给亲兵五百人，镇邺。"③ 方此之时，山涛已经成为司马昭集团的核心成员。在司马昭选择太子的过程中，山涛力挺司马炎继位。咸熙初年，"帝以涛乡闾宿望，

---

① 房玄龄等：《晋书》卷四十三《山涛传》，第1223页。
② 房玄龄等：《晋书》卷四十三《山涛传》，第1223—1224页。
③ 房玄龄等：《晋书》卷四十三《山涛传》，第1224页。

命太子拜之。……又以问涛。涛对曰：'废长立少，违礼不祥。国之安危，恒必由之。'太子位于是乃定。太子亲拜谢涛。及武帝受禅，以涛守大鸿胪，护送陈留王诣邺"。①

既与司马家有中表亲，又被司马昭视为"乡闾宿望"和心腹大臣，再加上拥立太子之功，到了晋武帝时代，山涛在政坛上如鱼得水。但是，他没有恃宠妄为。"及羊祜执政，时人欲危裴秀，涛正色保持之。由是失权臣意，出为冀州刺史，加宁远将军。冀州俗薄，无相推毂。涛甄拔隐屈，搜访贤才，旌命三十余人，皆显名当时。人怀慕尚，风俗颇革。"②在政治上，他一如既往地谨慎从事，因为正色保护裴秀而得罪了权臣羊祜，一度出为地方刺史。在冀州他积极"甄拔隐屈，搜访贤才"，"人怀慕尚，风俗颇革"。在他生命的后期，后党专权之时，他不惧权势，多次讽谏晋武帝。"及永宁之后，屡有变难，寇贼焱起，郡国皆以无备不能制，天下遂以大乱，如涛言焉。"③山涛能够居安思危，准确预言天下大乱的局面。

山涛积极为晋帝国推荐选拔人才，《山公启事》成为中国古代人才选拔史上的美谈。《山涛传》曰："涛再居选职十有余年，每一官缺，辄启拟数人，诏旨有所向，然后显奏，随帝意所欲为先。故帝之所用，或非举首，众情不察，以涛轻重任意。或谮之于帝，故帝手诏戒涛曰：'夫用人惟才，不遗疏远单贱，天下便化矣。'而涛行之自若，一年之后众情乃寝。涛所奏甄拔人物，各为题目，时称《山

---

①房玄龄等：《晋书》卷四十三《山涛传》，第1224页。
②房玄龄等：《晋书》卷四十三《山涛传》，第1224页。
③房玄龄等：《晋书》卷四十三《山涛传》，第1227页。

公启事》。"①他推荐的人才中既有竹林贤士阮咸，也有嵇康之子嵇绍。《阮咸传》曰："历仕散骑侍郎。山涛举咸典选，曰：'阮咸贞素寡欲，深识清浊，万物不能移。若在官人之职，必绝于时。'武帝以咸耽酒浮虚，遂不用。"②《山涛传》曰："康后坐事，临诛，谓子绍曰：'巨源在，汝不孤矣。'"③《世说新语·政事》曰："嵇康被诛后，山公举康子绍为秘书丞。绍咨公出处，公曰：'为君思之久矣！天地四时，犹有消息，而况人乎？'"④嵇绍后来为掩护惠帝而甘洒热血，作为晋帝国的忠臣义士而名垂青史。

综合起来看，山涛自从投靠司马懿之后，积极与司马氏政权合作，为这个政权鞠躬尽瘁死而后已。同时，面对嵇康和阮籍的宿敌钟会，他也相交非浅。《山涛传》曰："晚与尚书和逌交，又与钟会、裴秀并申款昵。以二人居势争权，涛平心处中，各得其所，而俱无恨焉。"⑤对阮籍的死敌何曾，也未见山涛与之交恶。即便是礼法之士对于山涛也没有成见，反而能够和平共处。据《山涛传》，司马昭诏书誉之曰："足下在事清明，雅操迈时。"司马炎诏书誉之曰："君以道德为世模表。"⑥山涛受到了多位帝王的赏识，被朝廷树立为遵守名教的道德表率。

---

①房玄龄等：《晋书》卷四十三《山涛传》，第1225—1226页。
②房玄龄等：《晋书》卷四十九《阮咸传》，第1362页。
③房玄龄等：《晋书》卷四十三《山涛传》，第1224页。
④刘义庆著，刘孝标注，余嘉锡笺疏：《世说新语笺疏》卷上之下《政事第三》，第203页。
⑤房玄龄等：《晋书》卷四十三《山涛传》，第1224页。
⑥房玄龄等：《晋书》卷四十三《山涛传》，第1224、1226—1227页。

（二）山涛与自然之关系

《山涛传》说山涛"性好《庄》《老》"，《世说新语·赏誉》载："人问王夷甫：'山巨源义理何如？是谁辈？'王曰：'此人初不肯以谈自居，然不读《老》《庄》，时闻其咏，往往与其旨合。'"①一个人性好庄子，但不读《庄子》，其咏又与其旨合。表面看起来不好理解，其实王衍（256—311）比山涛（205—283）小51岁，只能说山涛读《庄》《老》的时候，世上还没有王衍。在王衍眼里，山涛不读老庄，其咏又与其旨合，说明老庄之旨已经深入山涛血液之中了。从道家的角度看，山涛有两点值得我们关注。第一是谦退，第二是安贫。

《山涛传》记载山涛谦退事迹曰：

> 入为侍中，迁尚书。以母老辞职，……涛心求退，表疏数十上，久乃见听。……
>
> 后除太常卿，以疾不就。会遭母丧，归乡里。涛年逾耳顺，居丧过礼，负土成坟，手植松柏。……会元皇后崩，遂扶舆还洛。逼迫诏命，自力就职。……除尚书仆射，加侍中，领吏部。固辞以老疾，上表陈情。章表数十上，久不摄职，为左丞白褒所奏。……涛志必欲退，因发从弟妇丧，辄还外舍。……涛辞不获已，乃起视事。……后以年衰疾笃，上疏告退。……涛不得已，又起视事。太康初，迁右仆射，加光禄大夫，侍中、掌

---

① 刘义庆著，刘孝标注，余嘉锡笺疏：《世说新语笺疏》卷上之下《赏誉第八》，第513页。

选如故。涛以老疾固辞，手诏曰："君以道德为世模表，……君不降志，朕不安席。"涛又上表固让，不许。……后拜司徒，涛复固让。诏曰："君年耆德茂，朝之硕老，是以授君台辅之位。而远崇克让，至于反覆，良用于邑。君当终始朝政，翼辅朕躬。"①

也许在两晋官场上很难找出第二位如此谦退的高官。《老子》第二章曰："万物作而不为始。生而不有，为而不恃，功成而弗居。夫唯弗居，是以不去。"《老子》第九章曰："功遂身退，天之道也。"《老子》第六十九章曰："我有三宝，持而保之：一曰慈，二曰俭，三曰不敢为天下先。"山涛在官场践行老子功成身退的思想。

《山涛传》记载山涛安贫事迹曰：

> 除议郎，帝以涛清俭无以供养，特给日契，加赐床帐茵褥。礼秩崇重，时莫为比。……以太康四年薨，时年七十九。诏赐东园秘器、……将葬，赐钱四十万、布百匹。左长史范晷等上言："涛旧第屋十间，子孙不相容。"帝为之立室。……及居荣贵，贞慎俭约，虽爵同千乘，而无媵媵。禄赐俸秩，散之亲故。②

位及三公，爵同千乘，而又保持了清贫本色，在奢靡之风盛行的西

---

① 房玄龄等：《晋书》卷四十三《山涛传》，第1224—1227页。
② 房玄龄等：《晋书》卷四十三《山涛传》，第1225—1228页。

晋官场上绝无仅有。安贫乐道是儒家和道家共同推崇的品格，没有进入官场的士人，能够做到安贫乐道的不多；进入官场多年，位极人臣的官员，依然能够保持安贫乐道精神的少之又少。山涛真正达到了《庄子·缮性》中所谓的"不为轩冕肆志、不为穷约趋俗"。

（三）山涛尊名教而任自然的处世态度

余嘉锡说："巨源之典选举，有当官之誉；而其在霸府，实入幕之宾。虽号名臣，却为叛党。平生善与时俯仰，以取富贵。迹其终始，功名之士耳。"① 山涛进入司马氏霸府，成为入幕之宾，多年典选举，有为官之清誉，"翼赞朝政，保乂皇家"（《山涛传》载武帝诏语），实为两晋难得的名臣，此为不二之事实。但由此视之为竹林叛党，视之为与时俯仰以攫取富贵的功名之士，则并不妥当。竹林名士不是一个政治集团，而是一个学术团队，这个学术团队的共同特点是以喜爱老庄思想为特征。如果从政治的角度考量，只有嵇康一个人至死站在曹魏立场上，其余六人先后进入了司马氏集团，应该说六个人都是叛党。从学术方面观察，这六个人在竹林游玩之时喜爱老庄思想，在离开竹林之后依然没有违背老庄思想。在上面的分析中，我们说嵇康越名教而任自然，阮籍轻名教而任自然，向秀顺名教而任自然，山涛尊名教而任自然，虽然他们对待名教的态度不同，但他们共同的地方都是任自然，这个自然就是老庄思想，特别

---

① 刘义庆著，刘孝标注，余嘉锡笺疏，《世说新语笺疏》卷中之下《品藻第九》，第636页。

是庄子思想。

山涛在官场上有自己的见解，坚持自己的道德底线。《山涛传》曰："初，陈郡袁毅尝为鬲令，贪浊而赂遗公卿，以求虚誉，亦遗涛丝百斤，涛不欲异于时，受而藏于阁上。后毅事露，槛车送廷尉，凡所受赂，皆见推检。涛乃取丝付吏，积年尘埃，印封如初。"[①]山涛在任何情况下，都能保持清醒和自我克制。《山涛传》曰："涛饮酒至八斗方醉，帝欲试之，乃以酒八斗饮涛，而密益其酒，涛极本量而止。"[②]《世说新语·政事》曰："嵇康被诛后，山公举康子绍为秘书丞。绍咨公出处，公曰：'为君思之久矣！天地四时，犹有消息，而况人乎？'"此思想来自老子，《老子》第二十三章曰："故飘风不终朝，骤雨不终日。孰为此者？天地。天地尚不能久，而况于人乎？"天地有消有息，人也应该随着客观形势的变化而变化，这才是自然。山涛早年隐身自晦，时机成熟之后，挺身而出，以大济苍生为己任，并没有为了富贵而投机钻营。

《孙绰传》载孙绰说："山涛吾所不解，吏非吏，隐非隐，若以元礼门为龙津，则当点额暴鳞矣。"[③]是否可以理解为：山涛不像一个真正的隐士，在隐居时他一心在等待进入官场的时机；进入官场之后，他又与一般具有儒家思想的官员不同，又保持了一定的老庄情怀。而这正是山涛的特点，他的一生都在践行"尊名教而任自然"的信条。这个信条与庄子思想关系最为密切。《庄子·人间世》所讨

---

① 房玄龄等：《晋书》卷四十三《山涛传》，第1228页。
② 房玄龄等：《晋书》卷四十三《山涛传》，第1228页。
③ 房玄龄等：《晋书》卷五十六《孙绰传》，第1544页。

论的就是人应该如何处世。郭象曰："与人群者，不得离人。然人间之变故，世世异宜，唯无心而不自用者，为能随变所适而不荷其累也。"①王夫之曰："此篇为涉乱世以自全而全人之妙术，君子深有取焉。"②在这一篇中，庄子分为前后两个部分，前一部分专门谈士大夫如何处世，后一部分谈包括自己在内的普通人如何处世。虽然庄子为了糊口做过漆园吏，但主要还是一个隐士，他不愿意进入统治集团效力。但是，"与人群者，不得离人"，有人类就有社会，就有统治者阶层。作为士人进入统治集团，成为其中的一员，是不可避免的。所以，他为士大夫设计了一种人生，《人间世》的前半部分就是庄子这一设计的内容。庄子设计了三种情况，第一是士人主动进入统治集团，第二是最高统治者派遣官员参加外交活动，第三是如何做好一个太子师。除了作为外交官之外，山涛与第一条和第三条都正好符合。

《庄子·人间世》曰："吾语若！若能入游其樊而无感其名，入则鸣，不入则止。无门无毒，一宅而寓于不得已，则几矣。绝迹易，无行地难。为人使易以伪，为天使难以伪。闻以有翼飞者矣，未闻以无翼飞者也；闻以有知知者矣，未闻以无知知者也。"庄子告诉士大夫，进入官场之后要学会心斋之法，保持内心世界的平静，敢于向统治者提出自己的观点，如果统治者不能接受就不再坚持。这就是"入则鸣，不入则止"的处世之法。又曰"戒之，慎之，正女身

---

① 郭庆藩：《庄子集释》，第123页。
② 王夫之：《庄子解》，第108页。

也哉！形莫若就，心莫若和。虽然，之二者有患。就不欲入，和不欲出。形就而入，且为颠为灭，为崩为蹶。心和而出，且为声为名，为妖为孽。彼且为婴儿，亦与之为婴儿；彼且为无町畦，亦与之为无町畦；彼且为无崖，亦与之为无崖。达之，入于无疵。"《庄子·外物》曰："唯至人乃能游于世而不僻，顺人而不失己。"也就是在顺应对方的前提下慢慢引导对方，让对方入于无疵之境。庄子认为，作为臣子处世必须以顺应物情为前提，但顺应物情并不是丧失自我。这个自我乃是符合老庄思想的我，是一个崇尚自然、追求自由精神的我。据《山涛传》曰：

> 涛再居选职十有余年，每一官缺，辄启拟数人，诏旨有所向，然后显奏，随帝意所欲为先。……涛中立于朝，晚值后党专权，不欲任杨氏，多有讽谏，帝虽悟而不能改。……及永宁之后，屡有变难，寇贼猋起，郡国皆以无备不能制，天下遂以大乱，如涛言焉。①

面对司马氏集团，山涛忠心耿耿，他敢于就社会重大问题提出自己的看法，但他同时并不固执地坚持自己的看法。统治者能接受则好，如果统治者不能接受，就不是自己的能力所能左右了，只能顺其自然。《庄子·人世间》可以分为两部分，前一部分是庄子为士大夫所设计的处世之道，后一部分是庄子的处世之道。而山涛正是践行了

---

① 房玄龄等：《晋书》卷四十三《山涛传》，第1225—1227页。

庄子为士大夫所设计的处世之道。这种处世之道固然不同于庄子、隐士的处世之道，但它距离庄子的处世之道并不是非常遥远。

四、向秀：顺名教而任自然

魏晋玄学的根本问题是如何看待名教与自然的关系，向秀对名教与自然的态度极为引人关注。谢灵运《辨宗论》首先提出"昔向子期以儒道为壹"，此后主流观点认为向秀在致力于调和名教与自然之间的关系，他们认为向秀通过注解《庄子》对儒道两家的经典进行互解，试图使儒道两家的分歧通过字句上的精心诠释而得以化解，从而为"名教即自然"理论奠定了思想基础。这种认定向秀在致力于调和名教与自然关系的说法，将名教等同于自然，并不符合向秀的思想。在主流观点之外，曾有个别学者提出了相反看法，例如李凯认为："由向秀的人性观，可引申出与嵇康'越名教而任自然'相类似的观点——伸张个性、顺任自然。这便是向注之主旨。"①笔者认同这一观点，惜乎该说未强调向秀对待名教的态度。在前人研究的基础上，笔者以为只有用"顺名教而任自然"才能准确地概括向秀的名教与自然观。以下从向秀"顺名教而任自然"的哲学展示与仕宦践行、向秀名教与自然观的历史影响等方面展开析论。

---

① 李凯：《向秀〈庄子注〉主旨之蠡测——从向、郭人性观的差异切入》，《哲学研究》2016年第6期。

（一）"顺名教而任自然"导源于庄子思想

竹林名士面对的名教其实包含三重含义：一是汤武周孔之道，即传统的儒家思想。除了嵇康之外，竹林名士都不反对汤武周孔之道。而嵇康在《与山巨源绝交书》中宣称自己"非汤武而薄周孔"也是出于疾愤之言。二是礼法之士所宣扬的名教，这伙人以忠孝仁义礼信为标榜，全力维护"三纲五常"的道德规范和伦理制度。三是司马氏集团提倡以名教治天下，它其实是一种为篡逆提供服务的理论武器和迫害异己的手段。此时如何看待名教实际上取决于名士对待司马氏集团的政治态度。在竹林七贤中，只有嵇康一个人敢于高举"越名教而任自然"的大旗来对抗司马氏政权，阮籍向秀诸人不仅不敢直接与司马氏对抗，反而先后进入司马氏手下任职。《水经注》卷九《清水》篇"清水出河内修武县之北黑山"句下注云："魏步兵校尉陈留阮籍，中散大夫谯国嵇康，晋司徒河内山涛，司徒琅邪王戎，黄门郎河内向秀，建威参军沛国刘伶，始平太守阮咸等同居山阳，结自得之游，时人号之为'竹林七贤'，向子期所谓山阳旧居也。"[①]竹林七贤中只有两人属于魏朝官员，其他五人属于晋朝官员。且阮籍任步兵校尉之时，司马氏已经掌握朝廷大权。除了嵇康之外，其余六贤都不拒绝与司马氏合作。

竹林名士所谓的自然是指老庄之道。政治态度截然不同的七贤之所以能走在一起，成为一个名士集团，共同之处就在于他们都在一定程度上喜好老庄，起码在竹林之游期间他们都曾经标榜自己崇

---

① 郦道元著，陈桥驿校证：《〈水经注〉校证》，中华书局，2007年，第225页。

尚老庄思想。虽然任自然是嵇康和向秀的共同追求，但因为他们对名教的理解不同，致使他们所任的自然也有一定区别：嵇康反对名教，以自然来对抗名教，其自然更加纯粹，属于千古豪杰之士的自然；向秀在顺从名教的同时因任自然，其自然则显得较为驳杂，属于淡泊名利之士的自然。

向秀的玄学思想主要体现在他的《庄子注》中。今本郭象《庄子注》中应该包含不少向秀的思想，但其中哪些是向秀的思想，哪些是郭象的思想，学术界并没有一致看法。向秀《庄子注》至少在宋代已经失传，好在张湛《列子注》、刘孝标《世说新语注》等传世文献中征引了不少向秀《庄子注》原文。有学者统计："张湛《列子注》、陆德明《经典释文》各引30余条，《养性延命录》引4条，东晋罗含《更生论》引1条，《世说新语·文学》注引1条，《文选》李善注也引数条。"[1]这些文献构成了我们研究向秀思想的第一手材料。《世说新语·文学》："初，注《庄子》者数十家，莫能究其旨要。向秀于旧注外为解义，妙析奇致，大畅玄风。"[2]《向秀传》："雅好老庄之学。庄周著内外数十篇，历世才士虽有观者，莫适论其旨统也，秀乃为之隐解，发明奇趣，振起玄风，读之者超然心悟，莫不自足一时也。"[3]向秀的造诣达到了"妙析奇致，大畅玄风""发明奇趣，振起玄风"的哲学高度，其玄学思想当是极为丰富的。"顺名教而任

---

① 韩国良：《论向秀〈难养生论〉的双簧性质》，《衡水学院学报》2007年3期。
② 刘义庆著，刘孝标注，余嘉锡笺疏：《世说新语笺疏》卷上之下《文学第四》，第243页。
③ 房玄龄等：《晋书》卷四十九《向秀传》，第1374页。

自然"乃是我们对其处世之道的概括。

在向秀玄学思想体系中，与自然、名教关系最密切的表述是"自然无心"。张湛《列子注·黄帝》引向秀注："得全于天者，自然无心，委顺至理也。"①陆德明《经典释文》引向秀曰："翛然，自然无心而自尔之谓。"②向秀第一次将"自然"与"无心"并列，提出了"自然无心"这一玄学概念，只有"自然无心"才可以"得全于天"，他要求士人"自然无心而自尔"。这里的自然就是"顺名教而任自然"中的自然，向秀曰："萌然不动，亦不自止，与枯木同其不华，死灰均其寂魄，此至人无感之时也。夫至人其动也天，其静也地，其行也水流，其湛也渊嘿。渊嘿之与水流，天行之与地止，其于不为而自然一也。"③向秀的"自然无心"思想在社会影响上也发挥了引导士人"任自然"的效果，《世说新语·文学》注引戴逵《竹林七贤论》云："秀为此义，读之者无不超然，若已出尘埃而窥绝冥，始了视听之表。有神德玄哲，能遗天下，外万物。虽复使动竞之人顾观所徇，皆怅然自有振拔之情矣。"④所谓的"遗天下，外万物"就是"任自然"的效果。

向秀《庄子注》说到"无心"处甚多，张湛《列子注》中征引的有："变化颓靡，世事波流，无往不因，则为之非我。我虽不为，而与群俯仰。夫至人一也，然应世变而时动，故相者无所用其心，

①杨伯峻：《列子集释》，中华书局，1979年，第51页。
②郭庆藩：《庄子集释》，第210页。
③杨伯峻：《列子集释》，第72页。
④刘义庆著，刘孝标注，余嘉锡笺疏：《世说新语笺疏》卷上之下《文学第四》，第243—244页。

自失而走者也。""无心以随变也，泛然无所系者也。""达其心之所以怒而顺之也。""苟无心而应感，则与变升降，以世为量，然后足为物主而顺时无极耳。""唯无心者独远耳。"[1]陆德明《经典释文》征引的有："专所司察而后动，谓之官智。从手放意，无心而得，谓之神欲。"[2]无心也就是"无所用其心"，无心是任自然基础上的无心，无心是对世间所有事物的无心，当然也包括对名教的无心。向秀说"达其心之所以怒而顺之也""应世变而时动""无心以随变也"，充分表明，面对名教，向秀会采用"顺"名教的态度。这个顺名教是在任自然基础上的顺，向秀说："虽进退同群，而常深根宁极也。""夫水流之与止，鲵旋之与龙跃，常渊然自若，未始失其静默也。""居太冲之极，浩然泊心，玄同万方，莫见其迹。"[3]所以说"自然无心"也就是"顺名教而任自然"的另一种表述。我们之所以选择"顺名教而任自然"，是因为它更清楚地标明了向秀对待自然和名教的态度，同时也便于与嵇康的"越名教而任自然"进行对照。

向秀"顺名教而任自然"的思想导源于《庄子》。《庄子·外物》云："唯至人乃能游于世而不僻，顺人而不失己。"向秀的"顺名教而任自然"也就是庄子"顺人而不失己"思想的另一种说法。《庄子》一书中展现出三重不同的人格境界。一是理想的人格境界，它出现在《庄子·逍遥游》中："藐姑射之山，有神人居焉，肌肤若冰雪，绰约若处子。不食五谷，吸风饮露，乘云气，御飞龙，而游乎四海

---

[1] 杨伯峻：《列子集释》，第76、75、58、72、49页。
[2] 郭庆藩：《庄子集释》，第112—113页。
[3] 杨伯峻：《列子集释》，第75、73页。

之外。其神凝，使物不疵疠而年谷熟。"一是隐士的人格境界，庄子自己就是这种人格的代表。《庄子·天下》："独与天地精神往来而不敖倪于万物。不谴是非，以与世俗处。其书虽瑰玮而连犿无伤也。其辞虽参差而諔诡可观。彼其充实不可以已。上与造物者游，而下与外死生、无终始者为友。"一是朝廷之士中因任自然者的人格境界。《庄子·人间世》借仲尼之口说："臣之事君，义也，无适而非君也，无所逃于天地之间。"相对于分散且小众的隐士群体，士大夫历来是一个庞大的社会阶层。虽然庄子不入仕，但文士入仕毕竟在任何时代都占士人去向的主流。"顺人而不失己"就是庄子对朝廷之士人格的要求，这一思想集中体现在《庄子·人间世》中。《人间世》意在讨论个体生命的处世之道，既表述了庄子所主张的处人与自处的人生态度，也揭示出庄子处世的哲学观点。王夫之说："此篇为涉乱世以自全而全人之妙术，君子深有取焉。"[1]庄子借书中人物之口说："形莫若就，心莫若和。……彼且为婴儿，亦与之为婴儿；彼且为无町畦，亦与之为无町畦；彼且为无崖，亦与之为无崖。达之，入于无疵。"庄子提出了顺物而不失己的思想，也就是在顺应对方的前提下慢慢引导对方，让对方入于无疵之境。庄子认为，作为臣子处世必须以顺应物情为前提，但顺应物情并不是丧失自我。这个自我乃是符合老庄思想的我，是一个崇尚自然、追求自由精神的我。

概之，在向秀的玄学理论中，"顺名教而任自然"是一种重要思想，它导源于庄子的"顺人而不失己"。不论是庄子的"顺人而不失

---

[1]王夫之:《庄子解》，第108页。

330 ｜ 庄子思想及其影响

己"，还是向秀的"顺名教而任自然"，相对于"顺人"和"顺名教"来说，"不失己"和"任自然"则更为重要，"顺人""顺名教"是一种手段，"不失己""任自然"才是终极目标。如果把顺名教与任自然视为同等重要，就不符合庄子思想，也不符合向秀思想。

（二）向秀在实际中践行"顺名教而任自然"

向秀《庄子注》："夫实由文显，道以事彰。有道而无事，犹有雌无雄耳。"[1]如果一种停留在书面上的思想，不能落实到实际行动中，这样的思想就如同一座空中楼阁。向秀不仅提出了"顺名教而任自然"的思想，而且在实际中践行了这一思想。

在竹林七贤中，向秀是与嵇康相处时间最久的人。在阮籍、山涛等人先后离开竹林之后，只有向秀还陪伴在嵇康身边。对于嵇康和向秀而言，竹林之游可分为两个阶段，第一个阶段是"竹林七贤"时期。正始十年（249）正月，司马懿发动高平陵政变，清除了曹爽及其党羽，改元为嘉平元年。嘉平三年（251），司马懿死，司马师为抚军大将军，录尚书事，阮籍此年为司马师从事中郎。在阮籍、山涛相继退出之后，竹林之游进入第二阶段，此期的主要人物是嵇康、向秀、吕安三人，可称为竹林"三贤"时期。《世说新语·言语》刘孝标注引《向秀别传》云："少为同郡山涛所知，又与谯国嵇康、东平吕安友善，并有拔俗之韵，其进止无不同，而造事营生，业亦不异。常与嵇康偶锻于洛邑，与吕安灌园于山阳，不虑家之有

---

[1] 杨伯峻：《列子集释》，第71页。

无，外物不足怫其心。"①"秀与嵇康、吕安为友，趣舍不同。"②《向秀传》："康善锻，秀为之佐，相对欣然，傍若无人。又共吕安灌园于山阳。"③不论是在竹林七贤时期还是在竹林三贤时期，唯一全程陪伴嵇康的只有向秀一人。

这样的生活在嵇康被杀之后戛然而止。魏景元四年（263），司马昭借吕安事件杀害了嵇康。嵇康死后，向秀一时成为历史舞台上的焦点人物。《世说新语·言语》刘孝标注引《向秀别传》曰："后康被诛，秀遂失图。"④《向秀传》云："康既被诛，秀应本郡计入洛。"⑤对于向秀"举郡计入洛"的选择，历史上一直有不同的评价：或以为向秀"清悟有远识"，属于识时务者。他们认为魏朝权柄已经被司马氏集团牢牢控制，取而代之只是时间问题。在这种情势之下，士人再作反抗只会无辜牺牲。也有学者以为按传统的道德衡量，向秀此举无疑具有道德污点，但他这样做也是出于不得已，情有可原。也有学者认定此变节行为不可宽恕。《世说新语·言语》："嵇中散既被诛，向子期举郡计入洛，文王引进，问曰：'闻君有箕山之志，何以在此？'对曰：'巢、许狷介之士，不足多慕。'王大咨嗟。"刘注引《向秀别传》略云："后康被诛，秀遂失图。乃应岁举，到京师，诣大将军司马文王。文王问曰：'闻君有箕山之志，何能自屈？'秀曰：'尝

---

① 刘义庆著，刘孝标注，余嘉锡笺疏：《世说新语笺疏》卷上之上《言语第二》，第93页。
② 刘义庆著，刘孝标注，余嘉锡笺疏：《世说新语笺疏》卷上之下《文学第四》，第243页。
③ 房玄龄等：《晋书》卷四十九《向秀传》，第1374页。
④ 刘义庆著，刘孝标注，余嘉锡笺疏：《世说新语笺疏》卷上之上《言语第二》，第93页。
⑤ 房玄龄等：《晋书》卷四十九《向秀传》，第1374—1375页。

谓彼人不达尧意，本非所慕也。'一坐皆说。随次转至黄门侍郎、散骑常侍。"①《向秀传》："康既被诛，秀应本郡计入洛。文帝问曰：'闻有箕山之志，何以在此？'秀曰：'以为巢许狷介之士，未达尧心，岂足多慕。'帝甚悦。"②虽然记载不同，意思大同小异。向秀认识到，在司马氏的专制面前，一介布衣之士想要与之抗衡，只是以卵击石。不仅无法实现精神的自由，连自己的生命也无法存在。在不得已时，他践行了"顺名教而任自然"的人格模式。

"顺名教"可分为主动之顺和被动之顺。衡之于向秀的行事，他顺司马氏完全是被逼迫的。其《思旧赋》就是例证之一。《思旧赋》被《向秀传》全文收录，后来也被录入《文选》。李贽《焚书·思旧赋》曰："向秀《思旧赋》，只说康高才妙技而已。夫康之才之技，亦今古所有；但其人品气骨，则古今所希也。……康犹为千古人豪所叹，而秀则已矣，谁复更思秀者，……'竹林七贤'，此为最无骨头者！"③李贽和嵇康一样，都属于"千古人豪"，站在常人的视角看，他对向秀的评价并非持平之论。邓小军说："向秀被迫与司马氏合作而内心不甘屈服，此情形与阮籍相似。向秀终能获得人们的谅解，其故在此。……亦有为保全家身性命，对统治者低头，但是内心则不甘屈服者，则似可以批评其软弱，原谅其苦衷，而肯定其不甘屈服。"④所见甚是。被迫与统治者合作，代不乏人。《蔡邕传》载：

---

①刘义庆著，刘孝标注，余嘉锡笺疏：《世说新语笺疏》卷上之上《言语第二》，第93页。
②房玄龄等：《晋书》卷四十九《向秀传》，第1375页。
③李贽：《焚书　续焚书》，中华书局，2009年，第206—207页。
④邓小军：《向秀〈思旧赋〉考论》，《文学前沿》2002年第1期。

"中平六年，灵帝崩，董卓为司空，闻邕名高，辟之。称疾不就。卓大怒，詈曰：'我力能族人，蔡邕遂偃蹇者，不旋踵矣。'又切敕州郡举邕诣府，邕不得已，到，署祭酒。"[1]在强权对个体生命产生威胁之时，士人为了活命只好选择屈服，对于这种选择，后人也多能理解和宽容。嵇康和吕安以"乱上"罪名被杀，如果向秀入洛之后倾心投靠司马氏，丧失了自己的人格，他是不会写作《思旧赋》的，这或许会为他招来杀身之祸。"将命适于远京兮，遂旋反以北徂"，说明《思旧赋》写于刚刚面见司马昭不久，联系《思旧赋》的写作来看面见司马昭时的恭维，那样的恭维可以说是特定情况下的口顺而心不顺。面见司马昭之后，向秀急急忙忙回到了山阳，绕道去瞻仰嵇康故居。他徘徊在穷巷之空庐，"追想曩昔游宴之好"，悲从中来。"叹《黍离》之愍周兮，悲《麦秀》于殷墟。惟追昔以怀今兮，心徘徊以踌躇。"[2]"心徘徊以踌躇"是他当下内心的写照，"寄余命于寸阴"是他对未来人生的谋划。他对嵇康的思念真挚而强烈，对自己的未来充满了绝望。这足以说明顺名教不是他心甘情愿的选择。外物可以强迫他顺从，但不能改变他的内心。

从史实看，向秀后期也没有放弃老庄之自然，成为遵守周孔之名教的朝廷桢干之才。《庄子·刻意》："语大功，立大名，礼君臣，正上下，为治而已矣；此朝廷之士，尊主强国之人，致功并兼者之所好也。"朝廷之士中，有人追求建功立业，以"尊主强国"为己任；

---

① 范晔撰，李贤等注：《后汉书》卷六十下《蔡邕传》，中华书局，1965年，第2005页。
② 房玄龄等：《晋书》卷四十九《向秀传》，第1375页。

有人贪恋禄位，以荣华富贵封妻荫子为目标。对照来看，向秀完全不属于这两种人。《向秀传》说："后为散骑侍郎，转黄门侍郎、散骑常侍，在朝不任职，容迹而已。卒于位。"[1]向秀进入官场之后，没有歌功颂德、曲意逢迎。"在朝不任职，容迹而已"，足以说明向秀的"顺名教"是以"任自然"为前提的。《任恺传》说："恺有经国之干，万机大小多管综之。性忠正，以社稷为己任，帝器而昵之，政事多咨焉。……充既为帝所遇，欲专名势，而庾纯、张华、温颙、向秀、和峤之徒皆与恺善，杨珧、王恂、华廙等充所亲敬，于是朋党纷然。……既而充、恺等以帝已知之而不责，结怨愈深，外相崇重，内甚不平。"[2]后人把任恺、庾纯、张华、温颙、向秀、和峤称之为玄学名士派，把贾充、杨珧、王恂、华廙等人称之为新礼法派。王晓毅说："从政治立场上看，玄学名士与礼法之士并无根本差异，他们同样在司马氏兄弟执政时期参加了晋王朝的创建活动。但是，从思想信仰看，两派仍有一定差异，玄学名士派保留着道家的'自然'情结。"[3]于此可见，即使在后期，向秀依然没有放弃老庄淡泊名利因任自然的思想。

许多学人都很在意嵇康对向秀的态度。《世说新语·文学》注引《向秀别传》曰："秀与嵇康、吕安为友，趣舍不同。嵇康傲世不羁，安放逸迈俗，而秀雅好读书，二子颇以此嗤之。后秀将注《庄子》，先以告康、安，康、安咸曰：'此书讵复须注？徒弃人作乐事耳！'及

---

①房玄龄等：《晋书》卷四十九《向秀传》，第1375页。
②房玄龄等：《晋书》卷四十五《任恺传》，第1285—1286页。
③王晓毅：《郭象评传》，南京大学出版社，2006年，第69页。

成，以示二子。康曰：'尔故复胜不？'安乃惊曰：'庄周不死矣！'"①
汤用彤说："《难养生论》与《庄子隐解》均作于子期入洛之前。"②此
处的《庄子隐解》即《庄子注》。王晓毅说："魏末'竹林之游'时
期的嵇康、吕安，正处于司马氏的政治高压下，他们以不妥协的态
度激烈抨击礼法制度和纲常名教，而向秀《庄子注》的思想主调恰
恰是以妥协态度论证现存一切礼法制度和纲常名教的合理性。以刚
直不阿而闻名的嵇康、吕安，竟极口称赞这部与己主张格格不入的
书，是不可思议的。"③即使向秀的《庄子注》之主体完成于后期，但
他在竹林时期已经开始了《庄子注》，其基本观点应该早已形成。那
么，面对向秀的顺名教而任自然的观点，嵇康为什么不曾拍案而起、
拂袖而去？

　　将向秀的"顺名教而任自然"与嵇康的"越名教而任自然"进
行对照，"越名教而任自然"壮怀激烈、慷慨悲壮，但常常曲高和寡，
只有豪杰之士才能坚守；"顺名教而任自然"相对温和低调，则容易
为淡泊名利之士所选择。两者的相通之处在于"任自然"。方勇说：
"嵇康是要求超越名教而达到'任自然'，而向秀达到任自然的'无
心'则是可以顺名教的。"④前言如果把庄子的人格理论分为三重，最
高的是理想人格，其次是隐士人格，再次是淡泊之士人格。嵇康站
在庄子人格境界的第二层，向秀站在庄子人格境界的第三层，虽然

①刘义庆著，刘孝标注，余嘉锡笺疏：《世说新语笺疏》卷上之下《文学第四》，第
　243页。
②汤用彤：《魏晋玄学论稿》，第96页。
③王晓毅：《郭象评传》，第78页。
④方勇：《庄子学史》（增补版），人民出版社，2017年，第540页。

他们所处的境界有高下之分，但"任自然"的精神都与庄子思想相通。同时向秀的顺名教并不是一种主动的顺从，而是一种无可奈何的选择。正因为如此，虽然观点相异，"趣舍不同"，嵇康也不会完全排斥向秀之见。颜延之《五君咏》同时写到了嵇康和向秀，其《嵇中散》云："中散不偶世，本自餐霞人。形解验默仙，吐论知凝神。立俗迕流议，寻山洽隐沦。鸾翮有时铩，龙性谁能驯。"其《向常侍》云："向秀甘淡薄，深心托毫素。探道好渊玄，观书鄙章句。交吕既鸿轩，攀嵇亦凤举。流连河里游，恻怆山阳赋。"①他把嵇康比喻为大鹏和飞龙，把向秀写成甘心淡泊的探道之人，对两人的把握完全准确。面对社会体制的铜墙铁壁，嵇康宁鸣而亡，献身于理想，是一种选择；向秀面对名教口顺而心不顺，外顺而内不顺，也是一种选择。我们可以敬仰嵇康，为嵇康喝彩，但我们也不能鄙薄向秀。人中龙凤毕竟是个别的，相对那些虚伪的礼法之士，能做到向秀这样淡泊名利因任自然也已经难能可贵。

（三）向、郭义的区别

余嘉锡《世说新语笺疏·言语》："观《文学》篇注引向、郭《逍遥》义，始末全同。今郭注亦具载之。则此篇之注出于向秀固无疑义。……要之魏晋士大夫虽遗弃世事，高唱无为，而又贪恋禄位，不能决然舍去。遂至进退失据，无以自处。良以时重世族，身仕乱朝，欲当官而行，则生命可忧；欲高蹈远引，则门户靡托。于是务

---

① 丁福保编：《全汉三国晋南北朝诗》，中华书局，1959年，第620页。

为自全之策。居其位而不事其事，以为合于老、庄清静玄虚之道。我无为而无不为，不治即所以为治也。"①说魏晋士大夫"居其位而不事其事"，一面"高唱无为"，一面"又贪恋禄位"，是完全正确的。但据我们的分析，向秀并不是贪恋禄位之人。其实，从向秀的"顺名教而任自然"到两晋士族观念之间发生过一次转变，这次转变的枢纽是由郭象掌控的。

学界通常认为，经过向郭的共同努力，形成了"儒、墨之迹见鄙，道家之言遂盛"②的局面。同时，也形成了这样一种观点：向郭《庄子注》名义不同，但"其义一也"。《世说新语·文学》："郭象者，为人薄行，有俊才。见秀义不传于世，遂窃以为己注。乃自注《秋水》《至乐》二篇，又易《马蹄》一篇，其余众篇，或定点文句而已。后秀义别本出，故今有向、郭二《庄》，其义一也。"③虽然有郭象"遂窃为己注"和"扩而充之"的争议，但并没有影响到"向郭二《庄》其义一也"说的迅速流行。据《世说新语·文学》："《庄子·逍遥篇》，旧是难处，诸名贤所可钻味，而不能拔理于郭、向之外。支道林在白马寺中，将冯太常共语，因及《逍遥》。支卓然标新理于二家之表，立异义于众贤之外，皆是诸名贤寻味之所不得。"④在支道林

---

① 刘义庆著，刘孝标注，余嘉锡笺疏：《世说新语笺疏》卷上之上《言语第二》，第94—95页。
② 房玄龄等：《晋书》卷四十九《向秀传》，第1374页。
③ 刘义庆著，刘孝标注，余嘉锡笺疏：《世说新语笺疏》卷上之下《文学第四》，第244页。
④ 刘义庆著，刘孝标注，余嘉锡笺疏：《世说新语笺疏》卷上之下《文学第四》，第260页。

提出新解之前，东晋玄学界一直将向郭二家并称，把他们对《庄子》的解读并称为"向郭义"，视为一个整体。

向郭哲学各有所长。王晓毅说："传世的郭象《庄子注》是一部不可多得的杰作。它不仅集魏晋玄学之大成，而且在魏晋南北朝思想史上，没有一本著作能从整体上超越它的分量。"[1]单就自然与名教的关系而言，继向秀"顺名教而任自然"的思想之后，郭象主张名教即自然，提出了"与世同波而不自失"[2]的思想。郭象继承了向秀"自然无心"之说。郭象《人间世注》："夫无心而应者，任彼耳，不强应也。"《大宗师注》："虽天地之大，万物之富，其所宗而师者无心也。"《逍遥游注》："世以乱故求我，我无心也。我苟无心，亦何为不应世哉！然则体玄而极妙者，其所以会通万物之性，而陶铸天下之化，以成尧舜之名者，常以不为为之耳。孰弊弊焉劳神苦思，以事为事，然后能乎！"[3]在继承了向秀"自然无心"思想的同时，郭象也对其做了重大改动。郭象《骈拇注》："夫仁义自是人之情性，但当任之耳。""夫仁义自是人情也。"《天运注》："夫仁义者，人之性也。"[4]郭象把名教的根本——仁义看成一种普遍的人性，灌注到他的《庄子注》中，这是他与向秀的根本分别点。向秀表面上顺从强权政治，内心依然保留自己的思想。向秀之顺名教是被动的，郭象之顺名教是主动的；向秀是屈从，郭象是顺从；向秀是口顺心不顺，

---

① 王晓毅：《郭象评传》，第2页。
② 郭庆藩：《庄子集释》，第395页。
③ 郭庆藩：《庄子集释》，第138、205、33页。
④ 郭庆藩：《庄子集释》，第289、291、463页。

郭象是心口皆顺。正始时代，王弼哲学以无为本体，主张名教本于自然；在王弼之后，郭象哲学调和名教与自然的关系，主张名教即自然。王弼和郭象都意在利用自然服务名教。经过了郭象对向秀思想的吸收和改造，向秀"顺名教而任自然"的思想转变为郭象"与世同波而不自失"的思想，遂成为两晋南朝士族的主导思想而盛行于世。

两晋南朝士族为了各自家族的利益不得不承认皇权的合法性，同时很多士族都追求庄子式的洒脱自由，他们兼有尊显的达官与清高的名士两种身份，既贪恋世俗的富贵又标榜山林之风流。开始是向秀的"顺名教而任自然"，接着是郭象的"与世同波而不自失"，向郭理论的先后出现使士族名士们找到了精神上的寄托。《刘惔传》："尤好《老》《庄》，任自然趣。……年三十六，卒官。孙绰为之诔云：'居官无官官之事，处事无事事之心。'时人以为名言。"[1]这种"居官无官官之事，处事无事事之心"不是一个刘惔个人的写真，而是东晋名士共同的精神追求。《世说新语·简傲》："王子猷作桓车骑骑兵参军，桓问曰：'卿何署？'答曰：'不知何署，时见牵马来，似是马曹。'桓又问：'官有几马？'答曰：'不问马，何由知其数？'又问：'马比死多少？'答曰：'未知生，焉知死？'""王子猷作桓车骑参军。桓谓王曰：'卿在府久，比当相料理。'初不答，直高视，以手版拄颊云：'西山朝来，致有爽气。'"[2]王子猷现象不是孤立的个案，他是一

———————————

① 房玄龄等：《晋书》卷七十五《刘惔传》，第1991—1992页。
② 刘义庆著，刘孝标注，余嘉锡笺疏：《世说新语笺疏》卷下之上《简傲第二十四》，第908、909页。

代名士的楷模。《谢瞻传》:"弟晦时为宋台右卫,权遇已重,于彭城还都迎家,宾客辐辏,门巷填咽。时瞻在家,惊骇谓晦曰:'汝名位未多,而人归趣乃尔。吾家以素退为业,不愿干豫时事,交游不过亲朋,而汝遂势倾朝野,此岂门户之福邪?'乃篱隔门庭,曰:'吾不忍见此。'"①陈郡谢氏享有盛名,其家族"以素退为业,不愿干豫时事"的家风成为当代的流行风尚,到了南朝之后此风愈烈。赵翼《廿二史札记》"南朝多以寒人掌机要"条云:"至宋、齐、梁、陈诸君,则无论贤否,皆威福自己,不肯假权于大臣。而其时高门大族,门户已成,令、仆、三司,可安流平进,不屑竭智尽心,以邀恩宠;且风流相尚,罕以物务关怀,人主遂不能借以集事,于是不得不用寒人。"②几乎所有的高门士族都不再惧怕皇权,他们"不屑竭智尽心",以风流相尚。不再关心社会疾苦和朝廷兴亡。表面上看,此风始于向秀的"顺名教而任自然",实际上向秀生活在魏晋易代之际,在强权威压下,他的抉择关涉性命之存亡;在他身后,时已过境已迁,东晋南朝的高门士族在政治、经济方面的地位特殊,势力强大,他们的"顺名教"和"任自然"都有了与向秀截然不同的内涵。

王弼哲学以无为本体,认为名教本于自然;嵇康倡导"越名教而任自然",以自然对抗名教;郭象哲学调和名教与自然的关系,主张名教即自然。向秀"顺名教而任自然"的处世之道导源于《庄子》的"顺人而不失己",它更接近于嵇康的"越名教而任自然"而不同

---

① 沈约:《宋书》(修订本)卷五十六《谢瞻传》,中华书局,2018年,第1699—1700页。
② 赵翼著,王树民校证:《廿二史札记校证》,中华书局,2013年,第173页。

于郭象的"与世同波而不自失"。"顺名教而任自然"既反映在向秀的《庄子注》中，也体现在向秀的仕途实践中。这种处世之道经过郭象的改造之后，在东晋南朝时代产生了一定的社会影响。

身为竹林名士领袖人物，嵇康、阮籍、山涛和向秀在一定程度上吸纳了庄子思想，面对名教和自然分别完成了自己的思想建构，走上了四条不同的人生道路。嵇康高洁、正直、孤傲，如孤松独立，誓不与司马氏合作，至死不屈，其刚烈之精神万代传颂；阮籍口不臧否人物，以至慎著称，不拘礼法，放诞不羁，却混迹司马氏身边，如履薄冰，是内心充满了苦闷的一代名士；山涛后期倾心投靠司马氏集团，一心一意为司马氏政权服务，成为朝廷推崇的人伦楷模；向秀在嵇康死后，不得不出仕，被动顺从了名教，但他始终没有改变以任自然为自己终生追求。士各有志，求仁得仁。庄子思想如同亘古高悬的明月，月印天下万泉。嵇康、阮籍、山涛和向秀同样属于庄子思想的信徒，他们从庄子思想中分别获得了自己需要的营养。在他们身上或多或少，我们都能够看到庄子思想的清辉。洒满了这种清辉的士人，也许伟大，也许平凡，至少他们身上都有值得我们敬重的因素。

第四章　陶渊明《形影神》中的庄子之理

　　陈寅恪在20世纪40年代曾经感慨："古今论陶渊明之文学者甚众，论其思想者较少。"① 自此之后讨论陶渊明思想者与日俱增。包括陈寅恪在内，所有讨论陶渊明思想的学者都离不开其《形影神》组诗。论者皆以为《形影神》组诗在陶渊明诗文中占有重要地位，代表了陶渊明哲学思想的最高成就。然而一旦具体到《形影神》组诗之思想归属，各家则见仁见智，各持己见。或将陶渊明《形影神》组诗的主导思想归之为儒家思想；② 或归之为道家、道教思想；③ 或归之为反佛教之宣言；④ 或以为组诗包含着不同的人生境界；⑤ 或以为《形影神》组诗是一组关于死亡的深邃玄思。⑥ 笔者在研读《形影神》组诗及前哲时贤的高论之后，形成了一点粗浅的看法，条叙于后。

---

① 陈寅恪：《金明馆丛稿初编》，第180页。
② 《陶渊明资料汇编》下册，中华书局，1962年，第33—34页。
③ 陈寅恪：《金明馆丛稿初编》，第204—205页。
④ 逯钦立校注：《陶渊明集》，中华书局，1979年，第37页。
⑤ 钱志熙：《陶渊明〈形影神〉的哲学内蕴与思想史位置》，《北京大学学报（哲学社会科学版）》2015年第3期。
⑥ 陈焱：《玄思死亡：当代哲学分析视角下的〈形影神〉》，《文学遗产》2019年第1期。

一、儒家、佛教与《形影神》组诗之关系

关于陶渊明与儒家思想之关系，在古代中国，特别是在明清两代，深受传统儒学思想熏染的学者多把陶渊明看作自己的同调，他们认为陶渊明以儒家思想为主导思想，《形影神》组诗旨在表现孔孟之道。陈仁子曰："观渊明此语，便是孔子朝闻道夕死，孟子修身俟命之意；与无见于道、留连光景以酒消遣者异矣。"[①]马璞曰："渊明一生之心寓于《形影神》三诗之内，而迄莫有知之者，可叹也！其中得酒、立善、委运三层，惟一立善而已。……则委运者，渊明无可奈何之归宿处，虽古今之大圣有不能逾焉者，况渊明乎？而渊明之此心，诚孔、孟以后仅见之一人矣，谁则知之也乎？"[②]温汝能曰："末总言人生天地，顺受其正，则超脱形、影，神自不灭，不喜、不惧，应尽须尽，是为圣为贤本领，成仁成义根源，若徒以旷达语赏之，非深于陶者也。"[③]陶渊明身上兼备儒家和道家思想，并不是传统意义上的醇儒，但这些传统士大夫无不认为陶渊明是孔孟思想的当代传人，他的《形影神》组诗意在宣讲为圣为贤、修身俟命的大道。

陶渊明的"性本"之中不光爱"丘山"，同时也爱"六经"。《饮酒》十六写其少年情怀云："少年罕人事，游好在六经。"[④]成年之后，

①《陶渊明资料汇编》下册，第33—34页。
②《陶渊明资料汇编》下册，第36页。
③《陶渊明资料汇编》下册，第43—44页。
④逯钦立校注：《陶渊明集》，第96页。

他与朋友唱和云："谈谐无俗调，所说圣人篇。"①处在生命盛年时的陶渊明写道："先师遗训，余岂之坠。四十无闻，斯不足畏！脂我名车，策我名骥。千里虽遥，孰敢不至！"②直到隐居多年之后，他依然不能忘怀早年的壮志："气变悟时易，不眠知夕永。欲言无予和，挥杯劝孤影。日月掷人去，有志不获骋。念此怀悲凄，终晓不能静。"③《饮酒》其二十表现了陶渊明一生对于儒家的敬仰之情："羲农去我久，举世少复真！汲汲鲁中叟，弥缝使其淳。凤鸟虽不至，礼乐暂得新。洙泗辍微响，漂流逮狂秦。诗书复何罪，一朝成灰尘。区区诸老翁，为事诚殷勤。如何绝世下，六籍无一亲！终日驰车走，不见所问津。若复不快饮，空负头上巾。但恨多谬误，君当恕醉人。"④此诗肯定了孔子的伟业，痛斥狂秦焚书坑儒的罪孽，感慨"六籍无一亲"的凄凉景象。陶渊明对儒家的挚爱，再加上他不事二姓的传言，给传统士大夫增加了立论的底气。

　　平心而论，陶渊明的确具有一定的儒家思想，但儒家思想只占陶渊明思想中的一个方面。具体到《形影神》组诗中，"立善"作为组诗的重点之一，是被否定的对象。《影答形》云："立善有遗爱，胡可不自竭。酒云能消忧，方此讵不劣！"⑤酒虽然能消解忧愁，但不如立善会有遗爱流布。《神释》云："立善常所欣，谁当为汝誉？甚念伤吾生，

----

① 《答庞参军》，见逯钦立校注：《陶渊明集》，第52页。
② 《荣木》，见逯钦立校注：《陶渊明集》，第16页。
③ 《杂诗》其二，见逯钦立校注：《陶渊明集》，第115—116页。
④ 逯钦立校注：《陶渊明集》，第99页。
⑤ 逯钦立校注：《陶渊明集》，第36页。

正宜委运去。"①从道家的角度看，和"饮酒"一样，"立善"也属于伤生之一端。与委运自然相比，"立善"等而下之，不值一提。在本组诗中，"饮酒""立善""委运"三者先后出现，最后的结论是"正宜委运去"。在这组诗中，陶渊明分明肯定的是老庄思想。

关于《形影神》组诗与佛教思想之关系，在古代中国虽然有人涉及，但并没有引起广泛重视。宋人叶梦得曰："不过'纵浪大化中，不喜亦不惧，应尽便须尽，无复独多虑'，谓之神之自然耳。此释氏所谓断常见也。"②叶氏将陶渊明思想与佛教思想联结在一起。清代方熊曰："公于禅理似达，此章笔端亦复潇洒。"③他认为《形影神》组诗含有一定禅理，这样的提法大家都不会否认。陈寅恪《陶渊明之思想与清谈之关系》提出"故渊明之为人实外儒而内道，舍释迦而宗天师者也"，④将《形影神》组诗视为反佛之宣言。20世纪50年代，逯钦立进一步认为："此诗作于晋义熙九年（413）之顷。主旨是反对违反自然的宗教迷信。乃针对当时庐山释慧远的《形尽神不灭论》而发，亦涉及道教徒的'长生久视'说。慧远写作《形尽神不灭论》、《万佛影铭》，以形影神三者宣扬佛教迷信，陶则反其意而用之。"⑤他认为陶渊明之所以写作《形影神》组诗是专门针对《形尽神不灭论》、《万佛影铭》而发，于是把《形影神》组诗的写作时间与慧远在庐山的活动联系在一起。

---

① 逯钦立校注：《陶渊明集》，第37页。
② 《陶渊明资料汇编》下册，第33页。
③ 《陶渊明资料汇编》下册，第43页。
④ 陈寅恪：《金明馆丛稿初编》，第205页。
⑤ 逯钦立校注：《陶渊明集》，第37页。

慧远的《形尽神不灭论》《万佛影铭》等阐发形灭神不灭论，它们认为人的肉体可以腐朽，但灵魂可以永世长存。慧远《万佛影铭》曰："廓矣大象，理玄无名。体神入化，落影离形。"①在一句话中，集中出现了神、影、形三个名词。慧远于义熙十年在庐山东林寺召集123人结白莲社，讲习佛教。据佚名氏《莲社高贤传》载："（渊明）常往来庐山，使一门生二儿舁篮舆以行。远法师与诸贤结莲社，以书招渊明，渊明曰：'若许饮则往。'许之，遂造焉，忽攒眉而去。"②陶渊明前往庐山，意在饮酒，他的内心与佛教格格不入。范缜曰："神即形也，形即神也，形存则神存，形谢则神灭。形者神之质，神者形之用。是则形称其质，神言其用，形之与神，不得相异。"③陈寅恪提出"渊明固亦与范缜同主神灭论"，后人遂把《形影神》组诗视为范缜无神论思想的先导。④《形影神》组诗意在表现无神论思想的说法在20世纪50、60年代具有广泛影响，在一些读者那里几乎成为定论。

关于陶渊明与佛教的关系，学界已有不少研究成果。钱志熙说："渊明在一定程度上也受到过佛教的空无思想的影响，渊明有一种人生如幻、人生如寄的思想，……但是渊明没有接受非理性的三世轮回思想，就如不接受神仙家的长生久视、轻举游仙的思想一样。"⑤两

①《中华大藏经》（汉文部分）第六十三册卷一五，中华书局，1993年，第83页。
②《五朝小说大观》，上海文艺出版社，1991年，第145页。
③李延寿：《南史》卷五十七《范缜传》，第1421页。
④杨廷福：《陶潜〈形影神〉诗为范缜〈神灭论〉的先导说》，《学术月刊》1979年第2期。
⑤钱志熙：《陶渊明〈形影神〉的哲学内蕴与思想史位置》，《北京大学学报（哲学社会科学版）》2015年第3期。

晋时代的文人多多少少受到佛教的熏染，这当是一种普遍现象。陶渊明在诗文中使用佛教词汇，在思想上受到佛教观念的影响，是客观存在的事实。同时我们也要看到，就陶渊明而言，佛教思想不是他的主导思想，佛教思想不是他重点关注的对象。检视陶渊明《形影神》组诗，既看不到他对于佛教三世轮回观念的向往，也看不到他对宗教迷信的批判。既然佛学和无神论并不是《形影神》组诗所关注的焦点，说陶渊明利用《形影神》组诗来反佛就没有多少理论根据。

二、新自然说与《形影神》组诗之关系

陈寅恪的《陶渊明之思想与清谈之关系》一文，是研究《形影神》组诗的重要文献，也是研究陶渊明思想的重要文献，对后辈学子具有重要影响。

第一，这篇文章强调了研究中古史的一些常识："故治魏晋南北朝思想史，而不究家世信仰问题，则其所言恐不免皮相。""盖研究当时士大夫之言行出处者，必以详知其家世之姻族联系及宗教信仰二事为先决条件，此为治史者之常识。"[1] 陈寅恪研究中古史特别重视门第和种族，姻族联系及家族宗教信仰是门第中人的重要观测点。这种观点与陈寅恪的特殊的门第、独特的人生阅历及治学理念紧密联系在一起，是值得所有研习魏晋南北朝文史者应该重视的问题，陈寅恪的观点在后世已经和正在引起必要的重视。

---

① 陈寅恪：《金明馆丛稿初编》，第200、204页。

第二，文章对《形影神》组诗中的新自然说、对诗人陶渊明给予了前所未见的高度评价。作者评价《形影神》组诗说："此三首诗实代表自曹魏末至东晋时士大夫政治思想人生观演变之历程及渊明己身创获之结论。即依据此结论以安身立命者也。"[1]评价陶渊明的"新自然说"云："两破旧义，独申创解，所以结束二百年学术思想之主流，政治社会之变局，岂仅渊明一人安身立命之所在而已哉！"[2]评价陶渊明在中国思想史上地位云："然则就其旧义革新，'孤明先发'而论，实为吾国中古时代之大思想家，岂仅文学品节居古今之第一流，为世所共知者而已哉！"[3]作为大诗人的陶渊明是否同时又是一个伟大的思想家？朱光潜针对陈寅恪论文说："这些话本来都极有见地，只是把渊明看成有意地建立或皈依一个系统井然、壁垒森严的哲学或宗教思想，像一个谨守绳墨的教徒，未免是'求甚解'，不如颜延之所说的'学非称师'，他不仅曲解了渊明的思想，而且他也曲解了他的性格。渊明是一个绝顶聪明的人，却不是一个拘守系统的思想家或宗教信徒。"[4]在中国文化史上，像庄子这样的诗人哲学家并不多见，陶渊明是不是也算一个诗人哲学家，是不是一个"结束二百年学术思想之主流"的哲学家，尚可以继续讨论。

第三，陈寅恪的这篇文章提出了许多新的学术观点。结论中说："渊明之思想为承袭魏晋清谈演变之结果及依据其家世信仰道教之自

---

[1] 陈寅恪：《金明馆丛稿初编》，第197页。
[2] 陈寅恪：《金明馆丛稿初编》，第200页。
[3] 陈寅恪：《金明馆丛稿初编》，第205页。
[4] 《陶渊明资料汇编》上册，第363页。

然说而创改之新自然说。惟其为主自然说者，故非名教说，并以自然与名教不相同。但其非名教之意仅限于不与当时政治势力合作，而不似阮籍、刘伶辈之佯狂任诞。盖主新自然说者不须如主旧自然说之积极抵触名教也。又新自然说不似旧自然说之养此有形之生命，或别学神仙，惟求融合精神于运化之中，即与大自然为一体。因其如此，既无旧自然说形骸物质之滞累，自不致与周孔入世之名教说有所触碍。故渊明之为人实外儒而内道，舍释迦而宗天师者也。"①这一段话中包括但不限于道教之自然说、陶渊明之新自然说、魏晋旧自然说和名教说等观点。以上观点体现了陈寅恪独到的学术见解，同时或有可商榷和补充之处。

其一，在"道教之自然说"一段中，陈寅恪没有严格区别道家与道教，把道教等同于自然主义。他说："实以名教说为非，可知渊明始终是天师教信徒，而道教为自然主义。渊明虽异于嵇、阮之旧自然说，但仍不离自然主义，殊无可疑也。"②如果说把道家等于自然主义，应该是比较好接受的，因为在儒释道三家中，道教最重视自然。朱光潜说："寅恪先生引《形影神》诗中'甚念伤吾生，……'几句话，证明渊明是天师教信徒。我觉得这几句话确可表现渊明的思想，但是在一个佛教徒看，这几句话未必不是大乘精义。"③我们以为写作《形影神》组诗之时的陶渊明既不是一个佛教徒也不是一个道教徒，而是一个信奉道家思想的士人。道家和道教最根本的区别

---

①陈寅恪：《金明馆丛稿初编》，第204—205页。
②陈寅恪：《金明馆丛稿初编》，第202页。
③《陶渊明资料汇编》上册，第364页。

就在于是不是信仰神仙实有。《形赠影》云："我无腾化术，必尔不复疑。"《影答形》云："存生不可言，卫生每苦拙。诚愿游昆华，邈然兹道绝。"[1]在两首诗中陶渊明均明确否定了道教的神仙学说。即使他家祖上曾经是天师教信徒，到了渊明这里，已经成为过去式了。渊明既"无须乞灵于西土远来之学说"，[2]同时也无须乞灵于道教神仙之学说。既不能说陶渊明是中国古代一个无神论代表，也不能说他的思想迷信佛教或道教。

其二，把陶渊明思想归结为新自然说，把嵇康、阮籍思想归结为旧自然说，未必能准确概括复杂多变的魏晋思想史。陈寅恪说："盖其己身之创解乃一种新自然说，与嵇、阮之旧自然说殊异，惟其仍是自然，故消极不与新朝合作，虽篇篇有酒（昭明太子《陶渊明集序》语），而无沉湎任诞之行及服食求长生之志。夫渊明既有如是创辟之胜解，自可以安身立命。"[3]就魏晋思想史而言，因为阮籍、嵇康生活在魏晋之际，而陶渊明生活在晋宋之际，故把嵇阮思想命名为旧自然说，把陶渊明思想命名为新自然说，在时间顺序上没有问题。但是如果放在中国思想史的长河中来看，老庄思想是一种自然哲学，阮籍、嵇康思想是老庄自然哲学的发展与歧变，而以《形影神》组诗为标志，标志着陶渊明向老庄思想（主要是庄子思想）的回归。《形影神》组诗与庄子思想更加亲近，与魏晋旧自然说的关系较为疏远。

---

① 逯钦立校注：《陶渊明集》，第36页。
② 陈寅恪：《金明馆丛稿初编》，第198页。
③ 陈寅恪：《金明馆丛稿初编》，第197—198页。

上文说阮籍、嵇康思想是老庄自然思想的歧变，其歧变主要表现在以下三个方面：首先，与统治集团的关系不同。在庄子生活的战国时代，庄子所在的宋国并没有改朝换代，即使改朝换代，庄子也不会关心。到了魏晋之际，士人是否愿意与统治者集团合作成为一个天大的问题。嵇康"消极不与新朝合作"，阮籍本心虽然不愿与新朝合作，但还是在扭扭捏捏中合作过的。其次，生活方式不同。魏晋之际盛行的"任诞之行"背离了庄子思想。庄子只是对于生死、丧礼有些不同流俗的言行。阮籍的任诞而行比庄子走得更远，所以才有了所谓"故观阮籍之行，而觉礼教崩弛之所由"①的说法。在个体对礼教的冲击方面阮籍超越了庄子。后世儒士常常把士族门阀子弟放浪形骸乃至于行同禽兽的行径归根于阮籍，其实阮籍的放达尚没有触及和伤害人伦底线。最后，"服食求长生之志"不同。庄子和阮籍都没有服食求长生的行为，只有嵇康一人有此爱好。嵇康迷信仙人，汲汲求仙，不同于庄子的思想。我们再回过头来看看陶渊明在这三个方面的表现：在政治上，陶渊明在东晋做过县令、参军之类官职，到了新朝再没有做官，他到底是反感刘宋怀念东晋，还是他对政治已经厌倦，在学术史上还有争议。在生活方式上，陶渊明只有无弦琴等行为略显任诞之风，"他有时很放浪不拘形迹，做彭泽令'公田悉令吏种秫稻'；王宏叫匠人替他做鞋，请他量一量脚的大小，'他便于座伸脚令度'；醉了酒，便语客'我醉欲眠卿可去'。在

---

① 干宝：《晋纪总论》，见萧统编：《文选》卷四十九《史论上》，上海古籍出版社，1998年，第415页。

这些地方他颇有刘伶、阮籍的气派。"①这都是一些生活小事，无关礼教之根本。在信仰道教方面，陶渊明也没有任何行动。由此可以看到，嵇、阮从三个方面歧变了庄子思想，陶渊明则疏远了嵇、阮行为而进一步回归到了庄子思想。

于此可见，陈寅恪的新自然说令人耳目一新，促使更多的学人去深入探索陶渊明的思想。但其中的部分见解和结论尚可以进行推敲、斟酌。

三、《形影神》组诗中的庄子之理

《形影神》组诗与庄子思想之间的关系，早已为学界所关注。从庄子之理的角度看，此组诗受到了庄子思想的影响，尤其是在第三首诗中，陶渊明尝试用庄子思想"一统"饮酒与立善。

从题目的来源上看，陶渊明的"形影神"与道家文献特别是与《庄子》文本有一定关系。《文子·下德》引老子语曰："治身，太上养神，其次养形。"②将神与形并列，并认为神贵于形。《庄子·齐物论》曰："罔两问景曰：'曩子行，今子止；曩子坐，今子起；何其无特操与？'景曰：'吾有待而然者邪？吾所待又有待而然者邪？吾待蛇蚹蜩翼邪？恶识所以然！恶识所以不然！'"钱志熙说："从表现方法的渊源来看，也许陶渊明此处受到《庄子·齐物论》罔两问景故事

---

①《陶渊明资料汇编》上册，第374页。

②辛妍著，杜道坚注：《文子》，上海古籍出版社，1989年，第68—69页。

的启发。……陶诗塑造形影两个相依存的形象，很可能受到庄子的启发。"①《庄子·养生主》曰："指穷于为薪，火传也，不知其尽也。"薪如同人之形体，能够让薪尽火传的就如同人之神。《庄子·天地》曰："执道者德全，德全者形全，形全者神全。神全者，圣人之道也。"提出了德、神、形三个并列的概念。以上这些观念不仅是对诗人陶渊明，即使是对佛教领袖慧远也可能有一定的启发。

《形影神》组诗序中的"贵贱贤愚"指世间芸芸众生，"营营以惜生"是世间众生的群相，"惜生"不仅包括对肉体的珍爱，也包括对声名的爱惜。前者是形，后者是影。此诗"极陈形影之苦"，也就是极陈生命和声名之苦。然后借用庄子思想予以宽慰。如此，《形赠影》写生命之苦，《影答形》写声名之苦，《神释》阐释"神辨自然"说。

《形赠影》先写天地山川之久长，继写草木霜露之荣枯。在天地人三才中，只有人是特殊的，每个人必然要离开这个世界，这是苦恼的根源。陶渊明在绝望中寻找希望，其《形赠影》转而寄意于酒："愿君取吾言，得酒莫苟辞。"《连雨独饮》云："试酌百情远，重觞忽忘天。"《止酒》云："平生不止酒，止酒情无喜。"《责子》云："天运苟如此，且进杯中物。"《挽歌诗》其一云："但恨在世时，饮酒不得足。"②朱光潜说："渊明诗篇篇有酒，这是尽人皆知的，像许多有酒癖者一样，他要借酒压住心头极端的苦闷，忘去世间种种不称心的事。……酒对于他仿佛是一种武器，他拿在手里和命运挑战，后来它

---

① 钱志熙：《陶渊明〈形影神〉的哲学内蕴与思想史位置》，《北京大学学报（哲学社会科学版）》2015年第3期。
② 逯钦立校注：《陶渊明集》，第35、55、100、106、141页。

变成一种沉痼，不但使他'多谬误'，而且耽误了他的事业，妨害他的病体。"①《庄子》内篇中未见酒字，我们推断庄子并不反对适量饮酒，但他不是一个嗜酒之人。《庄子·达生》云："夫醉者之坠车，虽疾不死。骨节与人同而犯害与人异，其神全也，乘亦不知也，坠亦不知也，死生惊惧不入乎其胸中，是故逆物而不慑。彼得全于酒而犹若是，而况得全于天乎？"醉酒者神全，当是庄子后学的体验。要说陶渊明与庄子的不同，除了对待儒家思想的敬重，其次就是陶渊明对于饮酒的执着，饮酒成为一种让他向往的生活方式和生活习性。

《影答形》中明确对道教长生久视之说予以否定。在《庄子》内篇中，有至人、神人、圣人、真人，这些人都是庄子的理想人格，并不能作为庄子相信神仙实有的证据。因为《庄子》一书采用了寓言、重言、卮言的叙述方式，至人、神人、圣人都是寓言中的人物，古之真人当是庄子幻想的生活在至德之世的得道者。《庄子·养生主》曰："可以保身，可以全生，可以养亲，可以尽年。"说明生命有一定的限度，不可能长生不死。《影答形》云："身没名亦尽，念之五情热。立善有遗爱，胡可不自竭？"②陶诗中对名的思考也本于《庄子》思想。《庄子·养生主》曰："为善无近名，为恶无近刑，缘督以为经。"庄子认为人的行为如果不是在为善就是在为恶，而善恶两端都不能过分。为善最近于沽名钓誉，为恶最近于触犯刑律。沽名钓誉不属于无为自然的范畴，是庄子所否定的。陶渊明的"身没名亦尽"感慨

---

①《陶渊明资料汇编》上册，第367页。
②逯钦立校注：《陶渊明集》，第36页。

名誉的虚幻性，对"立善有遗爱"也发出了自己的疑问。

《神释》①中的"大钧无私力，万物自森著"属于道家的自然思想；"三皇大圣人，今复在何处？彭祖爱永年，欲留不得住"，否定了儒家的大圣人，也否定了早期道教的长生不死说；"老少同一死，贤愚无复数"，揭示了人生必然要死的结局；"日醉或能忘，将非促龄具？立善常所欣，谁当为汝誉"，饮酒固然使人目前麻醉，但对于生命存亡来说不是好事。陈焱说："而'立善常所欣，谁当为汝誉'则清楚地表明了陶渊明通过庄子的'为善无近名'与'至誉无誉'在这个问题上对'影'的反驳。从其最本质的角度来说，若'立善'乃是与'名''利'相悖的东西，那它为了名誉长存于世也就成了毫无意义的事情。"②"甚念伤吾生，正宜委运去。纵浪大化中，不喜亦不惧。应尽便须尽，无复独多虑。"此数句是《神释》全诗的核心，而其核心思想正来源于庄子思想。宋人罗大经《鹤林玉露》云："'纵浪大化中，……'乃是不以死生祸福动其心，泰然委顺养神之道也。渊明可谓知道之士矣。"③这种冥契自然、委顺养神的思想属于庄子哲学范畴。清人方东树曰："神，运形影者也。前八句神，三皇以下释此，用庄子之理，……陶公所以不得与于传道之统者，堕庄老也。其失在纵浪大化，有放肆意，非圣人独立不惧、君子不忧不惑不惧之道。圣人是尽性至命，此是放肆也。"④他指出陶渊明采用了"庄

---

① 逯钦立校注：《陶渊明集》，第36—37页。

② 陈焱：《玄思死亡：当代哲学分析视角下的〈形影神〉》，《文学遗产》2019年第1期。

③ 罗大经：《鹤林玉露》卷之五，中华书局，1983年，第92页。

④ 《陶渊明资料汇编》下册，第44页。

子之理"，同时又站在儒家圣人君子的立场上，为陶渊明堕入庄老思想之深渊而惋惜。《庄子·大宗师》曰："天与人不相胜也，是之谓真人。"作为人来说只能随顺自然，与自然混同，委运任化。陶渊明的新自然说固然不同于魏晋旧自然说，但它基本契合于庄子思想。从总体上看，虽然打上了时代的烙印，但本质上是向庄子思想的回归。除去庄子思想，似乎并没有什么重大的发现或深入的思辨。

《形影神》组诗的思想与陶渊明的思想是两个概念，《形影神》组诗的思想不能代表陶渊明思想。关于《形影神》组诗的思想，我们认为《形影神》组诗虽然提出了饮酒和立善两种解脱生命之苦的方式，但在《神释》中又予以了否定。组诗的整体思想以道家思想为主，严格地说，是以庄子之理为主体；关于陶渊明思想的主体我们认为并不是庄子思想，而是以儒、酒、庄三者为主而构成的复杂混融体。陶渊明思想中的儒家思想，在《形影神》组诗之外，从陶渊明的一生来看，立善和饮酒在陶渊明的思想体系中始终占有重要的位置，所谓的用庄子之理"一统"只是暂时的、相对的。陶渊明时常自觉地维护孔孟之道。沈德潜云："晋人诗，旷达者征引老、庄，繁缛者征引班、扬，而陶公专用《论语》，汉人以下，宋儒以前，可推圣门弟子者，渊明也。"[①]把陶渊明誉为圣门弟子并不准确，陶渊明并不是一个非名教而薄周孔的名士，他始终以孔子为"先师"，从少年时代就"游好在《六经》"，他在中年时代说："先师遗训，余岂之坠?"晚年之时他感慨说："日月掷人去，有志不获骋。"面对黑暗

①《陶渊明资料汇编》上册，第199页。

的现实世界，他无可奈何地问自己："如何绝世下，六籍无一亲。"陶渊明的庄子思想我们在前面已经展开了论析。《形影神》组诗先后出现了饮酒、立善、委运三种境界，陶渊明首先否定了饮酒，接着怀疑立善，最后用委运"一统"前二者。儒家思想和道家思想，孔子思想和庄子思想，在陶渊明的思想中时而此消彼长，时而分庭抗礼，就如同阴阳鱼一样黑白分明又处于同一体系中。文人大都喜欢饮酒，陶渊明更是爱酒成性。论及陶渊明的思想特征，在儒道思想之外，还要加上陶渊明在生活方式上的饮酒习性。当然，陶渊明算不上是一个病态的酒徒，也不是沉溺于感官享乐的颓废者或堕落者，他是一个在思想上兼容了儒家和道家，同时在日常生活中喜好饮酒怡情的名士。如果再深入剖析，在他的思想深处还夹杂着佛教、玄学等不同的思想因子。干宝《晋纪总论》论述两晋士风云："风俗淫僻，耻尚失所，学者以庄、老为宗，而黜《六经》。"①处在这种时代大潮中的陶渊明，一方面以庄、老为宗，另一方面不黜《六经》，以放达为通而不失气节，是一位特立独行洁身自好的隐者。

概之，《形影神》组诗固然涉及儒家、佛学、玄学等不同思想和魏晋士人的不同行为方式，但其要旨则归于庄子之理。我们说《形影神》组诗之要旨可归于庄子之理，并不代表陶渊明思想以庄子思想为主导。陶渊明的主导思想由庄子之理、孔孟之道及饮酒习性等因素混融而成。

---

① 萧统编：《文选》卷四十九《史论上》，第415页。

第五章　李白对庄子思想的接受

一、李白诗文所引的《庄子》典故

通常我们把李白看作天才诗人，他的创作如同天马行空，来去无影无踪。其实李白除了天纵之才外，也是一位善于吸取前人哲学思想和艺术手法的大诗人。龚自珍《最录李白集》说："庄、屈实二，不可以并，并之以为心，自白始。儒、仙、侠实三，不可以合，合之以为气，又自白始也。"①李白接受了庄子思想、屈原精神、儒家思想、道教思想和侠客精神，特别是李白思想受到了儒道两家思想的影响，他为自己设计了一条"功成身退"的人生道路。

仅就道家道教方面而言，李唐王朝认老子为祖。高宗乾封元年（666）尊老子为"太上玄元皇帝"。天宝时，唐玄宗替老子加上了"大圣祖玄元皇帝""圣祖大道玄元皇帝""大圣祖高上金阙玄元天皇大帝"等封号。同时，也封庄子为南华真人。李白常以陇西布衣

---

① 裴斐、刘善良编：《李白资料汇编》（金元明清之部），中华书局，1994年，第1176—1177页。

自称。《与韩荆州书》曰："白陇西布衣，流落楚、汉。"① 《赠张相镐二首》其二曰："本家陇西人，先为汉边将。"② 李白的族叔李阳冰在《草堂集序》中也说："李白，字太白，陇西成纪人，凉武昭王暠九世孙。"③ 如此说来，老子是李唐王室和李白家族共同的远祖。传说李白的出生与仙人相关，李阳冰《草堂集序》曰："惊姜之夕，长庚入梦，故生而名白，以太白字之。世称太白之精，得之矣。"④ 李白的外貌、风度自与常人不同。《大鹏赋序》曰："余昔于江陵见天台司马子微，谓余有仙风道骨，可与神游八极之表。"⑤ 《对酒忆贺监二首》曰："长安一相见，呼我'谪仙人'。"⑥ 魏颢《李翰林集序》："故宾客贺公奇白风骨，呼为谪仙子。"⑦ 因为这些元素，再加上李白疏狂放达的性格，都让人们容易把李白与神仙联系起来，李白也以此自傲。李白青少年时代曾隐居戴天大匡山，李阳冰《草堂集序》曰："不读非圣之书，耻为郑、卫之作，故其言多似天仙之辞。"又曰："咏歌之际，屡称东山。又与贺知章、崔宗之等自为八仙之游，谓公谪仙人，朝列赋谪仙之歌凡数百首，多言公之不得意。"⑧ 中年的李白一度居东鲁以学道为事，与韩淮、裴政、孔巢父、张叔明、陶沔等隐于徂徕山，

---

① 李白著，王琦注：《李太白全集》，第1240页。
② 李白著，王琦注：《李太白全集》，第599页。
③ 李白著，王琦注：《李太白全集》，第1443页。
④ 李白著，王琦注：《李太白全集》，第1443页。
⑤ 李白著，王琦注：《李太白全集》，第2页。
⑥ 李白著，王琦注：《李太白全集》，第1085页。
⑦ 李白著，王琦注：《李太白全集》，第1449页。
⑧ 李白著，王琦注：《李太白全集》，第1445、1446页。

纵酒酣歌，号称"竹溪六逸"。①天宝三年（744）李白前往开封，决心遁入道教。李阳冰《草堂集序》曰："请北海高天师授道箓于齐州紫极宫，将东归蓬莱，仍羽人，驾丹丘耳。"②魏颢《李翰林集序》曰："曾受道箓于齐，有青绮冠帔一副。"③可见李白是一个在组织上加入过道教的名士。

李白诗文征引《庄子》典故的诗文数量不少，前此已经有多位学者进行了论述和统计。例如，韩式朋指出："李白的诗歌艺术，在某种意义上说，从庄子散文中汲取的营养比任何一部作品都要多。李白集中引庄子典故的诗有七十余首，赋四篇，书序五篇，颂赞碑铭五篇。庄子散文现存三十三篇，其中二十四篇的典故都在李白作品里出现。不仅如此，就艺术风格而论，李白诗风的形成受庄子的影响，比楚辞更为直接。"④郑祥琥说："清人王琦注《李太白全集》在李白引用《庄子》的地方，都逐条详细注出了所引《庄子》的原文。笔者统计了王琦所引注的《庄子》，有161条之多，基本上把李白诗文中涉及庄子的地方都搜罗完备了。"⑤王虹《李白与庄子》一文根据范之麟、庚舜编《全唐诗典故辞典》（湖北辞书出版社，1989）检索所得的部分诗文，列举出《古赋二十五》《古赋二十九》《古赋三十》《古赋三十四》《古赋三十五》《古赋三十六》《古赋三十九》《古赋四十》《赠韦秘书子春》《当涂李宰君画赞》《至陵阳山登天柱石洲韩侍

---

① 刘昫等：《旧唐书》卷一百五十四《孔巢父列传》，中华书局，1975年，第4095页。
② 李白著，王琦注：《李太白全集》，第1446页。
③ 李白著，王琦注：《李太白全集》，第1450页。
④ 韩式朋：《论李白诗歌艺术上对庄子散文的继承》，《求是学刊》1983年1期。
⑤ 郑祥琥：《清谈与李白诗文喜用〈庄子〉典故之关系》，《三峡大学学报》2018年6期。

御见招隐黄山》《赠武十七谔并序》等作品中皆有典故出自《庄子》。^①
肖悦说："《大鹏赋》就使用了《庄子》里的'齐谐''烜嚇''鸿蒙''杯观''苍苍''混茫''造化'等语；又如《春夜宴从弟桃花园序》使用了《庄子》中的'逆旅''浮生''大块'等词；再如《大猎赋》则使用了《庄子》中的'气母''利泽施乎万世''穷发''苍莽''文豹''罔象'等典。这种高频率、大范围典故使用方式，必然会使李白文的文风在一定程度上体现出与《庄子》文风的相似性。"^②虽说现有的研究并没有穷尽李白诗文中的《庄子》典故，同时我们也要看到李白所偏爱的《庄子》的典故，主要集中在鲲鹏、梦蝶等典故中。

鲲鹏在李白诗文中多次出现。李白《大鹏赋》源于《庄子·逍遥游》，论述详后。刚出蜀时，李白写了《代寿山答孟少府移文书》，该文的写作时间当为开元十五年（727），文中提到："且达人庄生，常有余论，以为尺鷃不羡于鹏鸟，秋毫可并于泰山，由斯而谈，何小大之殊也？"^③这里所提及的典故，便是《逍遥游》中斥鷃与大鹏的"小大之辩"。《庄子·齐物论》曰："天下莫大于秋豪之末，而太山为小。"^④从李白的化用来看，显然他在青少年时代便熟读过《庄子》，对其典故烂熟于心。《上李邕》云："大鹏一日同风起，抟摇直上九万里。假令风歇时下来，犹能簸却沧溟水。时人见我恒殊调，见余大言皆冷笑。宣父犹能畏后生，丈夫未可轻年少。"^⑤大鹏就是青

---

① 王虹：《李白与庄子》，《湖北第二师范学院学报》2010年7期。
② 肖悦：《从赋、书、序看李白文对〈庄子〉的继承》，《绵阳师范学院学报》2022年1期。
③ 李白著，王琦注：《李太白全集》，第1222页。
④ 郭象注，成玄英疏：《南华真经注疏》，中华书局，1998年，第43页。
⑤ 李白著，王琦注：《李太白全集》，第512页。

年李白的象征，李白相信自己会像大鹏一样追求理想展翅高飞。《古风》其三十三云："北溟有巨鱼，身长数千里。仰喷三山雪，横吞百川水。凭陵随海运，燀赫因风起。吾观摩天飞，九万方未已。"①李白对北溟的巨鱼神往不已。《送戴十五归衡岳序》云："鲲海未跃，鹏霄悠然。"②他不仅自比为鲲鹏，也希望友人像鲲鹏一样大展宏图。《临路歌》云："大鹏飞兮振八裔，中天摧兮力不济。余风激兮万世，游扶桑兮挂石袂。后人得之传此，仲尼亡兮谁为出涕？"③在生命即将终止的时候，李白依然自比为中途夭折的大鹏。

　　蝴蝶梦在李白诗文中同样多次出现。《古风》其九云："庄周梦胡蝶，胡蝶为庄周。一体更变易，万事良悠悠。乃知蓬莱水，复作清浅流。青门种瓜人，旧日东陵侯。富贵故如此，营营何所求。"④李白《古风》其九是对庄周梦蝶故事的改写。庄周变为蝴蝶，蝴蝶变为庄周，生命的个体互相联系，可以变易，万事可以交通，可以转化。这是李白对物化的解读。从变化的角度看，在人的一生当中，贵贱角色的转变只是小事一桩。《与元丹丘方城寺谈玄作》云："茫茫大梦中，惟我独先觉。腾转风火来，假合作容貌。灭除昏疑尽，领略入精要。澄虑观此身，因得通寂照。郎悟前后际，始知金仙妙。幸逢禅居人，酌玉坐相召。彼我俱若丧，云山岂殊调。清风生虚空，明月见谈笑。"⑤这里除了梦意象，还涉及了"吾丧我"境界。《齐物论》

────────────────

① 李白著，王琦注：《李太白全集》，第129页。
② 李白著，王琦注：《李太白全集》，第1276页。
③ 李白著，王琦注：《李太白全集》，第452—453页。
④ 李白著，王琦注：《李太白全集》，第100页。
⑤ 李白著，王琦注：《李太白全集》，第1059页。

曰："南郭子綦隐机而坐，仰天而嘘，荅焉似丧其耦。……子綦曰：'偃，不亦善乎，而问之也！今者吾丧我，汝知之乎？'"文中的"荅焉似丧其耦"与"彼我俱若丧"对应。《齐物论》又曰："方其梦也，不知其梦也。梦之中又占其梦焉，觉而后知其梦也。……丘也与女，皆梦也；予谓女梦，亦梦也。"诗中的"惟我独先觉"与庄子的"觉而后知其梦也"等相对应。《春日醉起言志》云："处世若大梦，胡为劳其生。所以终日醉，颓然卧前楹。觉来盼庭前，一鸟花间鸣。借问此何时？春风语流莺。感之欲叹息，对酒还自倾。浩歌待明月，曲尽已忘情。"①直接用"处世若大梦"来概括人生。李白之所以终日酩酊大醉，就是他用"处世若大梦"来理解浮生。

正是鲲鹏意象、梦意象等构成了李白诗歌中的独特的意象群。鲲鹏意象、梦意象（包括蝴蝶意象）成为李白诗歌之所以为李白诗歌的重要标志。

二、太白诗与庄子文同妙

李白诗中的形象往往是个性化的，带有强烈的主观感情色彩。在中国古代诗人中，李白这样的个性活跃和解放是少有的，此为学界的共识。范传正《唐左拾遗翰林学士李公新墓碑序》说："脱屣轩冕，释羁缰锁，因肆情性，大放宇宙间。"②李白其人其诗与《庄子》

---

① 李白著，王琦注：《李太白全集》，第1074页。
② 李白著，王琦注：《李太白全集》，第1464页。

关系密切。《赠宣城宇文太守兼呈崔侍御》云："过此无一事，静谈《秋水篇》。……崔生何傲岸，纵酒复谈玄。"[①]在《答长安崔少府叔封游终南翠微寺太宗皇帝金沙泉见寄》中，他又提到《秋水》："河伯见海若，傲然夸秋水。"[②]也许李白最爱的当推《逍遥游》和《秋水》，但李白所爱的不仅仅是一篇两篇，李白对整部《庄子》都非常喜爱。庄子追求逍遥境界，在人间世保持着独立的精神和自由的思想，正如《庄子·天下》所说庄子"独与天地精神往来"。庄子虽然生活清贫，有时候要去向别人借贷度日，但他的性格傲岸，不会向统治者低下头颅。李白高自期许，藐视权贵，嘲笑等级秩序，批判腐败的政治，不向世俗权贵低头，具有庄子遗风。无论是"安能摧眉折腰事权贵，使我不得开心颜"（《梦游天姥吟留别》），还是"人生在世不称意，明朝散发弄扁舟"（《宣州谢朓楼饯别校书叔云》）、"大道如青天，我独不得出。羞逐长安社中儿，赤鸡白雉赌梨栗"（《行路难》），抑或是"气岸遥凌豪士前，风流肯落他人后"（《流夜郎赠辛判官》）和"黄金白璧买歌笑，一醉累月轻王侯"（《忆旧游寄谯郡元参军》），从李白的诗歌和行事中，我们都不难看见庄子对李白的影响。从这一点上说，李白是庄子的异代知己。太白诗与庄子文在以下三个方面表现出明显的相同点。

---

① 李白著，王琦注：《李太白全集》，第610—613页。
② 李白著，王琦注：《李太白全集》，第877页。

（一）构思奇妙，神奇超旷

李白诗歌与庄子散文的关联，前人已经多有关注。方东树《昭昧詹言》卷十二《李太白》曰："大约太白诗与庄子文同妙：意接词不接，发想无端，如天上白云，卷舒灭现，无有定形。"[1]不仅指出了"太白诗与庄文同妙"，而且具体说明了妙在何处。一是意接而词不接，情感跳跃，转化迅捷；二是独来独往，发想无端。更形象的比喻是像天上的白云一样卷舒灭现。在方东树之前和之后都有类似的说法。例如，杨慎曰："庄周、李白，神于文者也，非工于文者所及也。文非至工则不可为神，然神非工之所可至也。"[2]工于文者是一个很难达到的级别，神于文者是更高的级别，只有庄子和李白达到了这个境界。刘熙载《艺概·诗概》曰："诗以出于《骚》者为正，以出于《庄》者为变。少陵纯乎《骚》，太白在《庄》《骚》间，东坡则出于《庄》者十之八九。"[3]中国诗歌有两大源头，一是《庄子》，一是楚辞。李白诗歌做到了两者兼顾。顾璘《书吴文定临怀素自叙帖后》曰："文至庄，诗至太白，草书至怀素，皆兵法所谓奇也。正有法可循，奇则非神解不能。"[4]庄子之文，李白之诗，怀素之草书，都达到了神奇境界。以上种种说法都把庄周之文和李白诗歌放在一起进行比较，肯定了两者具有一定的共同特色。林云铭《庄子因》曰："篇中忽而叙事，忽而引证，忽而譬喻，忽而议论。以为断而非

---

①方东树：《昭昧詹言》，人民文学出版社，1961年，第249页。
②裴斐、刘善良编：《李白资料汇编》（金元明清之部），第292页。
③刘熙载著，袁津琥笺释：《艺概笺释》，中华书局，2019年，第348页。
④裴斐、刘善良编：《李白资料汇编》（金元明清之部），第273页。

断，以为续而非续，以为复而非复，只见云气空蒙，往返纸上，顷刻之间，顿成异观。"①刘熙载《艺概·文概》曰："《庄子》文法断续之妙，如《逍遥游》忽说鹏、忽说蜩与莺鸠、斥鷃，是为断；下乃接之曰'此大小之辨也'，则上文之断处皆续矣，而下文宋荣子、许由、接舆、惠子诸断处，亦无不续矣。"②庄子把叙事、引证、譬喻和议论结合起来，形成了"以为断而非断，以为续而非续"的文章结构。李白诗歌很好地继承了这种手法。《行路难》其一云：

> 金樽清酒斗十千，玉盘珍羞直万钱。停杯投箸不能食，拔剑四顾心茫然。欲渡黄河冰塞川，将登太行雪满山。闲来垂钓碧溪上，忽复乘舟梦日边。行路难，行路难，多歧路，今安在？长风破浪会有时，直挂云帆济沧海。③

刚刚停杯投箸、拔剑四顾，走投无路，突然又垂钓碧溪、乘舟梦日，境界完全改变了。刚刚有了改变，又深深叹息行路太难、歧路太多，叹息未了，又充满了"直挂云帆济沧海"的豪情壮志。前人认为《行路难》其一写失路的忧愁，没有寒促蹇涩的危苦之词，诗中的黄河、太行、海上、日边、拔剑四顾、扬帆渡海都具有壮美的情采。《宣州谢朓楼饯别校书叔云》云：

---

① 林云铭：《庄子因》，第10页。
② 刘熙载撰，袁津琥校注：《艺概注稿》，中华书局，2009年，第40页。
③ 李白著，王琦注：《李太白全集》，第189页。

弃我去者，昨日之日不可留；乱我心者，今日之日多烦忧。长风万里送秋雁，对此可以酣高楼。蓬莱文章建安骨，中间小谢又清发。俱怀逸兴壮思飞，欲上青天揽明月。抽刀断水水更流，举杯消愁愁更愁。人生在世不称意，明朝散发弄扁舟。①

昨日之日已经飞逝，今日之日几多烦忧。诗人目睹长风秋雁，酒兴大发。逸兴思飞之际，又陷入"举杯消愁愁更愁"的悲苦之境。"明朝散发弄扁舟"，一叶扁舟，载着李白漂浮向沧海深处。李白的《梦游天姥吟留别》《宣州谢朓楼饯别校书叔云》等诗歌无不感情多次跳跃，"以为续而非续，以为复而非复"。李白诗无定式，长短不拘，格式不限，自由挥洒，如呵气行云，即行即止，任由自己摆布，随心所欲，酣畅淋漓，与庄子文异曲同工。

（二）夸张手法，奇幻色彩

李白诗歌随处可见浪漫主义色彩，《望庐山瀑布》云"飞流直下三千尺，疑是银河落九天"，和庄子《逍遥游》中的"水击三千里，抟扶摇而上者九万里"一样，俱为神品！一个从天而落，一个冲天而起，两者皆充满了奇幻色彩，给读者以视角的冲击和灵魂的震撼。李白诗歌夸张大胆，其中的"白发三千丈，缘愁似个长"（《秋浦歌十七首》其十五）、"燕山雪花大如席，片片吹落轩辕台"（《北风行》）、"一风三日吹倒山，白浪高于瓦官阁"（《横江词六首》其一）

---

① 李白著，王琦注：《李太白全集》，第861页。

等，可以作为中学语文课本上"夸张"一词的生动例证。李白诗歌同时具有丰富的想象力，如："狂风吹我心，西挂咸阳树"（《金乡送韦八之西京》）、"我寄愁心与明月，随君直到夜郎西"（《闻王昌龄左迁龙标，遥有此寄》）、"相看两不厌，只有敬亭山"（《独坐敬亭山》）。李白的想象出人意表之外，他人难以企及。《蜀道难》云：

> 噫吁嚱，危乎高哉！蜀道之难，难于上青天。蚕丛及鱼凫，开国何茫然。尔来四万八千岁，不与秦塞通人烟。西当太白有鸟道，可以横绝峨眉巅。地崩山摧壮士死，然后天梯石栈相钩连。上有六龙回日之高标，下有冲波逆折之回川。黄鹤之飞尚不得过，猿猱欲度愁攀援。青泥何盘盘，百步九折萦岩峦。扪参历井仰胁息，以手抚膺坐长叹。问君西游何时还，畏途巉岩不可攀。但见悲鸟号古木，雄飞雌从绕林间。又闻子规啼夜月，愁空山。蜀道之难，难于上青天，使人听此凋朱颜。连峰去天不盈尺，枯松倒挂倚绝壁。飞湍瀑流争喧豗，砯崖转石万壑雷。其险也若此，嗟尔远道之人胡为乎来哉！剑阁峥嵘而崔嵬，一夫当关，万夫莫开。所守或匪亲，化为狼与豺。朝避猛虎，夕避长蛇，磨牙吮血，杀人如麻。锦城虽云乐，不如早还家。蜀道之难，难于上青天，侧身西望长咨嗟。[1]

此诗的写作背景，历来众说纷纭。主要有四种说法：一是此诗系诗

---

[1] 李白著，王琦注：《李太白全集》，第162—165页。

人因担忧好友房琯、杜甫二人而作，希望他们早日离开四川，免遭时任剑南节度使的严武之毒手；二是此诗是为唐玄宗而作，劝喻躲避安史之乱逃亡至蜀的他归返长安，祈求帝王免受四川地方军阀挟制；三是诗旨乃在讽刺当时蜀地长官章仇兼琼妄图凭借天险割据；四是此诗可能作于天宝元年至天宝三年间，当时李白身在长安，诗为送友人王炎入蜀而作，李白规劝王炎不要羁留蜀地，希望他早日回到长安，避免因小人嫉妒而遭遇性命不测。从想象力的角度看，《蜀道难》具有鬼斧神工之妙。

太白与庄子一样热爱自然。《庄子·知北游》曰："天地有大美而不言。""原天地之美而达万物之理。"李白用诗文描绘了祖国美丽的山川。《春夜宴从弟桃花园序》曰："夫天地者，万物之逆旅也；光阴者，百代之过客也。而浮生若梦，为欢几何？古人秉烛夜游，良有以也。况阳春召我以烟景，大块假我以文章。会桃花之芳园，序天伦之乐事。群季俊秀，皆为惠连；吾人咏歌，独惭康乐。幽赏未已，高谈转清。开琼筵以坐花，飞羽觞而醉月。不有佳咏，何伸雅怀。如诗不成，罚依金谷酒数。"[1]李白天纵英才，他如同尘世未经污染的童子，对大自然有着极强的感受力，擅长于将自己的个性融于自然景物中。李白的笔下的山水，具有理想化的色彩。学界认为李白诗歌的山水意境分为两大类型：一是在气势磅礴的高山大川中突出力的美，运动的美；一是在秀丽的意境中表现纤尘不染的天真情怀。描写壮美景色的诗句，例如："黄河之水天上来，奔流到海不

---

① 李白著，王琦注：《李太白全集》，第1292页。

复回！"（《将进酒》）"登高壮观天地间，大江茫茫去不还。"（《庐山谣寄卢侍御虚舟》）"连峰去天不盈尺，枯松倒挂倚绝壁。"（《蜀道难》）描写优美景色的诗句，例如："人游月边去，舟在空中行。"（《送王屋山人魏万还王屋并序》）"人乘海上月，帆落湖中天。"（《浔阳送弟昌峄鄱阳司马作》）"月随碧山转，水合青天流。"（《月夜江行寄崔员外宗之》）《梦游天姥吟留别》云：

> 海客谈瀛洲，烟涛微茫信难求。越人语天姥，云霞明灭或可睹。天姥连天向天横，势拔五岳掩赤城。天台四万八千丈，对此欲倒东南倾。我欲因之梦吴越，一夜飞度镜湖月。湖月照我影，送我至剡溪。谢公宿处今尚在，渌水荡漾清猿啼。脚着谢公屐，身登青云梯。半壁见海日，空中闻天鸡。千岩万转路不定，迷花倚石忽已暝。熊咆龙吟殷岩泉，栗深林兮惊层巅。云青青兮欲雨，水澹澹兮生烟。列缺霹雳，丘峦崩摧。洞天石扉，訇然中开。青冥浩荡不见底，日月照耀金银台。霓为衣兮风为马，云之君兮纷纷而来下。虎鼓瑟兮鸾回车，仙之人兮列如麻。忽魂悸以魄动，恍惊起而长嗟。惟觉时之枕席，失向来之烟霞。世间行乐亦如此，古来万事东流水。别君去兮何时还？且放白鹿青崖间，须行即骑访名山。安能摧眉折腰事权贵，使我不得开心颜。①

---

① 李白著，王琦注：《李太白全集》，第705—708页。

唐汝询《唐诗解》曰:"将之天姥,托言梦游以见世事皆虚幻也。……乃知世间行乐亦如此梦耳。古来万事亦岂有在者乎,皆如流水之不返矣。"[1]严羽《沧浪诗话·诗评》曰:"子美不能为太白之飘逸,太白不能为子美之沉郁。太白《梦游天姥吟》、《远别离》等,子美不能道。"[2]《唐宋诗醇》卷六曰:"七言歌行本出楚骚、乐府,至于太白,然后穷极笔力,优入圣域。昔人谓其以气为主,以自然为宗,以俊逸高畅为贵,咏之使人飘扬欲仙;而尤推其《天姥吟》《远别离》等篇,以为虽子美不能道。盖其才横绝一世,故兴会标举,非学可及,正不必执此谓子美不能及也。此篇夭矫离奇,不可方物,然因语而梦,因梦而悟,因悟而别,节次相生,丝毫不乱。"[3]《梦游天姥吟留别》先写越人口中的天姥山,先声夺人,让人产出无限遐想,甚至于天姥山进入了诗人的梦中。梦境中的天姥山是神仙的居所,诗人把神话传说和实境奇幻地交织在一起。当诗人从梦境中惊醒,发出了"安能摧眉折腰事权贵"的呐喊,感情上升到了至高点。抒情酣畅淋漓,表意大气磅礴。

太白诗与庄子文一样充满了神仙想象。《庄子》中写了至人、神人、真人等神仙,李白一生向往神仙,《赠嵩山焦炼师》:

> 嵩山有神人焦炼师者,不知何许妇人也。又云:生于齐、梁时,其年貌可称五六十。常胎息绝谷,居少室庐,游行若飞,

---

[1] 裴斐、刘善良编:《李白资料汇编》(金元明清之部),第519—520页。
[2] 金涛声、朱文彩编:《李白资料汇编》(唐宋之部),中华书局,2007年,第598页。
[3] 裴斐、刘善良编:《李白资料汇编》(金元明清之部),第908页。

倏忽万里。世或传其入东海，登蓬莱，竟莫能测其往也。余访道少室，尽登三十六峰，闻风有寄，洒翰遥赠。

二室凌青天，三花含紫烟。中有蓬海客，宛疑麻姑仙。

道在喧莫染，迹高想已绵。时餐金鹅蕊，屡读青苔篇。

八极恣游憩，九垓长周旋。下瓢酌颍水，舞鹤来伊川。

还归空山上，独拂秋霞眠。萝月挂朝镜，松风鸣夜弦。

潜光隐嵩岳，炼魄栖云幄。霓裳何飘飘，凤吹转绵邈。

愿同西王母，下顾东方朔。紫书傥可传，铭骨誓相学。[1]

焦炼师就是李白眼里的女神。"紫书傥可传，铭骨誓相学"，李白对神仙之学无限向往。《庐山谣寄卢侍御虚舟》云："五岳寻仙不辞远，一生好入名山游。"[2]《古风》其十九云："西上莲花山，迢迢见明星。素手把芙蓉，虚步蹑太清。霓裳曳广带，飘拂升天行。"[3]《梦游天姥吟留别》云："霓为衣兮风为马，云之君兮纷纷而来下。虎鼓瑟兮鸾回车，仙之人兮列如麻。"[4]在李白的诗歌中经常可以看到仙人的踪迹。《庄子》中虽也多次写到了至人、神人、真人的形象，但庄子并不狂热地爱慕神仙，四处去寻觅神仙，而李白则一生沉溺在求仙问道中，乐此不疲。

---

[1] 李白著，王琦注：《李太白全集》，第508—509页。
[2] 李白著，王琦注：《李太白全集》，第677—678页。
[3] 李白著，王琦注：《李太白全集》，第113页。
[4] 李白著，王琦注：《李太白全集》，第707页。

（三）庄子"醉者神全"对李白诗歌影响深远

《庄子·达生》云："夫醉者之坠车，虽疾不死。骨节与人同而犯害与人异，其神全也，乘亦不知也，坠亦不知也，死生惊惧不入乎其胸中，是故逆物而不慑。彼得全于酒而犹若是，而况得全于天乎？"作者在这里写了"得全于天"与"得全于酒"两种境界。所谓的"得全于天"，就是以人入天，天人合一；所谓的"得全于酒"，是说酒精可以麻醉人，"死生惊惧不入乎其胸中"，即使坠车也不会死，从而能够起到保护自己的作用。《庄子》把"得全于酒"与"得全于天"联系在一起，充分体现了道家的全生观。李白是一个爱酒的诗人。后人提起李白，总是与美酒联系在一起。杜甫《饮中八仙歌》写到："李白一斗诗百篇，长安市上酒家眠。天子呼来不上船，自称臣是酒中仙。"[①]饮酒后李白的精神越发高涨，思路更加狂放。在《将进酒》中，他说："君不见黄河之水天上来，奔流到海不复回。君不见高堂明镜悲白发，朝如青丝暮成雪。人生得意须尽欢，莫使金樽空对月。天生我材必有用，千金散尽还复来。烹羊宰牛且为乐，会须一饮三百杯。岑夫子，丹丘生，将进酒，杯莫停。与君歌一曲，请君为我倾耳听。钟鼓馔玉不足贵，但愿长醉不复醒。古来圣贤皆寂寞，惟有饮者留其名。陈王昔时宴平乐，斗酒十千恣欢谑。主人何为言少钱，径须沽取对君酌。五花马，千金裘，呼儿将出换美酒，与尔同销万古愁。"[②]与朋友在一起，大块吃肉，大碗喝酒，高歌一

---

① 杜甫著，仇兆鳌注：《杜诗详注》，中华书局，1979年，第83页。
② 李白著，王琦注：《李太白全集》，第179—180页。

曲，酣畅淋漓。《月下独酌》其二云：“天若不爱酒，酒星不在天。地若不爱酒，地应无酒泉。天地既爱酒，爱酒不愧天。已闻清比圣，复道浊如贤。圣贤既已饮，何必求神仙？三杯通大道，一斗合自然。但得酒中趣，勿为醒者传。”[1]自己爱酒，以为天地皆爱酒。喝酒可以通大道，可以合自然，直接进入到天人合一的境界。《杂曲歌辞·前有尊酒行二首》其一云：“春风东来忽相过，金樽渌酒生微波。落花纷纷稍觉多，美人欲醉朱颜酡。青轩桃李能几何，流光欺人忽蹉跎。君起舞，日西夕。当年意气不肯倾，白发如丝叹何益。”[2]美酒在手，美人在侧，及时行乐，才能不虚度光阴。

庄子文与李白诗有许多相同之处，以上我们只是列举了其中的三个方面。清初文坛领袖王士禛在《论诗绝句》中说李白“一生低首谢宣城”，[3]说李白一生低首谢朓当然没有错，但如果把庄子与谢朓放在一起时，能够让李白一生低首的古人，还是应该首推庄子吧。

三、李白《大鹏赋》与《庄子·逍遥游》之联系

李白《大鹏赋》原文：

余昔于江陵见天台司马子微，谓余有仙风道骨，可与神游八极之表。因著《大鹏遇希有鸟赋》以自广。此赋已传于世，

---

① 李白著，王琦注：《李太白全集》，第1063页。
② 李白著，王琦注：《李太白全集》，第199页。
③ 李白著，王琦注：《李太白全集》，第1508页。

往往人间见之。悔其少作，未穷宏达之旨，中年弃之。及读《晋书》，睹阮宣子《大鹏赞》，鄙心陋之。遂更记忆，多将旧本不同。今复存手集，岂敢传诸作者，庶可示之子弟而已。

其辞曰：

南华老仙发天机于漆园，吐峥嵘之高论，开浩荡之奇言，征至怪于齐谐，谈北溟之有鱼，吾不知其几千里，其名曰鲲。化成大鹏，质凝胚浑。脱䰀鬐于海岛，张羽毛于天门。刷渤澥之春流，晞扶桑之朝暾。煇赫乎宇宙，凭陵乎昆仑。一鼓一舞，烟朦沙昏。五岳为之震荡，百川为之崩奔。

尔乃蹶厚地，揭太清，亘层霄，突重溟。激三千以崛起，向九万而迅征。背崇太山之崔嵬，翼举长云之纵横。左回右旋，倏阴忽明。历汗漫以夭矫，㧐阊阖之峥嵘。簸鸿蒙，扇雷霆。斗转而天动，山摇而海倾。怒无所搏，雄无所争，固可想像其势，仿佛其形。

若乃足萦虹蜺，目耀日月，连轩沓拖，挥霍翕忽。喷气则六合生云，洒毛则千里飞雪。邈彼北荒，将穷南图。运逸翰以傍击，鼓奔飙而长驱。烛龙衔光以照物，列缺施鞭而启途。块视三山，杯观五湖。其动也神应，其行也道俱。任公见之而罢钓，有穷不敢以弯弧。莫不投竿失镞，仰之长吁。

尔其雄姿壮观，块轧河汉，上摩苍苍，下覆漫漫。盘古开天而直视，羲和倚日以旁叹。缤纷乎八荒之间，掩映乎四海之半。当胸臆之掩昼，若混茫之未判。忽腾覆以回转，则霞廓而雾散。

然后六月一息，至于海湄。欻翳景以横翥，逆高天而下垂。憩乎泱漭之野，入乎汪湟之池。猛势所射，余风所吹。溟涨沸渭，岩峦纷披。天吴为之怵栗，海若为之躄跐。巨鳌冠山而却走，长鲸腾海而下驰。缩壳挫鬣，莫之敢窥。吾亦不测其神怪之若此，盖乃造化之所为。

岂比夫蓬莱之黄鹄，夸金衣与菊裳。耻苍梧之玄凤，耀彩质与锦章。既服御于灵仙，久驯扰于池隍。精卫殷勤于衔木，鶗鴂悲愁乎荐馐。天鸡警晓于蟠桃，踆乌晰耀于太阳。不旷荡而纵适，何拘挛而守常？未若兹鹏之逍遥，无厥类乎比方。不矜大而暴猛，每顺时而行藏。参玄根以比寿，饮元气以充肠。戏旸谷而徘徊，冯炎洲而抑扬。

俄而希有鸟见谓之曰："伟哉鹏乎，此之乐也。吾右翼掩乎西极，左翼蔽乎东荒。跨蹑地络，周旋天纲。以恍惚为巢，以虚无为场。我呼尔游，尔同我翔。"于是乎大鹏许之，欣然相随。此二禽已登于寥廓，而斥鷃之辈空见笑于藩篱。[1]

魏颢《李翰林集序》曰："《大鹏赋》时家藏一本。"[2]作为一位大诗人，唐人家中所藏的不是他的诗集，而是他的《大鹏赋》，可以看出《大鹏赋》影响之大，同时也可以看出唐人文化素养之高。《大鹏赋》与《庄子》关系密切。"南华老仙发天机于漆园"，由《大鹏赋》

---

①李白著，王琦注：《李太白全集》，第2—10页。
②李白著，王琦注：《李太白全集》，第1449页。

中可看出李白对庄子的推崇。李白用自己的语言、自己的理解，再次拓展了大鹏的形象，比《庄子·逍遥游》更进一层："化成大鹏，质凝胚浑。……"李白塑造的大鹏形象不仅代表了作者自己理想中的自身形象，而且也寄托了作者游于自由之境的心愿。元祝尧《古赋辨体》曰："太白盖以鹏自比，而以希有鸟比司马子微。赋家宏衍巨丽之体，楚《骚》、《远游》等作已然，司马、班、扬犹尚此。此显出《庄子》寓言，本自宏阔，太白又以豪气雄文发之，事与辞称，俊迈飘逸，去《骚》颇近。"①清王琦注《临路歌》曰："太白尝作《大鹏赋》，实以自喻。"②在李白的笔下，李白就是大鹏，大鹏就是李白。

序中的司马子微，即唐代著名道士司马承祯。《大唐新语》曰："司马承祯，字子征，隐于天台山，自号白云子，有服饵之术。则天、中宗朝，频征不起。睿宗雅尚道教，稍加尊异，承祯方赴召。睿宗尝问阴阳术数之事，……睿宗深加赏异。无何，苦辞归，乃赐宝琴、花帔以遣之。工部侍郎李适之赋诗以赠焉。当时文士，无不属和。散骑常侍徐彦伯撮其美者三十一首，为制序，名曰《白云记》，见传于代。"③序中提及的阮宣子，《晋书》有传。传曰："修字宣子。……尝作《大鹏赞》曰：'苍苍大鹏，诞自北溟。假精灵鳞，神化以生。如云之翼，如山之形。海运水击，扶摇上征。翕然层举，背负太清。志存天地，不屑唐庭。鷃鸠仰笑，尺鷃所轻。超世高逝，

---

① 李白著，王琦注：《李太白全集》，第11页。
② 李白著，王琦注：《李太白全集》，第453页。
③ 刘肃：《大唐新语》卷之十《隐逸第二十三》，中华书局，1984年，第158页。

莫知其情。'"①阮修的《大鹏赞》之所以被李白鄙心陋之,其中的一个原因是《大鹏赞》只是对《庄子·逍遥游》的模写,此大鹏如同剪纸,没有生气。李白的大鹏注入了李白的气质、精神,是一只可以飞动的大鹏。赋中的希有鸟,是一种传说中的大鸟,《李太白全集》注引《神异经·中荒经》:"昆仑山有大鸟,名曰希有,南向张左翼覆东王公,右翼覆西王母。背上小处无羽,一万九千里,西王母岁登翼上会东王公也。"②引《鸟铭》曰:"有鸟希有,绿赤煌煌,不鸣不食,东覆东王公,西覆西王母。王母欲东,登之自通,阴阳相须,唯会益工。"③李白把庄子的鲲鹏和《神异经·中荒经》中的希有鸟放在了一起,李白以鲲鹏自比,把司马承祯比为希有鸟。

李白《大鹏赋》涉及到许多《庄子》中的典故,例如八极、天机、六合、任公、斥鷃、六月一息等,散见于《逍遥游》《齐物论》《大宗师》《田子方》《外物》等篇章中。其中的任公即任公子,见《庄子·外物》篇:"任公子为大钩巨缁,五十犗以为饵,蹲乎会稽,投竿东海,旦旦而钓,期年不得鱼。已而大鱼食之,牵巨钩,錎没而下,骛扬而奋鬐,白波若山,海水震荡,声侔鬼神,惮赫千里。任公子得若鱼,离而腊之,自制河以东,苍梧已北,莫不厌若鱼者。"任公子所钓的大鱼,与《庄子·逍遥游》中的鲲可以媲美。

李白《代寿山答孟少府移文》也提到了自己对鲲鹏的看法,原文曰:"昨于山人李白处见吾子移文,责仆以多奇,叱仆以特秀,而

①房玄龄等:《晋书》卷四十九《阮修传》,第1366页。
②李白著,王琦注:《李太白全集》,第2页。
③李白著,王琦注:《李太白全集》,第2页。

盛谈三山五岳之美，谓仆小山无名、无德而称焉。观乎斯言，何太谬之甚也！吾子岂不闻乎：无名为天地之始，有名为万物之母。假令登封禋祀，曷足以大道讥耶？然皆损人费物，庖杀致祭，暴殄草木，镌刻金石，使载图典，亦未足为贵乎？且达人庄生，常有余论，以为斥鷃不羡于鹏鸟，秋毫可并于泰山。由斯而谈，何小大之殊也。"[1]寿山不言，李白代答，可见这只是一篇幽默搞笑之文。这一段话可以证明李白对于老子思想、庄子思想非常熟悉，可以不假思索地灵活运用。他把庄子称为"达人"，他固然知道在庄子的理论中"斥鷃不羡于鹏鸟"，但在李白的意念中依然坚持歌颂鲲鹏、自比鲲鹏，可见他对鲲鹏的偏爱到了何种程度。

李白《大鹏赋》学习、借用了《庄子》中的许多典故，是一篇以《庄子·逍遥游》为原型而创作的艺术珍品。我们也要看到，庄子的鲲鹏与李白的鲲鹏具有不同之处。鲲鹏，在庄子那里只是一个符号，是庄子在论证"无待""无己"境界时的一个例证。庄子推崇的是："若夫乘天地之正，而御六气之辩，以游无穷者，彼且恶乎待哉？"庄子笔下的鲲鹏属于有待之物，"风之积也不厚，则其负大翼也无力。故九万里，则风斯在下矣"。庄子迷醉大道而俯视万物，并没有自己特别喜欢的某种动物。在庄子眼里，蝴蝶之美，鱼游之乐，只是随缘相遇，并非只对某物情有独钟。而李白对鲲鹏则不然，鲲鹏意象是李白一生的最爱，鲲鹏成为陪伴李白一生的精神上的图腾，在他心目中具有无可替代的价值。

---

[1] 李白著，王琦注：《李太白全集》，第1221—1222页。

第六章 李商隐对庄子思想的接受

一、李商隐诗歌中的《庄子》典故

李商隐在唐代诗坛占有重要地位。吴乔《围炉诗话》曰："于李、杜、韩后，能别开生路，自成一家者，惟李义山一人。"[①]李商隐与道教的关系甚为密切。大和九年（835），李商隐二十三岁，参加科举考试失利后，至河南玉阳山学道。开成元年（836），李商隐继续在玉阳山学道。在离开玉阳山之后，李商隐也一直与道教保持着一定的联系。李商隐虽然没有像李白那样接受道箓，但他对道教也曾经心醉神迷。《老子》和《庄子》是李商隐青少年时代就开始苦读的基本典籍。李商隐被视为唐代用典最多的诗人。《唐才子传》曰："商隐工诗，为文瑰迈奇古，辞难事隐。及从楚学，俪偶长短，而繁缛过之。每属缀多检阅书册，左右鳞次，号'獭祭鱼'。而旨能感人，人谓其横绝前后。"[②]《庄子》中的典故在李商隐诗歌中随处可见。

---

①刘学锴等编：《李商隐资料汇编》，中华书局，2001年，第279页。
②辛文房著，傅璇琮主编：《唐才子传校笺》卷第七《李商隐》，中华书局，1995年，第277页。

（一）与《庄子》相关的梦境典故

庄子是中国文学史上第一位写梦境的大师。"庄周梦蝶"是家喻户晓的梦境寓言。这只美丽的蝴蝶伴随庄子文学翩翩飞舞了几千年。除了"庄周梦蝶"之外，《庄子》写到梦的场景也很多。例如《齐物论》曰："梦饮酒者，旦而哭泣；梦哭泣者，旦而田猎。方其梦也，不知其梦也。梦之中又占其梦焉，觉而后知其梦也。且有大觉而后知此其大梦也，而愚者自以为觉，窃窃然知之。君乎，牧乎，固哉！丘也与女，皆梦也；予谓女梦，亦梦也。"梦与现实是不同的，人生就是一场大梦，只有大觉者才能分清现实与梦境。《人间世》曰："匠石之齐，至于曲辕，见栎社树。……匠石归，栎社见梦曰：'女将恶乎比予哉？若将比予于文木邪？……而几死之散人，又恶知散木！'"栎社树也会托梦，匠石白天称它为"散木"，晚上它称匠石为"散人"。由"散木"引申而来的"散人"一词尽显其睿智。《大宗师》曰："古之真人，其寝不梦，其觉无忧，其食不甘，其息深深。真人之息以踵，众人之息以喉。"古之真人是不会做梦的，只有世俗凡人才会做梦。《大宗师》曰："……吾特与汝，其梦未始觉者邪！且彼有骇形而无损心，有旦宅而无情死。……且汝梦为鸟而厉乎天，梦为鱼而没于渊。不识今之言者，其觉者乎，其梦者乎？造适不及笑，献笑不及排，安排而去化，乃入于寥天一。"世俗之人不仅晚上做梦，并且世俗的生活就是一场大梦，可惜人们并不清楚自己是在做梦。《天运》中师金曰："夫刍狗之未陈也，盛以箧衍，巾以文绣，尸祝齐戒以将之。及其已陈也，行者践其首脊，苏者取而爨之而已。将复取而盛以箧衍，巾以文绣，游居寝卧其下，彼不得梦，必且数眯焉。

今而夫子，亦取先王已陈刍狗，聚弟子游居寝卧其下。故伐树于宋，削迹于卫，穷于商周，是非其梦邪？"即使是圣人孔子也不知道自己是否在做梦。《刻意》曰："其寝不梦，其觉无忧。其神纯粹，其魂不罢。虚无恬淡，乃合天德。故曰：悲乐者，德之邪；喜怒者，道之过；好恶者，德之失。"其寝不梦者，其神纯粹。《秋水》曰："庄子之楚，见空髑髅，……夜半，髑髅见梦曰……"庄子不仅梦见过蝴蝶，也梦见过髑髅。在庄子眼里，万物如一。

　　李商隐继承了庄子对写梦的痴迷，成为唐代用诗歌写梦的高手。有学者统计，李商隐诗歌中写到"梦"的有近80首之多，最出名的当推《锦瑟》。《锦瑟》中"庄生晓梦迷蝴蝶，望帝春心托杜鹃"成为千古名联。关于这首诗及其他无题诗中对梦的描写，我们将放在下节分析。此外，李商隐《回中牡丹为雨所败二首》其二云："浪笑榴花不及春，先期零落更愁人。玉盘迸泪伤心数，锦瑟惊弦破梦频。万里重阴非旧圃，一年生意属流尘。前溪舞罢君回顾，并觉今朝粉态新。"[1]借牡丹花以感慨身世，雨打牡丹，娇红凋零。再一次写到了锦瑟，写到了做梦。锦瑟是"惊弦"之锦瑟，梦破是因为锦瑟惊弦而破梦，一个"频"写出了诗人的无奈。《偶成转韵七十二句赠四同舍》云："武威将军使中侠，少年箭道惊杨叶。战功高后数文章，怜我秋斋梦蝴蝶。"[2]该诗是赠送给四位同僚的作品。诗写对同僚的赞美，同时书写自己怀才不遇的愤慨。"战功"两句写卢弘止将军既有

---

[1] 刘学锴、余恕诚著：《李商隐诗歌集解·编年诗》，第298页。
[2] 刘学锴、余恕诚著：《李商隐诗歌集解·编年诗》，第1078页。

赫赫战功，又关爱会写文章的人才，他怜悯我尚在秋斋中做着蝴蝶梦。《秋日晚思》云："桐槿日零落，雨余方寂寥。枕寒庄蝶去，窗冷胤萤销。取适琴将酒，忘名牧与樵。平生有游旧，一一在烟霄。"①这首诗作于会昌四年（844）秋，诗人回故乡安葬母亲后闲居永乐时。全诗笼罩在凄清的氛围中，梧桐、木槿日益零落，大雨让人更感寂寥。诗人在寒冷的夜晚想到了庄周和他的蝴蝶梦。独自弹琴饮酒，思念旧游。在这些诗歌中，李商隐写自己梦到了蝴蝶。梦本来是很虚幻的事，梦中的事物应该是大千世界的投射，而他经常能梦见蝴蝶，与其说李商隐与蝴蝶有缘，不如说李商隐与庄子有缘。

除了蝴蝶梦，李商隐也有许多别的梦。李商隐喜欢写"归梦"。《端居》云："远书归梦两悠悠，只有空床敌素秋。阶下青苔与红树，雨中寥落月中愁。"②写对其妻子王氏的思念，既没有远方的家书，甚至也没有归家的梦，倍感惆怅凄凉。《归墅》云："行李逾南极，旬时到旧乡。楚芝应遍紫，邓橘未全黄。渠浊村春急，旗高社酒香。故山归梦喜，先入读书堂。"③终于可以回家了，在梦中看见了故山，看见了读书堂。《七月二十九日崇让宅宴作》云："悠扬归梦唯灯见，澰落生涯独酒知。"④梦中看见了往日的灯，梦醒时分唯有借酒浇愁。

李商隐还喜欢写梦故人。《梦令狐学士》云："山驿荒凉白竹扉，残灯向晓梦清晖。右银台路雪三尺，凤诏裁成当直归。"⑤令狐学士

---

① 刘学锴、余恕诚著：《李商隐诗歌集解·编年诗》，第518页。
② 刘学锴、余恕诚著：《李商隐诗歌集解·编年诗》，第707页。
③ 刘学锴、余恕诚著：《李商隐诗歌集解·编年诗》，第886页。
④ 刘学锴、余恕诚著：《李商隐诗歌集解·编年诗》，第1190页。
⑤ 刘学锴、余恕诚著：《李商隐诗歌集解·编年诗》，第897页。

即令狐绹。《旧唐书》本传："召拜考功郎中，寻知制诰。其年，召入充翰林学士。"[1] 日有所思，夜有所梦，此诗直接写自己梦见了令狐学士，表白自己对他的深度思念。诗中用自己山驿荒凉、竹扉残灯与令狐学士右银台路、凤诏裁成的生活进行了对照，一个失意，一个得意，期盼援引之意自在不言之中。《寄令狐学士》云："秘殿崔嵬拂彩霓，曹司今在殿东西。赓歌太液翻黄鹄，从猎陈仓获碧鸡。晓饮岂知金掌迥，夜吟应讶玉绳低。钧天虽许人间听，阊阖门多梦自迷。"[2] 全诗想象令狐学士在"秘殿"中的生活，流露出羡慕，最后以"梦自迷"结尾，透露出期盼援引之意。《旧唐书·李商隐传》："商隐幼能为文。令狐楚镇河阳，以所业文干之，年才及弱冠。楚以其少俊，深礼之，令与诸子游。楚镇天平、汴州，从为巡官，岁给资装，令随计上都。开成二年，方登进士第，释褐秘书省校书郎，调补弘农尉。会昌二年，又以书判拔萃。王茂元镇河阳，辟为掌书记，得侍御史。茂元爱其才，以子妻之。茂元虽读书为儒，然本将家子，李德裕素遇之，时德裕秉政，用为河阳帅。德裕与李宗闵、杨嗣复、令狐楚大相仇怨。商隐既为茂元从事，宗闵党大薄之。时令狐楚已卒，子绹为员外郎，以商隐背恩，尤恶其无行。俄而茂元卒，来游京师，久之不调。会给事中郑亚廉察桂州，请为观察判官、检校水部员外郎。大中初，白敏中执政，令狐绹在内署，共排李德裕逐之。亚坐德裕党，亦贬循州刺史。商隐随亚在岭表累载。三年入朝，京

① 刘昫等：《旧唐书》卷一百七十二《令狐绹传》，第4466页。
② 刘学锴、余恕诚著：《李商隐诗歌集解·编年诗》，第814页。

兆尹卢弘正奏署掾曹，令典笺奏。明年，令狐绹作相，商隐屡启陈情，绹不之省。弘正镇徐州，又从为掌书记。府罢入朝，复以文章干绹，乃补太学博士。会河南尹柳仲郢镇东蜀，辟为节度判官、检校工部郎中。大中末，仲郢坐专杀左迁，商隐废罢，还郑州，未几病卒。"[1]李商隐一生与令狐楚父子的关系至为密切。李商隐《十字水期韦潘侍御同年不至时韦寓居水次故郭邠宁宅》云："伊水溅溅相背流，朱栏画阁几人游？漆灯夜照真无数，蜡炬晨炊竟未休。顾我有怀同大梦，期君不至更沉忧。西园碧树今谁主？与近高窗卧听秋。"[2]十字水即东都洛阳的地名。白居易《二月二日》云："轻衫细马春年少，十字津头一字行。"[3]韦潘字游之，与商隐同年登进士第。"顾我有怀同大梦"，用《庄子·齐物论》典："且有大觉，而后知此其大梦也。"在洛阳十字水期盼韦潘侍御不至而作此诗，表现了对好友韦潘侍御的思念之情。

李商隐还喜欢写思乡梦。《悼伤后赴东蜀辟至散关遇雪》云："剑外从军远，无家与寄衣。散关三尺雪，回梦旧鸳机。"[4]这是一首悼亡诗。宣宗大中五年（851）夏秋之交，李商隐妻王氏病逝。是年冬，应柳仲郢之辟，从军赴东川（今四川三台）。这首诗就写赴蜀途中漫天飞雪，诗人独自行进在散关。他的梦中爱妻正在鸳机前为自己织制成衣。《晓起》云："书长为报晚，梦好更寻难。影响输双蝶，偏过

---

① 刘昫等：《旧唐书》卷一百九十下《李商隐传》，第5077—5078页。
② 刘学锴、余恕诚著：《李商隐诗歌集解·未编年诗》，第2094页。
③ 谢思炜撰：《白居易诗集校注》，中华书局，2006年，第2502页。
④ 刘学锴、余恕诚著：《李商隐诗歌集解·编年诗》，第1225页。

旧畹兰。"①诗人经过了旧畹兰时，想起了昔日的好梦，充满了悲哀之情。《五言述德抒情诗一首四十韵献上杜七兄仆射相公》云："归期过旧岁，旅梦绕残更。"②《西溪》云："京华他夜梦，好好寄云波。"③《戏赠张书记》云："星汉秋方会，关河梦几还。"④旅梦、他夜梦、关河梦都写诗人思乡的苦况。

李商隐诗集中还有一个特殊的梦。《钧天》云："上帝钧天会众灵，昔人因梦到青冥。伶伦吹裂孤生竹，却为知音不得听。"⑤上帝在天宫召集人才，无才的"昔人"得到了重用，有才之士伶伦纵然"吹裂孤生竹"却没有受到赏识，暗指上帝并非真正懂得音乐的人。昔人能够得到重用，并不是凭借自己的本事，而是做了一个好梦。这里的"梦"相当于运气。昔人因为运气好稀里糊涂成了上帝的宠儿。

（二）鲲鹏等其他与《庄子》有关的典故

李白《大鹏赋》在唐代广为传播。此外，李峤《海》云："三山巨鳌涌，万里大鹏飞。"⑥写大鹏翱翔海上的壮阔境界。杜甫《泊岳阳城下》云："图南未可料，变化有鲲鹏。"⑦写鲲鹏在图南之前的

---

① 刘学锴、余恕诚著：《李商隐诗歌集解·未编年诗》，第2192页。
② 刘学锴、余恕诚著：《李商隐诗歌集解·编年诗》，第1249页。
③ 刘学锴、余恕诚著：《李商隐诗歌集解·编年诗》，第1306页。
④ 刘学锴、余恕诚著：《李商隐诗歌集解·编年诗》，第380页。
⑤ 刘学锴、余恕诚著：《李商隐诗歌集解·编年诗》，第903页。
⑥ 彭定求等编：《全唐诗》，中华书局，1960年，第703页。
⑦ 杜甫著，仇兆鳌注：《杜诗详注》，第1945页。

变化。

李商隐对大鹏也极为钟情。《喜闻太原同院崔侍御台拜兼寄在台三二同年之什》云："鹏鱼何事遇屯同？云水升沉一会中。刘放未归鸡树老，邹阳新去兔园空。寂寥我对先生柳，赫奕君乘御史骢。若向南台见莺友，为传垂翅度春风。"[①]以鲲鹏比喻朋友，以鱼比喻自己。《送千牛李将军赴阙五十韵》云："隼击须当要，鹏抟莫问程。"[②]以"鹏抟"为喻，称誉千牛李将军前程远大。《寄太原卢司空三十韵》云："旧族开东岳，雄图奋北溟。"[③]祝愿卢司空鹏程万里。《送千牛李将军赴阙五十韵》和《寄太原卢司空三十韵》，在诗歌的分类中，都属于赠答诗。诗意既在赞扬李将军卢司空的雄图壮志，也是在表达李商隐自己的理想追求，他希望自己像鲲鹏那样，可以遨游于天地，实现自己的抱负。《洞庭鱼》云："浩荡天池路，翱翔欲化鹏。"[④]洞庭鱼在浩荡天池路上翱翔，即将化而为鹏。《东下三旬苦于风土马上戏作》云："天池辽阔谁相待，日日虚乘九万风。"[⑤]鲲鹏代表了李商隐远大的抱负，他想要乘风而上，翱翔九天，成就一番伟业。

《安定城楼》云：

① 刘学锴、余恕诚著：《李商隐诗歌集解·编年诗》，第560页。
② 刘学锴、余恕诚著：《李商隐诗歌集解·编年诗》，第397页。
③ 刘学锴、余恕诚著：《李商隐诗歌集解·编年诗》，第1342页。
④ 刘学锴、余恕诚著：《李商隐诗歌集解·编年诗》，第754页。
⑤ 刘学锴、余恕诚著：《李商隐诗歌集解·编年诗》，第1074页。

迢递高城百尺楼，绿杨枝外尽汀洲。贾生年少虚垂涕，王
粲春来更远游。永忆江湖归白发，欲回天地入扁舟。不知腐鼠
成滋味，猜意鹓雏竟未休。①

屈复《玉谿生诗意》曰："一登楼，二时。中四情。七八时事。一上
高楼而睹杨柳汀洲，忽生感慨，故下紧接贾生、王粲远游垂泪，以
贾生有《治安策》，王有《登楼赋》。五六欲泛扁舟归隐江湖，己之
本怀如此，而谗者犹有腐鼠之吓。盖忧谗之作。"②尾联用《庄子·秋
水》中"惠子相梁"的典故。李商隐以庄子自比，而庄子则以鹓雏
自比，来向惠子说明自己并非追逐名利之辈，名利之士是以小人之
心度君子之腹。《随师东》云："东征日调万黄金，几竭中原买斗心。
军令未闻诛马谡，捷书惟是报孙歆。但须鸑鷟巢阿阁，岂暇鸱鸮在
泮林。可惜前朝玄菟郡，积骸成莽阵云深。"③本诗写诗人跟随令狐楚
随军东征。"鸱鸮在泮林"比喻藩镇割据的局面，鸑鷟指凤凰，比喻
贤人君子。

李商隐《览古》云："莫恃金汤忽太平，草间霜露古今情。空糊
赪壤真何益，欲举黄旗竟未成。长乐瓦飞随水逝，景阳钟堕失天明。
回头一吊箕山客，始信逃尧不为名。"④诗中写到箕山客逃尧之事。
《庄子·逍遥游》中写尧让天下于许由，许由曰："天下既已治也。而

①刘学锴、余恕诚著：《李商隐诗歌集解·编年诗》，第289页。
②刘学锴、余恕诚著：《李商隐诗歌集解·编年诗》，第293页。
③刘学锴、余恕诚著：《李商隐诗歌集解·编年诗》，第32页。
④刘学锴、余恕诚著：《李商隐诗歌集解·编年诗》，第1541—1542页。

我犹代子，吾将为名乎?"又《庄子·徐无鬼》写啮缺遇许由，曰："子将奚之?"曰："将逃尧。"李商隐《赠田叟》云："荷蓧衰翁似有情，相逢携手绕村行。烧畬晓映远山色，伐树暝传深谷声。鸥鸟忘机翻浃洽，交亲得路昧平生。抚躬道直诚感激，在野无贤心自惊。"①忘机，即忘掉巧诈与权变之心。李商隐《崔处士》云："读遍先贤传，如君事者稀。""未肯投竿起，唯欢负米归。"②赞扬隐居的崔处士，他具有与庄子持竿不顾同样的精神。

李商隐诗歌广泛使用《庄子》中的典故，不论是写梦的典故，还是其他典故，都可以看出李商隐对《庄子》的欣赏。《庄子》是李商隐诗歌意象中用之不竭的源泉之一。

二、李商隐无题诗中的物化手法

李商隐诗歌现存600余首，《锦瑟》是其中最有名的一篇。《锦瑟》云：

> 锦瑟无端五十弦，一弦一柱思华年。庄生晓梦迷蝴蝶，望帝春心托杜鹃。沧海月明珠有泪，蓝田日暖玉生烟。此情可待成追忆，只是当时已惘然。③

---

① 刘学锴、余恕诚著：《李商隐诗歌集解·编年诗》，第883页。
② 刘学锴、余恕诚著：《李商隐诗歌集解·编年诗》，第569页。
③ 刘学锴、余恕诚著：《李商隐诗歌集解·编年诗》，第1586页。

何焯曰："此篇乃自伤之词，骚人所谓美人迟暮也。"（《李义山诗集辑评》）是否是自伤之词，是否是美人迟暮之慨，后人有不同看法。《唐诗鼓吹评注》曰："此义山有托而咏也。……顾其意言所指，或忆少年之艳冶，而伤美人之迟暮；或感身世之阅历，而悼壮夫之晚晚，则未可以一辞定也。"[①]更多的读者感觉它的内涵殊难作解。《五朝诗善鸣集》曰："意致迷离，在可解不可解之间，于初盛诸家中得未曾有。"面对这样一种"意致迷离"之作，王士禛叹曰："一篇《锦瑟》解人难。"（《戏效元遗山论诗绝句三十六首》）其实不仅是"一篇《锦瑟》解人难"，应该是篇篇无题解人难。所以元好问说："诗家总爱西昆好，独恨无人作郑笺。"（《论诗三十首》之十二）李商隐的无题诗大多具有类似《锦瑟》的意蕴风致，因其意象繁复，意境朦胧，古今注家的解读也不尽一致。

某些现代研究者提出李商隐属于中国古代的"意象派"或"朦胧诗派"，认为李商隐掌握了一种后现代的诗艺，能够通过直觉捕捉意象入诗。王蒙对李商隐无题诗颇有兴趣，围绕李商隐无题诗发表了多篇文章。在《混沌的心灵场——谈李商隐无题诗的结构》一文中，他把李商隐无题诗的结构总结为"混沌的心灵场"："主要是诗人这里写的不是一时一地一人一事而是自己的整个心境，或是虽有一时一地一人一事的触动，着力处仍在于去写深藏的内心，这正是此类诗隐秘丰邃不同凡响之处。""这一类诗的结构，可称之为心灵

---

① 刘学锴、余恕诚著：《李商隐诗歌集解·编年诗》，第1587—1588页。

场。"①王蒙作为一个作家，他的感悟从创作出发，观察敏锐细致，其结论也深深影响到了学术界。袁行霈主编的《中国文学史》认为，李商隐无题诗由于境界和情思朦胧，内涵往往具有多义性："把心灵世界作为表现对象，许多诗歌所写不只一时一事，乃是整个心境，并且心境复杂。这种心理状态被繁复意象表现出来的时候，便无法明确地用某时、某地、某事诠释清楚。"②时至今日，李商隐无题诗是以爱情体验为中心的整个心境的体现，已经成为学术界的共识。毫无疑问，不论是王蒙以"混沌的心灵场"来概括李商隐无题诗的结构，还是袁行霈"把心灵世界作为表现对象"的概括，都是非常准确的。在此需要补充的是，李商隐无题诗与庄子思想具有一定的关联。李商隐无题诗的表现手法来源于《庄子·齐物论》中的"物化"思想和"物化"表现手法。

"物化"分为哲学的"物化"和文学的"物化"。哲学的"物化"发端于《庄子》。在《庄子》中，哲学意义上的"物化"有两层意思。一层见于《庄子·齐物论》，《齐物论》曰："昔者庄周梦为胡蝶，栩栩然胡蝶也，自喻适志与！不知周也。俄然觉，则蘧蘧然周也。不知周之梦为胡蝶与，胡蝶之梦为周与？周与胡蝶，则必有分矣。此之谓物化。"另一层见于《庄子·天道》和《庄子·刻意》。《天道》曰："其生也天行，其死也物化。"《刻意》曰："圣人之生也天行，其死也物化。"除了《刻意》中多出了"圣人"二字，此两篇中的意思相同。

---

① 王蒙：《混沌的心灵场——谈李商隐无题诗的结构》，《文学遗产》1995年第3期。
② 袁行霈主编：《中国文学史》第二卷，高等教育出版社，1999年，第360页。

后两篇中的"物化"也就是人死了之后随物而化，化为异物。此处的"物化"可以作为"死亡"的代名词。虽然两种"物化"之间不是没有联系，但我们现在并不去讨论它们之间的联系，从不同的角度看，两者也具有明显的区别。所以本章我们讨论的"物化"特指《齐物论》中庄周梦蝶寓言里的"物化"。成玄英疏曰："夫新新变化，物物迁流，譬彼穷指，方兹交臂。是以周蝶觉梦，俄顷之间，后不知前，此不知彼。而何为当生虑死，妄起忧悲！故知生死往来，物理之变化也。"[1]物化就是一种"物理之变化"。林希逸《南华真经口义》曰："'此之谓物化'者，言此谓万物变化之理也。"[2]林希逸与成玄英见解相同。陈景元《庄子阙误》中曰："周、蝶之性，妙有之一气也。昔为胡蝶，乃周之梦，今复为周，岂非蝶之梦哉？周、蝶之分虽异，妙有之气一也。"[3]在前者的基础上，进一步提出万物之化皆源于妙有之一气。释德清《庄子内篇注》云："物化者，万物化而为一也。万物混化而为一，则了无人我是非之辩，则物论不齐而自齐也。"[4]释德清认为所谓的"物化"就是万物化而为一，化而为一就可以进入了齐物的境界。当代学术界大都认可物我界限之消解，万物融化为一之见。可见，历代学者的看法有一定分歧，到了当代，理解的分歧正在进一步缩小。

徐复观说："庄子在心斋的地方所呈现出的'一'，实即艺术精

---

① 郭庆藩：《庄子集释》，第107页。
② 林希逸：《南华真经口义》，第45页。
③ 方勇：《庄子纂要》（壹），第381页。
④ 方勇：《庄子纂要》（壹），第379页。

神的主客两忘的境界。庄子称此一境界为'物化'或'物忘',这是由丧我、忘我而必然呈现出的境界。……《庄子》一书,对于自我和世界的关系,皆可用物化、物忘的观念加以贯通。"①按照徐复观的观点,物化可能是一种艺术精神的主客两忘的境界。物化与庄子的吾丧我、吾忘我紧密相关。在此需要辨别的是,庄子的"心斋""吾丧我"与庄子的"物化"并不相同,虽然它们所进入的同样是主客两忘的境界,但"心斋""吾丧我"是主体主动进入的,而"物化"则是被动进入的。因此,物化之法更接近于艺术境界和审美境界。相比与心斋,物化更近于饮酒,固然饮酒也会让人进入忘怀天地的境界,但饮酒毕竟是一种主动的选择,常常是酒不醉人人自醉。

庄周梦蝶既是哲学的"物化",也是文学的"物化"。庄子讲述"物化"思想时是通过庄子对一场梦境的描写来完成的。从"物化"文学的角度看,"昔者庄周梦为胡蝶"一段,体现出"物化"文学的三大要素。第一是梦境,庄周梦见自己化为蝴蝶;第二是意象,这一段主要有两个意象,一个是庄周,一个是蝴蝶;第三是形成了迷离的心境:"昔者庄周梦为胡蝶,栩栩然胡蝶也,自喻适志与!不知周也。俄然觉,则蘧蘧然周也。不知周之梦为胡蝶与,胡蝶之梦为周与?"在庄子之后,这个美丽的梦境对中国文学产生了巨大影响。诗歌领域有李白、李商隐等人的诗篇,小说领域有曹雪芹的《红楼梦》,戏剧领域有汤显祖的《临川四梦》,蝴蝶成为飞舞在中国文学花园里的最美的艺术符号之一。

---

① 徐复观:《中国艺术精神》,广西师范大学出版社,2007年,第66页。

结合李商隐的无题诗来看，文学的"物化"要素之主要表现在以下方面。首先是梦境描写，有时也可以是夜色的描写，物化文学作品总是呈现出迷离朦胧的氛围。既然是梦境，自然会呈现出虚幻迷离的境界。在"物化"的境界中物我界限消失。"物化"者进入到了"道"的境界，也就是"一"的境界。第二是繁复意象之组合。众多意象的叠加，意象与意象的组合之间留有许多空白，意象与意象之间也会出现转化。王蒙说："可简约性，可直通性，是这一类诗的第一个特点。""跳跃、空白、首尾的相对平和与中段的异峰突起，是这一类诗结构上的第二特点。"① 袁行霈认为："独特的意象组合——往往错综跳跃，不受现实生活时空与因果顺序限制，所造成的省略和间隔，有待读者通过艺术联想加以连贯和补充。"② 第三，作品呈现出迷离的心境。王蒙认为"主要是诗人这里写的不是一时一地一人一事而是自己的整个心境"；"为什么前言不搭后语呢，除了风格形式美的需要以外就在于作者构建的是自己的独特的心灵风景，而心灵风景不受空间时间形式逻辑的束缚。心灵是说不出道不来的，说出来的可能只是一小部分，而更多的东西全靠你在字里行间反复体味"。③ 袁行霈说："表现莫名愁绪，来龙去脉难以完全明白，故以'无题'名之。其中多数篇章只能看作是以爱情体验为中心的整个心境的体现。有些诗虽有一时一事触动，但着力处仍写心境，表现的

---

① 王蒙：《混沌的心灵场——谈李商隐无题诗的结构》，《文学遗产》1995年第3期。
② 袁行霈主编：《中国文学史》第二卷，第360页。
③ 王蒙：《混沌的心灵场——谈李商隐无题诗的结构》，《文学遗产》1995年第3期。

内涵远远超出了具体情事。"①按照以上要素来衡量，李商隐无题诗大多符合这些条件。

李商隐通过《锦瑟》中的诗句"庄生晓梦迷蝴蝶"再现了庄周梦蝶的故事，首次完成了诗歌的物化之法。"庄生晓梦迷蝴蝶"七个字巧妙的浓缩了物化文学三要素：第一要素是梦，第二要素是意象，第三要素是心境。我们再来看《锦瑟》这首诗，其中有梦境描写；诗中有一组繁复的意象：锦瑟、庄生、蝴蝶、望帝、杜鹃、沧海、珠泪、蓝田、玉烟；诗再现了一种迷离的心境：庄生迷蝴蝶，本已迷离，再加上"沧海月明珠有泪""蓝田日暖玉生烟"，更显迷离，"只是当时已惘然"的"惘然"愈发凸显了意致之迷离。"庄生晓梦迷蝴蝶"是表现物化之法的诗句，《锦瑟》是表现物化之法的诗篇。按照朦胧的梦境、繁复的意象、迷离的心境三个条件去看，并非《锦瑟》一篇如此，而是李商隐描写爱情的无题诗大多如此。

李商隐《无题四首》其一云：

> 来是空言去绝踪，月斜楼上五更钟。梦为远别啼难唤，书被催成墨未浓。蜡照半笼金翡翠，麝熏微度绣芙蓉。刘郎已恨蓬山远，更隔蓬山一万重。②

---

①袁行霈主编：《中国文学史》第二卷，第360页。
②刘学锴、余恕诚著：《李商隐诗歌集解·未编年诗》，第1632页。

"梦为远别啼难唤"写梦境，主人公梦醒时分，但见斜月静照高楼，远处传来了五更的钟声。梦中与梦后、实境与幻觉交织在一起，让进入到了一个似真似幻的境界。诗人通过斜月、翠楼、更钟、蜡烛、金翡翠、绣芙蓉、蓬山等意象，写一位女子对情人的思念。首联写女子梦醒时分，但见斜月空照，遥闻晨钟悠悠。颔联追思梦镜，梦见自己与情人正在离别，悲啼不已，醒来等不到研好磨便急忙写信给他。颈联写女子室内的陈设，精美的陈设说明这个女子生活优渥，但她的内心非常空虚。尾联写所爱之人远隔万水千山，相聚无期。女子的心境被相思所笼罩，孤独而凄苦。

《无题四首》其二云：

> 飒飒东风细雨来，芙蓉塘外有轻雷。金蟾啮锁烧香入，玉虎牵丝汲井回。贾氏窥帘韩掾少，宓妃留枕魏王才。春心莫共花争发，一寸相思一寸灰！①

虽然这首诗没有出现梦字，但出现了与梦相关的典故。"宓妃留枕魏王才"写曹植与宓妃的爱情。据尤袤本《文选》卷十九李善注引《记》："植还，度轘辕，少许时，将息洛水上，思甄后，忽见女来，自云：我本托心君王，其心不遂，……言讫，遂不复见所在。"曹植在洛水之滨，梦到甄夫人留枕给他。甄夫人也就是洛水之神。诗中的意象有：东风、细雨、芙蓉塘、轻雷、金蟾、玉锁、玉虎、丝、

———————————

① 刘学锴、余恕诚著：《李商隐诗歌集解·未编年诗》，第1633页。

井、贾氏、帘、韩掾、宓妃、魏王、花、灰等，在东风细雨、莲塘轻雷中，相思不已。金蟾啮锁，玉虎汲井，情思难抑。用贾女与韩寿私通、宓妃为曹植留枕，述说自己对情人的爱恋。尾联写春心不要随花萌发，"一寸相思一寸灰"。明人廖文炳《唐诗鼓吹注》曰："末则如怨如诉，相思之至，反言之而情愈深矣。"[①]全诗写深情女子对情人不可抑止的渴求，沉溺在相思的痛苦中无力自拔。

《七月二十八日夜与王郑二秀才听雨后梦作》云：

> 初梦龙宫宝焰燃，瑞霞明丽满晴天。旋成醉倚蓬莱树，有个仙人拍我肩。少顷远闻吹细管，闻声不见隔飞烟。逡巡又过潇湘雨，雨打湘灵五十弦。瞥见冯夷殊怅望，鲛绡休卖海为田。亦逢毛女无悰极，龙伯擎将华岳莲。恍惚无倪明又暗，低迷不已断还连。觉来正是平阶雨，独背寒灯枕手眠。[②]

虽然是有题之作，但它也是写爱情的名篇。"初梦龙宫宝焰燃"，全诗从初梦入笔，以"寒灯枕手眠"结尾，写梦中与佳人的私会。此诗作于宣宗大中五年，清屈复《玉谿生诗意》曰："一段仙会甚明。二段云雨分明。三段又换一境。四段上二句结梦，下二句以阶雨结梦雨。不惟梦中仙人冯夷、毛女、龙伯不见，并二秀才亦去也。"清程梦星《重订李义山诗集笺注》："通篇首尾以'梦'、'觉'二字照应，

---

① 刘学锴、余恕诚著：《李商隐诗歌集解·未编年诗》，第1640页。
② 刘学锴、余恕诚著：《李商隐诗歌集解·编年诗》，第1183页。

盖寓言半生如梦似幻也。"①

《无题》云:

> 重帏深下莫愁堂,卧后清宵细细长。神女生涯元是梦,小
> 姑居处本无郎。风波不信菱枝弱,月露谁教桂叶香。直道相思
> 了无益,未妨惆怅是清狂。②

本诗写到了梦,"神女生涯元是梦";也写到了夜,"卧后清宵细细
长""月露谁教桂叶香"。诗中的意象有:重帏、莫愁堂、神女、小
姑、菱枝、月露、桂叶。重重帷幕下,我孤居莫愁堂,独卧难眠,
清宵漫长。神女艳遇,只是梦幻;小姑独居,本自无郎。柔弱菱枝
风波摧残;月露滋润,桂叶飘香。固知相思无益;我却痴情且清狂。

《无题》云:

> 相见时难别亦难,东风无力百花残。春蚕到死丝方尽,蜡
> 炬成灰泪始干。晓镜但愁云鬓改,夜吟应觉月光寒。蓬山此去
> 无多路,青鸟殷勤为探看。③

还有一些诗,并没有出现梦字,但也写爱情相思之苦。这些诗歌中
通常出现了夜景描写,如本诗中有"夜吟应觉月光寒"。清张谦宜

---

① 刘学锴、余恕诚著:《李商隐诗歌集解·编年诗》,第1186—1187页。
② 刘学锴、余恕诚著:《李商隐诗歌集解·未编年诗》,第1615页。
③ 刘学锴、余恕诚著:《李商隐诗歌集解·未编年诗》,第1625页。

《茧斋诗谈》曰："情太浓，便不能自摄，入于淫纵。"清梅成栋《精选七律耐吟集》曰："镂心刻骨之词，千秋情语，无出其右。"[①]

《无题》云：

> 昨夜星辰昨夜风，画楼西畔桂堂东。身无彩凤双飞翼，心有灵犀一点通。隔座送钩春酒暖，分曹射覆蜡灯红。嗟余听鼓应官去，走马兰台类转蓬。[②]

诗歌写对昨夜的怀恋。昨夜里星辰闪烁，惠风和畅，在画楼西畔，桂堂之东，与心爱的佳人私会。虽然身无彩凤之飞翼，却有灵犀一点相通。在隔座送钩、分曹射覆的游戏中，春酒暖心，蜡灯映红，前六句极写昨夜之乐。结尾一句写今晨听鼓应官之无奈。

《无题》云：

> 凤尾香罗薄几重？碧文圆顶夜深缝。扇裁月魄羞难掩，车走雷声语未通。曾是寂寥金烬暗，断无消息石榴红。斑骓只系垂杨岸，何处西南待好风。[③]

"扇裁月魄羞难掩""曾是寂寥金烬暗"两句写到了夜晚。诗歌写了罗帐、团扇、月、车、雷声、金烬、石榴、斑骓、垂杨、风等意象。

---

① 刘学锴、余恕诚著：《李商隐诗歌集解·未编年诗》，第1628、1630页。
② 刘学锴、余恕诚著：《李商隐诗歌集解·未编年诗》，第428—429页。
③ 刘学锴、余恕诚著：《李商隐诗歌集解·未编年诗》，第1615页。

诗歌写爱情失意的回忆。回思当年织着凤尾纹的绫罗，深夜赶缝碧纹的圆顶罗帐。有一次两人邂逅，女方来不及用团扇掩盖，男方驱车擦肩而过。在寂寥不眠之夜，思念到更残烛尽；等到石榴花红，却没有等到你的消息。也许你正在垂杨岸栓系骏马，但愿有西南风把我带到你的身边。

《无题》云：

> 何处哀筝随急管，樱花永巷垂杨岸。东家老女嫁不售，白日当天三月半。溧阳公主年十四，清明暖后同墙看。归来展转到五更，梁间燕子闻长叹。[①]

"归来展转到五更"写夜间的相思。前四句抒发的是年老迟暮，悲士不遇之感；下文文意一转，羡慕溧阳公主的逢时得志；末两句文意再一转，描绘深夜的辗转难免，无奈叹息。"东家老女"与"溧阳公主"，两个出身不同，命运迥异的人。

《无题》云：

> 紫府仙人号宝灯，云浆未饮结成冰。如何雪月交光夜，更在瑶台十二层？[②]

---

① 刘学锴、余恕诚著：《李商隐诗歌集解·未编年诗》，第1633页。
② 刘学锴、余恕诚著：《李商隐诗歌集解·未编年诗》，第1612页。

本诗写的夜是"雪月交光夜"。有人以为此诗在写爱情，也有人以为在写友情，还有人以为在写游仙。紫府、宝灯、云浆、冰、雪月、瑶台等一堆意象，让人感觉扑朔迷离。梁启超说："拆开一句一句的叫我解释，我连文义也解不出来。但我觉着他美，读起来令我精神上得一种新鲜的愉快。"（《中国韵文里头所表现的情感》）[①]

《嫦娥》云：

> 云母屏风烛影深，长河渐落晓星沉。嫦娥应悔偷灵药，碧海青天夜夜心。[②]

"碧海青天夜夜心"不是写一夜两夜，而是日日夜夜。有人在云母屏风后，摇曳的烛光中，仰望星河流转，推测月宫中的嫦娥的心理。关于这首诗的题旨或以为在感慨自己怀才不遇，或以为后悔与王氏成婚，或以为自悔与令狐氏关系紧张，或以为在悼念亡妻，或以为在写女道士思凡。

李商隐把《庄子》中庄周梦蝶的寓言，直接化为千古名句"庄生晓梦迷蝴蝶"，完成了诗歌"物化"手法。李商隐在《锦瑟》全诗中也使用了"物化"的艺术手法。《锦瑟》为李商隐的其他无题诗树立了一个典型，李商隐在无题诗写作时广泛采用了这种手法，于是"物化"手法成为李商隐无题诗的特殊手法。通常诗人或者写朦

---

① 梁启超著：《饮冰室合集》文集第十三册，中华书局，2015年，第120页。
② 刘学锴、余恕诚著：《李商隐诗歌集解·未编年诗》，第1887页。

胧的梦境，或者写夜空下迷离朦胧的氛围。诗歌中会叠加众多繁复的意象，意象与意象的组合多有空白，意象与意象之间可以随意转化。这类无题诗是诗人对自己迷茫心境的整体摹写。并不能说《锦瑟》是李商隐无题诗中的第一首作品，也许前此的无题诗只是一种不自觉的抒写，到了《锦瑟》才开始变得自觉起来了，从而成为一种典型的写作手法。

三、李商隐《重祭外舅司徒公文》释义

李商隐《重祭外舅司徒公文》原文如下：

> 呜呼哀哉！人之生也，变而往耶？人之逝也，变而来耶？冥寞之间，杳惚之内，虚变而有气，气变而有形，形变而有生。今将还生于形，归形于气，漠然其不识，浩然其无端，则虽有忧喜悲欢，而亦勿能措于其间矣！苟或以变而之有，变而之无，若朝昏之相交，若春夏之相易。则四时见代，尚动于情，岂百生莫追，遂可无恨？倘或去此，亦孰贵于最灵哉！
>
> 呜呼！公之世胄勋华，职官扬历，并已托于寄奠，备在前文。今所以重具酒牢，载形翰墨，盖意有所未尽，痛有所难忘。以公之平生恩知，曩昔顾盼，属纩之夕，不得闻启手之言；祖庭之时，不得在执绋之列。终哀且痛，其可道耶！
>
> 呜呼！七十之年，人谁不及？三公之位，人谁不登？何数月之间，不及从心之岁！闻天有讻，方登论道之司。时泰命屯，

才长运否，为善何益，彼苍难知！昔泽怪既明，告敖释桓公之病；阴德未报，夏侯知丙吉不亡。何昔有其传，今无其证？岂人言之不当，将天道之或欺？虽北海悬定薨期，长沙前觉灾至，偃如巨室，去若归人，处顺不忧，得正之喜。在公之德斯盛，在物之痛何言！矧乎再轸虑居，屡垂理命，简子将战之誓，惟止桐棺；晏婴送死之文，宁思石椁。素车朴马，疏巾弊帏，成一代之清规，扬百年之休问。所谓有始有卒，高朗令终。

呜呼！往在泾川，始受殊遇，绸缪之迹，岂无他人。樽空花朝，灯尽夜室，忘名器于贵贱，去形迹于尊卑。语皇王致理之文，考圣哲行藏之旨，每有论次，必蒙褒称。及移秩农卿，分忧旧许，羁牵少暇，陪奉多违。迹疏意通，期赊道密。纻衣缟带，雅觌或比于侨、吴；荆钗布裙，高义每符于梁、孟。今则已矣，安可赎乎！呜呼哀哉！千里归涂，东门故第。数尺素帛，一炉香烟。耿宾从之云归，俨盘筵而不御。小君多恙，诸孤善丧，登堂辄啼，下马先哭。含怀旧极，抚事新伤。植玉求归，已轻于旧日；泣珠报惠，宁尽于兹辰？况邢氏吾姨，萧门仲妹，爱深犹女，恩切仁兄，抚婺纬以增摧，阖孀闺而永恸。草荄土梗，旁助酸辛。高鸟深鱼，遥添怨咽。

呜呼！精神何往，形气安归？苟才能有所未伸，勋庸有所未极，则其强气，宜有异闻。玉骨化于锺山，楸柏实于裘氏。惊愚骇俗，伫有闻焉。呜呼！姜氏怀安之规，既闻之矣；毕万名数之庆，可称也哉！箧有遗经，匣藏传剑。积兹余庆，必有扬名。愚方遁迹丘园，游心坟素，前耕后饷，并食易衣。不怯

404 ｜ 庄子思想及其影响

不求，道诚有在；自媒自炫，病或未能。虽吕范以久贫，幸冶长之无罪。昔公爱女，今愚病妻。内动肺肝，外挥血泪。得仲尼三尺之喙，论意无穷；尽文通五色之毫，书情莫既。呜呼哀哉！公其鉴之。[1]

本文名为《重祭外舅司徒公文》，说明前此另有一文。《李商隐集》中有《祭外舅赠司徒公文》，文章开始说："维某年月日，子婿李商隐谨遣家僮赍疏薄之奠，昭祭于故河阳节度使赠司徒之灵。"[2]外舅司徒即李商隐岳父王茂元，唐中后期将领，鄜坊节度使王栖曜之子。曾任泾原节度使，唐武宗朝，昭义节度使刘稹叛乱，会昌三年王茂元奉命讨伐时病故，获赠司徒，谥号"威"。李商隐在《祭外舅赠司徒公文》中详细描写了王茂元身世和平生功绩。《重祭外舅司徒公文》中也总结前文说："公之世胄勋华，职官扬历，并已托于寄奠，备在前文。"这篇《重祭外舅司徒公文》当写作于会昌四年，与前篇重在叙事不同，本篇重在抒情。

《重祭外舅司徒公文》共分为四段。第一段一上来就感慨人生，"呜呼哀哉！人之生也，变而往耶？人之逝也，变而来耶？"人生是不是变而往，变而来？是不是"冥寞之间，杳惚之内，虚变而有气？"气变成人，人死后又变为气？这一段描写显然来自《庄子·至乐》。《至乐》曰："庄子妻死，惠子吊之，庄子则方箕踞鼓盆而歌。惠子

---

[1] 刘学锴、余恕诚著：《李商隐文编年校注·编年文》，中华书局，2002年，第956—959页。

[2] 刘学锴、余恕诚著：《李商隐文编年校注·编年文》，第856页。

曰：'与人居，长子老身，死不哭亦足矣，又鼓盆而歌，不亦甚乎！'
庄子曰：'不然。是其始死也，我独何能无概然！察其始而本无生，
非徒无生也而本无形，非徒无形也而本无气。杂乎芒芴之间，变而
有气，气变而有形，形变而有生，今又变而之死，是相与为春秋冬
夏四时行也。人且偃然寝于巨室，而我噭噭然随而哭之，自以为不
通乎命，故止也。'"两篇文章都认为，在天地之间产生了气，"气变
而有形，形变而有生"，死亡只是回到了"形"的阶段。庄子以为这
是一种"相与为春秋冬夏四时行也"的自然变化，生者用不着伤心。
但是李商隐则认为"四时见代，尚动于情"，何况生死之劫让人"百
生莫追，遂可无恨"。作为哲人，庄子主张无情，并且已经达到了无
情的境界；李商隐虽然明白庄子的无情境界，但他作为一个深情的
文人，不能摆脱伤心。正如《晋书·王衍传》所载："圣人忘情，最
下不及于情。然则情之所钟，正在我辈。"①自古以来文人最是深于情
多于情。

　　第二段写：虽然我前面已经写过了《祭外舅赠司徒公文》，但
因为"意有所未尽，痛有所难忘"，因此今天要"重具酒牢，载形翰
墨"。李商隐的未尽之意、难忘之痛主要包括几个方面。其一，王茂
元有恩于自己，恩公去世之日自己不在身边，未能尽孝。"以公之平
生恩知，曩昔顾盼，属纩之夕，不得闻启手之言；祖庭之时，不得
在执绋之列。终哀且痛，其可道耶！"没有亲自为王茂元服丧是一痛
也。其二，哀叹位至三公的王茂元未满七十岁就去世了："呜呼！七

━━━━━━━━━━━━━━━

① 房玄龄等：《晋书》卷四十三《王衍传》，第1236—1237页。

十之年，人谁不及？三公之位，人谁不登？何数月之间，不及从心之岁！闻天有恸，方登论道之司。时泰命屯，才长运否，为善何益，彼苍难知！”王茂元离世太早，是二痛也。其三，借用历史上的名臣来歌颂王茂元，其间连续用典。“告敖释桓公之病”之典见于《庄子·达生》。《达生》曰：“桓公田于泽，管仲御，见鬼焉。公抚管仲之手曰：‘仲父何见？’对曰：‘臣无所见。’公反，诶诒为病，数日不出。齐士有皇子告敖者曰：‘公则自伤，鬼恶能伤公！夫忿滀之气，散而不反，则为不足；上而不下，则使人善怒；下而不上，则使人善忘；不上不下，中身当心，则为病。’桓公曰：‘然则有鬼乎？’曰：‘有。沈有履，灶有髻。户内之烦壤，雷霆处之；东北方之下者，倍阿鲑蠪跃之；西北方之下者，则泆阳处之。水有罔象，丘有峷，山有夔，野有彷徨，泽有委蛇。’公曰：‘请问，委蛇之状何如？’皇子曰：‘委蛇，其大如毂，其长如辕，紫衣而朱冠。其为物也，恶闻雷车之声，则捧其首而立。见之者殆乎霸。’桓公囅然而笑曰：‘此寡人之所见者也。’于是正衣冠与之坐，不终日而不知病之去也。”桓公白日见鬼，经皇子告敖的解释终于解除了心病。可惜没有人能够释王茂元之病。“夏侯知丙吉不亡”之典故出自《汉书·丙吉传》。《丙吉传》曰：“临当封，吉疾病，上将使人加绂而封之，及其生存也。上忧吉疾不起，太子太傅夏侯胜曰：‘此未死也。臣闻有阴德者，必飨其乐以及子孙。今吉未获报而疾甚，非其死疾也。’后病果愈。”[1]丙吉病重，太子太傅夏侯胜言非其死疾。今日王茂元亦阴德未报却

---

① 班固著，颜师古注：《汉书》卷七十四《丙吉传》，第3144页。

不料身亡。可惜"昔有其传，今无其证"。"北海"指汉末儒士郑玄。《后汉书·郑玄传》曰："五年春，梦孔子告之曰：'起，起，今年岁在辰，来年岁在巳。'既寤，以谶合之，知命当终，有顷寝疾。"[1]"长沙"指西汉文人贾谊。《史记·贾谊传》曰："贾生为长沙王太傅三年，有鸮飞入贾生舍，止于坐隅。楚人命鸮曰'服'（即'鵩'）。贾生既以适居长沙，长沙卑湿，自以为寿不得长，伤悼之，乃为赋以自广。"[2]郑玄能悬定死期，贾谊能前觉灾至，而王茂元却无法预测。王茂元做到了"处顺不忧"，其德斯盛，却让生者心痛不已。"简子"指春秋时赵国大夫赵简子。《左传·哀公二年》载："简子誓曰：……志父无罪，君实图之。若其有罪，绞缢以戮。桐棺三寸，不设属辟。"[3]"晏婴"乃春秋后期齐国国相。《礼记·檀弓下第四》曰："有若曰：晏子一狐裘三十年，遣车一乘，及墓而反。"[4]又《晏子春秋·内篇杂下第六》曰："晏子衣缁布之衣，麋鹿之裘，栈轸之车，而驾驽马以朝。"[5]又《外篇重而异者第七》曰："晏子相景公，布衣鹿裘以朝。公曰：'夫子之家，若此其贫也，是奚衣之恶也。寡人不知，是寡人之罪也。'"[6]把王茂元比之为赵简子和晏婴，"成一代之清规，扬百年

---

① 范晔撰，李贤等注：《后汉书》卷三十五《郑玄传》，第1211页。
② 司马迁撰，裴骃集解，司马贞索隐，张守节正义：《史记》卷八十四《屈原贾生列传》，第2496页。
③ 左丘明撰，杜预集解：《春秋左传集解》第五册，上海人民出版社，1977年，第1716—1717页。
④ 郑玄注，孔颖达疏：《礼记正义》（上）卷第九，北京大学出版社，1999年，第280页。
⑤ 晏婴撰，张纯一校注：《晏子春秋校注》卷六《晏子布衣栈车而朝田桓子侍景公饮酒请浮之第十二》，中华书局，2014年，第293页。
⑥ 晏婴撰，张纯一校注：《晏子春秋校注》卷七《晏子衣鹿裘以朝景公嗟其贫晏子称有饰第二十六》，第365页。

之休问"。

第三段回忆自己与王茂元的交往过程。王茂元从在泾川开始，对自己颇为器重。"樽空花朝，灯尽夜室，忘名器于贵贱，去形迹于尊卑。"他们经常在一起饮酒聊天，王茂元以平等的态度与他交往，让他感觉并不是以卑贱之身侍奉尊贵者。"每有论次，必蒙褒称。"对于李商隐的见解，王茂元随时给予褒扬。后来李商隐去秘书省任职，又因母丧守孝，故奉陪日少。王茂元去世之后，自己非常哀伤，下马升堂，放声大哭。王茂元故去之后，自己的哀伤从来没有止息。

第四段悬想王茂元死后"精神何往，形气安归"。作者以为贵人死后魂魄当会显灵，王茂元死后也许成为神灵。"积兹余庆，必有扬名。"李商隐描述自己的生活说："愚方遁迹丘园，游心坟素，前耕后饷，并食易衣。不忮不求，道诚有在；自媒自炫，病或未能。虽吕范以久贫，幸冶长之无罪。"自己就婚于王氏之后，夫妻安于清贫的生活。自己纵然有孔子之才、江淹之笔，也无法表达哀伤之情。

《重祭外舅司徒公文》通过重祭岳父王茂元，描写了王茂元"世胄勋华"的高贵出身和"职官扬历"的精彩人生，回忆了自己与王茂元之间的亲密感情。最让李商隐感佩的是，王茂元不是居高临下地看待自己，而是能够以平等的态度对待年轻的下属。"人之生也，变而往耶"这一节表现了李商隐对庄子思想的接受与反思，可以看到庄子对李商隐思想的深刻影响。

第七章　苏轼与士大夫化的庄子

在《庄子祠堂记》中，苏轼提出了一个在儒学史和庄学史上都颇为著名的命题："庄子阴助孔子。"此说一出，有人击节赞赏，也有人大不以为然。马端临《文献通考》誉之曰："此段议论诚醇正，无异圣贤之格言。"王世贞《读书后·读庄子二》则訾之曰："余谓太史公非识庄子之粗者，轼乃识庄子之粗，而巧为之蔽者也。"[①]自此以后，不论是赞同还是反对，"庄子阴助孔子"说遂成为中国学术史上一个无法绕开的话题。前人对此一话题极为关切，时至今日，对这一问题的讨论依旧热烈。[②]在封建时代，儒士与士大夫阶层的关系最为密切。入朝为官的读书人是儒士，进入朝廷任职的儒士则成为士大夫。所以我们在讨论庄子与儒家关系的时候，不应该忽视庄子思想与士大夫阶层之间的联系。北宋时期，经过王安石、苏轼等人的提倡，庄子思想逐步渗透到士大夫精神当中。从宋代士大夫精神的

---

① 方勇：《庄子纂要》（捌），第684页。
② 例如方勇《中国庄学史》（人民出版社，2008年）中的"苏轼的庄子学"一章、台湾学者简光明的《苏轼"庄子助孔子"说及其影响》（《诸子学刊》第十集，上海古籍出版社，2014年）等系列文章都在讨论庄子与儒家的关系。

视角来看，苏轼的"庄子阴助孔子"说不仅涉及儒学史和庄学史上的一大学术问题，同时也可以看到，由于苏轼等人在北宋士大夫精神中注入了庄子思想，从而在北宋时代形成了"士大夫化庄子"这一士大夫精神的新范式。

一、"阳挤而阴助之"

北宋熙宁十年（1077）五月，苏轼赴徐州知州任，元丰二年（1079）移知湖州。《庄子祠堂记》完成于元丰元年十一月十九日，开篇说："庄子，蒙人也。尝为蒙漆园吏。没千余岁，而蒙未有祀之者。县令秘书丞王兢始作祠堂，求文以为记。"[①]介绍了此记的缘起之后，作者提出了一个惊人的观点：

> 谨按《史记》，庄子与梁惠王、齐宣王同时，其学无所不窥，然要本归于老子之言。故其著书十余万言，大抵率寓言也。作《渔父》、《盗跖》、《胠箧》，以诋訾孔子之徒，以明老子之术。此知庄子之粗者。余以为庄子盖助孔子者，要不可以为法耳。楚公子微服出亡，而门者难之。其仆操箠而骂曰："隶也不力。"门者出之。事固有倒行而逆施者。以仆为不爱公子，则不可；以为事公子之法，亦不可。故庄子之言，皆实予，而文不予，阳挤而阴助之，其正言盖无几。至于诋訾孔子，未尝不微

---

①苏轼撰，茅维编：《苏轼文集》，第347页。

见其意。其论天下道术，自墨翟、禽滑厘、彭蒙、慎到、田骈、关尹、老聃之徒，以至于其身，皆以为一家，而孔子不与，其尊之也至矣。①

苏轼否定了自司马迁以来长期流行的《庄子》"要本归于老子之言"的旧说，公然提出"庄子盖助孔子者"，认为庄子对孔子"阳挤而阴助之"。我们认为：苏轼所说的庄子，并不是历史上真正的庄子，而是一个苏轼化了的庄子，也可以说是一个士大夫化了的庄子。从士大夫精神的视角看，而且只有从士大夫精神的视角看，我们才能更好地认识苏轼"庄子阴助孔子"说的价值。苏轼"庄子阴助孔子"说的出现，为北宋士大夫精神增加了新内涵，形成了新范式。概括地说，苏轼提出士大夫化的庄子具有如下意义：

第一，"庄子阴助孔子"说维护了儒家的正统地位。自从汉武帝"罢黜百家，独尊儒术"以来，不论社会如何动荡，儒家思想一直是封建朝廷的正统思想。北宋政权建立在五代十国的大动乱之后，最高统治者高度重视儒家文化思想建设。儒家学说也在北宋进入到一个繁荣兴盛期。熙宁元丰前后，既有王安石的新学，也有苏轼的蜀学，更有二程的洛学。王水照说："哲学史上那一段属于苏学的时代，被所谓'集大成'者抹去了。真实的历史应该是：欧阳修以后，流行'新学'，其对立面为'元祐之学'，南渡以后压过了'新学'；而在'元祐之学'中，先是以苏学为主，经一个世纪有余，才转变

_____

① 苏轼撰，茅维编：《苏轼文集》，第347—348页。

到以程朱理学为正统。"①以苏轼为代表的蜀学曾经是北宋儒家学派中的重要一支，在理论上为维护儒家的正统地位做出了自己的贡献。元丰元年苏轼提出的"庄子阴助孔子"说并不是对儒家思想的公然背叛，"庄子阴助孔子"说有一个大前提就是以孔为尊，维护孔子在学术史上的独尊地位，维持儒学在士大夫精神中的主导地位。

第二，"庄子阴助孔子"说在一定程度上化解、调和了儒庄矛盾。在一般人的心目中，庄子是一个在僻处自说的隐士，是一个"诋訾孔子之徒，以明老子之术"的道家代表人物。苏轼一度也反对庄子思想，有时甚至视庄子思想为洪水猛兽。《韩非论》曰："昔周之衰，有老聃、庄周、列御寇之徒，更为虚无淡泊之言，而治其猖狂浮游之说，纷纭颠倒，而卒归于无有。"②《议学校贡举状》曰："昔王衍好老庄，天下皆师之，风俗凌夷，以至南渡。王缙好佛，舍人事而修异教，大历之政，至今为笑。……使天下之士，能如庄周齐死生，一毁誉，轻富贵，安贫贱，则人主之名器爵禄，所以砺世摩钝者，废矣。"③《子思论》曰："夫子之道，不幸而有老聃、庄周、杨朱、墨翟、田骈、慎到、申不害、韩非之徒，各持其私说以攻乎其外，天下方将惑之，而未知其所适从。"④苏轼以上说法，并不是孤立的，它代表了北宋前期儒士的普遍思想，也代表了士大夫阶层的普遍看法。士大夫阶层的主体是儒士，即使个别人以道家思想为私人信仰，也

---

① 王水照、朱刚：《苏轼评传》，南京大学出版社，2004年，第163页。
② 苏轼撰，茅维编：《苏轼文集》，第102页。
③ 苏轼撰，茅维编：《苏轼文集》，第725页。
④ 苏轼撰，茅维编：《苏轼文集》，第94页。

只能把老庄思想作为自己精神上的后花园，不敢公开鼓吹庄子思想。作为北宋士大夫集团的重要成员并具有强烈社会责任感的苏轼，反对和防止庄子思想对士大夫精神的侵蚀是可以理解的。当然我们也要看到，苏轼以上这些批判庄子的文章，有些是为参加科举考试而作的训练，有些是站在朝廷立场上的政治宣传。而苏轼的内心，却是把庄子思想当作精神食粮的。当苏轼提出"庄子阴助孔子"说之后，庄子摇身一变，成为儒家队伍中的一员，作为异端邪说的庄子思想从此在儒家殿堂中可以光明正大地登堂入室。苏轼此说分化和削弱了道家队伍，把敌方阵营中的二号人物纳入孔子阵营中，壮大了儒家的声势，增强了孔门的势力。

第三，将庄子思想引入士大夫精神层面，为士大夫阶层指出了一条通往精神自由的路向。苏轼意在为士大夫阶层构建这样一种精神范式：孔子是大圣，孟子是亚圣，庄子是教外别传的孔门弟子。孟子与庄子，一主一副，从不同的角度弘扬孔子思想。本来，士大夫阶层具有以儒家思想为主体的政治人格，进入官场之后，在精神层面有诸多压抑。"伴君如伴虎"是封建时代官员常有的共同感受，再加上勾心斗角的官场生态，纷纭杂乱的繁琐职事，很容易让士大夫阶层产生精神上的焦虑和紧张，产生身在庙堂、心在江湖的矛盾心态。而庄子思想追求精神的自由和人生的自适，把庄子思想引入士大夫精神，为士大夫精神增加了新内涵。庄子思想成为正统思想的一个补充部分，为庄子思想找到了一条新生路，开拓了庄子思想发展的新视野，提升了庄子在儒家思想和士大夫精神世界的地位。一个合格的士大夫不仅应该掌握孔孟思想，而且也要懂得庄子精神。庄子思想客观上可以抚慰士大夫寂寞的灵魂，缓解士大夫的身心紧张，让他们在精神层面上能够有所舒缓。此说很好地解决了庙堂与江湖的矛盾，所以引起后世许多朝廷之士精神层面的共鸣。

苏轼提出"庄子阴助孔子"之说乃是出于维护儒家发展的需要，是为了维护儒学的正统地位。此说在一定程度上消解了儒庄矛盾，为庄子思想的发展开拓了新局面。从这个角度看，"庄子阴助孔子"说自有其历史合理性。

二、苏轼此说出现的历史原因和现实原因

苏轼提出"庄子阴助孔子"之说，并不是一桩孤立的学术事件，也不是无风之浪。从远因上看，北宋士大夫化庄子是对两晋士族化庄子的继承和发展。两晋士族化庄子完成于西晋郭象的《庄子注》；北宋士大夫化庄子的出台可以苏轼的《庄子祠堂记》为标志。士族化庄子是士大夫化庄子的前奏，士大夫化庄子是士族化庄子的变调。魏晋之际，根据士人对自然和名教的态度可以分为不同的群体。竹林名士嵇康主张"越名教而任自然"。嵇康《释私论》说："矜尚不存乎心，故能越名教而任自然；情不系于所欲，故能审贵贱而通物情。"[①] 而更多的士族名士则认同名教合于自然。《晋书·阮瞻传》载："（阮瞻）见司徒王戎，戎问曰：'圣人贵名教，老庄明自然，其旨同异？'瞻

---

① 嵇康著，戴明扬校注：《嵇康集校注》，第402页。

曰：'将无同。'"①虽然问答者是何人，史书上有不同的记载，但在士族阶层中，名教与自然"将无同"是一种普遍认识。郭象《人间世注》："千人聚，不以一人为主，不乱则散。故多贤不可以多君，无贤不可以无君。此天人之道，必至之宜。"②充分肯定了君主存在的必要性。《大宗师注》："礼者，世之所以自行耳，非我制。"③明确肯定了礼法的必要性。《逍遥游注》："圣人虽在庙堂之上，然其心无异于山林之中，世岂识之哉！徒见其戴黄屋，佩玉玺，便谓足以缨绂其心矣；见其历山川，同民事，便谓足以憔悴其神矣，岂知至至者之不亏哉！"④《大宗师注》："故圣人常游外以冥内，无心以顺有，故虽终日见形而神气无变，俯仰万机而淡然自若。"⑤郭象作为魏晋士族在思想界的代表人物，尝试把庄子思想与两晋士族捏合在一起。魏晋士族地位显赫，到了东晋时代，士族竟然可以与皇权分庭抗礼。为了保证士族家族利益的延续，为了士族的庄园经济，士族一方面要入世，高居庙堂之上；另一方面又要保持自己精神上的自由与逍遥。所以他们改动了庄子思想，把名教与自然统一起来，把庙堂与山林统一起来。

当然，两晋士族化庄子与北宋士大夫化庄子有其不同之处，两晋时期的士大夫以高门士族为主体，两宋时代的士大夫则来自社会的中下层。两晋士族们首先考虑的是自己的家族利益，北宋士大夫

---

① 房玄龄等：《晋书》卷四十九《阮瞻传》，第1363页。
② 郭象注，成玄英疏：《南华真经注疏》，第86页。
③ 郭象注，成玄英疏：《南华真经注疏》，第140页。
④ 郭象注，成玄英疏：《南华真经注疏》，第12页。
⑤ 郭象注，成玄英疏：《南华真经注疏》，第155页。

则更多考虑的是国家天下之安危。郭象的理论是明确为士族地主服务的，而苏轼此说则完成了新型士大夫精神范式的建构。

从儒释道三家关系上看，唐宋是一个三家思想走向融合的时代。陈寅恪说："南北朝时，即有儒释道三教之目；至李唐之世，遂成固定之制度。如国家有庆典，则召集三教之学士，讲论于殿廷，是其一例。故自晋至今，言中国之思想，可以儒释道三教代表之。此虽通俗之谈，然稽之旧史之事实，验以今世之人情，则三教之说，要为不易之论。"[1]在这个历史大潮中，苏轼也同样认为儒、道、释三种思想是相通的。《祭龙井辩才文》曰："呜呼。孔老异门，儒释分宫。又于其间，禅律相攻。我见大海，有北南东。江河虽殊，其至则同。"[2]袁行霈说："他又认为'儒释不谋而同''相反而相为用'（《南华长老题名记》）。这种以儒学体系为根本而浸染释、道的思想是苏轼人生观的哲学基础。"[3]在苏轼心底，儒释道三家殊途同归。

早在明代就有学者指出，"庄子阴助孔子"说当来自佛教故事的启发。依照常理，呵斥、责骂代表着一种无礼和蔑视，但在佛教史上却有著名的呵佛骂祖的公案。《五灯会元·德山宣鉴禅师》载："这里无祖无佛，达摩是老臊胡，释迦老子是干屎橛，文殊、普贤是担屎汉。"[4]焦竑《读庄子七则》："释氏之论酬恩者，必呵佛骂祖之人。夫以呵佛骂祖为酬恩，则皈依赞叹者为倍德矣。又孰知夫呵与骂

---

① 陈寅恪：《冯友兰〈中国哲学史〉下册审查报告》，《陈寅恪集》，生活·读书·新知三联书店，2015年，第283页。
② 苏轼撰，茅维编：《苏轼文集》，第1961页。
③ 袁行霈主编：《中国文学史》第三卷，第66页。
④ 普济：《五灯会元》卷七，中华书局，1984年，第374页。

者，为皈依赞叹之至也！"[1] 信徒们表面上把佛祖称为"老臊胡""干屎橛""担屎汉"等，但他们的内心其实是异常敬重佛祖的，在修炼的道路上，他们抄了一条与常人不同的近道。"诃佛骂祖"者意在摆脱一切外在的束缚，以我为主，直接进入佛教修炼的高级境界。在这种故事的启发下，苏轼认为表面上诃孔骂儒的庄子其实是爱孔尊儒的。

贯通历史而言，苏轼的"庄子阴助孔子"说也不是无源之水。唐代以降，早有学者认为庄子是孔子门徒。中唐时，韩愈《送王埙秀才序》曰："吾常以为孔子之道，大而能博，门弟子不能遍观而尽识也，故学焉而皆得其性之所近。其后离散分处诸侯之国，又各以其所能授弟子，原远而末益分。盖子夏之学，其后有田子方。子方之后，流而为庄周。故周之书喜称子方之为人。"[2] 在中国历史上，韩愈第一次提出庄子是孔子的门徒。学界多认为韩愈的观点有一定的猜测性。到了宋代，王安石《庄周》说："伯夷之清，柳下惠之和，皆有矫于天下者也。庄子之用其心，亦二圣人之徒矣。""后之读庄子者，善其为书之心，非其为书之说，则可谓善读矣，此亦庄子之所愿于后世之读其书者也。"[3] 王安石的观点对其子王雱的《庄子注》和其门人吕惠卿的《庄子解》有重要影响。在谈到北宋庄学时，后人也常常将王安石和苏轼并称。王安石与苏轼都是中国历史上的文化巨匠，但比较起来，苏轼"庄子阴助孔子"说比王安石的"二圣人

---

① 焦竑：《澹园集》卷二十二，中华书局，1999年，第293页。
② 刘真伦、岳珍校注：《韩愈文集汇校笺注》，中华书局，2010年，第1114页。
③ 王水照主编：《王安石全集》第六册，复旦大学出版社，2016年，第1231—1232页。

之徒"说更加直接更加鲜明，故苏轼此说的影响更加广泛。

苏轼在学术上一贯具有高度的怀疑精神。袁行霈说："苏轼擅长写议论文。他早年写的史论有较浓的纵横家习气，有时故作惊人之论而不合义理……这些史论在写作上善于随机生发，翻空出奇，表现出高度的论说技巧，成为当时士子参加科场考试的范文，所以流传极广。"①陆游论宋儒说："唐及国初，学者不敢议孔安国、郑康成，况圣人乎！自庆历后，诸儒发明经旨，非前人所及。然排《系辞》，毁《周礼》，疑《孟子》，讥《书》之《胤征》、《顾命》，黜《诗》之《序》，不难于议经，况传注乎！"②苏轼《上曾丞相书》自云："幽居默处而观万物之变，尽其自然之理，而断之于中。其所不然者，虽古之所谓贤人之说，亦有所不取。虽以此自信，而亦以此自知其不悦于世也。"③宋代儒者对于儒家经典也敢于怀疑，遑论其他各家学说。有人认为"庄子阴助孔子"说意在故作惊人。宋陈长方《步里客谈》："余尝问王子世云：'苏氏为纵横之学如何？'曰：'有之。'时案上有《庄子庙记》，云：'只此记中，谓'庄子于孔氏阳挤而阴助之'，此语亦纵横家流也。'"④陈长方将苏轼此论完全等同于纵横家言，此论固然偏颇，但也从一个侧面告诉我们苏轼之论中包含着不同流俗的怀疑精神。正是这种怀疑精神催生了其"庄子阴助孔子"说的形成。

---

① 袁行霈主编：《中国文学史》第三卷，第68页。
② 王应麟著，翁元圻辑注：《困学纪闻注》，中华书局，2016年，第1192页。
③ 苏轼撰，茅维编：《苏轼文集》，第1379页。
④ 陈长方：《步里客谈》，中华书局，1991年，第8页。

于此可见，苏轼提出"庄子阴助孔子"说以及北宋士大夫精神中出现庄子因素，自有其种种历史原因和现实原因。

三、苏轼此说长久流行的内在原因

内藤湖南说："唐代是中世的结束，而宋代则是近世的开始。"[①]赵宋之世的一个鲜明特色是形成了一个不同于前朝的士大夫阶层。士大夫阶层形成于先秦时代，两汉以来的士大夫阶层之精神同中有异。隋唐以来废除了贵族世袭制，实行科举取士制度。随着门阀士族的衰落和科举制度的实行，北宋的士大夫精神发生了重大变化。

北宋士大夫阶层的形成与北宋统治者的政策关系密切。《宋史·艺文志》："宋有天下，先后三百余年。考其治化之污隆，风气之离合，虽不足以拟伦三代，然其时君汲汲于道艺，辅治之臣莫不以经术为先务，学士缙绅先生，谈道德性命之学，不绝于口，岂不彬彬乎进于周之文哉！"[②]时君不仅"汲汲于道艺"，而且他们给予士大夫不杀之恩。王夫之《宋论》卷一《太祖三》说："太祖勒石，锁置殿中，使嗣君即位，入而跪读。其戒有三：一、保全柴氏子孙；二、不杀士大夫；三、不加农田之赋。呜呼！若此三者，不谓之盛德也不能。"[③]对此材料的真实性一直有人持怀疑态度，但从事实看，

---

① 内藤湖南：《概括的唐宋时代观》，《日本学者研究中国史论著选译》第一卷《通论》，中华书局，1992年，第10页。
② 脱脱等：《宋史》卷二百二《艺文志一》，中华书局，1985年，第5031页。
③ 王夫之：《宋论》，中华书局，1964年，第4页。

北宋皇帝的确没有杀害士大夫。北宋统治者扩大了取士名额，举子可以直接成为天子门生。宋代儒生通过科举进入国家政权，在社会上占有重要地位。

与国君的仁慈相应，辅治之臣与学士缙绅先生的主体思想无不符合儒家规范。众多的士大夫上承皇命，下驭社会，积极参与维护朝廷的正常运转。如此一来，北宋士大夫形成了强烈的社会责任感，他们领导着时代政治文化的新潮流，意图建立人间的新秩序。《宋史·文苑传序》言："艺祖革命，首用文吏而夺武臣之权，宋之尚文，端本乎此。太宗、真宗其在藩邸，已有好学之名，作其即位，弥文日增。"① 《宋史·忠义传序》："士大夫忠义之气，至于五季，变化殆尽。宋之初兴，范质、王溥，犹有余憾，况其他哉！艺祖首褒韩通，次表卫融，足示意向。厥后西北疆场之臣，勇于死敌，往往无惧。真、仁之世，田锡、王禹偁、范仲淹、欧阳修、唐介诸贤，以直言谠论倡于朝，于是中外揩绅知以名节相高、廉耻相尚，尽去五季之陋矣。故靖康之变，志士投袂，起而勤王，临难不屈，所在有之。及宋之亡，忠节相望，班班可书。"② 熙宁时期，士大夫的势力如日中天，他们在朝廷上竟然可以与皇帝抗衡。《续资治通鉴长编》卷二百二十一载："（熙宁四年三月）彦博又言：'祖宗法制具在，不须更张以失人心。'上曰：'更张法制，于士大夫诚多不悦，然于百姓何所不便？'彦博曰：'为与士大夫治天下，非与百姓治天下也。'上曰：

---

① 脱脱等：《宋史》卷四百三十九《文苑传一》，第12997页。
② 脱脱等：《宋史》卷四百四十六《忠义传一》，第13149页。

'士大夫岂尽以更张为非，亦自有以为当更张者.'"①大臣可以明目张胆地对皇帝说：你与我们士大夫一起共治天下云云。而皇帝也承认士大夫的崇高地位。足见此时士大夫身价之高、自信心之强。

当此之时，在士大夫精神中注入庄子思想是一种现实的需要。士大夫从精神层面需要庄子精神，苏轼"庄子阴助孔子"说应运而生，成为士大夫精神中的新内涵。苏轼个人对庄子思想有特殊的爱好。苏辙《亡兄子瞻端明墓志铭》说："（苏轼）初好贾谊、陆贽书，论古今治乱，不为空言。既而读《庄子》，喟然叹息曰：'吾昔有见于中，口未能言，今见《庄子》，得吾心矣.'……后读释氏书，深悟实相，参之孔、老，博辩无碍，浩然不见其涯也."②苏轼《次韵柳子玉过陈绝粮二首》其二："早岁便怀齐物志，微官敢有济时心."③苏轼《与子由弟》："任性逍遥，随缘放旷，但尽凡心，无别胜解。以我观之，凡心尽处，胜解卓然."④士大夫阶层需要庄子思想，并不是苏轼一个人的认识，前引王安石之论也可作为例证。况且，二程对于庄子的看法，也让读者深感意外。程颐曰："学者后来多耽庄子。若谨礼者不透，则是佗须看庄子，为佗极有胶固缠缚，则须求一放旷之说以自适。譬之有人于此，久困缠缚，则须觅一个出身处。如东汉之末尚节行，尚节行太甚，须有东晋放旷，其势必然."⑤即使

---

① 李焘:《续资治通鉴长编》，中华书局，2004年，第5370页。
② 苏辙:《苏辙集》，中华书局，1990年，第1126—1127页。
③ 苏轼撰，王文诰辑注:《苏轼诗集》，中华书局，1982年，第275页。
④ 苏轼撰，茅维编:《苏轼文集》，第1834页。此篇又题为《论修养帖寄子由》。
⑤ 程颢、程颐:《二程集》，中华书局，2004年，第246页。

下篇　第七章　苏轼与士大夫化的庄子 | 423

是二程这样的儒家"圣人"，也公然承认士大夫在精神上陷入了"胶固缠缚""久困缠缚"的困境，士大夫需要一种旷达自由的思想来平衡心境，以获得精神上的解脱。士大夫想要进入放旷以自适的境界，庄子思想是一条现成的通道。于此可见，北宋士大夫在精神上的确需要注入庄子思想中的放旷逍遥。

四、苏轼此说在后世的流变

孔子学派中一直有人敌视庄子。"学儒者曰：'庄子之书，务诋孔子以信其邪说，要焚其书，废其徒而后可，其曲直固不足论也。'"①在他们眼里，孔子思想与庄子思想水火不容，二者不共戴天。《吕公著传》载："（元祐元年）令禁主司不得出题《老》、《庄》书，举子不得以申、韩、佛书为学，经义参用古今诸儒说，毋得专取王氏（安石）。"②哲宗元祐二年（1087）下诏："举人程试，主司毋得于《老》、《庄》、《列子》书命题。"③据此可知，直到元祐年间（1086—1094），王苏之说也没有得到北宋朝廷的认可。在后世也有许多学者对王苏之说深恶痛绝。徐师曾《庄子论》："后之读其书者，乐其论高气豪、游方之外，而忘其诞，至谓阳挤孔子而阴助之，何其谬也！昔两晋之世，俗尚谈玄，蔑视礼法，卒使夷狄乱华，天下大乱。当今治教休明，学术醇一，儒者皆知放斥老庄而不用。於戏，盛矣！迩年士

---

① 王水照主编：《王安石全集》第六册，第1231—1232页。
② 脱脱等：《宋史》卷三百三十六《吕公著传》，第10775—10776页。
③ 脱脱等：《宋史》卷十七《哲宗纪一》，第323页。

子颇有好者，而主司亦弗之禁，予防其渐也，是以论之。"①徐师曾把两晋夷狄乱华的罪责归结为背离礼法，主张"放斥老庄"，对于苏轼之说更是斥之为荒谬之言。叶适说："庄周之罪大于诸子，孔子之徒所宜深疾而力排之矣。乃反以为文而好之，甚者以为能助孔子之道；而又言其能自托于道术。……诸子之书，害小而已息；庄周之书，祸大而长存。"②叶适把庄子视为诸子中罪大恶极之首犯。徐叶二人都站在儒家正统的立场上，彻底否定庄子与儒家的关系。

另一方面，王苏之说特别是苏轼之说在当时和后世都产生了深远影响。叶梦得说："自熙宁以来，学者争言老庄。"③郎擎霄《庄子学案》说："庄学得王苏之提倡，故当时治《庄子》者，已次第臻于极盛，而《庄子》之学遂如日中天矣。"④显然，熙宁之后，学者争相讨论老庄，此时的《庄子》之学大为兴盛，这种局面的形成与王苏之提倡直接相关。楼钥《跋张正宇〈庄子讲义〉》："惟王荆公之论、苏文忠之记，超乎先儒之表，得庄子之本心。"⑤洪迈《容斋随笔·续笔》卷十二："东坡先生作《庄子祠堂记》，辨其不诋訾孔子。……东坡之识见至矣，尽矣。"⑥林希逸《庄子鬳斋口义·发题》："是必精于《语》《孟》《中庸》《大学》等书，见理素定，识文字血脉，知禅宗解数，具此眼目而后知其言意一一有所归着，未尝不跌荡，未尝

---

① 方勇：《庄子纂要》（捌），第708页。

② 叶适：《叶适集》，中华书局，2010年，第712页。

③ 叶梦得：《石林燕语 避暑录话》，上海古籍出版社，2012年，第111页。

④ 郎擎霄：《庄子学案》，上海三联书店，2014年，第337页。

⑤ 楼钥：《攻媿集》卷七十五，见方勇：《庄子纂要》（柒），第418页。

⑥ 洪迈：《容斋随笔》，中华书局，2005年，第367页。

不戏剧，而大纲领、大宗旨未尝与圣人异也。"①不仅宋人给予如此高的评价，许多明清文士也极力推崇苏轼之论。茅坤《苏文忠公文钞》卷二五："长公好读《庄子》，而得其髓，故能设为奇瑰之论如此。"②焦竑《读庄子七则》："史迁言庄子诋訾孔子，世儒率随声和之，独苏子瞻谓其实予而文不予，尊孔子者无如庄子。噫子瞻之论，盖得其髓矣。然世儒往往牵于文而莫造其实，亦恶知子瞻之所谓乎！何者？世儒之所执者，孔子之迹也，其糟魄也；而庄子之所论者，其精也。"③据杨儒宾研究："明末清初曾有一股将庄子迎向儒家阵营的思潮，为方便定位起见，笔者称之为'庄子儒门说'。……明末清初这股'庄子儒门说'的思潮不是凭空而来的，因为明中叶后原本即有相当浓厚的儒道或儒庄同道说，广而言之，'三教合一说'更可以视为明中叶后极重要的一股思潮。"④刘鸿典《庄子约解序》："世皆谓庄子诋訾孔子，独苏子瞻以为尊孔子。吾始见其说而疑之，及读《庄子》日久，然后叹庄子之尊孔子，其功不在孟子下也。"⑤焦竑认为尊孔子者无人超越庄子，刘鸿典竟然把庄子捧到了其功不逊色于孟子的高度，凡此种种，均与苏轼之说一线贯穿。苏轼之后出现的这些看法，也透露出后世士大夫在精神层面同样需要庄子思想的滋润。

---

① 林希逸著，周启成校注：《庄子鬳斋口义校注》，中华书局，2009年，第1—2页。
② 茅坤：《唐宋八大家文钞》，黄山书社，2010年，第3659页。
③ 焦竑：《澹园集》卷二十二，第293页。
④ 杨儒宾：《儒门内的庄子》，联经出版事业股份有限公司，2016年，第126页。
⑤ 方勇：《庄子纂要》（玖），第1518页。

随着清帝国的灭亡，科举制度寿终正寝，封建士大夫阶层不复存在，但苏轼"庄子阴助孔子"说的影响并没有消散。近代以来章太炎、钱穆等都认同庄子是孔门之徒。王邦雄说："庄子事实上得到儒家真正的精神，他所以能够把老子的'道'落实在人的生命人格说，是因为受到孔子的影响。此一影响是通过颜回而有的。……我认为庄子是私淑颜回，通过颜回，通向孔子的生命。"①甚至有学者认为："自孔子之后至于秦汉，中国思想的根本问题便转换为如何消化孔子，庄子自觉地站在中国思想轴心奠基的大视域，消化处理孔子，助成了作为中华文化肉身的孔子形象的构成，最终成为诸子之冠。"②苏轼"庄子阴助孔子"说迎合了儒家学人以儒独尊的心态。他们感觉孔门学人自我表扬，远不如来自对方阵营代表人物的抬爱。

从学理上看，苏轼"庄子阴助孔子"说是不能成立的。苏轼并没有对他的"庄子盖助孔子者"说进行论证，他首先模仿庄子讲了一个寓言："楚公子微服出亡，而门者难之。其仆操箠而骂曰：'隶也不力。'门者出之。事固有倒行而逆施者。以仆为不爱公子，则不可；以为事公子之法，亦不可。"这个寓言可以做不同的解读，苏轼以孔子比楚公子、以庄子比公子仆人只是一种蹩脚的比附，并不能作为"庄子阴助孔子"的证据。唯一可能作为证据的是下面这段话："其论天下道术，自墨翟、禽滑厘、彭蒙、慎到、田骈、关尹、老聃之徒，以至于其身，皆以为一家，而孔子不与，其尊之也至矣。"后

---

① 王邦雄：《中国哲学论集》，学生书局，2004年，第201—202页。
② 陈赟：《庄子对孔子的消化：以中国思想的轴心奠基为视域》，《中山大学学报（社会科学版）》2017年第6期。

来支持苏轼观点的学者都紧紧抓住了这几句话。程俱《庄子论》说："故终之以《天下》之篇，而道术之所以辨也。……老庄之道既自列于一偏，而孔子之道独不列于其间。呜呼！此以见庄子之深知孔氏也，非知孔氏也，深于道故也。"①晁公武《郡斋读书志》卷十一："自熙宁、元丰之后，学者用意之过，见其书末篇论天下之道术，虽老聃与其身皆列之为一家，而不及孔子，莫不以为阳诋孔子而阴尊焉，遂引而内之。"②可见，苏轼的"庄子阴助孔子"之论，主要是从《庄子·天下》篇中得到的。

但是，《天下》篇却并非庄子自著。《天下》的作者归属问题，主要有两种说法：一是庄子自作，一种是非庄子自作。郭象、陆德明、林希逸、王夫之、梁启超、马叙伦等人持庄子自作说。王夫之曰："或疑此篇非庄子之自作，然其浩博贯综，而微言深至，固非庄子莫能为也。"③其说法明显缺乏逻辑性，只是一种主观臆测。持非庄子自作说者古代有朱熹、林云铭等，今人有胡适、郭沫若、冯友兰等。在非庄子自作说当中，到底是哪家哪派之作，也有不同见解。或以为是庄子后学所作，冯友兰说："《庄子·天下》篇是战国末年一个道家的人所写的先秦哲学发展史。"④刘笑敢《庄子哲学及其演变》认为《天下》与外杂篇中的《天地》《天道》《在宥》《刻意》《缮性》诸篇同为庄子后学黄老派的作品。⑤或以为是儒家人士所作，张恒寿说：

① 方勇：《庄子纂要》（柒），第334页。
② 晁公武撰，孙猛校证：《郡斋读书志校证》，上海古籍出版社，2011年，第479页。
③ 王夫之：《庄子解》，第351页。
④ 冯友兰：《中国哲学史新编》上册，人民出版社，2001年，第487页。
⑤ 刘笑敢：《庄子哲学及其演变》，第91页。

"《天下篇》作者的立场，与其说近于老庄，不如说是介于儒家和庄老之间，与其说是庄老系统的作品，不如说是受庄老思想影响很深的儒家系统的作品。"[1] 严灵峰说："可能系荀卿晚年的作品。……此篇倘非荀卿自作，必系其门人或后学得自荀卿的传授而写作的。"[2] 以上两种说法中，虽然第二种说法并不统一，但第一种说法显然已经失去人心。

《天下》篇不是庄子自作，在今日已经基本成为一种学界的共识。另外，《庄子·天下》说："道术将为天下裂。"老子比孔子年长，老子的学说出现在"道术为天下裂"之后，孔子生年晚于老子，孔子的学说自然不会在"道术为天下裂"之前。《庄子》中的孔子，并不是历史上的真实孔子。在《庄子》中反复出现的孔子形象，只是庄子用来言道的一个工具。庄子之道与孔子之道在大本大源上并不相同，孔子追求内圣外王之道，以恢复周礼为目标；庄子则追求士人的精神自由。虽然如此，如本章前面所述的理由，"庄子阴助孔子"说和士大夫化的庄子能够长久流行也有其内在的原因。

我们通常把朝廷之士看作积极入世者，而把庄子信徒看作消极遁世者。苏轼等人则把士大夫与庄子思想紧密联系在一起，塑造出了一个士大夫化的庄子。从总体上说，两汉以来的士大夫精神以儒家思想为主体，但在一定的时代，在一定的群体中，士大夫精神中也会包含一些庄子思想的成分。

---

[1] 张恒寿：《庄子新探》，湖北人民出版社，1983年，第310页。
[2] 严灵峰：《〈庄子·天下〉篇的作者问题》，见张丰乾编：《〈庄子·天下篇〉注疏四种》，第373页。

概之，北宋元丰元年，苏轼在《庄子祠堂记》中提出了"庄子阴助孔子"说。其主要根据在于：《庄子·天下》论述天下道术时，自列于一偏，而独尊孔子。然而，《天下》篇并非庄子自著，且庄子之道与孔子之道在大本大源上并不相同，所以从学理上看，"庄子阴助孔子"说缺乏客观论述，不符合学术规范。然而，两汉以来的士大夫精神中时而会含有一定的庄子思想。苏轼"庄子阴助孔子"说的提出为北宋士大夫精神注入了庄子思想，从而形成了"士大夫化的庄子"这一精神范式。据此，"庄子阴助孔子"说理应在庄学发展史上占有一席之地。

附　录

林希逸《老子鬳斋口义·发题》释读

　　林希逸（1193—1271），字肃翁，号鬳斋，南宋理学家。林希逸的《老子鬳斋口义》与《庄子鬳斋口义》《列子鬳斋口义》合称《三子口义》，在道家学说发展史上占有一席之地。《三子口义》中，《庄子鬳斋口义》受到的关注最多，不过其中不唯有褒扬之声，亦夹杂着贬低之音。《四库全书总目》卷一百四十六收入《庄子鬳斋口义》，该书提要云："今案郭象之注，标意旨于町畦之外。希逸乃以章句求之，所见颇陋。即王、吕二注，亦非希逸之所及。遽相诋斥，殊不自量。以其循文衍义，不务为艰深之语，剖析尚为明畅，差胜后来林云铭辈以八比法诂《庄子》者，故姑录存之，备一解焉。"① 在《总目》编者看来，林希逸的研究虽然浅近明畅，但在理论上却没有超越前贤，且其人缺乏自知之明。今人熊铁基等著《中国老学史》，未

_____

① 《钦定四库全书总目》（整理本）下，中华书局，1997年，第1941页。

列专节介绍林希逸的研究。①刘笑敢《老子古今》仅仅三次提及林希逸之名，也未做深论。②陈鼓应《老子今注今译》"历代老子注书评介"一节中对林希逸《老子鬳斋口义》的评语只有这样两句话："用通俗浅近的文字做解，明白可读。但林氏所作《庄子口义》远比这本《老子口义》可取。"③检索《老子鬳斋口义》研究的专题论文，只有区区一两篇。由此可见，林希逸《老子鬳斋口义》的学术地位尚未得到充分论证和应有重视。笔者拟以《老子鬳斋口义·发题》为中心，就《老子鬳斋口义》中涉及的若干学术问题谈点不成熟的看法。

一、《老子》一书难以读懂的理由

《老子鬳斋口义·发题》（以下简称《发题》）谈到了老子的生平和传说、《老子》一书的出现和流传过程，也涉及了《老子》全书的主旨和特点、后人对《老子》学说的不同体认、作者撰写《老子鬳斋口义》一书的意图等问题。《发题》曰：

> 老子姓李氏，名耳，字伯阳，以其耳漫无轮，故号曰聃。
> 楚国苦县人也。仕周，为藏室史。当周景王时，吾夫子年三十，
> 尝问礼于聃，其言屡见于《礼记》。于夫子为前一辈。语曰："述
> 而不作，窃比于我老彭。"太史公谓夫子所严事，亦非过与也。

---

① 熊铁基、马良怀、刘韶军：《中国老学史》，福建人民出版社，2005年。
② 刘笑敢：《老子古今》，中国社会科学出版社，2006年，第817页。
③ 陈鼓应注译：《老子今注今译》，第386页。

及夫子没后百二十九年，有周太史儋，尝见秦献公，言离合之
数。或曰儋即老子，非也。儋与聃同音，传者讹云。周室既衰，
老子西游，将出散关。关令尹喜，知为异人，强以著书，遂著
上下篇五千余言而去。其上下篇之中，虽有章数，亦犹《系辞》
上下然。河上公分为八十一章，乃曰"上经法天，天数奇，其
章三十七；下经法地，地数偶，其章四十四"。严遵又分为七十
二，曰阴道八，阳道九，以八乘九得七十二，上篇四十，下篇
三十二。初非本旨，乃至逐章为之名，皆非也。唐玄宗改定章
句，以上篇言道，下篇言德，尤非也。今传本多有异同，或因
一字而尽失其一章之意者，识真愈难矣。①

关于老子生活的时代，林希逸认同《史记·老子列传》中老子与孔
子同时而年长的记载，否定了周太史儋即老子的传言。河上公注分
《老子》为八十一章；严遵《老子注》分为七十二章；有人还为每一
章加上了标题；唐玄宗改定《老子》章句，认为上篇言道，下篇言德。
凡斯种种，在林希逸看来皆不符合《老子》原旨。关于老子生活的
年代、《老子》一书完成的时代，不论是在林希逸身前或是身后，一
直处于争论状态。特别是在20世纪30年代，争论一度非常激烈。结
合1973年长沙马王堆出土的帛书本《老子》和1993年湖北荆门郭店
出土的竹简本《老子》，回首去看，林希逸所作出的以上判断基本上

---

① 本章有关《老子鬳斋口义》的引文俱见林希逸：《老子鬳斋口义》，华东师范大学出版
社，2010年。

能够站得住脚。从而可以说林希逸对老子其人其书的判断经受住了时间的考验。

在林希逸看来，道家信徒也好，儒家学士也罢，历代的注解虽多，大家都没有真正读懂《老子》的本旨。《发题》又曰：

> 大抵老子之书，其言皆借物以明道，或因时世习尚，就以谕之。而读者未得其所以言，故晦翁以为老子劳攘，西山谓其间有阴谋之言。盖此书为道家所宗，道家者流，过为崇尚其言，易至于诞，既不足以明其书；而吾儒又指以异端，幸其可非而非之，亦不复为之参究。前后注解虽多，往往皆病于此。独颖滨起而明之，可谓得其近似，而文义语脉未能尽通，其间窒碍亦不少。且谓其多与佛书合，此却不然。庄子，宗老子者也，其言实异于老子。故其自序以生与死与为主，具见《天下篇》，所以多合于佛书。若老子所谓无为而自化，不争而善胜，皆不畔于吾书。其所异者，特矫世愤俗之辞，时有太过耳。

按照《发题》的说法，截止到作者撰写《老子口义》之时，《老子》的学说一直是"一宗未了疑案"。《老子》的本旨为什么会如此难明？梳理林希逸的言论，可以归纳为以下六种原因：

其一，道家，特别是道士诬引《老子》，使《老子》研究易于流于荒诞。《发题》："盖此书为道家所宗，道家者流，过为崇尚其言，易至于诞，既不足以明其书。"古人所说的道家，今天我们区别为道家和道教。前者是一种思想学派，后者是一种宗教。在我们今天看来，过于崇尚其言以至于走向荒诞的主要是指迷信于道教的部分信徒。《老子》是道教的最高经典，道教人士对《老子》的传播和研究功不可没。林希逸认为把老子研究导向歧途的是"道家者流"，这种观点中明显夹杂着儒士的偏见。

其二，佛教信徒以佛解《老》，用佛教学说歪曲了老子思想，使《老子》思想受到了蒙蔽。历史上以佛解《老》者为数不少，林希逸此文中举苏辙为代表。苏辙虽然不是纯粹的佛教徒，但他的《老子》研究佛老并举。《四库全书总目提要》介绍苏辙《道德经解》说："苏氏之学，本出入于二氏之间，故得力于二氏者特深；而其发挥二氏者，亦足以自畅其说，是书大旨主于佛、老同源，而又引《中庸》之说以相比附。"①林希逸《发题》："独颍滨起而明之，可谓得其近似，而文义语脉未能尽通，其间窒碍亦不少。且谓其多与佛书合，此却不然。庄子，宗老子者也，其言实异于老子。故其自序以生与死与为主，具见《天下篇》，所以多合于佛书。"颍滨即苏辙。在前人的研究中，林希逸最为欣赏苏辙的研究。不仅如他自己所说，苏辙的研究"得其近似"，而且从书中不难看出林希逸的研究直接受到了苏辙的启发。例如林希逸注《小国寡民章第八十》曰："小国寡民，犹孟子言'得百里之地，皆可以朝诸侯，一天下'。……观其所言，亦有自用之意。"苏辙《道德经解》（一名《道德真经注》《老子解》）注"小国寡民"曰："老子生于衰周，文胜俗弊，将以无为救之，故

---

① 《钦定四库全书总目》（整理本）下，第1935页。

于其书之终，言其所志，愿得小国寡民以试焉，而不可得尔。"①林希逸的观点明显导源于苏辙。但是，他也指出苏辙注《老》存在两大缺陷：一是"文义语脉未能尽通"，二是苏辙认为《老子》"多与佛书合"。苏辙自云："是时予方解《老子》，每出一章，辄以示全，全辄叹曰：'皆佛说也。'……凡《老子解》亦时有所刊定，未有不与佛法合者。"②在林希逸看来，《老子》与《庄子》比较，《老子》更近于儒家，《庄子》更近于释家。而苏辙却以佛解《老》，认为《老子》多与佛典吻合，此一观点与《老子》的本旨背道而驰。

其三，儒家信徒将《老子》学说视为异端邪说，导致了对《老子》的歪曲和误解。《发题》："晦翁以为老子劳攘，西山谓其间有阴谋之言。……而吾儒又指以异端，幸其可非而非之，亦不复为之参究。"晦翁即理学大师朱熹。西山即南宋理学家真德秀，人称西山先生。在论述儒家对《老子》的态度时，林希逸首先列举了两位宋代大儒对《老子》的看法，接着指出了儒士对《老子》的普遍误读。

朱熹以为老子劳攘，事见《朱子语类》卷六十三："老子则犹自守个规模子去做，到得庄子出来，将他那窠窟尽底掀番了，故他自以为一家。老子极劳攘，庄子较平易。"③《朱子语类》卷六十七："某近看《易》，见得圣人本无许多劳攘。自是后世一向乱说，妄意增减，硬要作一说以强通其义。"④可见朱熹所谓的"劳攘"是指行文纷

---

① 苏辙：《道德真经注》，《道德经集释》，中国书店，2015年，第346页。
② 苏辙：《道德真经注》，《道德经集释》，第348页。
③ 黎靖德编：《朱子语类》第四册，中华书局，1986年，第1540页。
④ 黎靖德编：《朱子语类》第五册，第1661页。

乱、文意繁杂。林希逸在《大国者下流章第六十一》中说:"解者多以其设喻处作真实说,故晦庵有'老子劳攘'之论。"在林希逸看来,朱熹说《老子》"劳攘",其实是他不懂老子的"设喻"之法。

西山先生所谓的"阴谋之言"主要指《老子》中含有阴谋权变之术。《老子》中含有"阴谋之言"并不是西山先生的发明,这是老学研究史上的一个老问题。《将欲噏之章第三十六》曰:"将欲噏之,必固张之;将欲弱之,必固强之;将欲废之,必固兴之;将欲夺之,必固与之。是谓微明。"早在《韩非子》中的《解老》《喻老》篇中就对《老子》三十六章做出了误读。后世儒家学人和反对道家思想的学人多把老子思想看作阴谋权术的化身。与他们相反,林希逸则认为:"此章前八句皆是譬喻,只是'得便宜处失便宜'之意。"林希逸看来,西山先生所说的阴谋论并不确切,"将欲噏之,必固张之"等句只是一种比喻的手法,它与阴谋权变之间并没有什么联系。

儒家人物多将《老子》学说目为洪水猛兽般的异端邪说。检视儒家士人对《老子》的攻击,最主要的一条就是《老子》彻底否定了儒家的精神命脉——仁义学说。而林希逸则不这样看。《大道废章第十八》:"大道废,有仁义;智慧出,有大伪;六亲不和,有孝慈;国家昏乱,有忠臣。"《绝圣弃智章第十九》:"绝圣弃智,民利百倍;绝仁弃义,民复孝慈;绝巧弃利,盗贼无有。"在儒士眼里,"仁义"是儒家安身立命的根本,是外人万万质疑不得的。林希逸《绝圣弃智章第十九》认为:"此意盖谓文治愈胜,世道愈薄,不若还淳反朴,如上古之时也。此亦一时愤世之言。"他不仅没有批判《老子》的"反动"思想,反而为老子的"反动"思想进行了回护。在他看来,老子说的纵然有点小问题，但既然是"一时愤世之言"则不必深究。还有人认为"刍狗"之喻暴露了老子视民如草芥的思想。林希逸《天地不仁章第五》注"天地不仁，以万物为刍狗；圣人不仁，以百姓为刍狗"时曰："刍狗之为物，祭则用之，已祭则弃之，喻其不着意而相忘尔。以精言之，则有'所过者化'之意，而说者以为视民如草芥，则误矣。大抵老庄之学喜为惊世骇俗之言，故其语多有病。此章大旨不过曰天地无容心于生物，圣人无容心于养民。却如此下语，涉于奇怪，而读者不精，遂有深弊。故曰申韩之惨刻，原于刍狗百姓之意，虽老子亦不容辞其责矣。"林希逸认为，老子的说法固然欠妥，"涉于奇怪"是一个原因，"读者不精"是另外一个原因。林希逸对老子思想与法家思想进行了根源上的切割：视民如草芥，这是法家思想，与老子思想并无关涉。

其四，《老子》思想本身具有难解性。《老子》讨论"道""有""无"等哲学问题，具有"玄之又玄"的特征。《知人者智章第三十三》注"不失其所者久，死而不亡者寿"时说："孔子曰'朝闻道，夕死可矣'。'死而不亡者寿'，亦此意也。此一句非言语所可解，自证自悟可也。"非言语所可解者又岂止一句两句、一章两章。《载营魄章第十》注"载营魄，抱一能无离乎"时说："（载营魄），此三字，老子之深意。""（抱一能无离乎），此六字意亦甚隐，正要人自参自悟也。"由于老子思想博大精深，老子的用语精微玄妙，只有高人才能自参自悟。对于普通人来说，要读懂《老子》是很难的。

其五，《老子》一书的文学性，也导致了后人对它的误读。《发题》："大抵老子之书，其言皆借物以明道，或因时世习尚，就以谕之。而读者未得其所以言。""前辈诸儒亦未尝不与之，但以其借谕之语，皆为指实言之，所以未免有所贬议也。"《老子》的文学性，连朱熹这样的大儒也不能完全搞懂，遑论一般学人。

其六，《老子》版本的复杂性。《发题》："今传本多有异同，或因一字而尽失其一章之意者，识真愈难矣。"据记载，元代时，"《道德》八十一章，注者三千余家"。[1]在宋代，《老子》的版本之多，判断之难，也足以让那个时代的学者们发怵。

林希逸将《老子》一书难以读懂的理由归结为以上六个方面，前三个方面是道佛儒三家对《老子》的歪曲误读，属于外部原因。后三个方面是《老子》内部的原因。在他之前，还没有人这样详细解析前人误解《老子》的各种原因，他的解析具有一定的客观性和启发性。

二、对《老子》内在旨意的揭示

林希逸撰写《老子鬳斋口义》，是为了揭示《老子》的内在旨意。《发题》曰：

> 伊川曰："老氏《谷神》一章最佳。"胡文定曰："老氏五千言，如我无事、我好静、我有三宝，皆至论也。"朱文公亦曰：

---

[1] 杜道坚：《道德玄经原旨》"张与材序"，熊铁基、陈红星主编：《老子集成》第五卷，宗教文化出版社，2011年，第482页。

"汉文帝、曹参只得老子皮肤，王导、谢安何曾得老子妙处?"
又曰:"伯夷微似老子。"又曰:"晋宋人多说庄老，未足尽庄老
实处。"然则前辈诸儒亦未尝不与之，但以其借谕之语，皆为指
实言之，所以未免有所贬议也。此从来一宗未了疑案，若研究
推寻，得其初意，真所谓"千载而下知其解者，旦暮遇之"也。

"研究推寻，得其初意"八个字道出了他研究的方法和目的，而"千
载而下知其解者，旦暮遇之"则表现了他对自己探寻结果的自信和
自负，他自诩为老子的千古知音。

　　《老子鬳斋口义》中有许多对于《老子》章旨的概括。如《天下
皆知章第二》说:"此章即'有而不居'之意。"《天长地久章第七》说:
"此章以天地喻圣人无容心之意。"《载营魄章第十》说:"此章之意大
抵主于无为而为，自然而然。"《视之不见章第十四》说:"此章形容
道之无迹。"林希逸非常看重《老子》的第一章和最后一章，他总结
《道可道章第一》说:"此章居一书之首，一书之大旨皆具于此。"总
结《信言不美章第八十一》说:"一书之意，大抵以不争为主，故亦
以此语结之。"今天我们知道，这样的分章并不是《老子》的原初面
貌。但是，林希逸强调这两章在《老子》中的重要性并没有错。同
时，书中还有多处对于《老子》全书主旨的概括。如《道可道章第
一》说:"以此而观，则老子之学何尝专尚虚无? 若专主于无，则不
曰'两者同出'，不曰'同谓之玄'矣。"《载营魄章第十》说:"老子
一书，大抵只是能实而虚，能有而无，则为至道。纵说横说，不过
此理。"《反者道之动章第四十》说:"老子之学，大抵主于虚，主于

弱，主于卑，故以天地之间有无动静推广言之，亦非专言天地也。"《人之生章第七十六》："老子之学主于尚柔。"《信言不美章第八十一》说："一书之意，大抵以不争为主，故亦以此语结之。"在他看来，老子之学并非专尚虚无，《老子》能实而虚，能有而无，主于虚，主于弱，主于卑，主于尚柔，以不争为主。这样的概括，的确缺乏一定的系统性和深刻性，他所达到的理论高度并没有超越前人。但林希逸的探究却并没有就此止步。

在探究《老子》原旨的同时，林希逸也提出了很多独特的看法。例如，他注《谷神不死章第六》时说："晦翁曰：'至妙之理，有生生之意存焉。'此语亦好，但其意亦近于养生之论。此章虽可以为养生之用，而初意实不专主是也。"在朱熹的见解之上更深入了一层。他在《天长地久章第七》注"是以圣人后其身而身先，外其身而身存，非以其无私邪？故能成其私"句曰："此一'私'字，是就身上说来，非公私之私也。若以私为公私之私，则不得谓之无容心矣。此语又是老子诱人为善之意，及释氏翻出来，则无此等语矣，故谓之真空实有，真空便是'无私'之意，实有便是'能成其私'之意，但说得来又高似一层。"对于"私"的辨析非常细致，也富有新意。在《道冲章第四》注中说："帝，天也。"在《治大国章第六十》注中说："神，阳也。鬼，阴也。不曰阴阳而曰鬼神，此正其著书立言之意，不欲尽显露也。"林希逸将《老子》中的"帝""鬼""神"视为自然和阴阳，否定了天帝和鬼神的存在。

儒释道三大思想在唐宋时代既并存对峙又融汇交流，当代学术界将宋代看作一个"三教合一"的时代。作为理学家的林希逸，因为著有《三子口义》，自然也被看作三教合一的典型，相关论著也都认定《三子口义》具有融合儒道、沟通三教的取向。从大原则上说，这种判断是没有错的。但只是停留在这一层上，还显得比较笼统。第一，"三教合一"有其不同的历史阶段，唐代的"三教合一"不同于宋代的"三教合一"，宋代的"三教合一"不同于明代的"三教合一"，明代的"三教合一"不同于清代的"三教合一"；第二，"三教合一"又有不同的角度，有以儒家为中心的"三教合一"，有以道家为中心的"三教合一"，有以佛教为中心的"三教合一"，即使是在宋代以儒家为中心的"三教合一"大潮中，每位硕学大儒所理解的"三教合一"也不相同。相较于其他儒学大师，应该说林希逸对《老子》的诠释具有一定的准确性，同时也兼备一定的创新性。

在林希逸的《发题》中我们也可以看见前辈诸儒对于《老子》的正面评价。伊川先生程颐认为《老子》中《谷神》一章最佳；胡文定以《老子》中的"我无事""我好静""我有三宝"为"至论"；朱熹说："汉文帝、曹参只得老子皮肤，王导、谢安何曾得老子妙处。"又曰："伯夷微似老子。"又曰："晋宋人多说庄老，未足尽庄老实处。"以上所举的三位硕学大儒，他们并不完全排斥《老子》学说，起码他们自己对《老子》学说都有深入思考。

在前人研究的基础上，林希逸揭示了《老子》与孔孟的相同处。《发题》："若老子所谓无为而自化，不争而善胜，皆不畔于吾书。"结合林希逸的论述来看，"无为而自化，不争而善胜"应该是老子的主导思想，而这一主导思想与"吾书"即儒家学说并不违背。他在《天地不仁章第五》注"多言数穷，不如守中"时曰："意谓天地之道不容以言尽，多言则每每至于自穷，不如默然而忘言。子曰：'予欲无言。天何言哉？四时行焉，万物生焉。'亦此意也。"在《夫佳兵章第三十一》曰："若以用兵为喜，则是以杀人为乐，岂能得志于天下？孟子曰：'不嗜杀人者能一之。'亦此意也。"在《知人者智章第三十三》中曰："志胜气则其强也不弱，得其所安则久而不变，故曰：'不失其所者久'。孔子曰：'朝闻道，夕死可矣。''死而不亡者寿'，亦此意也。"凡此种种，都表明在林希逸看来，老子与孔孟之道有许多相通相融之处，即使是在大本大源上也并不违背孔孟之道。林希逸在《道可道章第一》中曰："其谓之天地者，非专言天地也，所以为此心之喻也。……此章人多只就天地上说，不知老子之意正要就心上理会。如此兼看，方得此书之全意。"在《希言自然章第二十三》注中说："天地之间，只'自然'两字可以尽天地之理。"天地之理是宋明理学家的终极追求。以自然概括天地之理，可以看出老子学说在理学理论中的重要地位。在林希逸看来，在某些地方《老子》也可以与宋明理学相通。林希逸能够从理学的层面去审视老子学说，通过他的研究加强了道家与理学的联系。

林希逸也指出了《老子》与孔孟的不同处。第一，《发题》曰："其所异者，特矫世愤俗之辞，时有太过耳。"《天下皆知章第二》曰："自古圣人皆然，何特老子？但老子说得太刻苦，所以近于异端。"《不尚贤章第三》："老子愤末世之纷纷，故思太古之无事。其言未免太过，所以不及吾圣人也。"《天地不仁章第五》注"多言数穷，不如守中"："意谓天地之道不容以言尽，多言则每每至于自穷，不如默然而忘言。子曰：'予欲无言，天何言哉？四时行焉，万物生焉。'亦此意也。但圣人之语粹而易明，此书则鼓舞出入，使人难晓。"《古之善为道章第六十五》："'愚'字下得过当，秦之愚黔首，此语误之。故晦翁所以谓之劳攘也。"林希逸认为《老子》思想整体上接近于儒家学说，只是由于老子有时候表现得有点愤世嫉俗，在表达思想时常常说得有点过分。第二，虽然老子和孔孟两家采用了相同的字，但字义并不相同。《上德不德章第三十八》曰："老子之学，以礼为强世，先以仁义抑扬言之，而后及于礼，则礼为愈下矣。……老子之言仁义礼，其字义皆与孔孟不同，就其书而求其意可也。若论正当字义，则皆失之。"《孔德之容章第二十一》："但读庄老者当以庄老字义观之，若欲合之孔孟，则字多窒碍矣。"虽然字面上看都是仁义，其实两家的仁义有不同的含义。林希逸这样说，其实也是一种对老子的回护。既然老子的"仁义"与儒家的"仁义"含义不同，儒家人士便没有必要批判老子的"仁义"学说。

面对《老子》初意本旨这样一桩千年未了的疑案，林希逸深入其中，进行了一番还原性诠释。作为宋代理学流派艾轩学派的传人，林希逸无疑是一位儒家的忠实信徒。但他能够在一定程度上跳出儒家的藩篱，对《老子》给予同情之理解和诠释。这固然与宋代三教合一的大潮流有关，但也不能否认他个人对《老子》具有独特的感悟和理解。

三、对《老子》文学特色的梳理

已有研究者指出，林希逸第一次探析《庄子》的文法句法，开启了后世对《庄子》文学性研究的先河。同样，林希逸的《老子鬳斋口义》首次从文学的角度对《老子》进行评点，对《老子》的文章技法做出了具体分析。《老子鬳斋口义》对《老子》文学方面的析论主要表现在三个方面：

第一，《老子》采用了"借物明道"的表现手法。比喻是一种重要的文学修辞手法，林希逸认为《老子》极善于使用比喻手法。《发题》曰："大抵老子之书，其言皆借物以明道，或因时世习尚，就以谕之。"其中老子之书"借物明道"并不是林希逸的首创。"借物明道"之说是由黄茂材首先提出。林希逸注《大国者下流章第六十一》曰："一书之主意，章章如此，解者多以其设喻处作真实说，故晦庵有'老子劳攘'之论。独黄茂材解云：'此一篇全是借物明道。'此语最的当，但不能推之于他章，故亦有未通处。"黄茂材认为第六十一章使用了"借物明道"的手法，但并没有说它是《老子》全书的特点。林希逸则将黄茂材的说法推之于他章，认为整部《老子》皆使用了"借物明道"的手法。从而认定"借物明道"是《老子》的主要表现手法。林希逸认为，"借物明道"本来是《老子》的一种文学手法，后世之人不能正确理解老子的学说，也与《老子》使用了"借物明道"的手法相关。所谓的"借物明道"就是采用比喻的手法去表达自己的思想，《老子鬳斋口义》在介绍《老子》一书的特点时，使用最多的一个字就是"喻"，有人统计林希逸此书使用"喻"字达57处之多。如《夫佳兵章第三十一》："此章全是以兵为喻。"《将欲噏之章第三十六》："此章前八句皆是譬喻。"在林希逸看来，一部《老子》是由譬喻、设喻所构成的，如果读者看不出老子的比喻手法，就不能懂得《老子》学说的真谛。

第二，《老子》的另一个特点是结语精妙。这一特点是林希逸在《五色章第十二》提出的，他说："老子诸章，结语多精绝。"也在他章的结尾处指明了结尾之妙。《太上第十七》注"犹兮其贵言。功成事遂，百姓皆谓我自然"曰："既谓贵言之非，而以此一句结之，是伤今而思古也。"《孔德之容章第二十一》注"吾何以知众甫之状哉！以此"曰："此等结语，亦其文字之精处。"《曲则全章第二十二》注"古之所谓'曲则全'者，岂虚言哉，诚全而归之"曰："既如此说了，却提起前面'曲则全'一句，作如此归结，亦是文之奇处。"《将欲取天下章第二十九》注"是以圣人去甚、去奢、去泰"曰："此章结得其文又奇，'甚''奢''泰'三字只是一意，但如此下语，非唯是其鼓舞之笔，亦申言其甚不可之意。其言玄妙，则曰'玄之又玄'，则曰'大'，曰'逝'，曰'远'，皆是一样文法。读者不悟其意，故不见他文字奇处，又多牵强之说。"此章的"甚、奢、泰"与他章的"大、逝、远"用一样的手法，强调了作者的思想。《名与生章第四十四》注结尾"知足不辱，知止不殆，可以长久"三句曰："此三句，却是千古万古受用不尽者。"《三十辐章第十一》注"三十辐共一毂，当其无，有车之用；埏埴以为器，当其无，有器之用；凿户牖以为室，当其无，有室之用。故有之以为利，无之以为用"曰："车、器、室，皆实有之利也，而其所以为车、为室、为器，皆虚中之用。以此形容一'无'字，可谓奇笔。"林希逸用了很多笔墨，一一列举了《老子》不同章的结尾。这些结尾的字句，无不文字精妙，寓意深远，起到了画龙点睛的作用。

第三，林希逸在注中直接点评了《老子》行文的特点。他认为《老子》行文时常有奇妙精到的文字。在《道冲章第四》中注"道冲而用之或不盈"曰："不曰'盈不盈'，而曰'或不盈'，才有'或'字，则其意自见，此文法也。"在《将欲取天下章第二十九》中注曰："读者不悟其意，故不见他文字奇处，又多牵强之说。"在《反者道之动章第四十》中注曰："动以静为用，强以弱为用，故曰'反者道之动，弱者强之用'。如此造语，文法也。"在《宠辱章第十三》中注曰："此章两'何谓'自有两意，乃古文之妙处。"在《古之善为士章第十五》中注曰："'豫兮'以下，乃是形容有道者之容，自是精到。"对于这样的特点，林希逸直接加上了"此文法也""自是精到"等评语予以点评。《知不知章第七十一》原文为："知不知上，不知知病。夫唯病病，是以不病。圣人不病，以其病病。"这一句当中，有四个"知"，有七个"病"，是故林希逸评点说："此一章文最奇。"如果没有对《老子》全文的精熟，就不可能做出如此精彩的点评。

在林希逸之前，还没有人像他这样对《老子》的文学特征进行细致的梳理和介绍。

概之，南宋理学家林希逸能够超越儒士的正统立场，对道家始祖老子给予同情之理解。其《老子鬳斋口义》归纳《老子》长期受到蒙蔽误读的原因，探析老子著述《老子》一书的初心本旨，指出老子学说与孔孟之道虽然有同有异，但在大本大源上同于儒家。同时，他也第一次从文学的角度解读了《老子》的文学特点。因之，在研究老子学说发展史时，《老子鬳斋口义》应该受到更多的重视。

跋

从义理庄学走向人间庄学

任何一种伟大的学说，想要传播得更广泛更深入，需要其两翼同时发力，且保持一种相对的平衡。一翼为理论，一翼为实践。庄学发展中的两翼，一是义理庄学，也就是学术庄学；一是人间庄学（《庄子》一书关注处世之道，具有一定的平民性，又有《人间世》一篇，故本文称之为"人间庄学"），也就是实践庄学。经过两千多年来的发展，义理庄学一翼独大，研究成果几乎汗牛充栋，相对而言，人间庄学的践行则较为薄弱，未能得到广大平民阶层的认可，未能充分发挥其应有的社会作用。在提倡中华优秀传统文化创造性转化与创新性发展的新时代，这一局面已经到了非转变不可的时候了。

一、义理庄学

如果从《庄子·天下》算起，传统的庄学研究已经进行了两千多年，其中有文献学研究，有思想文化研究，也有文学研究，在义理、辞章、考据三个方面都得到了长足发展。前人对庄子思想的研究不是单一的，自古以来就有以道（教）解庄、以佛解庄、以儒解庄等不同的解读方式。以道教解庄者，如明代道士陆西星有《南华真经副墨》；以佛解庄者，如明代释德清有《庄子内篇注》、近人章炳麟有《齐物论释》、今人韩焕忠有《佛教庄子学》；以儒解庄者，北宋元丰元年（1078），苏轼在《庄子祠堂记》中提出了"庄子阴助孔子"说。近代以来盛行以西方哲学解庄，学者们采用西方本体论、认识论等归纳方式，用相对主义、不可知论等概念系统和评价体系来分析解读庄子哲学。有学者将庄子思想与康德、黑格尔、弗洛伊德、海德格尔等西方思想流派进行比较，有学者认为庄子与后现代哲学存在着某种共同话题，努力讨论庄子同西方后现代主义的会通问题。凡此种种，无不彰显出庄学研究在思想文化研究方面已经取得了巨大成就，并且将会持续深入发展。《庄子·养生主》曰："吾生也有涯，而知也无涯。"学界对庄子义理的探究是无穷无尽的，相应的对庄子思想的践行也应该与之并驾齐驱。

应该承认，在实践层面，前人对庄子思想的践行也不是一张白纸。义理庄学和人间庄学本来是相辅相成的，义理庄学的提升为人间庄学创造了充分条件和发展空间。在前修时贤的研究中，各种通俗本、注释本也都属于人间庄学的范畴，例如宋人林希逸的《庄子鬳斋口义》就是用宋代口语写就的《庄子》研究著作。近现代以来出版的各种今注今译本数量更多，影响更为广泛。近年来，也有很多学者通过音频、视频等新媒体积极宣传庄子学说。但是，相比于庄学的义理研究，普通大众对庄子思想的了解程度并不高，庄子思想在现代社会的接受和运用远没有引起大众足够的重视。

二、人间庄学

与义理庄学相较，人间庄学迄今未能受到充分重视。造成人间庄学未能进入平民视野的原因是多方面的，其主要原因有如下几点：

其一，历史上那些失意文人士大夫偏爱庄子思想，夸大了庄子思想中的消极成分，实则带偏了部分读者。中国古代的读书人早年一般所读的圣贤书都是儒家的经典，他们进入仕途之后，以平治天下作为自己的追求。但是当他们在官场失意，被动地退出官场之后，往往会主动投靠庄子，把庄子思想视为一种心灵的安慰剂。这时的士大夫把官场与田园对立起来，把孔子与庄子对立起来，他们常常会主动过滤掉庄子思想中蕴含的积极成分，只是沉醉在他们所理解的庄子的消极思想中。

其二，庄子思想本身是深奥精微的，常人难以理解。例如《齐物论》既有文字上的障碍，也有意在言外的表述，其哲学思想深不可测。《齐物论》全文3000多字，通过是非、有无、物我等范畴，讨论具有普遍意义的问题，具有极高的抽象分析能力。从古至今，对庄子思想的高端研究大都局限在象牙塔中，远离了普通大众。庄子学说中既有形而上的问题，也有形而下的智慧，而义理庄学重点关注庄子哲学中形而上的部分。表面上看，庄子哲学讲究无用之用，无法落实到实际生活当中，这样的理解也影响了庄子思想向社会下层的传播。

其三，特殊年代形成的错误认识对庄子思想的传播也产生了负面影响。在封建时代，有些极端的儒家学者将庄子视为寇仇，恨不能灭之而后快。20世纪50年代，有学者用阶级斗争观点解读庄子，认为庄子是没落奴隶主贵族的代表，批判庄子提倡鬼混的人世间，庄子思想代表了醉生梦死、精神堕落、自欺欺人。这一观点在学术上早已站不住脚，但在普通民众当中并没有完全消失，很多人迄今认定庄子是消极思想的代表。

庄子不仅仅属于失意的文人士大夫，庄子思想不能仅仅局限在高端的象牙塔中，仇视和贬低庄子思想的错误认识应该逐步清除。我们认为，庄学固然是一种高端的义理之学，同时它也是一种亲切的人间学说，它表现为一种亲近平民的处世态度，代表了平民阶层人生观、世界观、宇宙观，体现出一种平民阶层处世修行的方式。庄子崇尚自然，主张返璞归真、清静无为，庄子思想具有典型的平民精神。是故，庄子属于当今时代，庄子属于当代社会中的每一个人。

三、推动庄子思想融入当代社会

研究庄子思想，践行庄子哲学，并不是要排除其他思想而独尊庄学。只有庄子思想与其他优秀传统文化结合起来才能发挥更好的社会功用。在此以儒道两家为例，儒家主张"为天地立心，为生民立命，为往圣继绝学，为万世开太平"；道家主张自然无为，逍遥自在。儒家重现世，尚事功；道家重超越，尚思辨。儒家思想更关心群体，社会；庄子学说更关心个体，精神。儒家提倡仁义礼智信，促进了封建时代社会道德秩序的形成，特别是其中的礼与法家的法结合起来，形成了礼法社会，对现实社会影响极大；庄子擅长以道德、无为、无己、无用、无情、自然、逍遥、齐物、安命等概念构筑人的精神境界，表面上与礼法制度相对而立，但事实上可以与儒家思想形成一种互补。《易传》曰："一阴一阳之谓道。"阴代表了道家思想，阳代表了儒家思想，儒道互补构成了中国文化的主干。今天的社会中不仅仅需要加强法制和礼制，同时也需要践行老庄思想中的若干学说。

不同的时代有不同的社会问题，这些社会问题需要采用不同的学说去对症治疗。在这个时代里，人们面临着种种生存挑战，社会节奏快，心理压力大。由于巨大的精神压力，导致越来越多的人产生了情绪低落、精神痛苦、情感脆弱、缺乏朝气等严重的心理障碍。要解决这些心理障碍问题，可以尝试从《庄子》等经典文本中吸取营养。在一定程度上，庄子思想与现代社会关系密切，《庄子》是一剂治病救人的良药。

庄子一生抱道而行，道在哲人心中。《老子》第二十一章："孔德之容，唯道是从。"大德之人的行动，遵循道的规律。《庄子·知北游》载东郭子问于庄子曰："所谓道，恶乎在?"庄子曰："无所不在。"与儒家的以仁为己任不同，道家在精神层面抱道而行。庄子尤为重视个体的精神生活。《逍遥游》中的宋荣子"举世而誉之而不加劝，举世而非之而不加沮"。庄子"独与天地精神往来"(《天下》)，在喧哗与浮躁中保持着自我思想的独立性。与道同在，遇到问题的时候，就能站在高处看待问题，有利于正确处理各种社会问题。

处理人与自然的关系需要道家思想智慧，其中自然包括庄子思想。《老子》主张"人法地，地法天，天法道，道法自然"。庄子《大宗师》曰："天与人不相胜也。"老庄意在破除人类中心主义。庄子在《逍遥游》《秋水》等篇中从天地的大视角来看人，主张人要摆脱小我，摆脱自我中心主义和人类中心主义，正确处理与客体之间的关系。现代人越来越明白人与自然是生命共同体，人类必须尊重自然、顺应自然、保护自然。

处理好人与社会的关系也不能排除庄学思想。《庄子·人间世》："知其不可奈何而安之若命，德之至也。"如何处理好两个世界的关系？庄子提出了一是用心若镜，一是与物为春。《应帝王》："至人之用心若镜，不将不迎，应而不藏，故能胜物而不伤。"外在的世界虽然像走马灯一样运转，但它们无法影响到我们的心，我们的心平静得像一面镜子，只是客观反映外在世界。《德充符》："仲尼曰：死生存亡，穷达贫富，贤与不肖毁誉，饥渴寒暑，是事之变、命之行也，日夜相代乎前，而知不能规乎其始者也。故不足以滑和，不可入于灵府。使之和豫，通而不失于兑；使日夜无郤而与物为春，是接而生时于心者也。"客观的规律无法改变，外在世界也不听我们的指挥。面对客观世界，我们只能接受现实。但是，人有主观能动性，在接受现实的时候，我们不能躺平，相反我们要积极行动，与物为春。

庄子的养生观值得我们汲取。《养生主》："吾生也有涯，而知也无涯。以有涯随无涯，殆已；已而为知者，殆而已矣。为善无近名，为恶无近刑。缘督以为经，可以保身，可以全生，可以养亲，可以尽年。"生命是有涯的，人的生命不可能无限延长。庄子不反对锻炼身体，在《庄子》中我们经常看见庄子徜徉在大自然的怀抱中。庄子主张采用心斋坐忘之法去调整身心。《人间世》："仲尼曰：'若一志，无听之以耳而听之以心，无听之以心而听之以气！听止于耳，心止于符。气也者，虚而待物者也。唯道集虚。虚者，心斋也。'"这种静坐之法也见于儒家和佛家的修行实践，应该是三家共通的。

庄子的处世哲学不同于儒家的经世致用之学，也不同于老子将治国之术与修身之道并列。《应帝王》曰："汝游心于淡，合气于漠，顺物自然而无容私焉，而天下治矣。"庄子的政治主张就是顺物自然。《人间世》借孔子之口曰："臣之事君，义也，无适而非君也，无所逃于天地之间。是之谓大戒。……夫事其君者，不择事而安之，忠之盛也。"庄子自己选择了隐居不仕的人生之路，但他同时也知道做出这种选择只能是极少数人。他认为如果一个士人主动选择要进入仕途，则不能逆违儒家的君臣观。庄子上述的君臣说与儒家没有二致。从这里也可以看出儒道自有相通之处。

庄子的生死观在今天没有过时。生存与死亡是人生的主题，《大宗师》曰："夫大块载我以形，劳我以生，佚我以老，息我以死。故善吾生者，乃所以善吾死也。"大地给了我生命，用劳作让我维持温饱，在我的老年让我减轻了劳动，用死亡让我安息。胡朴安《庄子章义·养生主》说："庄子之学与老子异者，在于生死一事。老子求长生，庄子忘死生；老子以谷神不死为养生，庄子以任自然为养生。……后世呼吸吐纳以及服食之类，决非庄子养生之道。"[1] 比较各

---

① 胡朴安：《庄子章义》，见方勇：《庄子纂要》（壹），第503页。

种生死观，庄子的生死观最为平实亲切。

庄子告诫人们要放下一己的欲望。《逍遥游》："至人无己，神人无名，圣人无功。"功名富贵是世人孜孜以求的大事，道家认为不能为了一己私利去追逐功名富贵。《大宗师》："其耆欲深者，其天机浅。"《德充符》："惠子曰：'既谓之人，恶得无情？'庄子曰：'是非吾所谓情也。吾所谓无情者，言人之不以好恶内伤其身，常因自然而不益生也。'"庄子这里说的无情，并不是不要人的情感，而是不要因为个人欲望而伤害身体。

当然，庄子思想不是万能的，更不是解除所有现实痛苦的灵丹妙药。只有把庄子思想与老子思想等相关学说融合起来才能看清道家思想的整体面貌，只有把道家思想和儒家思想等学说融合起来才能看清楚优秀的中华传统文化的面目，只有把中华优秀传统文化和马克思主义学说融合为一体，才能解决当代中国所面临的社会问题。重视个人、群体、社会之间的关系，保持心理平衡、乐观处世心态，是每一个现代人的人生追求。如何让义理庄学走向人间，成为大众庄学，这是一个长久的课题，需要很多庄学工作者一起努力实施。目标虽然遥远，但我们不应该停下我们的脚步。在继续研究庄子义理的同时，充分重视庄子思想中蕴含的人间性，积极推动庄子思想走入当代社会，与其他思想学说一道去尝试解决各种当代社会面临的问题。

后　记

在本科阶段，我只是在"中国文学史"上看到过《逍遥游》，虽然感觉很喜欢庄子思想，但并没有进行过深入钻研。到了硕士生阶段，才开始细读了《庄子》中的部分原文。1990年夏天，我在西安陕西师范大学以《庄子天人思想体认》为题完成了硕士学位论文。同年秋天，进入博士研究生阶段的学习后，转入到魏晋南北朝文学研究领域。此后，不论是在北京大学的两年博士后流动站工作期间，还是在清华大学的二十多年教学生涯中，一直没有离开过魏晋南北朝文学。直到55岁前后，因一次偶然的机缘，开始为清华大学本科生讲授"老庄研读"课程，我的关注点和研究兴趣又回到了《庄子》。近七八年来，承蒙华东师范大学方勇教授和中国人民大学曹峰教授不弃，他们或邀请我或推荐我参加了一些与老庄研究相关的学术会议，我也借此机会结识了一些老庄研究界的专家，改变了独学无友的状况，获益良多。一般来说，对思想家的研究属于哲学专业，对文学家的研究属于文学专业。但庄子既是一位伟大的哲学家，又是一位伟大的文学家，他是一位天才的诗人哲学家，文史哲三个系都在研究他。虽然我没有受过哲学方面的学术训练，特别是没有受过西方哲学的学术训练，再加上庄子思想深奥精微，意在言外，我对庄子的研究无异于盲人摸象。但是，庄子是我一生中敬仰的古代思想家，《庄子》是我最崇奉的传统文化经典，在自己生命的晚年，我愿意以一个庄学爱好者的身份，力所能及地为庄子研究做一点普及性的工作。抱着这样的念头，我把自己看作一个庄学研究界的老年新手，义无返顾地走上了老庄研究之路。这本《庄子思想及其影响》，就是自己近些年来在读庄札记和教学笔记的基础上加工整理而成的一份总结报告。

该书的主体由两个部分构成。上篇讨论庄子思想，涉及庄子的齐物思想、庄子的全德思想、庄子的畸人人格、庄子"不得已"思想、《秋水》中的天人之思、《渔父》中的"法天贵真"说、《至乐》篇髑髅寓言之意旨以及《庄子》中出现的老子、孔子、庄子和惠子形象、《庄子》中的大树等问题。下篇讨论庄子对古代作家的影响，涉及到曹植的《髑髅说》《洛神赋》，竹林名士中的嵇康、阮籍、山涛、向秀对庄子思想的吸纳与构建，陶渊明《形影神》的思想渊源，李白与庄子，李商隐与庄子，苏轼与庄子等问题。附录一篇，对林希逸《老子鬳斋口义·发题》予以释读。

2020年，我有幸申请到了贵州省哲学社会科学规划国学单列课题：庄子思想与中古文学研究（批准号：20GZGX11）。此项目由贵州省哲学社会科学规划办公室和贵阳孔学堂文化传播中心共同资助。感谢贵州省哲学社会科学规划办公室和贵阳孔学堂对该项目的支持！该书出版之际，得到了清华大学日新书院的再度资助！拙著《〈庄子〉品鉴》（高等教育出版社，2023年）出版时已经得到过一次日新书院的出版资助，这一次有幸第二度获得了日新书院的出版资助。书稿中的部分文章，作为单篇论文，曾经在《哲学研究》《中国哲学史》《北京大学学报（哲学社会科学版）》《清华大学学报（哲学社会科学版）》《学术界》《人文杂志》等学术刊物上发表过。感谢各位编辑朋友的扶持！感谢中华书局刘方女史，她对工作认真负责，一丝不苟，关注到从系统性到细节性的大大小小的问题。感谢博士生张弛、马珏丹、陈慧、张敏凡等同学，她们近年来先后承担过"老庄研读"课程的助教，不仅协助我完成了不同年级的教学任务，且在课外帮我校对了多篇论文和这部书稿。

《庄子·知北游》曰："人生天地之间，若白驹之过郤，忽然而已。"年逾花甲之后，对时光的流逝尤感惊心动魄。今天我虽勉力完成了这本庄子思想及其影响的研究报告，远远未达到自己当初的预定目标。庄子思想博大精深，惜乎因本人学殖瘠茫，本书错谬之处必多。野人献曝，期待大雅君子有以教我。

孙明君

乙巳年岁始于清华园坐忘斋